인도유럽사회의 제도·문화 어휘 연구 1

Le Vocabulaire des Institutions indo-européennes, Tome I
by Émile Benveniste

프리즘 총서 013
인도유럽사회의 제도·문화 어휘연구 1: 경제, 친족, 사회

발행일 개정판 1쇄 2014년 2월 25일 | **지은이** 에밀 뱅베니스트 | **옮긴이** 김현권
펴낸곳 (주)그린비출판사 | **펴낸이** 노수준, 박순기 | **편집** 고태경 | **등록번호** 제313-1990-32호
주소 서울 마포구 동교로 17길 7, 4층(서교동, 은혜빌딩) | **전화** 02-702-2717 | **이메일** editor@greenbee.co.kr

ISBN 978-89-7682-413-4 94790   ISBN 978-89-7682-412-7(세트)

나를 바꾸는 책, 세상을 바꾸는 책 www.greenbee.co.kr

인도유럽사회의
제도·문화 어휘 연구 1

경제, 친족, 사회

에밀 뱅베니스트 지음 | 김현권 옮김

프리즘총서 013

그린비

서문

이 책은 2권으로 된 전체 저작의 제1권으로서 명백한 제목을 지니고 있으며, 상당히 많은 인도유럽어 어휘를 대상으로 연구한 결과물이다. 이들 어휘에 대해 연구된 여러 가지 용어의 성질, 적용 방법, 그리고 이에 대한 분석에 대해서는 약간의 해설이 필요하다.

세계의 모든 언어들 가운데 인도유럽어족famille indo-européenne에 속한 언어들은 가장 다양하고 심오해서 시간과 공간상에서 가장 광범위하게 탐구할 필요가 있는데, 그 이유는 다음과 같은 사실 때문이다. 즉 우선 인도유럽어들은 중앙 아시아로부터 대서양에 이르기까지 넓게 분포하고 있고, 거의 4,000여 년이라는 기나긴 기간을 통해 확인된 언어들이라는 점, 그리고 이들 언어는 각기 차이는 있지만 그 역사가 아주 오래되었고, 그 중 몇몇 언어는 가장 중요한 문화 유산을 간직하고 있고, 또한 이 언어들 중 상당수는 풍부하고도 고귀한 가치를 지닌 문학을 생산해 냈다는 등의 이유이다. 또한 이러한 점 때문에 인도유럽어들은 오랫동안 독점적인 언어 연구의 대상으로 그 지위를 누려왔다.

인도유럽어indo-européen는 하나의 공통어共通語에서 생겨나서 점진적으로 분리되고 분화된 어족으로 정의된다. 그러므로 우리는 이 인도유럽어 전체를 하나의 총체적이고 거대한 사건으로 포착할 수 있다. 그 이유는 인도유럽어가 몇 세기에 걸쳐 각기 특정 언어의 역사로 분화하여 일련의 개별 역사로 나누어지기 때문이다.

이 인도유럽 민족의 이동과 정착의 제반 양상은 아직은 알 수 없지만, 그 최초의 공동체를 구성했던 민족들은 분명히 지적할 수 있고, 이들을 다른 민족과는 구별하여 인도유럽족으로 확인할 수 있다는 점은 정말 기적 같은 일이다. 이와 같은 일이 가능한 근거는 이들이 사용한 언어 덕택이며, 오직 이 언어로써만 가능하다. 인도유럽이라는 관념은 일차적으로 언어학적 개념이며, 이 관념을 문화의 다른 여러 측면에까지 확대할 수 있다면 이것 역시 언어에서 출발하기에 가능한 것이다. 발생론적 친족성parenté génétique이란 개념이 인도유럽어 이외의 다른 어떤 언어 영역에서도 이처럼 의미가 정확하고, 그 타당성이 확실한 곳은 없다. 우리는 인도유럽어 내에서 어족의 경계를 분할·확정짓고, 이로부터 과거의 언어 상태를 재구再構하여 최초의 언어까지 거슬러 올라가는 작업을 가능하게 하는 대응 correspondance의 관계 모델을 찾아볼 수 있다.

한 세기 전부터 인도유럽어의 비교 연구는 상반되지만 상호 보완적인 두 방향에서 이루어졌다. 한편으로는 단순하든 복잡하든 간에, 서로 다른 언어들 사이에 비교가 가능하면서도 공통 원형prototype commun을 복원하는 데 기여할 수 있는 요소——음소, 어형 전체나 굴절어미désinence flexionnelle 등——에 근거해서 이들의 재구 작업reconstruction을 연구했다. 이렇게 해서 여러 모델이 제시되었고, 이들 모델은 다시 새로운 재구 작업을 하기 위한 도구로 사용되었다. 또 다른 한편, 이와 반대 방향의 절차를 이용해서 명백하게 확정된 인도유럽어 형태로부터 출발하여 여기에서 파생된 여러 형태, 방언 분화의 경로, 여기에서 생겨난 새로운 형태들의 집합을 추적할 수 있다. 공통 인도유럽어에서 유래하는 요소들은 개별 언어의 독자적 구조 내에 통합되는데, 이때부터 이 요소들은 변형되어 이들이 한정하는 새로이 형성된 대립체계 내에서 새로운 의미가치를 획득한다. 따라서 한편으로는, 대응의 광범위한 계열들을 총괄하여 공통 조어祖語 자료의 구조를 드러내는 재구의 다양한 가능성을 탐구할 뿐만 아니라 다른 한편으로는, 개별어의 발전 과정도 연구해야 한다. 그 까닭은 이것이 생산적 틀이 되고, 여기에서 과거의 언어체계를 변형시키는 혁신 요소가 생겨나기 때문이다. 비교언어학자가 활동하는 장場은 바로 이 양극 사이의 영역이며, 보수적 요소와 혁신적 요소를 엄밀히 구별하고, 동일 사실과 차이점을 설명하는 데 노력을 경주해야 한다.

언어의 비교 원리에 요구되는 일반적 조건과 함께 어휘 영역——이것이 바로 본 연구의 탐구 영역이다——에 공유된 특성이 추가적으로 필요하다. 고대 언어들의 어휘상의 일치점은 공통 문화의 주요한 면모, 특히 물질적 면모를 예증해 준다는 점은 인도유럽어 학자들이 아주 일찍부터 인지했던 사실이다. 그리하여 친족용어, 수사數詞, 동물 이름, 금속 명칭, 농기구 명칭 등에서 나타나는 인도유럽어 어휘의 유산에 대한 증거가 수집되었다. 19세기부터 최근 몇 년 전까지 많은 학자들이 계속해서 이 공통 개념들의 어휘 목록——이는 매우 유용한 자료이다——을 작성하려고 노력했다.

그러나 이 책의 작업 성격은 매우 다르다. 필자는 인도유럽어의 언어 사실을 방대한 어휘 대응을 통해 정의하는 것과 똑같은 방식으로 이 목록을 재작성하려는 의도는 전혀 없다. 이와 반대로 필자가 다루려는 대부분의 어휘 자료는 공통 어휘에 속한 것이 아니라, 제도institution 용어로서 특정 언어에 특유한 것이다. 그래서 필자는 이들 용어의 기원과 인도유럽어와의 관련성을 직접 분석하고자 했다. 따라서 필자가 의도하는 바는 제도 어휘의 형성과 조직을 연구하는 것이다.

여기에서 제도制度라는 용어가 의미하는 것은 광범위하다. 그것은 법, 정치, 종교 등 고전적인 의미의 제도뿐만 아니라 분명하지는 않지만 기술 techniques, 생활 양식, 제반 사회관계, 말과 사고의 과정 등에서 나타나는 제도도 가리킨다. 제도란 엄밀히 말해서 무한한 연구 소재이므로 이 연구의 목적은 정확히 말해서 이와 관련된 어휘의 기원genèse을 밝히는 것이다. 연구의 출발점은 일반적으로 인도유럽어들 중 어느 한 언어에서 풍부한 의미가치valeur를 지닌 용어를 선택하는 것이다. 그리고 이 언어 자료를 중심으로 형태와 의미의 특성, 그리고 이들의 현재 관계와 대립을 직접 조사한 후, 유사 형태의 비교를 통해서 이 자료가 흔히는 심한 변화를 겪었지만 정확히 언급되는 문맥을 재구성하는 것이다. 이와 같은 방식으로 언어진화로 인해 해체된 전체 언어사실을 원상으로 복원시켜 숨겨진 구조를 드러내고, 전문기술적인 용법으로 인해 생긴 상이점들을 단일 원리로 귀착시킴과 동시에 이들 언어에서 그 구분 체계가 어떻게 재조직되었고, 또 이로 인해 그 의미적 기재가 어떻게 혁신되었는지를 밝혀 보고자 한다.

이러한 제반 과정에 대한 역사적·사회적 측면은 다른 분야의 학자들이 할 일이다. 만일 우리가 그리스어 동사 hēgéomai와 파생어 hēgemón을 다룰 경우, 그것은 하나의 개념, 즉 '패권'이라는 개념이 어떻게 형성되었는지를 고찰하기 위한 것이지, 그리스어 hēgemonía가 어떻게 해서 개인이나 국가의 패권이 되었는지, 또 그것이 어떻게 로마의 imperium에 대응하는 개념이 되었는지에는 관심이 없다. 비록 확정하기는 어렵지만, hēgemón과 같은 권위autorité의 용어와 "판단하는 것으로 생각하다"의 의미를 지닌 동사 hēgéomai의 관계만이 우리 관심의 표적이다. 그럼으로써 우리는 '의미작용'signification을 밝히려는 것이다. 반면 다른 분야의 학자들은 '명칭'désignation을 연구해야 할 것이다. 우리가 게르만어 feudum[1]을 사육飼育 용어와 연관시켜 언급하는 경우에, 이는 봉건제도를 얘기하려는 것이 아니라 단지 간접적으로 이를 암시하기 위한 것이다. 역사가와 사회학자들은 언어 외적 선입관이 전혀 없는 이 연구로부터 자신들이 원하는 것을 훨씬 적절히 취사선택할 수가 있을 것이다.

따라서 언어학자가 해야 할 임무의 범위가 정해진 셈이다. 언어학자는 기존의 방대한 대응하는 언어사실의 보고寶庫로부터 연구 소재를 취하는데, 이 대응 언어사실은 어원사전이 달라져도 큰 변동이 없다. 이들 대응 자료는 성질상 동질성이 거의 없다. 각 자료는 각기 다른 언어에서 유래하므로 별개 체계에 속하는 요소이고, 예측 불가능한 발전 과정을 겪은 것이다. 우선 이들 형태가 상호 대응한다는 사실과 이들이 하나의 동일 형태를 계승한다는 점을 증명해야 한다. 그다음에는 이들 형태의 음성, 형태의 측면 또는 의미의 측면에서 드러나기도 하는, 때로는 상당히 다른 차이점도 설명해야 한다. 예컨대 아르메니아어 kʰun(잠/수면)을 라틴어 somnus(잠)와 비교할 수 있다. 그것은 우리가 공통 형태 *swopno-의 재구를 가능하게 만드는 대응 규칙을 아는 까닭이다. 또 라틴어 동사 carpo(수확하다/따다)를 독일어 명사 Herbst(가을)와 비교할 수도 있는데, 그것은 Herbst가 고대 고지 독일어 herbist이며, 또 이 herbist는 엄밀한 의미에서 '수확에 가장 적절한 (시기)'라는 뜻을 지닌 선先게르만어prégermanique 형태 *karpisto-로 거슬러 올라가기 때문이다(영어 harvest 참고). 또 이 사실은 제3의 자료인 그리스어 명사 karpós(땅의 열매/수확의 산물)가 확증해 준다. 그런데 라틴

---

1) 원문은 '게르만어'germanique라고 되어 있으나 라틴어이다. 본서 67쪽 참조. —옮긴이

어 어근 teks-(동사 texo)와 산스크리트어 어근 takṣ-의 비교와 같이 아주 간단하면서도 첫눈에는 아주 훌륭한 이 비교——이 형태들이 서로 정확히 대응하기 때문에——가 아주 심각한 난관에 부닥친다. 즉 라틴어 texo는 '베를 짜다'를 의미하지만, 산스크리트어 takṣ는 '(집 짓는 데 사용되는 나무를) 도끼로 자르다', '다듬다'를 의미하기 때문이다. 그래서 이들 의미 중 어느 의미가 다른 의미에서 파생될 수 있는지, 또 어떤 선행 의미에서 이 두 의미가 각각 유래할 수 있는지를 알 수가 없다. '베짜기'와 '나무 다듬기'가 공통된 한 가지 작업이나 기술技術로 귀착될 수 없는 듯하기 때문이다.

한 언어 내에서조차 동일한 한 어휘의 형태들이 서로 거의 조화될 수 없는 별개의 군群을 형성할 수 있다. 예컨대 라틴어 fero가 나타내는 어근 *bher-로부터 라틴어에는 세 가지 다른 파생어군이 파생되고, 이들은 각기 독립된 단어족(famille lexicale)을 구성한다.

① fero(= to carry)는 잉태孕胎의 의미로——여기에서 forda(배가 부른 암컷)가 파생되었다——는 gesto(자궁에 지니다)와 한 단어군을 구성한다.

② fero(= to carry)는 '포함하다', '가지다'의 의미로는 운명을 나타내는 여러 현상을 가리킨다. 이러한 의미에서 fors(운), fortuna(행운)와 이들의 파생어가 생겨났으며, 이 파생어들도 역시 '행운', '부', '재산'의 관념을 함축한다.

③ fero(= to carry)는 '빼앗다', '가져가다'의 의미로는 ago(데려가다/가져가다)와 한 단어군을 형성하며 포로, 노획물의 개념으로 정의된다. 이 단어와 산스크리트어 bhar-의 여러 어형과 그 파생어를 비교해 보면, 더욱 다양한 의미 양상을 볼 수 있다. 예컨대 위에 지적한 의미들 외에도 '지지하다', '부양하다', '떠받다'의 의미로서 '나르다'(여기에서 bhartṛ(남편)가 파생)의 의미를 추가할 수 있고, '나르다', '옮기다'(to carry)를 타는 짐승에 사

용하면, 이 단어가 갖는 의미에서 '말을 타고 가다'란 의미가 다시 파생된다. 우리가 이 단어군 각각을 면밀히 조사해 보면, 각각의 경우에, 이 단어군들이 모두 중심 개념에 의해 서로 연관되면서 제도 용어라는 것을 즉각 보여 주는, 일관된 어휘들의 집합이라는 사실을 알게 된다.

이 책에서 필자는, 최초에는 의미가 거의 미분화된 어휘들이 어떻게 점진적으로 전문화된 의미를 지니게 되었고, 그 결과 여러 제도상의 격변과 더불어 새로운 활동과 개념을 나타내는 어휘 집합을 구성하게 되었는지를 밝히려고 노력하였다. 한 언어에 내재하는 이러한 일련의 과정은 문화가 서로 접촉함으로 인해 다른 언어에 영향을 미칠 수도 있다. 그래서 그리스어에서 독자적으로 발전된 어휘 관계를 번역이나 직역transposition directe으로 그대로 라틴어로 옮김으로써 이 어휘 관계가 라틴어에서도 이와 유사한 관계를 만들어 내는 모델로 사용되었다.

필자는 이 책에 기술된 여러 가지 제도 현상에 고유한 양면적 특성을 드러내려고 하였다. 즉 이 양면적 특성이란 한편으로는 몇 세기 또는 몇천 년에 걸쳐 전개된 이러한 의미진화──언어학자는 이 의미진화를 그 최초의 요인들로 분석해야 한다──의 복잡하게 얽힌 관계와, 또 다른 한편으로는 이렇듯 복잡하게 얽힌 관계에도 불구하고 이 개별적 의미발달을 지배하는 아주 일반적인 경향을 분석할 수 있는 가능성을 말한다. 우리가 아주 소박한 번역에서 벗어나서 이 의미발달을 직접 연구할 수 있다면, 또한 가장 기본적인 구별, 다시 말해서 몇 번이나 강조한 바이지만, 특히 명칭과 의미작용을 구별──이 둘을 구별하지 않으면 '의미'sens에 대한 수많은 논의가 혼란에 빠진다──할 수 있다면, 이러한 의미발달을 이해할 수 있으며, 또한 거기에서 어떤 의미구조를 인지할 수도 있고, 이들을 합리적인 도식으로 재구성할 수도 있다. 애초에는 명칭만이 존재하는 곳에서도 비교와 통시적 분석을 통해 의미작용을 밝혀내는 것이 중요하다. 그럼으로써 시간의 차원은 단지 설명하기 위한 차원이 되는 것이다.

이 연구의 성질상 증명에는 일정한 절차가 요구된다. 이 연구에서는 상세한 논의나 참고문헌에 대한 참조는 볼 수 없을 것이다. 우리 분석의 소재는 모든 어원사전에서 찾아볼 수 있겠지만, 우리 자신의 논의에 견줄 만한 선행 연구는 거의 찾아볼 수 없다. 우리가 논의한 모든 사실은 우리가 이용한 언어사실을 직접 연구해서 얻은 것이다. 증명의 제반 요건을 왜곡하지 않고 비전문가도 이해할 수 있도록 노력하였지만, 이러한 탐구가 진행되는 과정에서 드러나는 극히 다양하게 파생되는 세부 사항과 이와 연관된 사실들로 인해 일관되게 설명하는 것이 아주 어렵다는 점을 인정해야 한다. 여기에서 논의한 주제들의 경계를 명확히 설정하고 구별하는 것은 쉽지가 않다. 그래서 필연적으로 이 저작의 여러 부분이 서로 중첩되는 것을 보게 될 텐데, 그 이유는 이 제도 어휘에 속하는 자료들이 서로 중첩되기 때문이다. 그렇지만 이 연구의 해설을 끝까지 잘 이해하고자 하는 독자들은 일반적인 고찰의 소재를 발견할 수 있다. 특히 문헌 자료가 없기 때문에 역사적 전망을 전혀 할 수 없는 언어나 문화를 연구하는 데 이 연구에 제시한 몇 가지의 모델들을 적용할 수 있다는 가능성에 대한 고찰이 그것이다.

이 저서는 여러 번에 걸쳐 콜레주 드 프랑스Collège de France에서 강의한 일련의 강의를 통해 작성되었고, 뤼시앵 제르셀Lucien Gershel이 이 강의를 흔쾌히 받아 적었다. 필자는 이 최초의 강의안을 아주 많이 고치고, 때로는 전부 다시 쓰기도 했으며, 이 과정에서 설명을 새로이 추가하기도 했다. 몇몇 부분은 이전에 써두었던 훨씬 더 발전된 논문의 연구 대상이었으며, 참고자료도 부연되어 있다. 피에르 부르디외Pierre Bourdieu의 조언에 따라 설명을 더 이해하기 쉽도록 각 장의 머리에 요약을 제시했다. 그는 이 책 전부를 검토하고, 유익한 사항을 지적해 주었다. 장 랄로Jean Lallot는 이 짧막한 서두 텍스트를 작성해 주었고, 더불어 원고도 정리해 주었다. 또 언어목록과 색인도 작성해 주었다. 그의 도움과 이 일에 보여 준 성의에 고마움을 표한다.

에밀 뱅베니스트

차례

| 일러두기 |

1 이 책은 Émile Benveniste의 *Le Vocabulaire des Institutions indo-européennes*, Tome.1, Paris: Les Éditions de Minuit, 1969를 완역한 것이다.

2 그리스어나 라틴어 등의 외국어 표기와 관련해서, 해당 단어의 뜻과 동일한 뜻의 다른 외국어를 같이 병기해 줄 때에는 다음과 같이 괄호 속에 쉼표로 구분했다. 더불어 한 단어의 여러 뜻이 병렬될 때에는 '/'로 구분했다. 예) pôleîn($\pi\omega\lambda\epsilon\acute{\iota}\nu$, 팔다), hēgéomai(우두머리이다/이끌다).

3 단어의 뜻 및 그 단어에 대한 추가 설명이나 인용출처 등을 표기할 때에는 뜻을 앞 부분에, 관련 설명과 인용출처를 뒷부분에 표기했으며, 이를 세미콜론으로 구분하였다. 예) árnusthai méga kléos(싸움에서 큰 영광을 얻는; 『일리아스』 6권 446행).

4 원서에서는 인용문헌의 세부 출처가 숫자로 나열되어 있으나 이 책에서는 가능한 한 해당 문헌의 한글번역 관례가 자리 잡혀 있는 경우에는 그 관례에 따라 '권', '장', '절', '행' 등을 표기해 주었다. 예) *l'Odyssée*(18, 358) → 『오디세이아』 18권 358행. 하지만 한글번역의 관례가 서지 않은 문헌의 경우에는 원서의 표기 방식대로 숫자만 표시해 주었다.

5 원서에서는 별도의 약어 목록을 책의 서두에 제시하여, 반복해서 등장하는 문헌명 및 각종 고유명들을 약어로 대체했으나, 이 책에서는 해당 명사들을 모두 한글로 번역하면서 약어 목록은 제외하였다. 다만 원서에서 기호 '〈 '는 '(어원적으로) ~에서 기원했다'의 의미로, 기호 '〉 '는 '~로 변화했다'의 의미로 사용되었는데, 이 기호들은 이 책에서도 그대로 사용했다

6 단행본·정기간행물 등에는 겹낫표(『 』)를, 논문 등에는 낫표(「 」)를 사용했다.

7 외국 인명·지명은 2002년에 국립국어원에서 펴낸 '외래어 표기법'에 따라 표기했다.

1편

경제

1장_수컷과 종축

요약

전통적 어원과는 반대로 인도유럽어 차원에서는 다음의 두 개념을 구별해야 한다.

- 생물적 관념, 즉 '수컷'이란 개념: 인도유럽어 *ers-
- 기능적 관념, 즉 '종축'種畜이란 개념: 인도유럽어 *wers-

이 두 어근의 의미적 유사성은 오직 산스크리트어에서만 관찰되며, 이는 이차적인 것으로 간주되어야 한다.

우선 축산과 관련된 전형적인 용어들을 고찰해 보자. 우리는 특수한 기술技術의 특징을 드러내 주는 의미 차이를 연구하려고 한다. 어휘 차원에서는 언어학의 다른 영역에서와 마찬가지로 차이점이 즉각 제시되든 또는 단일한 어휘 집합에 대한 분석 과정에서 파악되든 상관없이 이 차이점은 중요하다. 가축 사육자들이 모인 집단 내에서 즉각적으로 필요한 구별은 수놈과 암놈의 구별이다. 이러한 암수 구별은 어휘에도 표시되고, 이를 나타내는 단어들이 다수의 언어에서 출현하기 때문에 공통 어휘로 간주될 수 있다. 그렇지만 이들 단어의 의미 한정은 동일한 것은 아니다.

우리가 분석하려는 최초의 단어로서, 약간 변동은 있지만 비교적 안정된 일련의 어휘 대응을 보여 주는 것은 수컷에 대한 명칭이다.

$$
\text{산스크리트어}
\begin{cases}
\text{ṛṣabha} \\
\\
\text{vṛṣabha}
\end{cases}
\quad\text{아베스타어}\quad
\begin{cases}
\text{arəšan} \\
\\
\text{*varəšan}
\end{cases}
\quad\text{그리스어 ársēn, árrēn}
$$

우리는 아베스타어에 한 단어를 상정했는데, 이는 우연히 확인된 것이 아니라 파생어 아베스타어 varəšna-(수컷), varəšni-(수놈/숫양)에 의해 설정된 것이다.

그리스어에서도 e(w)érsē(ἐ(w)έρση), hérsai(ἕρσαι) 같은 단어군에서 약간의 차이가 있지만 같은 형태를 볼 수 있다(인도이란어군의 v-가 있는 형태 참조). 이 단어의 의미는 ① 단수는 '비', '이슬'이지만, ② 복수는 동물에게 적용되는 의미이다. 이 단어족으로부터 특수한 종류의 수놈을 의미하는 라틴어 uerrēs와 발트어군의 대응 단어 리투아니아어 veřšis, 라트비아어 versis가 파생된다. 이 전체 단어군은 비인칭의 '비가 오다'를 의미하는 산스크리트어 varṣati의 동사 어간 *wers-와 연결된다(eérsē 참조). 그리고 아일랜드어 frass(비; ⟨ *wṛstā)를 이들과 비교할 수 있다.

이 뒤에 나온 형태들과 앞의 명사형 사이에는 형태적인 차이가 있는데, 이러한 차이에도 불구하고 어원론자는 이들을 함께 제시할 수 있겠지만, 약간의 고찰을 필요로 한다. 즉 인도이란어군에서 어두 w-를 가진 형태와 어두 모음을 가진 형태 사이는 차이가 있고, 또한 그리스어 ārrēn(ἄρρην)에는 w-가 없지만 호메로스의 시詩 운율에는 eérsē = ewérsē로 나타나는데,

여기에서 hérsai가 파생된다.

비교언어학자들은 이러한 불일치를 '교체'alternance로 간주했다. 그러나 이들의 견해를 수용할 필요가 없는 한, 되도록 이와 같은 '교체형'을 제거해야 한다. 인도유럽어 형태론에서 어떤 원리로도 w-가 없는 형태와 w-가 있는 형태를 연관 지을 수 없다. 단일군을 설정하는 가설은 여기에서 근거가 없다. 다른 어떤 예에서도 이 w-/영zéro의 교체가 적용될 수 없기 때문이다. 이처럼 연관된 단어들의 의미를 살펴보면, 의미분석이 허용하는 것도 차후에 살펴보는 바처럼 비교를 그리 쉽게 할 수 없다.

산스크리트어 vrṛṣabha-와 ṛṣabha-는 단어 구성의 절차와 개념이 동일하다는 것을 보여 준다. 이는 '신화神話의 황소'와 '수놈 일반'을 가리키며, 신과 영웅을 수식하는 부가어로도 사용된다. 이와 반대로 아베스타어의 이 두 단어(w-가 있든 없든)는 이들 개념과는 무관하며, 따라서 이 개념의 불일치는 인도이란어군을 넘어서도 유효하다. 즉 이란어의 관점에서 arəšan과 *varəšan은 완전히 다르다. 아베스타어 텍스트에서 arəšan은 암놈을 가리키는 단어, 즉 때로는 xšaθrī(순수한 이란어)로 나타나고, 보통 daēnu로 나타나는 단어와 항상 대립된다. 이 후자 용어 ——이는 인도이란어이며, 산스크리트어 dhenu 참조——는 그리스어 thêlus 단어군과 합쳐진다. 산스크리트어의 어근 dhay-(젖을 먹이다/양육하다)를 참조. 따라서 우리는 여기에서 동물의 암놈에 대한 특수한 기능적인 명칭을 발견하게 된다.

arəšan-：daēnu의 대립은 불변이다. 그래서 동물의 명칭 목록에서 이 두 계열의 용어가 똑같은 방식으로 나열되는 것을 알 수 있다.

(말)   aspa-arəšan-   aspa-daēnu-

| (낙타) | uštra-arəšan- | uštra-daēnu- |
| (소) | gau-arəšan- | gau-daēnu- |

아베스타어 arəšan은 산스크리트어 ṛṣabha-처럼 특수한 종류의 동물을 가리키는 것이 아니다. 산스크리트어 ṛṣabha-는 오직 황소만을 가리키는 명칭은 아니지만 이 의미로 자주 사용된다. 그러나 arəšan은 전혀 그렇지 않다. 이것은 암놈과 대립되는 수놈만을 가리킨다.

아베스타어에서 암컷/수컷의 대립은 아베스타어에서는 약간 다른 어휘 형태를 취할 수 있다. 즉 사람에는 nar/xšaθrī가 사용되는데, 이 중 xšaθrī란 용어는 '왕'을 의미하는 형용사의 여성형, 즉 '여왕'을 가리키는 것 같다. 이는 다소 이상한 듯하지만 그리스어 guné(여자)와 영어 queen(여왕)의 대응을 고려해 본다면 상정 못할 것도 없다. 몇몇 변이형들도 있다. 예컨대 nar/strī 같은 것이다. 이 대립 쌍에서 후자 용어는 여자를 가리키는 인도이란어 명칭이다. 합성어 strīnāman(라틴어 nōmen(여성의))을 참조. 그리고 xšaθrī는 때로 동물로 의미가 전이되기도 한다. 이 모든 사실은 분명하며, 대립도 모호성이 없다. 이 단어를 제외하면, 아베스타어의 의미와 똑같은 의미를 갖는, arəšan의 정확한 대응어는 그리스어 ársēn, árrēn이다. 즉 암놈과 대립하는 수놈, thêlus와 대립하는 árrēn이 그것이다. 따라서 이 두 용어에서 나타나는 어원의 동일성은 인도유럽어의 흔적을 확인해 준다.

이제 아베스타어 *varəšan을 고찰해 보자. 이 단어는 다른 개념, 즉 '종축'種畜의 개념을 나타낸다. 이는 어떤 부류의 동물이 지닌 특성이 아니라 기능적 가치를 지닌 부가어이다. *varəšan(실제로는 *varəšni-)은 '숫양'을 가리키는 양羊의 명칭 maēša-varəšni-와 함께 사용된다. 이 연관 관계로 볼 때 그 의미는 의문의 여지가 없다. 더욱이 역사적인 증거도 있다. 음성적으로 볼 때, *varəšan은 근대 페르시아어 gušan이 되었는데, 이 단어는 '수컷'(근대 페르시아어에서는 파생형 nar로 나타난다)이 아니라 '종축'을 뜻한다.

이란어를 제외하면 라틴어 uerrēs는 형태와 의미가 정확히 균형을 이룬다. 실제로 이 단어는 수놈이 아니라 종축을 가리킨다. 돼지의 수컷은 sūs(이 단어는 뒤에 가서 재론하기로 한다)이다. 종축으로서의 수돼지를 가리키는 uerrēs는 이와 정확히 상응하는 형태인 아베스타어 *varəšan의 용법을 지니고 있다.

이러한 고찰로부터 어떤 결론을 내릴 수 있는가? 명사 어간 *ers-와 *wers-는 동일한 것으로 간주되었으나 의미상으로 완전히 구별되는 다른 형태이며, 그 형태 역시 서로 다른 형태임을 입증해 준다. 이 두 단어는 운韻이 맞아서 서로 중첩될 수 있는 단어이지만, 실제로는 독립된 두 단어족에 속한다. 그 하나는 암컷과 대립되는 '수컷'을 가리키고, 다른 하나는 기능, 즉 첫째 단어처럼 어떤 부류가 아니라 한 무리의 종축의 기능을 가리킨다. 오직 산스크리트어에만 ṛṣabha-와 vṛṣabha-가 의미적으로 아주 유사하게 되었다. 황소가 훌륭한 자리를 차지하는 신화神話로 인해, 그리고 현란한 부가어가 넘쳐흐르는 문체 효과로 인해 이 두 용어가 이처럼 등가어가 되었고, 그리하여 첫째 용어는 둘째 용어에만 사용되는 접미사 요소를 갖게 되었다.

바로 이것이 우리가 최초로 내린 결론이다. 이 최초의 결론은 별개의 어휘 발달을 이용함으로써 더욱 정밀한 것이 된다. 그리스어 eérsē와 hérsai는 아마도 어떤 관련성이 있는 것 같다. 이를 어떻게 정의할 수 있을까? 단수 eérsē는 아침에 살짝 내리는 비, 즉 이슬을 가리킨다. 그런데 호메로스에 나오는 복수 hérsai는 오직 한 번(『오디세이아』 9권 222행)밖에 출현하지 않는다. 폴리페모스[1]의 굴 속에는 양떼가 묵고 있었는데, 여기에서 양들은 나이 순서에 따라 나이를 먹은 늙은 양으로부터 가장 어린 양들hérsai의 순서로 자리 잡고 있다. 그런데 hérsai는 eérsē의 복수이다. 이와 같이 이상한 연관성을 이해하기 위해 그리스어에서 이와 평행하는 사실을 뽑아 보기로 하자. drósos는 '이슬 방울'을 의미하지만 복수 drósos는 아이스킬로스[2]에 게서는 어린 동물을 가리킨다. 또 동일한 종류에 속하는 제3의 증거가 있다. 즉 psakás는 '가랑비'를 의미하며, 파생어로는 psákalon(동물의 어린 갓난 새끼)이 있다. 그래서 이 어휘 관계는 다음과 같이 밝혀진다. 즉 아주 어린 동물들은 마치 아침 이슬과 같고, 아직 아주 신선한 상태로 떨어진 작은 물방울과 같다. 이들은 갓 태어난 동물로서 어린 새끼들이다.

만일 *wers-가 애초 '수컷'과 같은 동물 명칭이었다면, 특히 그리스어에서 이와 같은 의미발달은 일어나지 않았을 것이다. 따라서 인도어에만 서로 접근해서 유사하게 된, 두 종류의 개념 표상과 두 계열의 용어를 인도유럽어에서는 구별해야 한다는 점을 확정한 셈이다. 그 밖의 모든 언어에는 별개의 두 어휘 기호로 나타나고 있다. 즉 하나는 '수컷'(그리스어 árrēn)을 가리키는 *ers-이고, 다른 하나는 수태액受胎液으로서의 비雨라는 최초의 개념을 '종축'의 개념으로 전위시킨 *wers-가 그것이다.

---

1) 폴리페모스Polyphēmos: 오늘날 시칠리아로 알려진 섬에서 양과 염소를 치며 살았던 성질이 사나운 외눈박이 거신. 그는 바다의 신 포세이돈의 아들로, 오디세우스에 의해서 시력을 잃게 된다. 이 사건으로 포세이돈은 분노하게 되고, 이로 인해 오디세우스는 귀향하지 못하고 바다를 떠돌며 이곳저곳을 방황하게 된다.—옮긴이

2) 아이스킬로스Aiskhylos(기원전 525~456년): 고대 그리스의 비극 시인으로 약 90여 편의 작품을 지었다고 전해지나, 현재 다음과 같이 7편의 작품만이 남아 있다. 『탄원하는 여인들』Iketides, 『테베를 공격하는 7인의 용사들』Thébas, 『결박된 프로메테우스』Prométheus desmêôtês, 『아가멤논』Agamemnon, 『헌주하는 여인들』Khoêphoroi, 『에우메니데스』Euménides, 『페르시아인들』Persai.—옮긴이

2장_재고해야 할 어휘 대립: sūs와 porcus

요약

일반적으로 학자들은 다음 사실을 받아들이고 있다.

① 인도유럽어 *porko-(라틴어 porcus)는 야생 돼지 *sū-(라틴어 sūs)와
   대립되는 가축 돼지를 가리킨다.

② *porko의 방언 분포로 미루어 볼 때, 서부 유럽 민족만이 돼지를 사
   육해 왔다는 결론을 내리게 된다.

그런데 세밀한 조사로 다음 사실을 밝혀냈다.

① 모든 언어, 특히 라틴어에서(*sū-: *porko의 대립이 여전히 유지되고
   있다) 이 두 용어는 가축의 종류에만 적용된다는 것, 즉 *porko-는
   다 자란 어미 돼지 *sūę-와 대립해서 '어린 돼지 새끼'를 가리킨다.

② *porko-는 실제로 인도유럽어의 동부 방언권에서도 확인된다. 따라
   서 인도유럽어 영역 전체에 걸쳐 돼지가 사육되었다. 그렇지만 인

도와 이란에서는 아주 일찍부터 돼지 사육이 없어졌다.

라틴어 용어 uerrēs는 특수한 종種, 즉 돼지 종을 가리키는 단어군에 속한다. 라틴어에서 이 돼지 종류를 가리키는 일련의 용어, 즉 세 용어 uerrēs, sūs, porcus의 관계를 상술할 필요가 있다.

sūs와 porcus는 똑같이 인도유럽어이다. 이들은 대부분의 인도유럽어에서 각기 상응하는 단어가 있다. 이들의 의미관계는 어떤 것인가? 모든 언어에서 그것을 야생 동물과 가축의 의미관계로 제시하고 있다. 그래서 sūs는 돼지 품종 일반을 가리키되 야생 상태의 '멧돼지'를 가리키는 반면, porcus는 오직 사육한 돼지만을 가리키는 것으로 간주한다.

인도유럽족의 물질 문명이란 관점에서 볼 때, 인도유럽어는 여기에서 이들을 아주 중요하게 구분하는 것 같다. 왜냐하면 sūs는 인도유럽어의 방언 전체, 즉 인도이란어로부터 아일랜드어에 이르기까지 공통적으로 사용되는 반면, porcus는 인도유럽어의 유럽 지역에만 국한되어 있으며, 동부의 인도이란어에서는 출현하지 않기 때문이다. 이 차이는, 인도유럽족이 가축 돼지를 기르지 않았으며, 돼지 사육은 인도유럽어권의 통일이 해체된 후에, 즉 인도유럽족의 일부가 유럽에 거주한 이후에 이루어졌을 것이라는 사실을 의미하는 것 같다.

오늘날 우리는 이 해석을 어떻게 증거로 채택할 수 있었는지, 또 sūs와 porcus의 차이가 야생 돼지와 가축 돼지를 구별하는 것으로 생각할 수 있을지를 자문해 볼 수 있다. 농사일에 대해 라틴어로 글을 쓴 카토,[1] 바로,[2] 코루멜라[3]와 같은 작가들과 농부 언어를 사용한 작가들을 조사해야 한다. 이 작가들을 살펴보면, sūs는 야생 돼지뿐만 아니라 가축 돼지도 가리킨다. 분명히 야생 동물을 가리키는 sūs를 발견할 수 있다. 하지만 이 sūs는 바로에게서는 언제나 가축으로서의 돼지 종을 가리킨다. 작은 짐승(가축)은 minores pecudes이며, 이들은 ouis(양), capra(암염소), sūs를 가리키고, 모두 가축이다.

또 다른 한 가지 증거는 suouetaurilia란 용어가 보여 준다. 이 용어는 대제계식大祭禊式을 가리킨다. 이 대제계식에는 세 가지 상징적 동물이 나타나는데, 이 세 종류의 동물 중 마지막 두 종류, ouis와 taurus(황소)는 특히 가축을 가리키기 때문에, 이들과 연관된 sūs도 또한 가축이라는 것을 추정하게 된다. 이 추론은 로마에서는 제사 때 야생 동물은 결코 제물로 바치지 않았다는 사실로 확인된다. 마찬가지로 그리스어 hūs(ὑς)(=라틴어 sūs)는 많은 예문에서 가축 돼지를 가리킨다. 야생 품종과 가축 품종은 분명히 구별되지만, 거기에 의미 한정이 추가된다. 즉 야생 돼지는 가축 돼지와 대립해서 hūs ágrios(야생 돼지)로 불린다. 따라서 인도유럽어 *sū- = 그리스어 hūs가 유용한 품종, 즉 가축 품종에 적용된다는 것은 선사 시대, 다시 말해서 라틴어 시기 이전에 일어난 일이다.

인도유럽어의 다른 방언에서 이 단어가 사용된 조건은 동일하지 않

---

1) 마르쿠스 포르키우스 카토Marcus Porcius Cato(기원전 234~149년): 로마인들의 풍기문란을 단속하는 감찰관을 역임했고, 작품으로 로마의 고대사인 『로마의 기원』Origines과 농경서인 『농경론』De Agri Cultura을 남겼다.—옮긴이

2) 마르쿠스 테렌티우스 바로Marcus Terentius Varro(기원전 116~27년): 퀸틸리아누스Quintilianus는 바로를 가장 학식 있는 사람으로 불렀다. 정치적인 입장에서는 카이사르Caesar에 반대해서 폼페이우스 Pompeius 편에 가담했으나 내전 후 카이사르와 화해하고 공공도서관 관장으로 활약했다. 시인, 풍자작가, 골동품 수집가, 법률가, 지리학자, 문법학자, 자연과학자로 명성이 높았는데, 거의 유실되어 내용의 일부만 전해지는 『시골일』Res Rusticae과 전체 25권 중 6권만 남아 있는 『라틴어론』De Lingua Latina과 600행 정도가 수록되어 있는 풍자시 『메니포스의 풍자』Satirae Menippeae 등이 그가 쓴 작품이다.—옮긴이

3) 루키우스 루니우스 코루멜라Lucius Junius Columella: 연대 미상의 인물이지만 세네카Seneca(기원전 4년 ~기원후 65년)와 동시대의 사람으로 추정된다. 주로 농업을 체계적으로 연구했다. 농업 교재인 12권으로 된 『농업서』De Re Rustica와 『수목樹木에 대해서』De Arboribus 등이 있다.—옮긴이

다. 인도이란어에서 sū-는 야생 돼지를 가리킨다. 역사적 형태인 산스크리트어 sūkara, 아베스타어 hū-는 동일 어간에 기초해서 구성된 형태이다. 블룸필드Bloomfield에 따르면, 이 형태는 애초에 sūka-에서 기원하는데, 이 고래古來의 어간이 vyāghra(호랑이) 같은 다른 동물 명칭을 따라서 후에 접미사 -ra가 첨가되었고, sūka-ra가 음성적 유추 해석으로 sū + kara(sū라는 소리를 내는 동물)로 분석되었다는 것이다. 아베스타어 hū- 외에도 이란어에서 *hūkka를 가정하는 형태 xūk가 나타난다. 따라서 인도이란어에서는 -k가 접미사로 첨가된 형태가 있는데, 이 형태는 인도어와 아베스타어 영역에는 오직 야생의 품종과 연관된다. 이것은 인도와 이란에서는 고래로부터 돼지를 전혀 사육하지 않았다는 의미이다. 문헌에서도 돼지 사육에 대한 언급은 전혀 찾아볼 수 없다. 그러나 이와 반대로 라틴어 사실을 조사해 보면, 유럽어의 영역에서 돼지를 가축으로 사육한 것은 라틴어가 형성되기 훨씬 이전에 행해지던 일이라는 것은 이미 살펴본 바이다. 즉 여기에는 가축 품종에 대한 총칭적 명칭이 이미 사용되고 있었다. 라틴어에서 돼지는 거의 이 '가축 돼지'의 의미로만 사용되었다. sūs는 총칭적 용어로도 충분히 의미를 나타낼 수 있는 문맥에서만 '멧돼지'를 가리킨다.

라틴어에만 고유한 돼지라는 동일한 동물을 가리키는 이 단어의 의미를 연구해 보면, 이는 보잘것없는 문제지만 그 결과는 꽤 엄청난 문제를 야기시킨다는 사실을 알게 된다. sūs는 일반적인 돼지 품종을 가리키고, 더욱이 일상적으로는 가축 돼지를 가리키게 된 이후로 사람들이 관습적으로 행하던 야생과 가축의 구별이 사라졌다. 즉 sūs와 porcus가 둘 다 가축 돼지를 가리키면서 이들은 동의어가 되었다. 이 이중 표현은 놀라운 일이며, porcus의 의미를 확정하는 증거들(이를 모두 똑같이 번역하는 번역어들은 제외하고)을 더 자세히 고찰해야 한다.

우선 돼지의 명칭과 관례적으로 연결해서 사용되는 단어들 중의 한 용어 suouetaurilia부터 살펴보자. 이 용어는 앞에서 이미 인용한 대로, 제계식 때 제물로 사용되는 세 종류의 제사 동물의 무리를 가리킨다. suouet-aurilia란 형태는 불규칙적 형태로 간주된다. 그 이유는

① 세 용어로 구성된 합성어이기 때문이다. 그렇지만 이와 같은 합성어는 고대의 인도유럽어에서도 확인된다. 그리스어 nykhth-émeron(밤과 낮). 따라서 이 반론은 근거가 없다.

② 음성적 난점이 있기 때문이다. 즉 oui가 아니라 oue라는 형태가 사용되기 때문이다. 이 난점은 이 용어의 정확한 의미를 규정하고, 이 의미를 만들어 낸 조건에서 이 용어를 재구再構하면 해결된다. 이 단어는 여느 합성어처럼 구성된 것이 아니다. 즉 명사 어간이 아니라 격형태가 병치된 합성어이다. 즉 그것은 탈격奪格 형태의 세 단어로 구성되어 있다. sū 는 sūs의 탈격의 고형古形이며(복수의 고형 sūbus를 참조), oue는 규칙적 탈격 형태이고, taurō도 역시 마찬가지다. 따라서 이들은 분명히 세 탈격이 병치된 형태이며, 그 전체는 형용사 접미사 -ilis, -ilia(셋째 용어 taurō의 모음이 탈락되면서 여기에 첨가됨)가 첨가되어 단일 단어로 융합된 형태이다. 왜 이러한 병치어가 만들어졌는가? 그 이유는 이 단어가 제식祭式 표현에서 생겨났기 때문이다. 제식 표현에서 제사 동물의 이름은 탈격 형태로 사용된다. 예를 들면 sū facere(돼지로써 제사를 드리다; 이 동물 자체에게 제사를 하는 것은 아니다)와 같은 것이다. 따라서 이 'facere + 탈격' 구문은 분명 오래된 것이다. 그러므로 이 세 동물을 이용해서 제사 행위를 하는 것이다. 이 세 종류의 동물은 제사에 바치는 고래의 동물 무리이며, 이 중 sūs는 돼지 종류의 명칭이다. 카토의 『농경론』(141)의 한 장을 다시 살펴보아야 한다. 이 유명한 저서에서는 사적私的 의식儀式으로 경작지

의 제계식을 거행하는 절차를 기술하고 있다. 많이 읽히고 인용되고 이용되는 이 저서에 나오는 suouetaurilia란 표현을 고찰해 보자. 경작지의 주인은 제계식을 수행하면서 다음과 같이 말한다. macte suouetaurilibus lactentibus esto(세 종류의 젖을 먹는 어린 동물들을 받아주소서). 이 표현은 마르스[4] 신에게 suouetaurilibus lactentibus, 즉 아주 어린, '젖을 먹는' 세 마리의 동물을 거두어 주기를 간청하는 기도이다. 이 간청은 그 다음에 다음과 같은 말로 표현된다. Mars pater, eiusdem rei ergo, macte hisce suouetaurilibus lactentibus esto(아버지 마르스여, 이 일로 인하여 세 종류의 젖을 먹는 어린 동물들을 받아주소서). 카토는 계속해서 다음과 같이 말한다. ubi porcum immolabis, agnum uitulumque, oprtet ……(거기서 porcus, agnus, uitulus를 희생시키면, ……해야 할 것입니다). 따라서 실제의 제사에는 세 마리의 동물이 포함되고, 여기에 그 이름이 열거된다. porcus, agnus, uitulus이다. 명목상의 희생제물을 가리키는 명칭 sūs, ouis, taurus와 실제로 바치는 제물을 가리키는 용어 porcus, agnus, uitulus를 비교해 보자. 제사에 바치는 동물을 가리키는 이들 명칭은 똑같은 순서로 제시된다. 이로부터 uitulus는 taurus(소)의 어린 것이고, agnus는 ouis(양)의 어린 것이라는 점이 드러나므로, 따라서 porcus도 역시 sūs의 어린 것이다. 이는 제계식에 사용되는 명칭과 제사에 실제로 사용되는 동물 종류를 대응시켜 수학적으로 도출한 결과이다. 따라서 porcus는 '새끼 돼지'를 의미할 수밖에 없다는 결론이 나온다. sūs와 porcus의 차이는 야생 돼지와 가축 돼지의 차이가 아니라 나이의 차이, 즉 sūs는 다 자란 어미 돼지이고, porcus는 어린 새

---

4) 마르스 신Mars: 로마의 전쟁의 신으로 성격이 무모하고 저돌적이다. 비너스 신과 더불어 로마 민족의 신화적 조상으로 간주된다. 유피테르 다음으로 중요한 신으로서, 전쟁의 신으로서의 속성 외에도 몇 가지 농업과 관련된 직무를 갖고 있다.—옮긴이

끼를 가리키는 차이가 있다. 이를 증명하는 또 다른 텍스트가 있다. 바로 M. T. Varro의 『시골일』(II, 1)에 나오는 동물 사육에 관한 부분인데, 바로는 여기에서 사육자들에게 몇 가지 처방을 내린다. 어린 새끼의 젖은 태어난 지 여러 달이 지난 후 떼서는 안 된다. agni는 생후 넉 달만에, haedi(염소)는 생후 석 달만에, porci는 생후 두 달 만에 젖을 뗀다. 그래서 porcus가 agnus, haedus와 나란히 대조되는 것이다. 이에 대한 예들은 수없이 많아서 동물 사육에 관한 장의 대부분을 인용할 정도이다. 바로는 혈통상(a progenie) 좋은 품종의 sues는 '많은 porci를 낳는 것, si multos porcos partiunt'을 보고 알 수 있다고 가르친다. 기를 때는, porcos를 cum matribus(어미와 함께) 두 달 동안 두는 관습이 있다. 그 뒤에 가면, porci qui nati hieme fiunt exiles propter frigora(겨울에 태어난 porci는 추위 때문에……)라는 구절이 나온다. 여기에서 porcus와 mater(어미)의 연결이 의미심장하다.

종교 어휘의 고어적 표현에서 10일 된 porci는 habentur puri(정결한 것으로 간주되고), 이러한 이유로 이들을 sacres(신성한) 것(형용사 *sacris에서 파생되었으나 sacri 대신에 만들어진 고형)으로 불렀다. 그래서 sacres porci는 아주 오래된 옛 표현으로서 '태어난 지 10일 된 porci' 를 의미한다. 마찬가지로 lactens porcus(젖먹는 돼지 새끼)란 표현은 자주 나오지만, *lactens sūs(젖먹는 어미 돼지)란 표현은 결코 볼 수 없다. 또 agnus/agnellus, vitus/uitellus와 같은 지소사指小辭처럼 지소사로 porculus, porcellus가 있지만, *sūculus란 단어는 없다. 그것은 어미 동물의 명칭은 지소사가 없기 때문이다. 그러므로 porcus의 의미는——이 텍스트에서 40번 정도 찾아볼 수 있다——일정하다. 그 의미는 그 후의 용례에도 변동이 없다. 키케로[5]는 이 단어를 이와 동일한 의미로 사용한다. uilla(영지)에 대해 그는 "abundat porco, haedo, agno"(어린 돼지, 어린 염소, 어린 양들이 많다)라고 기록하는데, 이 표현을 보면, porci는 다른 어린 동물인 haedi(염소), agni(양)와 함께 나타난다. 돼지 치는 사람을 가리키는 명칭이 두 가지 있는데, sūbulcus(sues를 돌보는 자; būbulcus(소치기)와 평행)와 porculator이다. 만일 두 단어 sūs와 porcus의 의미가 동일하다면, 왜 이처럼 두 단어를 만들어 내었을까? 실제로 porculator는 각별한 주의를 요하는 어린 돼지를 돌보는 사람이고, sūbulcus는 다 자란 돼지를 치는 사람이다. 따라서 고 라틴어 시기로부터 고전 라틴어 시기에 이르기까지 porcus는 '어린 돼지 새끼'를 가리켰다는 점이 분명하다. 이후부터 이 두 의미의 대조가 이해된다. 이 차이가 아직껏 인지되지 않았으며, porcus 같은 아주 일반적 단어를 계속해서 오역했다는 점이 놀라울 따름이다. porcus에 대한 sūs의 이러한 상황은 그리스어 khoîros(χοῖρος)에 대한 hûs(ὕς), sûs(σῦς)의 상황과도 똑같다. 이 차이는 매우 중요하다. 가족 제사나 공적公的 제사의식에서 제물로 어린 돼지인 porcus보다 더 일반적으로 많이 바치는 짐승은 없었다.

우리가 밝힌 이 사실은 이미 라틴인들이 오래전부터 알고 있던 사실이다. 바로는 엉뚱한 어원을 사용하여 이 등가관계를 정확히 지적한 예를 제시한다. *porcus* graecum est nomen ······ quod nunc eum vocant *khoîron*(porcus는 그리스 명칭이다. ······ 왜냐하면 지금은 그것을 khoîron으로 부르기 때문이다; 『시골일』 II, 1). 따라서 그는 porcus가 khoîron과 의미가 동일하다는 점을 알고 있었다. 그러나 porcus란 단어는 라틴어 외의 언어에도 나타나는데 이탈리크어군italique이다. 이 의미 차이는 움브리아어 si

---

5) 마르쿠스 툴리우스 키케로Marcus Tullius Cicero(기원전 106~43년): 로마의 연설가이자 정치가. 그는 수사학, 철학, 윤리학, 정치학, 법률, 변론 등에 큰 관심을 가졌고, 이런 주제와 관련된 작품을 많이 썼다. 『의무론』*De officiis*, 『연설가에 대하여』*De Oratore*, 『공화국론』*De Re Publica*, 『법률론』*De Legibus*, 『신성론』*De Natura Deorum* 등의 저서와 많은 서간문을 남겼다. ─옮긴이

와 purka의 의미 차이와 동일하며, 이들 두 단어는 모두 종교 의식을 다룬 텍스트에 나타난다. 이 의미 대립이 움브리아어에서 갖는 의미가 무엇인지를 고찰해야 한다.

『이구위나이 청동판』[6]은 일반적으로 라틴어로 번역되어 있고, 그런 까닭에 이 번역은 그다지 분명하지 않다. 그러나 si와 porko를 수식하는 형용사를 고찰해야 한다. si는 kumia와 함께 사용되어 'grauida'(임신한)로 번역되고, filiu와 함께 사용된 si는 'lactens'(젖먹이)로 번역된다. 또 한편에는 purka가 있다. 그런데 lactens와 sūs의 연결은 라틴어에서 불가능하다. 움브리아어에서 그 차이는 이해할 수 없는 것이 된다. 만일 움브리아어 si가 grauida(임신한)와 lactens(젖을 먹는) 돼지를 가리킨다면, porcus는 무엇을 가리키는가? 동일한 단어가 어미와 새끼를 동시에 가리키는 것이기 때문에 명칭의 차이는 더 이상 정당성이 완전히 없어지고, 다른 단어 purka는 소용없다.

제식에 관한 텍스트(이는 정확성을 요한다)에 왜 이 차이가 생겨나는가? 왜 어떤 때는 si를 사용하고, 또 어떤 때는 purka를 사용하는가? 문제의 핵심은 사실상 filiu의 의미에 있다. 이 단어에는 번역에서 제시한 의미와는 또 다른 의미가 있을 수 있다. filiu를 두 가지로 해석할 수 있는 가능성을 생각해 볼 수 있다. 즉 그 한 가지는 lactens(젖을 먹는)로 해석하고, 또 다른 한 가지는 lactans(젖을 먹이는)로 생각해 볼 수 있다. 실제로 움브리아어 filiu는 그리스어 thêlus와 라틴어 fēmina와 밀접한 관계가 있다.

---

6) 『이구위나이 청동판』Tabulae Iguvinae: 기원전 3~4세기경에 움브리아어로 기록된 아티에두스 사제단의 제의문祭儀文 양식이 기록된 7개의 청동판. 약 4,000개의 어휘가 기록되어 있으며, 1444년 구비오Gubbio에서 발굴되었다. 이탈리아 방언 가운데 하나인 P-이탈리아어를 연구하는 데 아주 중요한 증거이다.—옮긴이

fēmina는 라틴어에서는 '젖을 먹이는 여자'를 의미하고, 또 thêlus 역시 그리스어에 이 의미를 가지고 있다. 아일랜드어와 리투아니아어에서 접미사 -l-이 첨가된 어근 형태는 어미라는 의미와 관련이 있다. 예컨대 리투아니아어 prim-delú(처음으로 젖을 주는 동물)이 그렇다. 따라서 움브리아어 filiu는 'lactens'가 아니라 'lactans'를 의미하는 것으로 해석할 수 있다. 그러므로 성숙한 암돼지는 새끼의 출산 여부에 따라 때로는 'lactens'와 'grauida'로 불린다. 그렇다면 purka는 새끼 돼지의 명칭이며, 라틴어 porcus처럼 돼지 새끼이다. 그리하여 전혀 이해가 불가능하던 상황이 충분히 이해할 수 있는 상황이 된다. 라틴어와 움브리아어가 예시해 주는 이 차이에서 과거로부터 전해 내려온 어휘의 차이라는 점을 확신할 수 있다. 이 차이는 실제 이탈리크어 이전 시기의 언어사실에 속한다.

켈트어에서 porcus에 대응하는 명칭 ——즉 음성적으로는 아일랜드어 orc에 해당한다——은 언제나 porcus의 단어군과 함께 인용되고, '돼지'로 번역된다. 그러나 우리가 기대하는 정확한 의미는 아일랜드 아카데미가 만든 자세한 사전에서 발견할 수 있다. 이 사전에서는 orc를 '어린 돼지'로 번역하고 있다. 그래서 이탈리크어와 켈트어 계열은 이러한 의미작용으로 통합된다.

게르만어에서 이에 대응하는 두 단어는 파생어로 나타난다. 하나는 swein(독일어 Schwein(돼지))이고, 다른 한 단어는 farh/farhili(독일어 Ferkel(어린 돼지))이다. 이들 현대적 형태가 이미 보여 주듯이, Ferkel은 지소사로 한정된 '어린 돼지 새끼'이고, swein(돼지)은 sū-의 파생어로 지소사가 없다. porcus에 대응하는 게르만어는 곧 이것이 고대로부터 간직하던 '어린 돼지'라는 의미를 즉각 확인시켜 준다. 마지막으로 슬라브어와 발트어에서 리투아니아어 paršas, 슬라브어 prasę(여기에서 지소사 러시아어

porosënok이 파생되었다)는 svin과 대립된다. 그런데 porcus에 대응하는 이 슬라브어와 발트어 *parš-는 '새끼 돼지'란 의미를 지닌다. 그러므로 슬라브어에도 게르만어와 동일한 의미대립이 나타난다. 이 증명은 다른 두 각도에서 이루어질 수도 있을 것이다. 즉 게르만어와 슬라브어에서 출발해서 아무 선입관 없이 라틴어로부터 출발해서 얻은 결론과 동일한 결론에 이를 수가 있다. 어쨌든 이 모든 증거들이 서로 일치하며, 서구의 모든 방언의 어휘 상황은 서로 동일한 것으로 나타난다.

그런데 인도유럽어의 차원에서도 이 두 용어의 차이는 새로운 문제를 제기한다. 이 두 형태의 분포가 불균형하다는 점이다. 즉 *sū-란 형태는 공통 인도유럽어이며, 인도이란어와 고유한 의미의 모든 유럽 방언에서 확인되는 반면에, *porko-는 인도이란어에서는 나타나지 않고 단지 서부의 유럽 방언에만 나타난다.

이 방언상의 불균형한 분포와 *sū-와 *porko-에 부여한 의미로부터 학자들은 인도유럽사회에는 야생 품종 이외의 돼지는 없었다고 결론지었다. porcus의 의미 자체도 몇몇 고립된 종족이 유럽에 정착한 후에 돼지를 사육했다는 것을 가리킨다고 생각해 왔다.

그러나 이들 용어를 재구하여 얻은 의미작용은 이 문제의 성질을 바꾸어 버린다. 이 문제는 새로운 의미를 띠게 된다. 왜냐하면 재구된 의미의 대립은 야생과 가축의 대립이 아니라 어미와 새끼의 대립이기 때문이다. 그렇다면 왜 새끼 돼지의 명칭(*porko-)은 어미 돼지의 명칭(*sū-)과 공존하지 못하는가? 그러면 sūs와 porcus 사이의 지역적 불균형이 정말 존재하는가? 이 모든 추론은 porcus의 흔적이 인도이란어의 영역에는 전혀 남아 있지 않다는 견해에 근거해 있다. 그런데 이 문제에 대한 연구는 많이 진척되었기에 오늘날 이 전통적 단정은 재론해야 한다.

이 porkos란 단어는 인도유럽어와 인접하나 전혀 다른 언어 영역인 핀우그리아어fino-ougrien에서 확인된다. 핀란드어 porsas, 모르비아어 purts, 지리안어(코미어) porś가 그것이다.

여기에서 핀우그리아어가 인도유럽어의 어느 상태로부터 -s로 된 형태를 공통으로 차용했음을 알 수 있다. 그러나 어느 시기에 이 단어가 핀우그리아어로 들어왔는가?

우선 핀란드어에서는 '어린 돼지', '새끼 돼지'라는 의미가 확실하다는 점을 확인하자. 다른 언어에서는 이들 어휘가 그리 분명치 않지만 이 의미는 충분히 가능하다. 이 차용어의 가능한 연대가 언제인가 하는 문제가 있지만 인도유럽어 형태들과 관련성이 있다는 것은 지적되었다. 분명한 것은 핀란드어 porsas는 -o로 된 어간을 상정한다는 점이다. 어말 -as는 어간 -o가 핀란드어에서 -a로 교체되어 변형된 형태다. 왜냐하면 핀우그리아어에서는 애초부터 둘째 음절에 o가 허용되지 않았기 때문이다. 그러므로 *porso가 porsa가 된 것이다. 어기 *porso에 특징적인 구개음화 k 〉 s가 일어났다. 핀우그리아어가 차용한 원래 형태에 구개음화가 있었고, 이 구개음화는 인도이란어를 특징짓는 어기 o가 a로 변화하기 전에 먼저 일어났다. 왜냐하면 인도이란어의 이론적 형태는 인도어에서는 parśa였고, 이란어에서는 *parsa, 인도이란어에서는 *parśa였을 것이기 때문이다. 핀우그리아어의 차용어 음성체계는 인도이란어 이전의 상태로 소급되지만, k가 그대로 남아 있는 것으로 보아 공통 인도유럽어 이후의 사실이다. 그러므로 그것은 인도이란어가 분리되기 이전의 고대 방언 상태였다고 한다. 이는 핀우그리아어 학자들이 도달한 결론이다. 그러나 이들은 한 가지 난점에 사로잡힌다. 즉 차용어에 의해 가정된 이 선先인도이란어 형태가 인도이란어 자체에서는 확인되지 않는 것이다. 그렇다면 이 결론은 보류해야 한다.

그러나 동부 지역에서는 그 형태가 있다. 최근에 알려진 동부의 중기 이란어 방언인 코탄어khotanais에는 돼지를 가리키는 단어인 pasa, 속격 pasä가 존재하며, 이로써 의미작용이 확정된다. 그 의미는 확실하다. 왜냐하면 이 코탄어 문헌은 산스크리트어와 티베트어에서 번역된 텍스트이고, 거기에는 동물의 주기週期에서 따온 날짜들이 나타난다. 즉 돼지해 또는 돼지월이 있다. 그러므로 코탄어는 우리가 기대하던 인도이란어 형태인 *parśa의 재구를 가능케 하며, 따라서 *porko-는 인도이란어의 영역에도 역시 알려져 있었음을 증명해 준다.

그러므로 이를 부정하는 주장은 이제 근거가 없다. 물론 인도어에는 *porko-의 흔적이 전혀 남아 있지 않다. 그러나 이런 종류의 단어는 사고를 당할 위험성이 많다. 종교적 이유로 이 돼지를 제사에서 사용하지 않고 음식으로 먹지 않는 종족들이 있는가 하면, 유럽의 민족들은 이를 즐겼던 것이다. 이란어에서 이 단어가 존재했다는 사실을 이제 알게 되었다. 따라서 인도유럽어 어간 *porko-는 원칙적으로 인도유럽어의 모든 방언에 공통된 사실이라는 점을 쉽게 인정할 수 있다. 우리는 이 단어가 동부 이란어에 존재했음을 확인했고, 핀우그리아어의 차용어가 이를 확증해 주었다.

물론 우리는 서기 7~8세기의 최근 시기에 속하는 이 코탄어 단어의 정확한 의미를 아직 확정지을 수 없다. 그러나 *sū-가 인도이란어와 유럽의 여러 언어에 공통되기 때문에 이란어에도 역시 *porko-를 사용한 것은 곧 *porko-가 *sū-와 다른 용어였다는 것을 의미한다. 간접적으로 추정하거나 확정한 특징들은 문헌상의 용법으로부터 끌어낸 확실한 사실과 일치한다.

인도유럽어 시기부터 이 두 단어가 존재했고, 또 우리가 강조한 바와 같이 의미차가 있다는 이 사실은 공통 인도유럽어 *porko-가 '어린 돼지 새끼'를 가리켰다는 사실을 확증짓는다. 전통적 견해가 갖는 부정적 결론은 더 이상 정당성이 없다. 인도유럽족은 돼지를 사육했다고 결론지을 수 있다. 이와 같은 결론은, 다른 가축의 명칭에서 볼 수 있는 구별과 대칭되는 sūs와 porcus의 어휘적 구별을 통해서 드러난 것이다.

또한 이 sūs와 porcus의 의미 대립에서 이 두 용어를 분리시키는 어휘 차이는 그 후 다른 용어에서도 실현된다는 점을 지적해야겠다. sūs와 porcus의 대립은 고전 라틴어 시기 이후까지 모든 라틴어권에서 존재했으나, 그 후에 sūs의 고유한 의미가 porcus로 이전되었고, 이 porcus가 sūs의 기능을 대신하게 되었다. 그리고 바로 이 시기에 sūs는 사라졌다.

라틴어로부터 프랑스어로의 전이 시기에 아주 중요한 문헌인 『라이헤나우 주해서』*Gloses Reichenau*[7]에서 sūs란 용어는 'porcus salvaticus'(야생 돼지)로 주석되어 있다. 그래서 sūs는 '야생 돼지'로 의미가 국한되었고, porcus는 '돼지'의 명칭으로서 자리 잡게 되었다. 그러나 porcus가 과거에 지니고 있던 의미를 대체할 용어를 만들어 내야 했는데, 여기에서 porcellus, 프랑스어 pourceau가 생겨났다.

그 후 porcellus가 '돼지'를 의미하던 교회어(종교어)의 영향으로 어린 돼지 새끼에는 새로운 전문용어를 사용했는데, 'goret'가 그것이다. 의미 차이를 나타내는 표현은 달라졌지만, 그 의미 차이는 여전히 그대로 남았다. 왜냐하면 언어 외적인 현실에 속하는 구별인 사육의 조건을 그대로 유지하는 것이 중요했기 때문이다.

---

7) 라틴어 성서 『불가타』*Vulgate*에 나오는 라틴어 단어를 당시의 라틴어로 주석을 단 문서로서, 라이헤나우 수도원에서 작성된 것으로 알려져 있다. 주로 동의어로 된 라틴 단어나 초기 로망어 모습을 띤 라틴 단어로 주해했다. 대중적 라틴어와 고대 프랑스어 연구에 중요한 문헌으로, 북부 프랑스에서 작성된 것으로 추정된다. ―옮긴이

3장_ próbaton과 호메로스 시기의 경제

요약

그리스어에서 생성된 용어 próbaton은 작은 짐승을 가리켰고, 그 후에는 양羊을 가리켰다고 주장되어 왔다. 그 이유는 짐승 무리 가운데서 양들이 곧잘 **선두에서** 걸어가기pro-baíein 때문이라고 한다.

이 글에서는 이 주장이 근거 없다는 것을 증명하고자 한다.

① próbaton은 최초에는 작은 짐승뿐만 아니라 큰 짐승도 가리켰다.

② 그리스인에게는 여러 종류의 짐승 무리가 없었다.

③ probaíein은 '선두에서 걸어가다'를 의미하지 않는다.

사실 próbaton은 próbata의 개체 명사이며, 이 단어는 próbasis(이동 가능한 동산動産)과 비교해야 한다. 양이 'próbaton'으로 불리는 것은 금고(keimélia) 속에 넣어 두는 재산과 대립해서 그것이 특히 '걸어다니는 재산'을 가리키기 때문이다.

우리는 어느 한 인도유럽어나 여러 인도유럽어에서 언뜻 보기에 의미작용이 동일한 것으로 보이는 다수의 용어가 공존함으로써 야기되는 문제를 고찰했다.

이와 유사한 상황이 그리스어에도 나타난다. 그리스어에서 종류가 다른 양¥을 가리키는 명칭에도 역시 두 용어가 사용된다. 즉 ówis(ὄϝις)와 próbaton(πρόβατον)이 그것이다. 이 두 용어는 모두 가장 오랜 문헌에서 양을 지칭한다.

첫째 용어 ówis는 그리스어, 라틴어, 산스크리트어에 정확히 그대로 남아 있는 공통 어휘에 속하는 고어이며, 오늘날 루위어luwi에서 hawi-란 형태로 남아 있다. 둘째 용어 próbation은 그리스어에만 국한된 단어이다. 그래서 이 단어는 그 형태에 근거해서 후에 만들어진 단어로 추정되었다.

호메로스에게서 ówis와 próbaton은 공존하지만, 그 후 ówis는 사라지고 próbaton만이 현재까지 남아 있다. 바로 여기에 문제가 있다. 왜 이 두 용어가 구별되는지, 이 새 용어의 의미는 무엇인지? 왜냐하면 ówis가 공통 인도유럽어 어휘이고, 나아가 달리 분석될 수도 없다는 사실이 확인되기 때문이다.

둘째 용어인 próbaton은 지시대상은 고려하지 않고 그 자체만을 고찰할 때, 분명히 그리스어 probaínō(προβαίνω, 걷다/앞으로 나아가다)와 관계를 지을 수 있다. 그러나 '양'과 '걸어가다'의 관계가 정확히 무엇을 의미하며, 이 관계를 어떻게 해석할 수 있을까? 이에 대해 독일 비교언어학자 롬멜H. Lommel이 설명을 제시했다.[1] 이 설명은 이제 고전적인 것이 되어 자명한 것으로 받아들여지고 있다. 즉 probaínō는 '선두에 앞서 걸어가다'를 뜻

---

1) 『비교언어 연구지』*Zeitschrift für vergleichende Sprachforschung*, 1914, pp. 46~54.

하며, próbaton은 '선두에서 걸어가는' 작은 짐승이라고 한다. 그렇다면 무엇의 선두先頭에서 걸어가는가? 몇몇 아프리카의 나라에는 여러 종류의 짐승을 모아서 무리를 만드는 풍습이 있고, 이때 이 짐승 무리의 선두에 가는 짐승은 양이다. 그러므로 próbaton은 여러 동물이 섞인 무리의 앞쪽에서 걸어가는 동물을 가리킨다고 한다.

이 설명은 바케르나겔Wackernagel이 받아들인 후에 공식화되었다. 그리하여 이 설명은 리델과 스콧의 『그리스어 사전』[2]에 실렸다.

과연 이 단어의 의미발달 과정 ── 이는 우리가 완전히 추적할 수 있다 ── 이 위에 제시한 설명을 정말 확증하는 것인가를 용법을 통해 살펴보려면 이 용어의 역사를 재고해야 한다.

우선 próbaton이란 형태는 가장 일반적인 형태가 아니라는 점을 지적해야겠다. 최초의 용례는 복수형 tà. próbata이고, 단수형은 아주 오래되었지만 그 시기를 알 수 없다. 호메로스와 헤로도토스[3]에게서는 단지 복수형만이 사용되고 있다. 특히 헤로도토스에게서 복수형으로 사용된 예는 31개나 되지만, 단수형의 예는 하나도 없다. 호메로스의 시에서 (한 마리의) 양을 가리키기 위해 사용된 단어는 ówïs이며, 단수 próbaton은 나타나지 않는다. 사실상 호메로스의 시에 나오는 유일한 형태는 복수 próbata이다. 이는 형태론적인 세부 사실의 문제만은 아니다. 사실 tà. próbata는 복수 명사가 아니라 집합명사로 봐야 한다. 따라서 próbaton이라는 단수 형태는

2) 리델H. G. Liddell · 스콧R. Scott, 『그리스-영어 사전』*A Greek-English Lexicon*, Oxford/Clarendon Univ., 1968.─옮긴이

3) 헤로도토스Hérodotos(기원전 484~425년) : 그리스 역사가. 『아시리아 이야기』*Récits assyriens*는 상실되었고, 이오니아 방언으로 기록된 『역사』*Historíai*가 남아 있다. 최초의 산문가로 알려져 있다. 귀족 가문에서 태어났으나 유배 생활을 했고, 동료들과 힘을 모아 폭정에 항거하기도 했다.─옮긴이

개체singulatif로 불리는 형태이다. tálanta와 tálanton(탈란트; 금은의 무게의 합), dákrua와 dákruon(눈물/진액)의 관계를 참조. 동물을 가리키는 총칭 명사는 흔히 집합명사이며, tà zôa(모든 생물)는 tò zôon(동물)보다 더 오래 된 것이다.

그리스에서 생겨나서 오늘날의 그리스어에 남아 있는 새로운 용어는 tò álogon이다(기원 직후에 파피루스에 이미 나오는 '말'馬이란 의미로 의미가 특수화되었다). tò álogon을 tà áloga(짐승들), '이성이 없는 것들'의 개체 명 사, 즉 말같이 가장 일반적이거나 가장 유용한 짐승을 가리키는 명사로 간 주해야 한다. 이는 라틴어도 마찬가지이다. animalia는 animal보다 더 오 래된 것이다. 이러한 유형의 지칭은 아주 빈번히 나타난다. 그래서 대부분 의 동물 명칭은 집합명사라는 결론이 나온다.

tà próbata와 probaníō의 형태적 관계를 설명하는 문제가 남았다. 우선 언뜻 보기에 próbaton과 próbata는 baínō에서 파생된 동사적 형용 사 -batos로 구성된 단어인 것처럼 보인다. 그러나 이처럼 구성된 단어라 면, 이 단어는 그것이 지닌 정상적 의미를 갖지 않을 것이다. 예컨대 ábatos (걸을 수 없는/접근할 수 없는), dúsbatos(걷기 어려운/접근이 어려운), diá-batos(지나갈 수 없는/건널 수 없는)는 모두 수동의 의미로 규정되며, 이 복 합어의 첫 요소가 가리키는 (부정적) 의미의 한정이 있지만, 그것은 '넘은 것', '넘을 수 있는 것'을 뜻한다. 또한 단일 형용사 bató(βατό, 접근 가능한) 에도 수동의 의미가 있다. hupsíbatos 같은 복합어에서 그것은 또 다른 의 미가치를 갖는데, '위로 올라간', '높은 곳에 간'이라는 능동적 의미이다.

그런데 próbaton이 갖는 고유 의미는 능동 의미도 아니고 수동 의미도 아니다. 이 단어의 둘째 요소 -baton은 현재분사 '걸어가는'으로서 기능한 다. 실제 고대의 문법가들은 próbaton과 -batos로 구성된 형용사를 구별했다. 이들에 따르면, próbaton의 복수 여격은 próbasi(πρόβασι)라는 것이다. 그리하여 이 단어는 지금의 어간을 갖게 되었다. 그래서 pro-bat-(προ-βατ-)가 이 여격을 설명하는 유일한 형태이며, 이 형태를 가정해야만 한다. 이 형태(próbaton)는 형태론적 관점에서 정당화될 수 있다. 왜냐하면 -t-가 접미사로 첨가된 어근 형태(산스크리트어 -jit-; kṣit-(지나가다) 참조)가 존재하고, 그리스어는 이 어근 형태를 접미사 유형으로 바꾸어 기존의 굴절 범주에 맞추었기 때문이다. 예컨대 산스크리트어 pari-kṣit-(앞으로 가다)에 그리스어 peri-ktít-ai(근처에 사는 주민들; 『오디세이아』 11권 288행)가 대응한다. 라틴어 sacer-dōt-(신에게 바쳐질 자격이 있는) 참조. 그리스어에 -thet-로 나타나는 형태는 모두 -thét-ēs로 평준화되었고, 이 절차는 고어적 비정상 형태를 일정 규범에 맞추어 통일시키는 방식이 되었다. próbaton은 이와 유사한 현상이지만 다른 방식으로 구성된 형태이다. 이 경우는 복수 여격 próbasi뿐만 아니라 현재분사의 의미로 확실시되는, -bat-로 구성된 원래 형태를 평준화하기 위해 어간화(thématisation; 이 어간화는 próbata에 의해 더욱 촉진되었다)라는 수단도 같이 이용했다.

형태론을 좀 자세히 고찰했으므로 이제 의미 문제를 고찰해 보자. 롬멜에 따르면, próbata는 짐승 떼의 "선두에서 걸어가는" 작은 짐승인 양을 가리킨다고 했다. 그러므로 próbata가 엄밀히 말해서 '작은 짐승'이라고 하는 것은 롬멜의 주장에서는 필수 사항이다. 그렇다면 그것이 정말 이 단어의 용법인가? 전혀 그렇지 않다. 많은 문헌과 고대 방언의 비명에서 수많은 예를 인용할 수 있다.

우선 호메로스의 『일리아스』 23권 550행을 살펴보자. "그대의 막사에는 많은 황금과 청동, 그리고 próbata와 하녀들이 있으며." 여기에서 próbata는 무엇을 의미하는가? 분명 '짐승' 일반을 가리킨다. 왜냐하면 그것은 특정 종류의 짐승을 명시하지 않기 때문이다. 헤로도토스는 '작은 짐승'을 가리키기 위해 τὰ λεπτὰ τῶν προβάτων으로 기록하는데, próbata가 작은 짐승을 가리킨다면, 이는 불합리한 것이다. 따라서 그것은 종류나 크기를 명시하지 않고 짐승을 총칭한 것이다. 모든 예를 조사한 후에, 헤로도토스에게서 이 용어는 크든 작든 관계없이 모든 짐승에 적용된다고 단언할 수 있다. 히포크라테스[4]——그는 고대 이오니아 그리스어로 글을 썼고, 그의 어휘는 큰 관심거리이다——에게서도 próbata와 ánthrōpoi, 즉 짐승과 인간의 명백한 대립을 볼 수 있다.

테게아[5]의 여신 아테나 알레아[6]와 관련 있는 아르카디아 비문碑文에 결정적인 사실이 나온다. τὸ μὲν μὲξον προβατόν … τὸ δὲ μεῖον … (크고 작은 próbaton). μεῖος와 μείζων으로 수식한 또 다른 예도 있다. 이 모든 사실은 próbaton이란 단어가 아직 의미가 특수하게 분화되지 않고, 짐승 전체를 가리킨다는 것을 분명히 의미한다. 그 의미가 '작은 가축'의 의미로 축소된 시기를 확정할 수 있는데, 아티카 그리스어attique 시기이다.

이제 더 이상 깊이 탐구할 필요가 없다. próbata가 일차적으로 그리고 모든 곳에서 '가축' 일반을 가리킨다면, 비교적 근세의 의미에 속하는 '작은 가축'이란 의미가 이 용어의 선사先史라는 근거를 지지할 수 없다. 또 두 번째 중요한 문제는 양들이 선두에 서서 걸어가는 여러 종류의 짐승들로 구성된 큰 짐승 떼가 선사 시대의 그리스에 있었느냐 하는 것이다. 이 관습

---

4) 히포크라테스Hippokratēs(기원전 460~377년): 코스 섬 출신의 의학의 시조로 불리는 의사.—옮긴이

5) 테게아Tegea: 펠로폰네소스 반도의 고대 그리스 도시.—옮긴이

6) 아테나 알레아Athéna Aléa: 고대 그리스 도시 테케아와 만티네이아의 수호守護 여신. 전쟁의 여신이자 이성의 여신이다. 로마인들은 이 여신을 미네르바와 동일시했다. 알레아는 아테나 여신의 별칭이다.—옮긴이

이 아프리카에 있었다고들 한다. 하지만 그리스의 목축 풍습에 여러 짐승들로 이루어진 큰 무리가 있었던가?

이에 대한 명시적인 기술이 있는지는 알 수 없지만, 짐승 떼가 구성된 방식에 대한 간접적인 증거들이 있다. 이들 증거는 잘 알려진 어휘적 사실이며, 이제 이들을 생각해 보려고 한다. 이 가축 떼를 가리키는 일관된 명칭이나 복합어는 없지만, 각종 목동을 가리키는 고유한 어휘와 함께 동물에 따라 서로 다른 용어가 사용되었음을 알 수 있다.

*pôü*는 오직 '양' 떼만을 가리킨다(양의 목동은 oiopólos이다).
*agéle*는 오직 '소' 떼만을 가리킨다(소의 목동은 boukólos이다).
*subósion*은 오직 '돼지' 떼만을 가리킨다(돼지의 목동은 subótēs이다).
*aipólion*은 오직 '염소' 떼만을 가리킨다(염소의 목동은 aipólos이다).

양을 돌보는 사람, 즉 '양치기'berbicarius라는 명칭은 próbaton이 아니라 ówis에 기초해서 만들어진 단어(oiopólos)라는 점도 명심해야 한다.

이 구별은 다른 언어에도 역시 존재한다. 라틴어 pecudes는 armenta (큰 가축)와 구별되는 양(pôü 참조)을 가리킨다. 또한 영어 용어 flock과 herd를 비교해 보라. 영어에도 역시 동물 종류에 따라 서로 다른 일련의 무리를 가리키는 용어가 있다.

우리가 특정한 동물 무리를 가리키는 명칭만을 찾을 수 있다는 것은 혼합된 가축 떼가 없었다는 것을 의미한다. 가축의 종류는 그 종류에 고유한 전문 목동이 있었고, 가축은 각기 종류에 따라 별도로 목축했던 것이다.

그러므로 롬멜의 설명과 반대되는 결정적인 논거가 생긴 셈이다. 목축의 관습은 그리스에서는 꽤 오래된 것이고, 호메로스 시기 훨씬 이전에 여러 종류의 전문화된 목동이 분업화해 있었다. 미케네 그리스어mycénien 에서 호메로스 그리스어 subótēs에 대응하는 suqota-와 boukólos에 대응하는 qoukoro가 있다는 것을 발견할 수 있다. 또한 '염소치는 자'를 가리키는 미케네 그리스어 aikipata도 있다. 그러므로 여러 짐승들로 구성되는 가축 떼가 있었다는 것을 가정할 근거는 어휘에도 없고, 전통에도 없다. 그러므로 롬멜의 두번째 주장은 근거가 없다.

그렇지만 próbata에 '선두에 서서 걷다'라는 의미를 부여할 수도 있을 próbata/probaínō의 어원 관계를 해결하는 문제가 남아 있다. 그러나 probaínō같이 매우 명백한 동사조차 그 의미를 검증하는 데 주저해서는 안 된다. 예문을 다시 읽어 보면, 비록 모든 사전辭典이 probaínō가 '앞장 서 걷다'란 의미라고 확증하지만, 이 단어는 결코 이것을 의미하지 않는다는 사실을 깨닫게 된다. 실제로 이들 사전이 어떤 예문에서 이 추정된 의미를 끌어왔는지 살펴보아야 한다. 가장 빈번히 나타나는 의미는 실제로는 '앞으로 나아가다', '전진하다', '앞으로 이동하다'이다. 이 의미를 검증할 필요는 없다. 예문들이 아주 분명한 까닭이다. 예컨대 호메로스의 κραιπνὰ ποσὶ προβιβάς(급히 성큼성큼 큰 걸음으로 전진하는; 『일리아스』 13권 18행), προβεβηκὼς τῇ ἡλικίᾳ(많이 먹은 나이; 리시아스[7] 169, 38)가 그것이다. 그러므로 그 의미는 항상 '앞으로 나아가다'이다.

그러나 전혀 별개의 문제이지만, 둘째 의미인 '누구의 앞에 서서 걸어가다'도 조사해 보자. 이 의미는 모두 호메로스에 나오는 동일한 유형

---

[7] 리시아스Lysias(기원전 450/455?~379?년): 기원전 5세기에 태어난 사람으로 원출신은 시라쿠사이고, 페리클레스의 초청으로 아테네로 건너와 정착하였으며, 연설가로 유명하다. 작품으로 『연설』Lógoi, 『반反에라토스테네스』 등이 있다. 원서에는 리시아스의 어떤 작품인지 명확히 나오지 않은 채 위와 같이 표기되었다.—옮긴이

의 세 예문에 근거한다. ὅ τε κράτεϊ προβεβήκη(힘으로 다른 사람을 이기는, 권세로 다른 사람을 능가하는; 『일리아스』 16권 54행). 이는 물론 '힘이 더욱 센'도 의미한다. 『일리아스』 6권 125행과 23권 890행 참조. 그러나 이 구절들은 모두 완료parfait이다. 그래서 완료의 의미와 동사의 의미가 심하게 혼동되었다. 즉 probaínō는 '나는 앞으로 나아간다, 나는 앞으로 향한다'를 의미하고, 완료 probébēka는 '나는 앞선 위치에 있다'를 의미한다. 그래서 ἄστρα δὲ δὴ προβέβηκε(『일리아스』 10권 252행)는 '밤이 깊었다'를 의미한다. προβέβηκε ἀπάντων 또는 κράτεϊ라고 말할 때, 이는 '모든 사람들보다 앞선 위치에 있는' 또는 '(힘에서) 모든 사람들보다 앞선 위치에 있는'을 의미한다. 실제 호메로스(『일리아스』 6권 125행)에는 πολὺ προβέβηκας ἀπάντων이 나오는데, 이는 '다른 모든 사람들과 관련해서 볼 때, 훨씬 앞서 있는'을 의미한다. 단지 이 세 예문을 인용하여, 이로부터 '~의 앞에 있다'는 의미를 끌어낼 수 있는 이유는 probaínō가 '선두에서 걸어가는'을 뜻하기 때문이 아니라 '전진하다'를 의미하기 때문이다. 이 의미는 단지 완료의 정상적인 의미가치를 예시할 따름이다. '우세'의 관념은 일정 지점을 넘어서 사람들이 이미 앞서 있는 상황을 뜻하는데, 여기에서 이 지점(경계)은 속격-탈격으로 구성된다. 따라서 ἄστρα προβέβηκε와 인용된 세 예문 사이에 동사 의미의 차이는 전혀 없다. 그것은 모두 똑같은 의미이다. 그러므로 이들을 여러 개로 범주화하여 명백한 예문을 따로 나눌 필요가 없다. 라틴어에도 progredior(전진하다)——이것은 정확히 probaínō에 대응한다——와 praegredior(다른 사람들의 선두에 가다)의 차이가 있다. 그러나 probaínō는 오직 progredior와 대응한다.

그렇다면 próbata는 '무리의 앞에서 가는'을 의미하지 않는다. 이 해석을 뒷받침하는 모든 이유가 하나씩 근거를 상실한다. 즉 ① próbata는 작은 가축이 아니다. ② 그리스의 짐승 떼는 여러 짐승으로 구성된 복합적 무리가 아니다. ③ probaínō의 의미는 '선두에서 걸어가다'가 아니라 '전진하다'이다.

그렇다면 우리에게 미해결로 남는 것은 próbata와 probaínō의 관계이다. 이 관계를 이해하려면 '전진하다'란 의미로부터 출발해야 한다. próbata는 '전진하는 것'을 뜻한다. 또 다른 의미가 있는가? 이 명칭은 특이하고 약간 이해할 수 없는 것처럼 보인다. '앞으로 나아가는 것'은 가축의 특전이며, 모든 동물은 정상적으로는 '앞으로 나아가는 것'이 아닌가?

여기에 대한 해결책은 próbata와 형태론적 관계가 있지만, 아직 학자들이 고찰하지 않은 용어가 제공한다. 그것은 próbasis(πρόβασις)라는 호메로스의 단어이다. 이는 próbata가 파생된 동일 동사 probaínō에서 파생된, -t-가 있는 추상명사이며, 호메로스 작품에서는 단 한 번, 우리로서는 아주 이상적 환경에서 나타난다. 즉 κειμήλια τε δὲδὴπρόβασιν τε(『오디세이아』 2권 75행)이다. 호메로스의 이 표현은 부富, 재산을 가리킨다. próbasis는 집합 개념을 가리킬 수 있고, 추상명사의 부류에 속하는 -sis로 구성된 단어이다. 그 근거는 árosis(경작/경작지; 프랑스어 표현 marcher dans les labours(경작지에서 걷다)를 참조), ktêsis(소유)와 '모든 κτήματα(소유)' 같은 단어에서 (árosis가 경작된 땅 전체를 의미하듯이) 예시된다.

마찬가지로 próbasis도 próbata 전체(집합)를 가리킨다. 그리고 κειμήλια/πρόβασις의 대립은, 호메로스 시기의 경제에 가장 기본적 구분에 의거해서 이루어진 두 범주의 재산 형태, 즉 '움직이지 않는' 재산인 부동산不動産과 '걸어다니는' 재산인 동산動産의 대립에 적용된다. 요컨대 próasis란 '(재산에서) ὅσα προβαίνει(앞으로 전진해서 나아가는 모든 것들, 가축)'을 뜻한다.

이처럼 재산을 두 형태로 간주하는 방식은 아주 간략하지만 현행의 재산 분류, 즉 '부동산'과 '동산'의 분류를 환기시킨다. 우리에게 부동산은 건물이며, 동산은 통화이다. 호메로스 시대의 그리스에서는 이 두 가지 재산의 구별이 더욱 구체적이다. '고정된'keítai 모든 것, 즉 κειμήλια는 주괴鑄塊 형태의 금, 구리, 쇠 등의 귀금속으로서 이것은 tā próbata, 즉 다리가 달린 재산과 대립되며, 이 다리 달린 재산은 실제로는 가축 떼, 다시 말해 가축 일반이다. 이 의미가 고대의 작가들에게서 관찰되는 próbata의 의미이다.

이 설명은 호메로스 시기의 문명의 경제에 새로운 지평을 열어 준다. 롬멜은 수많은 동물로 구성되는 극히 원시적 유형의 가축 떼를 가정했다. 그러나 실제 próbasis와 비교한 próbata는 훨씬 진보된 사회조직을 보여 준다. 호메로스 시대의 사회에서 재산은 여러 가치체계에서 고찰되는 복합적 실체이며, 이를 κειμήλια/πρόβατα로 구별한 것이다.

이와 같은 구별이 훨씬 최근 시기인 게르만어에도 유지되었다. 스칸디나비아어 영역에서 próbata를 환기시키는 명칭이 있다. 그것은 아이슬란드어 gagandi fé(gehendes Vieh; 걸어가는 가축)이다. 그러나 여기에서 fé는 게르만어의 의미로 pecus, 즉 부와 재산을 나타낸다. 고트어 faihu는 argúion(은/돈)을 가리킨다. 이 표현은 가축을 가리키는 '걸어다니는 재산'을 의미한다(제4장 참조). 이러한 의미 비교의 가능성은 또한 히타이트어 iyant-(양)이 제공하는데, 이 단어는 i-(가다/걷다; 그리스어 eîmi 참조)의 분사형이다. 우리는 이것이 특정한 종류의 가축 명칭이 아니라 오직 양만을 가리키는 명칭인지 아닌지를 확신하지 못하고 있다. 그 의미가 확증된다면, 이 비교는 놀랄 만한 일치를 보일 것이다.

이와 같은 것이 가장 중요한 사실이다. 그 이후의 의미발달에 대해서는 모든 시기의 모든 언어가 제공하는 많은 예에서 나타나는 의미진화를 강조할 필요는 없다.

이 총칭 용어의 의미는 우세한 종種이라는 개념을 통해서 축소된다. 이 사실은 일반적 현상이며, 다음 예처럼 잘 확증된다.

라틴어 bestia(짐승; 총칭적) 〉 프랑스어 biche(암사슴)

〉 앙가딘 방언 becha(양)

라틴어 animal(동물) 〉 북부 이탈리아 방언 nimal(돼지)

〉 다른 지방 nemal(소)

총칭 명칭을 지닌 것은 언제나 뛰어난 동물, 즉 지역적으로 가장 유용하고 가장 대표성이 있는 종류의 동물이다. 예컨대 이탈리아어 pecore(양/암양) 같은 것이다.

그리하여 próbata를 매 순간 갱신되는 단어군 내에 통합시킬 수 있다. próbaton의 특수 의미는 가축 사육의 지역적 조건에서 유래한다. probaínō 와 관련하여 일차적 의미는 오직 일정하게 정의된 경제구조의 틀 내에서 만 해석될 수 있다.[8]

---

8) 1, 2, 3장 전체에 대해서는 에밀 뱅베니스트, 「인도유럽어의 동물 명칭」Noms d'animaux en indo-européen, 『파리 언어학회 논집』Mémoires de la Société de Linguistique de Paris, 1949, pp. 74~103 참조.—옮긴이

4장_가축과 화폐: pecu와 pecūnia

요약

모든 비교언어학자들은 인도유럽어 *peku는 '가축'을 의미하거나 더 좁은 의미로는 '양'羊을 뜻한다고 생각한다. 이 용어나 그 파생어(예컨대 라틴어 pecūnia)에 '부'富, '재산'의 의미를 적용할 때, 이 의미는 부차적인 것으로 간주되고, 애당초 무엇보다도 부를 나타냈던 '가축'이란 용어의 의미가 확장된 것에서 유래한다고 설명한다.

하지만 *peku가 나타나는 3대 방언인 인도이란어, 이탈리크어, 게르만어에서 이 용어와 파생어에 대한 연구는 전통적인 해석을 뒤엎는 결과를 가져왔다. 즉 *peku는 원래 '사유 재산으로서의 동산'動産'을 가리켰으며, 몇몇 언어에서 이 용어가 '가축', '어린 가축', '양'을 가리키게 된 것은 단지 그 후에 일련의 '의미 한정'이 일어났기 때문이다. 이 의미발달은 próbata의 의미발달과 평행 관계를 이룬다(3장).

인도유럽사회의 경제는 목축업이며, 이를 나타내는 어휘들 중 아주 중요한 어휘로 *peku가 있다. 이 단어는 3대 방언권인 인도이란어, 이탈리크어,

게르만어에서 확인된다(리투아니아어 pekus는 게르만어 차용어이거나 서부의 어느 언어에서 차용된 단어일 가능성이 아주 높다).

모든 비교언어학자들은 *peku가 '가축'을 가리키는 인도유럽어 명칭이며, 이를 어근 *pek-(털을 깎다)로써 설명하는 데 동의한다. 그래서 이 용어는 털을 가진 동물, 엄밀히는 '양 종류'를 가리키며, 이 명칭이 '가축' 전체로 확장되었을 것이라고 한다. 이와 같은 것이 비교문법의 초기부터 제시된 설명이었다.

우리는 이 글에서 *peku에 대한 이 견해가 근거가 없으며, 언어자료를 재분석해야 한다는 것을 증명하려고 한다. 이 연구는 인도이란어, 라틴어, 게르만어의 순서로 이루어질 것이며, 이를 통해 얻은 결론은 고찰된 본 문제의 범위를 넘을 것이다.

I. 인도이란어

연구하려는 형태는 베다 산스크리트어 paśu와 아베스타어 pasu이다.

베다 산스크리트어에 전체적으로 나타나는 이 단어의 의미는 여러 문맥에서 사용된 용례들이 확증하는 바대로 '가축'이다. 즉 vraja와 결합하면 '우리', '외양간'이고, gopā와 결합하면 '양치기'이고, yūtha와 결합하면 '가축 떼' 등의 의미이다. 그렇지만 다음과 같은 사실을 관찰해야 한다.

① paśu는 모든 종류의 가축(말과 소 등)을 포함하는, 오직 이들만을 포함하는 집합적 의미의 용어라는 점이다. 예컨대 aśvāvantam gomantam paśum(말, 황소, 사람; 『리그베다』*Rig Veda* I, 83, 4), paśum aśvyam gavyam(사람, 말, 소; V, 61, 5) 등.

② paśu는 네 발을 가진 paśu와 같은 선상에서 두 발을 가진 paśu로 지

칭되는 사람까지 포함한다. 예컨대 dvipáde cátus padeca paśáve(두 발 가진 것과 네 발 가진 것; III, 62, 14). 이 결론은 이 예문에서만 끌어낼 수 있는 것이 아니다. 이는 5가지 paśu에 대한 『샤타파타하-브라흐마나』*Satapatha-Brāhmaṇa* VI(2, 1, 2)[1]의 분명한 가르침이다. purusam(사람) aśvam(말) gām(소) avim((어린) 양) ajam((숫)염소). 뿐만 아니라 제사론祭祀論에서 이 정의를 명기하는 다른 텍스트들도 있다.

이처럼 paśu에 사람을 포함시키는 것은 목축 사회를 가리키는 지표가 된다. 목축 사회에서는 동산動産은 동물뿐만 아니라 사람도 될 수 있으며, 또 일차적으로 이 동산을 의미하는 용어 paśu는 '네 발 달린 동물'뿐만 아니라 '두 발 달린 동물'에게도 적용된다.

이란어는 이 견해를 확증해 준다. 베다의 정의에서 암암리에 나타나는 인간과 동물의 이러한 결합은 아베스타어 표현 pasu vīra(가축-사람)에서 분명히 드러나며, 이 표현이 아주 오래된 것이라는 점은 예전부터 알려진 사실이다.

아베스타어 표현 pasu vīra에 나오는 vīra(사람)는 정확히 무엇을 가리키는가? 이와 정반대 위치의 서부 지역의 인도유럽어 영역에서 이 표현에 대응하는 것은 『이구위나이 청동판』의 uiro pequo이다. 리더스Lüders는 산스크리트어에서 vīra가 가축의 개념과 연관된 문맥에서는 '노예'를 가리킨다는 사실을 증명했다. 이 단어를 엄밀한 의미로 보든, '하인', '충복'이라는 다소 완화된 의미로 보든, 그 의미는 pasu vīra란 표현에 나오는 아베스타어 vīra에도 그대로 적용된다.

---

1) 『리그베다』를 설명하고 주석한 주해서로서 주로 제사의 방식과 의미에 대한 내용을 담고 있는 『브라흐마나』(기원전 900~700년?) 가운데서 양이 가장 방대하고 내용이 가장 중요한 『야주르 베다』*Yajur Veda*에 포함되어 있다.—옮긴이

우리는 이에 대한 새로운 명료한 확증을 자라투스트라[2]의 『찬가』*gāthā*에서 제시해 보겠다. 비장한 색채를 띤 한 구절(『야스나』*Yasna* 46, 2)에서 자라투스트라는 자신을 사방에서 에워싸고 있는 적을 무찌를 수 없다는 무력감에 대해 호소한다. "오 마즈다Mazda 신이여, 제 자신이 왜 이처럼 무력한지 잘 알고 있소. 그건 제가 kamna-fšu(내게 pasu가 거의 없다)이며, 제가 kamna-nar-(내게 사람들이 거의 없다)이기 때문이오." 이 두 수식표현 kamna-fšu(pasu가 거의 없는)와 kamna-nar-(사람들이 거의 없)는 분명 pasu vīra라는 표현에서 유래하며, 『아베스타』에서도 역시 vīra는 nar로 전위되어 나온다. 자라투스트라를 '무력하게' 만든 것은 pasu가 없고, nar-가 없기 때문이다. 두 종류의 동산인 이 재산은 세력과 힘을 부여해 준다. 따라서 『찬가』의 성구표현 kamna-fšu, kamna-nar-를, pasu vīra란 표현에 기초해서 만든 이항二項 구조의 아베스타어 합성어合成語 목록에 포함시키고자 한다.

이란 북동부 지방의 목축 사회에서 pasu가 얼마나 중요했던가는 이렇듯 다양한 언어적 증거에 나타난다. 이 목축 사회의 이데올로기가 아주 오래된 『아베스타』의 시대를 물들이고 있다.

이미 잘 알려져 있는 그 이후의 pasu의 역사는 논외로 하고, 가장 오랜 시기의 pasu의 의미를 살펴보자. 이 고래의 용어는 오늘날 이란어 영역에서는 '양'의 명칭이 되었다. 그리하여 이보다 훨씬 이전 시기에 pasu에 '가축'의 의미가 분화된 후에 다시 의미가 새로이 분화된 것이다.

마찬가지로 pasu vīra에서 아베스타어 vīra는 동산의 구성요소로 간주

---

2) 자라투스트라Zarathustra: 이란의 예언자이자 종교 개혁가. 6세기경 아키메니데스 왕조 직전에 북동 이란 지방에 살았다. 『아베스타』*Avesta*에 그가 지은 것으로 추정되는 『찬가』가 나온다. 이 찬가讚歌에서 이 예언자는 자신의 신인 아후라 마즈다Ahura Mazda와 얘기를 주고받는다. —옮긴이

해야만 한다. 이 표현은 동물뿐만 아니라 사람도 포함하는 개인 소유의 동산 전체를 가리킨다. 사람은 때로 paśu(pasu)에 포함되기도 하고, 때로는 따로 독립적으로 언급되기도 하는 까닭이다.

이와 같은 해석은 움브리아어 uiro에도 확대해서 적용할 수 있다. 그것은 uiro pequo란 표현이 공통 인도유럽어의 유산일 뿐만 아니라 이탈리아의 두 민족인 움브리아족과 라틴족에 고유한 특정한 지표이기도 한 까닭이다. 아직까지 학자들은 이 움브리아어 표현과 카토가 인용하는 고래의 기도문의 놀랄 만한 유사성에 대해 관심을 갖지 않았다. 움브리아어에서 다음의 제사의식儀式 표현은 11번 반복된다. uiro pequo ……salua seritu(salua seruato)(건강하게 지켜주소서). 이를 카토의 다음 기도문과 비교해 보자. pastores pecuaque salua seruassis(양치기들과 양들을 건강하게 지켜 주소서). 이 두 텍스트를 서로 나란히 놓아보자.

움브리아어 uiro pequo …… salua seritu
라틴어 pastores pecuaque salua seruassis

이 두 표현이 서로 밀접하게 관련된 것이 충분히 드러난다. 연속하는 모든 용어들이 어원적으로 동일한 가운데서 서로 상응하며, 단 한 가지 예외는 첫째 용어이며, 동일한 의미가 서로 다른 용어로 표현되어 있다. 움브리아어 uiro에 정확히 대응하는 라틴어 단어는 uiros(남자들)가 아니라 pastores(목동들)이다. 이로써 움브리아어 pequo와 결합된 uiro는 가축을 돌보는 일을 맡은 자를 가리킨다는 결론이 나온다. 그러므로 이 움브리아어는 인도이란어 pasu와 결합된 vīra의 개념에 정확히 대응하는 단어이다.

pasu가 무엇보다도 경제적 가치와 관련된다는 점은 kṣu란 용어에서 확인될 수 있다. 아베스타어 fšu-가 pasu와 관련되듯이 kṣu는 pasu-와 관련되며, 일찍부터 이 단어와 분리되었으나 최초의 의미는 그대로 간직하고 있다. 형용사 purukṣu는 '재산이 많은', '소유물이 풍부한'을 의미하며, 구체적으로 '가축'이 많다는 것을 뜻하는 것은 아니다. 이는 아그니Agni, 인드라Indra, 소마Soma의 제신諸神[3]을 수식하는 단어이며, 흔히 '부', '재산'을 지칭하는 용어들과 연관되어 있음을 알 수 있다.

이 모든 지표는 훨씬 오래되고 훨씬 광범한 '동산'이라는 의미가 '가축'의 의미로 축소된 것이라는 점을 보여 주는 듯하다. '동산'의 의미가 목축 사회에서 재산의 주요 형태인 가축에 적용되고 있는 것이다.

II. 라틴어

라틴어 pecūnia의 형태 구성은 특이하다. 바로 이것이 이 단어가 지닌 의미가치와 더불어 난점이다. 이 형태론적 문제는 아직껏 전혀 논의된 바가 없다는 점에서 더욱 이 점을 강조해야 한다. pecūnia와 pecū의 형태론적 관계는 어간의 끝모음이 장음화되면서 생겨난 이차적 파생어의 관계이다. 가장 중요한 문제는 이 접미사 문제이다. 라틴어 pecūnia의 단어 구성과 유사한 언어사실은 특히 메이예A. Meillet가 지적한 바 있는데, 고대 슬라브어 -ynji(〈 *-ūnia)의 단어 구성이 그것이다. 접미사 -ynji는 고대 슬라브어에서 형용사에서 파생된 추상명사를 만든다. 예컨대 dobrynji(친절/호의) : dobrŭ(마음씨가 착한) 같은 것이다. 또한 해당 남성 명사에서 파생된 여성

---

3) 『리그베다』의 찬가의 대상이 되고 있는 신들. 아그니Agni는 제사 때 사용되는 불의 신이고, 인드라Indra는 천둥과 폭풍의 신이며, 소마Soma는 제사 지낼 때의 주신酒神이다. ―옮긴이

의 인물 명사를 형성하기도 한다. bogynji(여신) : bogǔ(신/남신). 또한 -ynji
로 형성되는, *-u- 어간에서 파생된 슬라브 파생어를 여기에 인용할 수도
있다. 예컨대 lĭgynji(가볍게 인사하기) : lĭgǔkǔ(가벼운; 산스크리트어 laghú-,
raghú-(가벼운) 참조) 같은 것이다.

이 비교를 그대로 채택할 수도 있지만, 이러한 비교에서 결론을 끌어
내야 한다. 라틴어 pecūnia는 추상명사이기 때문에, -ynji로 구성된 슬라
브어 추상명사처럼 '형용사'를 기저형基低形으로 가정해야 한다. 그렇다면
*peku를 아주 고형의 형용사 중성으로 간주해야 할 텐데, 이는 어느 언어
에도 나타나지 않는 것 같다. 이 결론은 불가피하지만, 너무 근거가 없는
것 같다. 이 결론이 존재가 전혀 확인될 수 없는 조어법을 가정하는 것으로
판단된다면, pecūnia를 라틴어 형태론의 여러 언어자료를 이용하여 설명
해야 하는 방법만이 남는다.

그렇다면 pecūnia를, -u-명사에 기초해서 형성된 -nus, -nā형의 여성
파생어와 비교해야 한다. 예컨대 명사 *fortu-(fortu-itus(우연히) 참조)에
서 파생된 fortūna(운명/우연)나, portu-에서 파생된 Portūnus(문門의 신),
opportūnus(적절한/알맞은) 같은 단어가 그것이다. 그렇다면 다음 두 가지
사실을 인정해야 한다. ① 라틴어 pecūnia와, -ynji로 형성된 슬라브어 단어
구성의 대응은 단지 외형적인 것에 지나지 않으며, 따라서 이차적 과정에
서 유래한 것으로 간주해야 한다. ② pecūnia는 라틴어에서조차, portūnus,
fortūna(portus와 fortu-itus 참조)와 유사한 -nus/-nā 파생어에 기초해서 만
들어졌거나, 아니면 엄밀히 말해서 *-nī-로 형성된 여성 명사에 기초해 만
들어진 -ia형의 추상명사이다.

바로 이 점이 라틴어에서는 찾아볼 수 없는 추상명사의 분석에서 부
딪히는 딜레마이다. 즉 pecūnia는 슬라브어 *-ūnyā와 동일한 조어법이며,

따라서 그것을 역사적 중성형 pecū가 아니라 고대의 '형용사'와 관계지을 것인지, 아니면 pecūnia가 중성형 pecū에서 직접 파생되었지만, 이 파생이 -ynji로 구성된 슬라브어 형용사의 접미사법과 직접 비교할 수 없는 접미사법으로 파생된 것인지 하는 딜레마이다.

pecū에서 파생된 또 다른 명사는 pecūlium(노예가 자유를 얻기 위해 모은 적은 돈)이다. 여기에서도 -ium으로 구성된 중성 명사 가운데 유례를 찾아볼 수 없는 고립 형태라는 것이 역시 문제이다. 그렇지만 이 단어구성은 해명할 수 있다. pecū와 pecūlium 사이에 중간 단계의 단어 *pecūlis를 설정해야 한다. 이 pecūlis와 pecū의 관계는 īdūlis(15일의)와 īdūs((3, 5, 7, 10월의) 15일), tribūlis(같은 부족의)와 tribus(로마 민족의 구분 집단/부족)의 관계와 동일하다. pecūlis와 pecūlium의 관계는 edūlis(먹기에 좋은)와 edūlia(음식; 여기에서 edūlium(음식물)이 파생된다)의 관계를 비교해서 살펴보자. pecūlium에서 명사 파생 동사 dénominatif peculo(r)(공급 횡령죄를 저지르다)가 파생되며, peculo(r)에서 명사 peculātus(공급 횡령), peculatūs가 파생된다. 그래서 pecūlium : peculo(r) : peculātus의 계열은 dominium(재산/재산권) : dominor(소유주가 되다/지배하다) : dominātus(지배/주권)와 평행한 관계가 된다. 그리하여 pecūlium와 함께 동일한 단어군을 형성하는 모든 파생어의 관계가 이처럼 합리적으로 조직된다.

이제 중요한 문제는 pecūnia, pecūlium의 의미와, 이 두 단어와 pecū의 관계이다. 모든 어원학자들은 pecū는 '가축'이고, pecūnia는 '많은 가축을 지닌 부', '재산'이고, pecūlium은 '노예의 몫으로 준 가축'이라고들 한다. 이와 같은 내용이 모든 어원사전과 라틴어 형태론 저서가 가르치는 바이다. 그리고 이들은 이 해석이 로마 시대의 어원론자들로부터 전해 내려오는 까닭에 pecū, pecūnia, pecūlium의 세 용어가 몇백 년, 심지어는 1,000년이나 된 해석이라는 점을 거듭 강조한다.

　이 세 용어의 형태론적 관계는 확실하다. 문제는 이를 어떻게 이해해야 하는가 하는 것이다. 이를 위해서는 pecūnia와 pecūlium이 무엇을 의미하는지를 확정짓는 문제에서 출발해야 한다.

2.1 pecūnia

pecūnia와 pecū의 형태론적 관계를 설정한 것으로는 충분하지 않다. 이와 평행해서 파생 관계로부터 유래하는 의미 관계를 밝혀야 한다. 그래서 고대와 고전 라틴어 시기의 모든 작가들을 조사하고, 사전의 인용문도 모두 훑어 봐야 할 것이다. 그렇지만 pecūnia와 pecū(가축/가축 떼)의 의미 관계를 결코 확인할 수 없다. 모든 예문에서 pecūnia는 오직 '재산', '돈'을 의미하며, 'copia nummorum'(돈이나 재산이 부유함)으로 정의되고 있다. 그리하여 전통적인 견해를 고려하지 않고 엄밀한 추론에 의해 이 분석을 진행해야 한다. 파생어 pecūnia가 그 최초의 용법으로부터 '돈', '재산', 'χρήματα'를 의미했다면, 기저가 되는 용어 pecū는 오직 경제적 가치와 결부되며, 따라서 그것은 '동산'을 의미한다고 볼 수 있다. 따라서 이와 같은 방식으로만 일관된 pecūnia의 의미를 정당화할 수 있다. 그래서 pecūnia는 추상 집합명사로서 pecū가 지닌 고유의 의미를 일반화시킨 것이다.

　그 의미가 '동산'이었던 *peku가 '가축'이라는 실체에 구체적으로 적용된 것은 별도의 아주 실용적이고 이차적인 과정을 거쳐 이루어진 것이다. 이 *peku에서는 두 가지 이론적 차원을 구별해야 한다. 즉 의미작용 signification의 차원과 명칭désignation의 차원이 그것이다. 결과적으로 *peku의 고대 파생어가 밝혀 주는 *peku의 고유한 의미와 '가축'을 가리키기 위해 사용된 이 단어의 역사적 용법을 구별해야 된다. *peku란 '이' 용어와 가축이라는 '이' 실체 사이에 의미가 연결된 이상, 그 명칭은 일시적으로 고정된다. 그러나 역사는 멈추는 것이 아니어서 새로운 의미 한정이 다시 출현할 수도 있다. 라틴어 pecū, pecus, pecoris, pecus, pecudis 사이에 일어난 여러 의미분화가 이 경우에 해당한다. 이 의미분화는 라틴어의 어휘사에 속하며, 우리가 밝히려는 기본 관계에는 영향을 미치지 않는다.

그런데 학자들은 이와 같은 관계를 오해했다. 그 결과 pecūnia뿐만 아니라 pecū도 잘못 해석하게 되었다. 이 부정확한 개념들은 일차적으로는 라틴 학자들과, 그 후 현대 학자들이 pecūnia를 '많은 가축을 지닌 부/재산'으로 소박하게 번역하면서 의미가 전위되었다. 그렇지만 모든 언어사실은 이 해석을 반박한다. 이와 반대로 원초적인 pecū의 실제적인 성격은 역사적인 pecūnia의 실제적 의미로부터 밝혀진다는 점을 지적해야겠다.

pecūnia가 표현하는 '동산'이라는 개념은 '가축' 이외의 다른 종류의 대상까지 포함할 수도 있다. 고대의 한 고정성구成句를 분명 참조하고 있는 페스투스[4]의 다음과 같은 짧은 구절에서 그 의미가 최초로 확장되었다고 판단된다. pecunia sacrificium fieri dicebatur cum fruges fructusque offerebantur, quia ex his rebus constant quam nunc pecuniam dicimus(곡식들과 과일들을 바칠 때, 제사가 페쿠니아로 이루어진다고 말하는데, 요즘 우리가 페쿠니아라고 부르는 것은 이것들로 구성되기 때문이다).

이 주석가에 따르면, fruges fructusque(곡식들과 과일들)는 pecūnia에 포함되었다. 바로M. T. Varro의 다음 정의定義를 재해석하여 수용하면,

---

4) 폼페이우스 페스투스Sextus Pompeius Festus(기원후 2세기경): 베리우스 플라쿠스Verrius Flaccus의 작품 『단어의 의미에 대해서』De Significatu Verborum를 요약·정리한 학자로 알려져 있다.—옮긴이

이 pecūnia의 확장된 의미가치를 받아들일 수 있다. pecuiosus a pecunia magna, pecunia a pecu: a pastoribus enim horum uocabulorum origo(큰 pecunia에서 pecuniosus가 유래하는데, pecu에서 pecunia가 유래하고, 이들 단어가 목동들에게서 기원하는 까닭이다).

바로가 살던 당시 pecūnia가 의미하는 것이 무엇인지를 알려면 바로 의 『라틴어론』을 읽어 보는 것으로 충분하다. pecūnia란 명칭 아래에는 dos(지참금), arrabo(계약금), merces(봉급), corollarium(수고비; V, 175) 같 은 여러 용어들과, multa(몸값; V, 177), sacramentum(헌금; V, 180), tribu-tum(세금; V, 181), sors(pecunia in faenore(이자); VI, 65), sponsio(약혼 보증금; VI, 70) 같은 항목들이 포함된다. 이 밖에 pecunia signata(주조화; V, 169), 법문헌의 nuncupatae pecuniae(상속금; VI, 60)도 있다. 한마디로 pecūnia 는 경제적 가치 또는 통화의 표시로서 화폐를 갖가지 방식으로 이용하는 것을 포함하는 개념이다. 그러나 그것은 결코 '가축'의 소유와 관련되지 않 는다. 이는 곧 pecū와 pecūnia가 라틴어 시기에 용법상 전혀 별개의 용어 가 되었음을 뜻하는데, 이는 pecū가 '가축'의 명칭으로 의미가 전문화되었 을 때, 최초의 '동산'이란 의미를 간직한 pecūnia란 용어가 의미적으로 연 루되지 않았기 때문이다.

2.2 pecūlium

pecūnia에 대해 논의한 내용은 거의 대부분 pecūlium에도 해당된다. 이 것은 pecūnia보다 pecū와 관계가 훨씬 더 먼 용어이다. pecūlium은 법적 으로 소유가 금지된 자에게 양도된 고유한 재산을 가리킨다. 예컨대 주인 이 노예에게, 아버지가 아들에게 양도한 개인 지참금 같은 것이다. '자신의 고유한 재산으로 갖다'란 개념이 가장 중요하며, 여기에서 고유 재산은 언제나 동산인 화폐나 양¥이다. pecūlium이 왜 노예의 지참금과 관련되고, pecūnia가 주인의 재산과 관계되는지 궁금해 할 필요는 없다. 이는 제도사 制度史의 문제이지 언어 형태의 문제는 아니기 때문이다. 이 의미구분을 확인한 후에야 파생어 pecūliāris(pecūlium에 고유한) 또는 'pecūlium으로 준'에서 pecūlium의 의미를 찾아볼 수 있다. 사실 pecūliāris는 pecūlium의 형용사일 뿐이며, 따라서 어떤 동산도 pecūlium이 될 수 있다. 이것을 플라우투스[5])에서도 관찰할 수 있다. 작은 어린애를 주인의 아들에게 pecūlium으로 줄 수 있는데, 이때 건네진 어린애는 pecūliaris puer로 불린다. 이것이 그의 희극『포로들』Captiui(V. 20, 982, 988, 1013)의 여러 요소 가운데 하나이다. 노예 생활의 일상적 환경 조건 가운데서 노예는 오직 자기 능력의 한도 내에 있는 것, 즉 소량의 돈이나 몇 마리의 양으로만 겨우 pecūlium을 축적할 수 있다. 그렇지만 실제적 제한으로 인해 pecūlium이 동전보다는 가축을 가리켰다는 의미는 아니다.

그러므로 기저 개념, 즉 pecū의 개념이 구체적으로 가축과 관련되지 않았다는 둘째 증거를 pecūlium에서 볼 수 있다. 비록 사회의 한 계층에 국한되었지만 개인적 소유의 관계가 pecūnia보다는 pecūlium에서 더 강조된 것을 알 수 있다. 그러나 문제의 소유 재산은 언제나 동산이라는 점인데, 그것은 pecūlium을 엄밀한 의미로 해석하든 비유적인 뜻으로 해석하든 아무 상관이 없다. 이 두 가지 특성, 즉 개인의 소유 재산과 동산의 개념

---

5) 티투스 마키우스 플라우투스Titus Maccius Plautus(기원전 254~184년): 로마의 가장 독창적 희극 시인. 고대 그리스의 신희극 작가인 메난드로스Menandros의 영향을 많이 받은 극작가로 테렌티우스Terentius와 함께 로마 희극 작가를 대표한다. 일상 라틴어로 작품을 썼다. 총 130여 편 중, 21편의 희곡과 단편이 남아 있으며, 거의 모든 작품이 로맨틱한 사랑을 다루고 있다.『아우룰라리아』Aurularia,『거래상』Mercator,『포로들』Captiui,『영광의 군인들』Miles Gloriousus 등이 있다.—옮긴이

으로 파생 동사 peculo(r)(공금 횡령죄를 범하다)도 정의할 수 있다. 이 파생어에서 다시 pecūliātus(공금의 횡령/착복)가 생겨났다. 이 법률 용어와 기저 용어인 pecū 사이에, 형태론적 파생의 연쇄와 평행되는 기능적인 연속성이 재구된다. 즉 유추로 이를 추론할 수 있다. edūlium(맛있는 요리)에서 edūlis(먹을 수 있는)로, 또 edūlis에서 *edu('먹이'에 가깝다)로 거슬러 올라가는 것과 마찬가지로 pecūlium(사유물로서의 동산)에서 *pecūlis(자기 것으로 만들 수 있는)로, *pecūlis에서 pecū로 거슬러 올라갈 수 있다. 그렇다면 이 pecū는 '소유 재산(동산)'으로 정의해야 한다. 어떤 길을 택하더라도 결국 동일한 결론, 즉 pecū는 '(사유 재산으로서의) 동산'을 의미한다는 결론에 이르게 된다.

2.3 게르만어

*peku란 단어는 고대 게르만어군에 속하는 언어들 전체에서 확인되지만, 그 의미는 방언에 따라 차이가 있고, 이러한 의미 차이가 이 용어의 고유한 의미가치를 알려 준다. 우리는 이 단어를 고대 각 방언의 고유한 문맥에서 고찰해야 한다.

사실 게르만어군 내에서 고대 고지 독일어 fihu라는 형태(변이형 feho/fehu)는 '가축'을 의미하는 유일한 것이다. 라틴어 번역 텍스트에서 그것은 pecus, pecudes로 번역하고 있고, 좀더 일반적으로는 iumenta(짐을 나르는 가축)로 번역한다. 또한 fëhelîh(tierish; 동물의), fihu-stërbo(전염병), fiu-wart(Viehhirt; 가축을 치는 자), fihu-wiari(Viehweiher; 가축이 물먹는 웅덩이) 참조. 그러나 이들은 라틴어법에 속하는 단어이다. 다른 많은 단어처럼 여기서도 라틴어 단어의 모델이 결정적 요인으로 작용했다. 실제 우리는 고대 고지 독일어 fihu가 다른 모든 게르만어에 간직된 이 단어의 의미와는 아주 다르며, 또 일반적인 견해와는 달리 의미혁신이나 의미분화는 고대 고지 독일어에서 일어난 것이라는 점을 살펴보게 될 것이다. *peku가 처한 사정을 이해할 수 없고, 중기 라틴어 feudum(봉토)의 출현에 이 고대 고지 독일어 용어가 어떤 역할을 했는지도 더욱 이해할 수 없을 것이다.

우선 고트어의 증거부터 조사해 봐야겠다. 고트어 중성 faihu는 오직 돈, 즉 '재산'만을 가리키며, 동물계와는 아무 관계가 없다. 다음 예를 보자.

Gahaihaitun imma faihu giban(그들은 그에게 돈을 줄 것을 약속했다). 그리스어 *epēggeílanto autôi argúrion doûnai*, 라틴어 promiserunt ei pecuniam se daturos(「마가복음」14장 11절).

이 예문은 faihu가 그리스어 khrḗmata, agúrion, 라틴어 pecūnia, possessiones를 번역하기 위해 선택된 용어이며, 오직 돈, 부, 재산만을 언급한다는 사실을 잘 보여 준다. 또 다음과 같은 faihu의 고트어 복합어도 역시 이를 예증한다. faihufriks(돈을 탐하는, pleonétēs/philáguros), faihufrikei(욕심, pleonexìa), faihugairns(돈을 탐하는, philárguros) 등.

그러므로 faihu는 목축 어휘는 완전히 이질적인 단어라는 점을 알 수 있다. 그 이유는 이 목축 어휘에는 다음과 같은 전혀 다른 용어들이 포함되어 있기 때문이다. hairda(동물의 무리, poímnē/agélē), hairdeis(목동, poimēn), aweþi(동물의 무리, poímnē), wirþus(동물의 무리, agélē), lamb(양, 어린 양, próbaton). faihu의 의미장意味場은 돈과 부, 재산을 가리키는 용어들이다. 즉 gabei(부, ploûtos), gabeigs(gabigs/ploúsios; 부유한)와 명사 파생 동사 gabigjan(부유하게 만들다, ploutízein), gabignan(부유하게 되다, plouteîn), silubr(돈, argúrion(금속/동전)), skatts(데니에/므나, dēnárion/mnâ), 복수형(은화들, argúria)이다.

고트어 faihu가 목축 세계와 아무런 관계가 없다는 부차적인 증거로 또 다른 어휘 관계가 있는데, 이 관계는 아직 밝혀진 바가 없는 까닭에 이를 찾아 올바로 설정해야 할 것이다.

고트어에는 동사 gafaihon, bifaihon ——이는 그리스어 pleonekteîn 을 번역한 것이다——과 동사 파생 명사 bifaih(pleonexía, 이득/탄복)가 있다. 이 모든 예가 나타나는 「고린도후서」에서 사도 바울은 '어떤 사람보다 더 많은 이득을 취하다', '다른 사람의 희생으로 부자가 되다', '다른 사람을 착취하다'의 의미로 pleonekteîn을 사용한다. 이것은 고트어 bifaihon, gafaihon으로 번역된다. faihon에 대한 설명은 고트어 자체에서도 나타난다. faihon은 faihu의 명사 파생어다. 이 어형은 -u-로 된 명사로부터 파생된 동사로 구성된 단어다. 예컨대 sidon : sidus(자리), luston : lustus(욕망)와 같은 구성이다. faihon과 faihu의 의미 관계도 faihu의 합성어 용법으로부터 생겨난다. faihu는 '돈', '재산'을 가리키고, faihu-frikei와 faihu-geiro가 pleonexía를 번역한 단어인 것처럼, faihu-friks는 pleonéktēs를 번역한 것이므로 pleonekteîn에 상응하는 단어로서 '(다른 사람을 발판으로) 부유해지다'라는 특수한 의미를 지니는 동사 faihon(bi-/ga-)을 만들어 낸 것이다.

이제 북유럽어nordique를 살펴보자. 고대 노르웨이어 fé를 'Vieh'(가축), 'Besitz'(재산), 'Geld'(돈)로 번역하는 관례적인 번역은 수정해야 한다. 부각되는 중요한 의미는 '(움직일 수 있는) 재산/동산'이란 개념이다. 이 개념은 다음과 같은 세 가지 조건에서 유래한다.

① '가축'을 나타내는 표현 gangandi fé는 분명, 오직 fé가 '가축'을 의미하는 것이 아니라 '재산', '부'를 의미한다는 것을 상정한다. 반면 gangandi fé는 '다리가 달린 재산', 즉 '가축'을 가리킨다. 그리스어 próbasis, próbaton 참조.

② 합성어 félag(공유 소유물) ──여기에서 félagi(친구/동료; 이것은 고대 영어 feolaga/영어 fellow가 된다)가 파생되었다──는 또한 fé가 '무리'의 뜻이 아니라 '재산'의 의미일 것을 요구한다.

③ 명사 파생 동사 féna는 '부자가 되다'를 뜻하며, 결과적으로 '재산을 획득하다'(fé)란 의미가 된다. 여기에서 이차적 파생어 fénadr(부)가 생겨났고, 이 파생어는 경우에 따라서 의미가 새로이 분화되어 '가축'의 의미를 지니게 되었다.

고대 영어에서는 클라크 홀J. R. Clark Hall과 메릿Meritt의 『앵글로색슨어 사전』*Concise Anglo-Saxon Dictionary*을 참조하면, féoh가 단지 몇 군데 증거에만 'cattle', 'herd' ──이 의미는 전통적으로 미시구조의 첫머리에 놓였다(오늘날 이를 신중하게 개정할 여지가 있을 것이다) ──를 의미하는 반면, '동산', '재산'의 의미, 특히 'money', 'riches', 'treasure'의 의미로는 굉장히 많은 예문이 제시된 것을 충분히 확인할 수 있다. 고대 영어에서 féoh는 주로 재산 일반이나 동산에 우선적으로 적용되며, 가축으로 구성되는 동산 형태의 재산에는 단지 이차적으로, 그것도 아주 드물게 적용된다. 『베어울프』*Beowulf*[6]에서 féoh는 오직 '재산', '보물'을 의미하며, 앨프릭[7]의 wi liegendum féo(for ready money)란 표현은 이 의미가 오래된 것이라는 것을 확증해 준다. 더욱이 féoh(가축)로 구성된 합성어는 단지 세 개뿐이지만,

---

6) 고대 영문학의 유일한 최대 작품. 민중 서사시 유형의 3,000행으로 된 시로서 젊은 전사 베어울프가 괴물 그렌델Grendel과 싸운 영웅적 모험담을 서술하고 있다.─옮긴이

7) 앨프릭Aelfric(987~1010년경): 아인셤Eynsham 수도원의 최초의 대수도원장. 10세기 베네딕트파 종교개혁 시기에 영문학 운동의 선봉장 역할을 한 앵글로색슨의 설교가이자 문법가이다. 영어로 쓴 최초의 라틴어 문법서인 『문법』*Grammar*, 교부들의 설교 내용을 번역한 『카톨릭 설교집』*Catholic Homilies*, 『성인전』*Lives of Saints* 등이 있다.─옮긴이

féoh(돈/재산)로 구성된 합성어는 30개나 된다.

쿠라트-쿤Kurath-Kuhn의 『중세 영어 사전』*Middle English Dictionary*(III. 430)의 항목 fę를 조사하면, 중세 영어에서도 이와 동일한 점을 관찰할 수 있다. 'live stock'(가축)의 의미로 제시된 예는 거의 없지만, '동산, 가축, 재산'(goods, money, riches, treasure, wealth), 그리고 '교환수단으로서의 돈, 세금, 조공, 몸값, 뇌물로 사용된 돈'의 의미로 사용된 fe의 예는 많이 나온다.

이들 예문을 새로이 조사하여 그 정확한 문맥적 의미가치에 따라 그 용법을 분류하고, 최초의 의미로서 '가축'의 의미를 무조건 부여하는 전통적인 도식을 폐기해야 할 것이다. 이러한 수정으로 인해 영어 fee의 단어 역사와 프랑스어 fief, 고대 프랑스어 feu의 단어 역사도 아마 영향을 받을 것이다. 전통적인 설명에 따르면, 프랑크어 fehu(가축)가 라틴어 feus(동산)가 되었다고 한다. 그러나 우리는 이와 반대로 고트어 faihu처럼 fihu가 모든 형태의 동산을 가리켰으며, 이 단어가 라틴어로 들어가면서 이 의미를 간직하게 된 것으로 생각하고 싶다. 이 문제 역시 새로운 조사가 필요한 것 같다.

IV. 결론

개략적인 논의를 통해서 인도유럽어 *peku의 전통적 관념을 전적으로 개정해야 한다는 것을 증명해 보였다. 우리의 일차적 결론은 *peku는 '사유私有 동산'을 의미한다는 것이다. 이러한 재산이 가축으로 대표된다는 것은 별개의 사실이며, 그것은 사회구조와 재화 생산의 형태에서 기인하는 것이다. *peku란 용어와 가축 사육의 실제 현실이 이처럼 빈번히 연관됨으로써 그 결과 *peku가 생산자 계층을 넘어서 일반화되면서, 의미가 일차적으로 분화되어 '가축'을 의미하게 되었고, 이차적으로 의미가 좀더 특수하게 분화되어 '어린 가축'을 의미하게 되었고, 최후의 삼차적인 의미분화로 '양'羊(부류)을 결국 의미하기에 이른 것이다. 그러나 *peku 그 자체는 동물 무리나 어떠한 종류의 동물을 가리키는 것이 아니다.

그래서 이처럼 재구된 *peku의 고유한 의미와 그 방언적 분포 사이에 일정한 상관 관계를 구성할 수 있다. 비교언어학자들이 별로 관심을 크게 갖지 않은 사실이지만, *peku가 그리스어에는 없다는 것은 주목할 만한 홍미거리이다. 이는 우연이 아니다. 이처럼 중요한 개념이 간단히 소실되었을 리는 없다. 이 인도유럽어 용어는 사실상 그리스어에서는 동일한 의미를 지닌 새로운 명칭으로 대체되었다. 이는 호메로스 그리스어 próbasis와 이보다 훨씬 더 보편적인 등가어 próbata이다. 이 용어에 대한 우리 연구(본서 42쪽 이하)에서 우리는 *peku에 대해 상정했던 의미진화의 모델을 좀더 명시적으로 밝혔다. 즉 최초의 이 용어는 '동산'動産을 가리켰다는 점을 밝혔다. 이 동산은 언어 외적인 여러 요인들로 인해 빈번히 가축 재산에 적용되었고, 그 후 '가축'을 가리키는 용어가 되었고, 나중에는 주된 가축 종류인 '양'을 가리키는 용어가 되었다.

그러나 우리가 앞에서 살핀 것처럼, 이 의미분화가 인도이란어 영역에서는 일찍 종료되었지만, 모든 언어에서 의미가 이처럼 분화된 것은 아니다. 라틴어와 주요 게르만어 지역에서 최초의 의미가 '동산'이었다는 점을 증명하는 아주 오래된 증거들이 있는데, 이 사실로 그 후의 모든 파생 용어가 설명된다. 이 의미발달은 역전될 수 없다. 실상 *peku가 원래 '가축'을 의미했다면, 그것이 나중에 '돈'과 '재산' 일반을 가리킬 수 있는 가능성이란 거의 없다. '돈'과 '재산' 일반은 라틴어 pecūnia와 고트어 faihu가 지닌 고유한 의미이기 때문이다.

또 우리가 내린 둘째 결론은 다음과 같다. 즉 이러한 성질의 어휘발달 과정에서 구체적 현실에 적용되어 명칭이 되는 것은 일반적 의미를 지닌 용어이지 그 역은 불가능하다는 것이다. 우리는 여기에서 라틴어 어원학자들로부터 최근의 사전에 이르기까지 설정한 pecū와 pecūnia의 관계를 정반대로 설정했다.

여러 형태의 재산과 관련되는 용어는 일반적 용어이며, 이들 용어와 소유자의 관계를 지시하지만, 소유물의 성질 자체에 대해서는 아무것도 지시하지 않는다는 사실을 실제로 제시할 수 있었다. 이처럼 일반적 의미 작용은 구체적 명칭désignation이며, 이 명칭의 역사를 통해 그것이 지시하는 특정 대상과 매우 밀접하게 결부되어 원래 의미가 상실된 것이다. 이에 대한 명확한 예를 그리스어 próbasis, próbata에서 살펴보았다. 마찬가지로 영어 cattle, 프랑스어 cheptel이란 특정 용어도 라틴어 capitale(주재산)로 거슬러 올라간다. 1114년의 어떤 텍스트에서는 벌써 capitale가 'chattel', 'cattle', 'movable goods'를 의미하고 있다.[8] 그러나 중세 시대에는 여전히 이 용어가 '재산', '소득'의 의미를 지녔고, 에스파냐어 caudal도 '재산', '부'를 의미한다. '동산'에서 '가축'의 의미로 변화된 의미전이는 매우 특색이 있다. 그러나 이 의미전이가 한번 일어나면 그 역전은 불가능하다. 그리하여 '가축'이 소유 재산 일반과 관련된 용어로 대부분 지칭된 것이다. 즉, 가축을 오직 '소유 재산'으로 지칭한 것이다. 그렇지만 그 반대 과정으로의 의미전이는 결코 일어나지 않는다.

따라서 *peku와 그 의미진화에 대한 우리 해석은 재산 용어의 규범으로 불릴 수 있는 것과 일치한다. 즉 일반적 명칭이나 총칭적 명칭은 어떤

---

8) 백스터-존슨Baxter-Johnson, 『중세 라틴어 단어 목록』Mediaeval Latin Word-list, 1934, p. 64.

계층의 생산자들 사이에서는 전형적 산물이나 요소의 명칭으로 사용된다는 것이다. 바로 이러한 자격으로 명칭은 원래의 환경을 벗어나 전파되고, 그 후 문제의 대상이나 요소의 일상적 명칭이 되는 것이다. 이와 같은 경우가 *peku이다. *peku에 대해서는 세 방언군의 자료를 비교·조사하여 이 과정의 단계를 하나씩 추적하였고, 이 내적인 재구를 어느 정도 증명할 수 있었다.

　　마지막 결론은 *peku-의 어원과 관련된다. 현재의 이 증명 방법이 타당한 것으로 판명된다면, 이는 전통적으로 내려오던 *pek(t)-(털을 깎다)와의 비교를 무효화시킨다. 경제적 가치를 지닌 용어인 *peku는 어떤 동물을 지시하는 것이 아니기 때문에 양털을 깎고 손질하는 기술에 특유한 *pek(t)-의 파생 용어들과는 아무 관계가 없다. 즉, 그리스어 pékō(빗질하다/솔질하다), pókos(털), pektéō(털을 깎다), pékos(명사; 털깎기), pokízō(양털을 깎다), kteís(빗/솔), 라틴어 pecto(빗질하다/솔질하다), pecten(빗), pexus(털이 난/털이 많은), 아르메니아어 asr(양모) 등의 파생어이다. 이들 형태와 *peku 사이에는 동음同音의 유사 관계만이 있을 뿐이다. 그러므로 이들을 서로 비교해서는 안 되며, 따라서 고대 인도유럽어 어휘의 잔재인 *peku-는 현재 알려진 그 어떤 어근으로도 귀착될 수 없다.[9]

---

9) 이 연구보다 훨씬 더 자세한 편의 논문은 『인도유럽어와 인도유럽인』*Indo-european and Indo-europeans*(Chicago University Press)이라는 논문집에 게재되어 미국에서 출간될 예정이다.

5장_증여와 교환

요약

그리스어에는 보통 '증여'로 똑같이 번역되는 단어가 다섯 가지 있다. 이들의 용법에 대한 세밀한 조사를 통해서 이 단어들이 사실상 증여를 바라보는 서로 다른 다섯 가지 방식에 대응된다는 것을 알 수 있다. 즉 순수한 동사적 개념인 '주는 것'으로부터 '협약, 동맹, 우정, 환대 등의 제반 의무 때문에 이행해야 하는 계약상의 급부'가 그것이다.

고트어 용어 gild와 그 파생어는 종교적 측면(속죄 제사), 경제적 측면(상인 조합), 법률적 측면(범죄자의 '보석'保釋)이 상호 밀접하게 얽혀 있는, 아주 오래된 게르만 전통으로 거슬러 올라간다.

그리스어 dáptō와 라틴어 daps에 연관된 단어의 변화 과정은 한편으로는 옛날 인도유럽사회의 '포틀라치'potlatch의 관습을 드러내 주며, 다른 한편으로는 '위세의 대가代價로 지불하는 비용'이라는 옛 개념이 어떻게 점차 '손실'과 '손해로 인한 순수한 의미의 비용'으로 퇴화했는지를 보여 준다.

길드처럼 경제 단체가 된 한자동맹은 타키투스가 『게르마니아』*Germa-*

*nie*에서 서술한 것처럼 족장 주위에 몰려든 젊은 전사들의 '수행 집단'co-
mitatus을 계승한 것이다.

서론

이제 몇 가지 일련의 경제 개념을 연구하려 하는데, 이 개념들은 각 개념이
지닌 특성의 집합에 의지하지 않고서는 정의하기 어렵다. 이 경제 개념들
은 '주다'donner, '교환하다'échanger, '거래하다'commercer이다. **교환**과 **증여**와
관련되는 용어는 인도유럽 어휘의 풍부한 한 장章을 이룬다.

　이제 '주다'란 개념으로부터 시작해 보자. 이 개념을 단순한 것으로 생
각할지도 모른다. 그렇지만 이 개념은 인도유럽어들에서 아주 특이한 변
동을 보이며, 언어에 따라서 서로 대조를 이루므로 이들은 세밀히 조사할
필요가 있다. 더욱이 이와 연관 없는 것으로 생각되는 개념에도 이 개념이
그대로 지속, 유지되고 있다. 교환 활동, 즉 거래 활동은 우리가 보기에는
전혀 다른 개념, 즉 이해 관계가 없는 증여 활동과 관련해서 성격이 구체
적으로 규명된다. 그것은 교환이 엄밀한 의미의 상업적 활동이라기보다는
오히려 증여의 순환을 의미하기 때문이다. 교환에서 매매에 이르는 과정
까지 이 여러 과정에 이용되는 용어들을 조사하면 그 관계를 자세히 설명
할 수 있을 것이다.

　이 분야에서는 어휘들은 아주 안정되어 있다. 동일한 용어들이 아주
오랜 기간 사용되고 있고, 더욱이 복잡한 개념과는 달리 이 어휘들은 대부
분 의미가 혁신되지 않은 옛 개념들이다.

'증여'를 나타내는 그리스 어휘

이제 어근 dō-로부터 논의를 시작해 보자. 많은 언어가 이 어근의 일정 형태와 의미를 그대로 간직하고 있다. 명사형은 그 구조가 오래된 것임을 보여 주는데, -no와 -ro-로 구성된 파생어의 구조가 그것이다. 즉 산스크리트어 dānam, 라틴어 dōnum, 그리스어 dôron(δῶρον), 아르메니아어 tur, 슬라브어 darŭ이다. 이 형태들은 일정한 차이나 유사성을 보이면서 고래의 r/n의 교체를 확인시켜 준다. 이 교체는 흔히 -r-과 -n-으로 구성된 파생어가 공존하면 흔히 드러나는, 이른바 고대의 이질적 굴절표지이다. 또한 그리스어에는 파생 부류에 의해서만 구별되면서 모두 '증여'와 관련되는 일련의 명사형이 있다. 이들은 그리스어 dós(δώς), dôron(δῶρον), dōreá(δωρεά), dósis(δόσις), dōtínē(δωτίνη)이다. 이들은 별개의 다섯 가지 용어이며, 모두 '증여'로 똑같이 번역된다.

첫째 용어는 매우 희귀한 것이다. 오직 유일한 예만 있을 뿐이고, 나머지 네 용어는 훨씬 일반적이며, 동일한 작가에게서도 공존하는 용어이다. 이들은 우연히 생겨난 어휘 군집인가 아니면 이 군집에 어떤 이유가 있는 것일까? 조사해야 할 문제는 바로 이것이다.

첫째 형태 dós는 -t로 된 어간이다. 이는 라틴어 dōs(어간 dōt-)와 대응한다. 라틴어에서 이 단어는 특수하게 의미가 분화했다. 이는 '지참금'으로서 여자가 혼인할 때 가져가는 예물이며, 때로는 남자가 젊은 처녀를 사기 위해 주는 증여금이다.

아직 의미가 분화되지 않은 그리스어 dós의 의미를 정의하기 위해 헤시오도스[1]의 한 구절을 살펴보자. δὼς ἀγαθή ἅρπαξ δὲ κακή, θανάτοιο δότειρα(『노동과 날들』*Trav.* 356; dōs는 좋은 것이지만 약탈(hárpax)은 나쁜 것이다. 왜냐하면 그것은 죽음을 가져오기 때문이다). 이 구절은 서로 이해 관계를 맺게 하는 '증여(물)'를 의미하는 문맥에서 나타난다. dós와 hárpax는 어근-명사이며, 이에 대한 다른 예가 없다는 것은 우연한 일이 아니다. 이들은 가장 추상적 형태로 그 관념을 표시하는데, 즉 '주는 것'은 선행善行이며, '약탈하는 것'은 악행惡行이라는 관념을 나타낸다.

dôron과 dōreá는 의미가 동일한 것 같다. 그러나 헤로도토스가 이 두 용어를 경쟁적으로 사용한 것을 보면, 그가 어떤 원칙에 따라 이들을 구별하고 있음을 알 수 있다. 이 원칙을 알기는 그리 어렵지 않다. Κόλχοι… ταξάμενοι ἐς τὴν δωρεήν ……δῶρα …… ἀγίνεον(자신들 스스로에게 세금을 부과했던 콜키스인들이 dōreá로 선물dôra을 가져왔다; 『역사』 3권 97장). 엄밀한 의미에서 dōreá는 dôron을 제공하는 일 자체를 가리킨다. 그것은 dōréō(δωρέω)에서 파생된 추상명사이며, dōréō는 dôron의 명사 파생 동사이다. dōreá의 동사적 의미가치는 아주 분명하며, 이것으로 부사 dōreán(δωεάν, 아티카 그리스어; 공짜로/선물로/무상으로/대가 없이)이 설명된다. 따라서 dôron은 물질적 증여이며, 증여물 그 자체를 가리킨다. 반면 dōreá는 증여(물)를 가져오는 행위, 증여를 별도로 예비하는 행위를 가리킨다. dôron에서 dōreîsthai(δωρεισθαι, 선사하다; 이 동사의 목적어로는 선사할 물건이나 사람의 이름이 사용된다), dōrēma(δώρημα, 선사하는 물건/보상으로 사용되는 물건)가 파생된다.

dósis는 의미가 이와 아주 다르다. 번역서들은 이를 dôron과 구별하지 않고 번역한다. 그러나 그 용법은 호메로스에게서 분명히 나타난다. καὶ οἱ

---

1) 헤시오도스Hesiodos(기원전 8~7세기): 그리스의 서사시인. 작품으로 『신통기』*Theogonia*, 『노동과 날들』*Erga kaihēméai*, 『헤라클레스의 방패』 등이 있다. ─옮긴이

δόσις ἔσσεται ἐσθλή(값진 선물을 받게 될 것이다;『일리아스』10권 213행). 위험한 임무를 수행하기 위해서 지원자를 구하고, 그에게 dôron이 아니라 좋은 dósis를 줄 것이라고 약속한다. 그 이유는 아직 증여의 대상 자체가 존재하는 것이 아니기 때문이다. dósis는 동사의 현재형이나 여기서처럼 미래형이 명사로 전위된 형태이다. '우리는 그에게 줄 것이다', '우리는 그에게 증여를 할 것이다'를 뜻한다. 이 추상명사의 동사적 의미가치가 다시 한번 분명히 드러나는 표현이 호메로스에게서 나타난다. δόσις δ'ὀλίγη τε φίλη τε(『오디세이아』6권 208행). 주는 사람이 많이 주지 못하는 것을 변명하면서 발화하는 말이다. "이 증여하는 것은 적지만 호의 표시이다." 이것은 동사형 '우리는 비록 조금이지만 호의로 준다'가 명사로 전위된 표현이다. 따라서 dósis는 '주는 행위'를 가리킨다. 실지로 -ti로 구성되는 단어형은 개념의 실제적 수행을 뜻하며, 반드시 어떤 물건이나 물질로 표시되는 것은 아니지만 그럴 수 있는 가능성도 있다. dósis는 또한 법적 행위도 가리킨다. 그것은 아티카 법률에서는 정상적인 양도讓渡 규칙을 벗어나는 임의적인 유산의 상속을 가리킨다.

또한 dósis의 의학적 용법도 있다. 여기에서 dósis는 주는 행위를 가리킨다. 이 용법으로부터 일정한 양으로 처방해 준 치료제, 즉 '복용량'dose이라는 의미가 생겨났으며, 이 의미에는 선물이나 바치는 물건의 의미가 전혀 없다. 이 단어는 독일어에 그 의미가 차용되어 Gift(선물)가 되었고, 그리스어와 라틴어 dosis가 uenenum(독毒)을 대신하는 단어로 사용되었듯이, 독일어에서 (mit)gift(지참금) 외에도 중성명사 Gift(독)을 뜻하게 되었다. 고대에 dósis는 dôron과 전혀 혼동되지 않았고, dōreá와도 전혀 혼동되지 않았다.

마지막으로 dōtínē가 있는데, 이 단어의 핵심 용법을 정의하는 일이 남았다. 이 용어는 위에서 제시한 다섯 용어 가운데 의미가 가장 특수하게 분화된 용어이다. 이에 대한 용례는 많지 않지만, 그 성격은 분명하다. 이 용어는 호메로스와 헤로도토스에게서 발견할 수 있는 이오니아 그리스어 단어로서 일찍부터 사용되지 않던 단어이다. dōtínē는 '증여'의 개념을 표현하지만 어떤 종류의 증여인가?

아킬레우스[2]가 전장戰場으로 돌아오도록 결심시키기 위해 그의 신하가 될 부유한 주민들과 영토를 그에게 약속한다. "(이 주민들은) 많은 dōtínai(선물)로 그를 신처럼 섬길 것이며(timésousi), 그의 홀笏 아래에서 liparàs thémistas(빛나는 규율들)를 지켜 나갈 것이다"(『일리아스』 9권 155~156행).

timésousi와 thémistas란 두 단어는 dōtínēsi를 정의하려면 필수적인 단어이다. thémistas는 꽤 복잡한 개념으로 주인의 특권을 의미한다. 특히 신의 법률에 따라 왕과 같은 인물에게 경외를 표할 것과 조공을 바칠 것을 규정한다. 더욱 중요한 것은 timé(존경/경외)이다. 이 용어는 tíō의 파생어로 산스크리트어 cayati(존경하다/경외심을 갖다)의 어근이며, '복수하다/벌하다'(그리스어 poiné)를 의미하는 어근과는 다른 어근이다(학자들은 흔히 이와 연관시키지만). 이들은 서로 다른 개념이다. 아베스타어 kaēnā(복수/증오)와 정확히 대응하는 poiné의 개념은 살인殺人을 보상하는 대가代價, 즉 속죄를 뜻한다. 이 의미로부터 피의 대가로 생각되는 증오, 복수의 의미로 감정적 의미전위가 일어난 것이다(이란어에 나타나는 이 의미를 참조).

우리가 다루려는 또 다른 단어군은 timé인데, 이 단어군은 신, 왕에게

바치는 영광을 가리키며, 또한 공동체가 신과 왕에게 응당 정기적으로 바쳐야 할 공물供物을 가리킨다. 이는 존경의 표시인 동시에 평가를 의미하며, 사회적·감정적·경제적 개념이다.[3] 사람의 가치는 그가 응당 받을 만한 가치가 있는 것으로 판단되는 공물로 평가된다. 이들 용어가 dōtínē의 의미를 밝혀 준다.

호메로스의 『오디세이아』 9권 266~268행을 보자. "그대가 혹시 우리들에게 xeinēïon(환대의 선물)을 줄 것인지, 아니면 환대의 법칙thémis xeínōn에 따라 dōtínē를 줄 것인지를 알려고 그대의 무릎 앞에 왔소." 우리에게 그 의미를 밝혀 줄 것으로 짐작되는 이 텍스트에서, 환대의 전통에 따라 환대하는 자와 환대받는 자의 두 주객 사이에 주고받는 dōtínē와, 관례에 따라 이루어지는 선물의 관계가 성립된다. 『오디세이아』 11권 350행 이하의 구절도 마찬가지이다. "우리가 모든 dōtínē를 철저하게 마련할 수 있을 때까지 손님을 내일까지 기다리게 하여 떠나도록 하시오."

피시스트라투스인이 아테네를 빠져 나가면서 잃었던 패권을 되찾기를 원한다. 이들은 자신들에게 dōtínai를 모아 둘 의무가 있는 도시들을 휩쓸고 지나간다. ἤγερον δωτίνας(dōtínas를 모았다; 헤로도토스, 『역사』 1권 61장).

또한 동사 dōtinázō가 있는데, 이는 헤로도토스(『역사』 2권 180장)에서 한 번 출현한다. 연맹을 맺은 일군의 도시들에 부과되는 신전을 재건축할 때, 사제들은 헌금dons을 모금하러 이 도시 저 도시로 다닌다. περί τὰς πόλις ἐδωτίναζον(도시들에 대해 기부금을 받다).

이 인용문들은 다른 개념과 꽤 다른 한 가지 개념을 밝혀 준다. 이것은

---

3) timē와 그 단어군에 대해서는 제2권, 제1편, 5장 참조.

선물, 즉 이해 관계가 없는 증여만을 의미하는 것이 아니다. 그것은 '협약, 결혼, 우정, 환대의 의무에 의해서 부과되는 계약상 반대급부로서 이행하는 증여'이다. 예컨대 xeînos(주인)의 의무, 왕이나 신을 섬기는 자들의 의무 또는 결혼과 관련된 예물이 그것이다.

이처럼 의미작용을 일단 정의하면, 이 의미는 문헌 전승에서 나타나는 이 단어들의 변이형이 제기하는 문헌학적 문제를 해결하는 데 도움이 된다. 예컨대 헤로도토스의 『역사』 6권 89장의 수사본 전승은 dōtínēn편과 dōreén편으로 나뉜다. 코린토스인은 아테네인을 도우려고 이들에게 아주 싼값으로, 한 척당 5드라코마에 배 20척을 판다. 왜냐하면 법으로 무상無償의 '증여'를 금지하기 때문이다. 따라서 아테네인에게 부과되는 것은 상징적 대금을 지불하는 것이다. 그 까닭은 법에 따라 어느 한 도시가 다른 도시에 배를 '증여할' 수 없었기 때문이다. 이는 dōtínēn인가 dōreén인가? 여기에서는 사실상 무상의 양도가 문제시된다. 결국 타당한 독해는 dōreén이며, dōtínēn이 아니다. dōtínēn이 배제되는 이유는 법이 금지하는 무상 증여이기 때문이며, 동맹에 따른 증여가 아니기 때문이다.

이를 통해서 그리스어의 용법에서 동일 개념을 나타내는 동일한 어근에서 파생되었지만 어느 시기에도 서로 혼동될 수 없었던 세 명사가 어떻게 구별되는지를 알 수 있다. 이 개념은 제도에 따라서 그리고 필자가 의도意圖의 문맥context de l'intention으로 명명한 것에 따라서 의미가 분화된다. 즉 세 단어 dósis, dôron, dōtínē는 모두 증여를 가리키되, 증여를 고찰하는 세 가지 방식에 따라 의미가 분화된 것이다.[4]

---

4) '증여' 어휘를 좀더 상세히 분석하려면, 필자가 쓴 「인도유럽어 어휘에 나타난 증여와 교환Don et échange dans le vocabulaire indo-európén」, 『사회학 연보』 L'Année Sociologique, 3e série, t. II, 1951, pp. 7~20(『일반 언어학의 여러 문제』 Problèmes de Linguistique Générale, Gallimard, 1966, pp. 315~326에 재수록) 참조.

게르만의 제도: 길드

방금 조사한 이 그리스 용어에 나중에 독일어 Geld라는 '돈'의 명칭이 되는 게르만어 단어를 추가하려고 한다.

고트어 gild는 그리스어 phóros(조세)를 번역한 것이고, 합성어 kaisara-gild는 그리스어 kênsos(조세)를 번역한 단어이다. 또한 동사 fra-gildan, us-gildan(돌려주다/반환하다, apodidónai/antapodidónai)과, phóros(조세)를 번역한 명사 파생어 gilstr가 있다.

다른 게르만어에서 그 의미는 매우 다르게 나타난다. 고대 아이슬란드어 gjald(보상/벌/돈의 지불), 고대 영어 gield(대체/제사/희생), 고대 고지 독일어 gelt(지불/희생), 합성어 gote-kelt(Gottensdienst, 예배/숭배) 등이 있다. 프리슬란트어 jelde, jold에는 특수한 의미, 즉 '상인들의 길드'(이는 또한 '길드의 연회'란 의미도 함축한다)란 의미가 나타나는데, 이의미는 게르만어에서 곧 일반화된다. 그 의미 전체는 게르만 사회에서는 꽤나 복잡한 것으로 드러나는데, 그 이유는 그 의미가 종교적이고, 경제적인 동시에 법률적이기 때문이다. 우리는 여기에서 초기 중세의 경제사 전체를 지배하는 아주 중요한 문제와 대면하는데, 즉 길드의 형성이 그것이다. 이 문제는 아주 방대하여 여기에서는 다룰 수는 없고, 또 언어학자가 할 일이라기보다는 오히려 역사가가 해야 할 몫이다.

이제 우리가 고찰하려는 것은 이 길드의 개념 자체가 아니라 이 거대한 중세 경제체제의 역사가 생겨난 용어 자체이다. 길드는 6~7세기와 14세기 사이에 특히 북해 연안국 프리슬란드, 영국 남부, 스칸디나비아 제국에서 발달했다.

이 제도는 경제적이자 종교적인 측면을 동시에 지니고 있다. 즉 이 종교 단체fraternité는 경제적 이익과 외견상으로 공동의 예배를 통해서 결성되었다. 이 단체는 1921년 모리스 캉Maurice Cahen이 지은 중요 저서 『고대 스칸디나비아어들의 신주 제사』La libation en vieux scandinaves에서 연구되었다. 이 학자에 따르면, 축배, 연회, 주연酒宴은 제식으로서 종교단체 회원들이 거행하는 의식이라는 것이다. 이 종교단체가 차후에 일정한 형태를 갖춘 후에는 게르만 전 지역에서 경제단체로 변했다.

그렇지만 이 저자는 큰 어려움에 봉착하게 된다. 즉 현대의 중세기 역사가에 따르면, 길드는 비교적 최근 시기에 생겨난 오직 경제적 현상일 뿐이며, 따라서 게르만 세계의 초기까지는 거슬러 올라가지 않는 것으로 추정한다. 그래서 공통의 이해로 결속된 경제단체에서 이보다 훨씬 오래된 종교단체의 흔적을 찾아서는 안 될 것이라고 한다.

그러나 훨씬 최근의 중세사 연구는 이 결론을 반박하고 있다. 쿠르나에르E. Coornaert는 1984년 『역사학지』Revue Historique에 게재한 두 논문에서 길드 제도의 역사를 개관했다. 이 저자는 길드의 오래된 종교적 특성을 주장하는 것으로 그치지 않고, 모리스 캉이 이 종교 영역에서 비교 해석을 금지한 과거 역사가의 평가를 추종한다고 비판했다. 이제 여기에서 이 현상들이 아주 과거로 거슬러 올라가며, 역사가 지속적으로 연결되는 것을 알 수 있다. ghilda는 게르만어가 라틴어화된 어휘로서 8세기 이전까지 거슬러 올라가지 않는다고 주장하지만, 오늘날에는 갈로로망어 시기인 450년의 문헌에 출현하는 것으로 인정되고 있다.

그러면 길드는 무엇인가? 그것은 무엇보다도 축제 연회, 즉 자발적인 성체 배령을 위해 모인 '종교단체'의 제사연이며, 또한 이 제사연에 참가하는 자들도 역시 이와 동일한 명칭[길드—옮긴이]을 지닌다. 종교 연회라는 개념이 이 표현의 핵심 개념이다. 그런데 이 단어는 450년경부터, 즉 고트어 텍스트가 글로 정착된 시기(350년경) 직후부터 발견된다.

그러므로 고트어의 언어사실을 더 자세히 조사해 볼 필요가 있다. gild 와 fra-gildan이란 기본 용어는 게르만어 이외의 영역에서는 그 대응어가 발견되지 않는다. 이는 비교의 대상이 없는 새로이 출현한 용어이다.

고트어 gild는 「누가복음」 20장 22절에 있는 유명한 질문에 나온다. "우리가 카이사르에게 세를 바치는 것이 가하니이까 불가하니이까? skul-du ist unsis kaisara *gild* giban?" 「마가복음」 12장 14절에 나오는 이 질문에는 gild가 kaisara-gild로 대치되어 있다. 중성 gilstr, 즉 *geld-strum 또는 *geld-trum도 역시 이와 동일한 의미이다. 「로마서」 18장 6절의 "너희가 공세를 바치는 것도 이를 인함이라. φόρους τελεῖτε"도 참조.

동사 fra-gildan은 '돌려 주다', '반환하다'를 의미한다. "나는 가난한 자들에게 나눠 주겠사오며(gadailja = dídōmi; 문자 그대로의 번역은 '나는 가난한 자들과 내 재산을 나눈다'이다), 어떤 자가 나로 인해 손해를 입는다면 나는 그에게 네 배로 돌려주겠나이다(갚겠나이다/fragilda; 이 텍스트에는 apodídōmi(대가를 지불하다)이다)"(「누가복음」 19장 8절). 또한 다음의 「누가복음」 14장 12절 참조. "네가 점심이나 저녁이나 베풀거든 벗이나 형제나 친척이나 부유한 이웃을 초대하지 말라. 염려스럽게도 그 사람들이 너를 도로 청하여 네가 다시 갚아야 할 의무(antapódoma; 고트어로는 usguldan 이다)를 지울 우려가 있기에." 이 모든 예문들에서도 그 의미는 '받은 것에 대한 대가로 돌려주다'이며, 물건 자체를 돌려주는 것이 아니라 '혜택받은 것을 보상하는 비용을 지불하다'이다.

여기에서 고트어 용어의 의미가치를 이해하려면 번역자에게는 매우 까다롭지만 그리스-로마 개념인 그리스어 phóros, 라틴어 census를 고트어로 번역하는 문제를 생각해 보아야 한다. 이 용어는 세금, 인구조사, 상부

기관에 복종할 의무를 의미한다. 그런데 게르만 전통에서는 전체 조직의 개념은 없고, 각자가 특정 우두머리에게 복종하는 독립된 소집단들만이 있었다.

gild 자체는 '호혜적 조공租貢'으로 정의할 수 있다. 그것은 동족 집단 내의 집단적 봉사의 혜택을 누리기 위해 개인이 부담해야 하는 조세이다. 즉 공동의 의식儀式에 따라 관계를 맺은 단체confrérie에 가입하는 입회 세금 이다.

그래서 울필라[5]는 고트족의 전통 어휘로 phóros의 등가어를 표현하 려고 전혀 다른 용어인 gild(자신이 회원이자 수혜자인 단체에 제공해야 하 는 의무적 분담(금))를 명시한 것이다. 이 단어는 '의식에 의한 결사結社', 즉 대사大事를 결정하는 공통의 연회와 축제에서 실현되는 진정한 의미의 동 족애同族愛를 상기시킨다. 이 동족애는 이 공통 연회와 축제에서 체험되고 강화된다.

실제로 타키투스(『게르마니아』 22장)[6]는 게르만족의 conuiuia, 즉 이 들의 사회 생활과 개인 생활 영위에 필수 부분인 이 연회에 대해 이야기하 고 있다. 이들은 이 연회에 무장한 채로 참여하는데, 이는 여기에서 다루는 사안의 성격이 군인과 민간인에게 동시에 관련된다는 것을 보여 준다. 여 기에서 '사적私的 원한이 있는 관계자들의 화해, 족혼의 결정, 족장의 선택,

---

5) 울필라Wulfila(서기 311~383년): 카파도키아 출신의 고트 선교사. 성서의 복음서들을 고트어로 번 역하였고, 고트족을 기독교로 개종시켰다. 스칸디나비아의 룬문자로 기록된 비문을 제외하고, 이 복음서가 게르만어로 기록된 최초의 문헌이다. 대부분의 고트어에 대한 지식은 이 울필라가 번역한 고트어 성서에서 기원한다.—옮긴이

6) 타키투스Publius Cornelius Tacitus(서기 55~120년): 로마의 역사가로, 그리스 사가인 투키디데스의 영 향을 많이 받았다. 젊은 시절에는 수사학을 연구했다. 남긴 작품으로는 『연대기』Annales, 『역사』 Historiae와 『농부』Agricola, 『게르마니아』Germania, 『웅변』Dialogus de Oratoribus 등이 있다. 이 중 『게르마니 아』는 게르만족에 대한 연구서로서 이들의 관습, 전쟁, 경제 등에 관해 쓴 저술이다.—옮긴이

전쟁과 평화 등'이 논의되며, 그것은 이들의 생각에는, 정신을 가장 솔직하게 개방하고 명예를 위해 정신이 가장 고조되는 이 기회가 사안을 논의하는 데 가장 적합한 때이기 때문이다.

우리는 여기에서 동족애의 표지이자 돈독함의 표시로서 '회식會食 공동체'communion alimentaire라는 아주 중요한 개념을 보게 된다. ghildes라 부르는 경제단체의 출발점은 공동의 이해나 동일한 활동으로 결속된 결사단체이다. 그리고 이 결사 집단 내에서 이루어지는 연회, 즉 conuiuia, ghilda는 게르만 세계의 가장 특징적 제도 가운데 하나이다. 이처럼 동족애의 의무를 '부담하면서'(ghildan), 채무를 이행하고, 지불할 대금을 갚는데, 그 지불 수단은 돈, 즉 geld이다.

이리하여 우리는 사회제도와 집단적 가치로 귀결되는 길고도 복잡한 이 길드란 용어의 역사를 간추려 본 셈이다. 그러나 이 용어는 처음에는 개인 차원의 개념과 연관되어 있었다. 그 증거는 wergeld(사람의 값; wer는 사람)이다. 범죄를 보상하기 위해 치르는 값인 몸값·보석금이다. 타키투스의 『게르마니아』 21장을 다시 인용해 보자. "부친과 이웃의 우애뿐만 아니라 그 반목도 받아들이기로 했다. 그러나 이것이 집요하게 오래 지속되는 것은 아니다. 살인조차 가축의 머리로 속죄될 수 있는데, 이는 집안에 이득이 되기 때문이다." 이 wergeld(무엇을 지불함으로써 이루어지는 살인에 대한 보상)는 그리스어 tísis에 해당하는데, 이는 geld가 지닌 고대의 다양한 모습 가운데 한 의미이다.

따라서 여기에서 세 가지의 의미발달 과정을 볼 수 있다. 그 첫 과정은 '종교적'인 의미로서 신에 대한 지불, 공여인 제사이고, 둘째는 '경제적'인 의미로서 상인 조직의 의미이고, 셋째는 '법적'인 의미로서 범죄에 따른 벌과금, 범죄를 보상하기 위한 몸값(보석금)의 의미이다. 이와 동시에 화해의 수단, 즉 범죄가 일어난 후 죗값을 지불하고, 그 뒤에 동맹을 맺고 나면, ghilde 개념으로 환원된다.

우선 원래의 의미를 지닌 이 용어들과 이들을 번역한 그리스 단어들 사이의 의미거리를 측정하기 위해서 이 개념들을 게르만어의 내적 관계와 특수성 내에서 정의해야만 한다. 바로 이 점에 학자들이 주의를 기울이지 않았던 것이다. 학자들은 필요한 번역을 하려는 노력을 기울이고, 번역으로 인해 생기는 혼란상을 지적하지 않고, 고트어를 직접 해석하고, 분석하려는 지나친 경향을 보였다. 이 고트어 용어들은 그리스어 용어들과 비교해 볼 때, 서로 전혀 다르게 관련을 맺는다.

또 다른 차이점은 이 경제적 개념이 게르만어와 고전어에서 각기 정착되는 방식의 차이이다. 이 경제 개념은 흔히 종교 현상과 관계가 있었지만, 옛날에는 이 경제 개념은 종교 현상과 아무 관계가 없었다. 그리하여 이 개념들이 서로 다른 제도 내에 실현되었던 것이다.

위세에 의한 소비

이 결사단체들은 연대 집단인 동시에 회식會食 집단이라는 점을 염두에 두어야 한다. 이 제도의 두 측면은 다른 형태로 지속될 수 있다. 회식 집단은 사회가 발전하면서 경제적·공리적·상업적 성격을 띤 단체가 되었다.

이 두 측면 중 회식 공동체는 다른 사회의 유사한 제도를 환기시킨다. 이는 라틴어 daps(연회)로 정의할 수 있다. 이 단어는 그 형태로 특성을 정의할 수 있는 일련의 어원군에 속하지만, 여러 가지 다양한 의미작용이 있다. 라틴어 외의 언어에서 이 어근은 그리스어 dáptō(δάπτω)에서 볼 수 있지만, 그 의미는 더 일반적 의미인 '먹다', '삼키다'이다. 또한 의미 차이는 명백하지만 daps와 밀접히 연관된 명사형 dapánē(δαπάνη, 비용-)에서도 볼 수 있다. 또 다른 언어에도 그 대응어가 있다. 고대 아이슬란드어 tafn(제사 동물/제사 음식), 아르메니아어 tawn(축제)이다.

이 형태들은 모두 동일한 접미사 -n이 있는 것을 알 수 있다. 이 형태론적 관계에 의거해서 라틴어 damnum < *dap-nom을 또한 이와 연결할 수 있다. 그러나 이 라틴어 어휘는 겉보기에는 연관이 별로 없는 것같이 보였기 때문에 별도로 취급되었다. 따라서 이들은 의미작용이 반드시 일치하지 않는 단어군이다.

daps는 아르메니아어와 스칸디나비아어 용어 tawn과 tafn이 각기 종교 용어인 것과 마찬가지로 종교 용어이다. 과거의 역사 시기에 daps는 '신에게 바친 연회, 음식물 향연'을 의미했다. 카토의 『농경론』*De Agri Cultura*에 보면, daps는 고대 라틴어 시기의 종교 어휘의 특성이 있는 표현으로 기술되어 있다. 즉 dapem pollucere(신성한 연회를 바치다)이다. 고대의 용어 pollucere는 신들에 바치는, 엄청난 경비가 드는 호사스러운 연회인 polluctum에 사용된다.

더욱이 여러 증거를 통해서 daps가 풍요, 대량의 소비, 아주 후한 헌납물의 개념과 연관된다는 것을 알 수 있다. 특히 형용사 dapaticus, 부사 dapatice는 사용되지 않는 형태로서 페스투스Festus가 이를 채집하여 인용하고 있다. dapatice de acceptos dicebant antiqui, significantes magnifice, et dapaticum negotium amplum ac magnificum(고대인들은 그들이 dapatice하게 대접을 받았다고 말하는데, 이 dapatice는 magnifice(풍부하게/후하게)를 의미했다). 다른 한편 daps에서 파생되었거나 아마도 의미상으로 아주 유사한 그리스어 dapanân에서 파생된 동사 dapino가 있다. 동사 dapino가 사용된 단 하나의 예문이 플라우투스(『포로들』 897)에 나오는데, 그것은 매우 특징이 있다. aeternum tibi dapinabo uictum((네가 진실을 말하면) 너에게 풍부한 음식을 영원히 줄 것이며, 너를 영원히 충실히 보살필 것이다).

한 가지 직접적인 증거가 daps의 의미를 자세히 설명해 준다. dapatice, dapaticus도 이 의미를 확증해 준다. 즉 그것은 '호사스러운 향연'의 의미이다. 오비디우스[7]의 『제사력』*Fastes* 5권에 유피테르Jupiter가 변장하여 어느 가난한 농부의 집에 나타난다. 그러고는 갑자기 그는 자신의 정체를 드러낸다. 농부는 유피테르에게 자신이 가진 유일한 재산인 소를 통째로 잘 구워서 daps로 바치는데, 이것은 그가 가진 가장 값진 것이었다.

그리스어에서 dapanân은 '소비하다', '지출하다'를 의미하며, dapánē는 '호사스러운 소비'를 의미한다. 헤로도토스에게서 이 용어는 굉장한 소비(경비)에 적용되고 있다. 형용사 그리스어 dapsilés, 라틴어 dapsilis(그리스어를 모방하여 만든 단어이다)는 풍부한 것, 사치스러운 것에 적용된다. 아이슬란드어 tafn은 음식물을 소비하는 것을 의미한다. 아르메니아어 tawn은 엄숙한 축제를 가리킨다. 그리하여 이들로부터 한 가지 일반적인 개념을 추출해 낼 수 있다. 즉 '대량의 음식물을 소비하는 제사에 소용되는 비용'이다. 축제나 위세, 자신의 부富를 과시하는 데 소용되는 지출하는 경비의 의미가 그것이다.

이리하여 인도유럽어에서 인류학자들의 언어로 '포틀라치'potlatch로 부르는 사회 현상이 나타난다. 즉 축제 때 행하는 부의 과시와 파괴가 그것이다. 자신의 재산이 보잘것없고 하찮은 것이라는 점을 나타내 보이기 위

---

7) 오비디우스Publius Ovidius Naso(기원전 43~기원후 17년): 아우구스투스 시기에 주로 연애시를 지은 대작가. 남긴 작품은 비극 『메데이아』*Médeia*, 신화적인 시 『변신』*Metamorphoses*, 사랑을 예찬한 『사랑론』*Amores*, 『사랑의 기법』*Ars amatoria* 등이 있다. 『제사력』*Fasti*은 축제, 제사, 역사, 민속, 점성술 등의 기록을 만가 형식으로 적은 달력이다. —옮긴이

해 재산의 낭비를 과시해야만 하는데, 이는 모든 재산을 순식간에 날려 버림으로써 자기 적수의 자존심을 꺾기 위한 것이다. 이렇듯 지나친 재산의 소모로 자기 적수를 제압하면 그는 승리하게 되고, 자기 자리를 안전하게 유지하게 된다. 포틀라치는 타인으로 하여금 소비를 하도록 유도하는 도전인 셈이다. 경쟁자들은 다투어 우위를 점하려고 더욱 과도하게 소비하게 되는데, 이 행위로 가진 자의 권세와 없는 자의 향락을 위해 축적된 부가 분배되고 순환되는 것이다. 이 현상은 마르셀 모스[8]가 훌륭하게 보여 준 바이다.

인도유럽어에서 경쟁rivalité의 개념은 그리 분명하지 않다. 고대 사회에서 분명히 확인되는 투기鬪技의 특성은 여기에는 이차적이다. 그렇지만 경쟁심이 이 소비 행위에도 없지는 않다. 사실상 그것은 환대歡待의 개념과 밀접한 관계가 있다(daps와 dapaticus 참조). 공동사회에 필수 요건이며, 상호 주고받는 것을 전제로 음식물의 증여(대접)가 필수적 의무인 제도의 사회적 기반을 여기서 볼 수 있다. 그러나 이들은 이미 사라진 고대의 개념이자 용어이다. 역사 시기에 와서는 '입은 피해', '강제로 빼앗긴 재산'이라는 의미를 지닌 damnum만이 남았다. 이것은 법적 정황과 정상에 따라 선고받은 비용이다. 로마인의 법의식과 시골풍의 정신이 이 개념으로 변화된 것이다. 호사스러운 소비는 이제 순수한 손실의 의미가 함축된 소비로 변했고, 소비는 이제 손해의 의미가 되었다. damnare한다는 것은 damnum으로 피해를 보게 하는 것이며, 재산 중 일부를 강제로 빼앗음으로써 손해를 입히는 것이다. 여기에서 damnare(선고하다/유죄 판결을 내리다)라는

---

8) 마르셀 모스Marcel Mauss(1873~1950년): 프랑스의 사회학자이자 인류학자이며 『사회학 연보』L'anné Sociologique의 창간자인 뒤르켐E. Durkheim의 제자이자 조카로서, 『희생제사의 성질과 기능에 관한 시론』, 『증여론』 등의 연구가 있다.―옮긴이

법적 개념이 생겨났다.

고대의 개념이 잔존하는 이 용어들 외에 새로운 개념을 탄생시킨 의미혁신도 있다. 그리하여 하나의 고대의 개념 표상에 대해서 완전히 대조되는 두 가지 의미 측면이 생겨난 것이다.

한자동맹과 그 기원

연회의 회식자들이 특권——중세기에 발달한 길드를 특징짓는 특권까지 포함해서——을 누리는 결사단체 가운데, 역시 경제적인 동시에 종교적인 게르만 어휘에 속하는, ghilda와 아주 유사한 용어인 hansa를 볼 수 있다. 이 고대의 용어는 현대까지 사용되고 있으며, 북해 연안에 사는 주민에게는 역사적, 경제적으로 아주 중요한 제도를 또한 가리킨다. 한자동맹은 경제 단체이며 상인 집단이다. 이는 권리로 가입할 수 있는 모임이다. 가입 권리는 구매, 상속, 양도할 수 있으며, 상업적 채무에 속한다. 이 제도의 경제 조직은 많은 연구가 이루어졌다. 이 용어의 기원을 다룬 많은 연구의 종합적 평가는 부정적이다. 다시 말해서 hansa의 어원은 확실하지 않다는 것이다. 게르만어에서 나타나는 이 단어의 역사를 자세히 분석하는 것이 필요하다.

이 단어의 역사는 고트어 hansa로부터 시작되는데, 이에 대한 예는 많지 않지만 분석을 위한 정확한 출발점은 될 수 있다. 한 예문에서 hansa는 외관상으로는 막연하나마 그리스어 plêthos(무리/다수)를 번역한 것이다. 그러나 다른 세 예문에서 hansa는 그리스어 speîra(σπεῖρα, 군대)와 대응한다. 「마가복음」 15장 16절, "군병들이 예수를 끌고 브라이 도리온이라는 뜰 안으로, 다시 말해서 군대 막사 안으로 들어가서 군대를 모으고". 고트어로는 alla hansa(totam cohortem, 모든 군대)이다. 「요한복음」 18장 3절과 12절도 마찬가지이다. plêthos가 hansa로 번역된 구절(「누가복음」 6장 17절)에서, 이 구절 전체를 읽어 보면, 번역자가 ókhlos와 plêthos를 연속적으로 번역했을 것이라는 점을 알 수 있다. ókhlos는 hiuma(turba, 무리)로 번역하고, plêthos(multitudo, 다수의/많은)는 hansa(cohorte, 군대)를 선택해서 이것으로 번역하고 있다. 이 군대는 사실상 수백 명, 때로는 천여 명에 이르며, 그리하여 '무리', '군중'을 의미할 수 있다. 예수를 영접하기 위해 이 무리가 어떤 방식으로 동원되었다. cohors를 번역한 고대 고지 독일어 hansa가 타티아노스[9]에게서 나오는 것은 우연한 일이 아니다. 고대 영어 hos는 '주인을 수행하는 자'를 의미한다. 중기 고지 독일어 hans(e)-가 '상업 집단'의 의미와, 그 이후에 의미가 고정된 것은 훨씬 나중의 일이다. 후기 라틴어 시기나 라틴어화된 게르만어 시기에 hansa는 상업 허가와 상업 동맹조직에 부과되는 세금을 가리켰다.

'군대'cohorte의 의미는 hansa를 군인 부대로 상정해야만 한다는 것을 의미한다. 만일 hansa가 예컨대 종교단체나 이익단체를 가리켰다면 이것은 speira를 번역하는 데 사용되지 않았을 것이다. 사실 타키투스가 『게르마니아』 13~14장에서 젊은이들이 족장 주위에 모인 집단을 기술하는데, 그것은 hansa가 당연히 갖추어야만 하는 원래의 모습이다. 족장 곁에 있는 젊은이들은 급료 대신에 양식을 풍부히 공급받으면서 그의 은총으로 살아간다(『게르마니아』 14장 4행). 이들은 족장을 따르고, 보호하고, 그의 명령 하에서 명성을 날릴 채비가 항상 되어 있다.

---

9) 타티아노스Tatianos(120~173년): 기독교 변증론자. 유스티니아누스의 제자로서 시리아에 금욕 종단을 설립했다. 이교도에 대한 신랄한 비판서인 『그리스인들을 위한 설교』Discours aux Grecs와 4 복음서를 종합한 『사복음서』Diatessaron가 있다. — 옮긴이

이 젊은 전사들의 군단軍團은 족장 곁에서 재능을 다투며, 반면 족장은 가장 열렬한 추종자들을 곁에 두려고 서로 경쟁하였고, 이 전사 집단이 hansa의 최초 모델이 된 것 같다. 사회가 발전하면서 이익과 위험을 공동으로 나누고 부담하는 이 전사 집단이 다른 유형의 집단으로 바뀌었는데, 경제활동에 종사하는 집단이 그것이다. 그리하여 이 hansa란 용어는 새로운 현실과 관련해서 여전히 존속한 것이다.

6장_주다, 취하다, 받다

요약

① 어근 dō-에 '취하다'란 의미를 부여한 히타이트어는 인도유럽어의 '주다'와 '취하다'가 마치 주고받는 행위(제스처)에서 서로 합쳐진 것처럼 생각하게 한다(영어 to take to 참조).

② 전통적 어원론에서 의미적 논거를 들어 라틴어 emo와 고트어 niman(독일어 nehmen)을 비교하고, niman을 그리스어 némō(νέμω)와 단호하게 분리시키는 것을 필자는 반대하며 다음 사실을 제시한다.

  a) 고트어 niman과 그리스어 némō를 최초의 의미 차원, 즉 전문적 의미로 다시 파악한다면 이들은 아무 난점 없이 서로 일치될 수 있다. 최초의 의미는 고트어 arbi-numja와 그리스어 klēro-nómos(상속자/계승자)에 그대로 보존되어 있다.

  b) 라틴어 emo(취하다)는 원래 무엇을 취하는 몸짓을 나타내던 의미를 지녔기 때문에 최초에 법적 의미가치를 지녔던 고트어 niman과 어원상으로 비교할 수 없다.

‘구매’, ‘사다’와 ‘판매’, ‘팔다’라는 용어는 ‘주다’와 ‘취하다’에 대응하는 용어와 분리된 것이 아니다. 어근 dō-는 모든 인도유럽어에서 ‘주다’를 의미한다. 하지만 이 정의를 이상하게 혼란시키는 언어가 있다. 즉 히타이트어에서 dā-는 ‘취하다’를 의미하고, pai-는 ‘주다’를 의미한다. 히타이트어의 자음 체계의 표기가 미확정 상태이므로 당연히 dā-를 인도유럽어형 *dō-와 대응하는 것으로 단정할 수 없다. 그것은 이론상으로 *dhē-(두다/위치시키다)와 대응할 수도 있겠지만 그럴 가능성은 거의 희박하다. 여기에서 어근 *dō-를 상정하는 데 ──그 의미적 과정이 어떤 것이든── 는 일반적으로 견해가 서로 일치한다. 하지만 *dhē-에 기초해서 ‘취하다’의 의미에 이르는 의미발달은 여전히 그리 명확한 것이 아니다.

히타이트어 dā-(취하다)에서 ‘주다’의 의미가 전도된 점을 잘 확인해야 한다. 이를 설명하려면 산스크리트어 형태 ā-dā(취하다)를 같이 원용해야 한다. 그런데 여기에서 동사 접두사préverbe ā-가 아주 중요하다. 그것은 주어(주체)를 향한 동작을 가리킨다. 이 동사 접두사와 중동태中動態의 어미로 인해 ‘받다’, ‘취하다’로 의미전이가 일어났다는 것을 산스크리트어 자체에서 설명할 수 있다. 따라서 산스크리트어는 히타이트어 dā-의 의미를 해석하는 데 직접 도움이 되지 못한다.

이를 설명하기 위해서는 영어 to take to((주기 위해) 누구에게서 취하다)란 표현에서 ‘취하다’가 겪은 의미전이와 유사한 의미전이가 이 고대 언어에서는 이와 반대 방향으로 일어났다는 사실을 가정해야 한다. 이 비교는 반대되는 의미들의 관계를 재발견하는 데 도움을 줄 것이다. 히타이트어와 다른 인도유럽어들은 동사 *dō-의 의미를 다양하게 분화시켰고, 그래서 이 동사 자체는 통사 구문에 따라 이 두 의미 중 어느 한 의미를 지니게 되었다. 히타이트어 dā-는 ‘취하다’의 의미로 고정되었고, 그 밖의 언어들은

dā-와 목적(방향)의 개념과 함께 구성되어 '주다'란 의미를 낳았다.[1]

이는 허구가 아니다. 인도유럽어에 '취하다'를 나타내는 표현이 여럿 있는데, 각 표현은 이 개념을 서로 다른 방식으로 나타낸다. 최초의 의미가 히타이트어가 가진 의미라는 것을 인정한다면, 그 밖의 인도유럽어 영역에서 '주다'의 의미를 고정시킨 의미발달은 이해가 가능하다.

마찬가지로 히타이트어 pai-(주다)도 오래된 단어이다. 이것은 동사 접두사 pe-와 *ai-(부여하다/할당하다)로 구성된 합성어로 설명된다. ai-는 토카리아어 ai-(주다)와 아베스타어 aēta-(몫/부분), 오스카어 aeteis(단수, 속격; 라틴어 partis를 번역한 것이다) 같은 몇몇 명사 파생어에서 확인된다.

이처럼 '주다'와 '취하다'의 개념은 인도유럽어의 선사先史에서는 서로 연관되어 있다. 이와 관련하여 이미 의미가 분화된 용어인 라틴어 emo(뒤에 가서 이 용어의 의미가 '취하다'였다는 것을 증명할 것이다)와 관련된 어원 문제를 고찰하는 것이 유익할 것이다. 다른 언어에도 이와 의미가 동일한 어근을 볼 수 있는데, 라틴어 형태 emo와는 어두에 n-이 첨가된 점이 다르다. 즉 게르만어 *nem-, 고트어 niman, 독일어 nehmen(취하다)이 그것이다.

라틴어 em-과 게르만어 nem-, 이 두 동사는 의미가 동일한데, 그렇다면 이들이 어원상 관계가 있는가? 흔히 이들의 어원 관계는 인정되었다. 그렇지만 이 관계를 형태론적으로 어떻게 연관지을 수 있을까? 학자들은 이 관계를 인위적 사실에 의존하여 nem이 *(e)n + em으로 구성되거나 ni + em의 축약형일 것으로 추정했다. 그러나 재구형 없이 설명하려면 가장 중요한 문제가 무엇인지, 지금까지 전혀 관심을 두지 않았던 문제가 무엇인

---

1) 앞에서 인용한 필자의 「인도유럽어 어휘에 나타난 증여와 교환」 참조.

지 고찰해야 한다. 즉 그 의미를 고찰해야 하는 것이다.

가장 오래된 게르만어 형태는 고트어에서 나타난다. 이 형태는 풍부하게 나타나며, 아주 교훈적이다. 형태 niman은 *nem-을 가정한다. 우리는 그 어근을 알고 있는데, 그리스어 némō(νέμω)의 어근이다. 그러나 이 비교는 némō의 의미 때문에 배제된다. 그것은 némō의 의미가 '취하다'가 아니기 때문이다. 이 점을 지적하는 것으로 만족하고, niman을 고찰해 보자. 이 형태는 단순 동사와, 많은 동사 접두사가 붙어 아주 다양한 용법으로 사용되는 다수의 복합어가 있다. niman에 대응하는 그리스어 동사는 lambánein(취하다/받다), aírein(취하다), déxasthai(받다; 특히 '은총을 받다'란 표현에서 빈번히 나타난다)이다. 그리고 and-와 함께 구성되는 합성어는 그리스어 dékhesthai(apo-/para-, 받다)를 나타내고, ga-(an-ge-nehm)와 구성되는 합성어는 '받다', '품다', '받아들이다'를 번역하고, 또한 mente accipere(matheîn, 마음으로 받아들이다/배우다)를 나타낸다. 따라서 niman이 '취하다'가 아니라 '받다'를 의미하는 용법이 아주 지배적이다. 특히 명사 합성어 arbi-numja(상속자)는 그것이 지닌 특수하고 전문적인 의미 때문에 조사할 필요가 있다. 이 합성어의 첫째 요소 arbi(독일어 Erbe)는 '상속'을 뜻하는 독립된 용어이며, 그 자체로도 제도 어휘에서 이미 주목을 받을 만한 중요성이 있다. 그 형태 구성은 분명하다. 그것은 중성 *orbhyom으로서, 한편으로는 동일한 의미를 지닌 켈트어 용어, 즉 아일랜드어 orbe(상속), com-arbe(상속을 받는 자)와 관련된다. 그런데 이 관계는 아주 밀접해서 다른 많은 경우처럼 게르만어가 켈트어에서 차용한 차용어일 가능성이 있다. 다른 한편, 이 단어는 그 개념을 밝혀 줄 수 있는 형용사 라틴어 orbus(가족이 없는), 아르메니아어 orb(고아孤兒), 그리스어 orpho-, orphanós(고아의)와도 관련이 있다. 켈트어 이

외의 영역에서 arbi의 대응어는 부모가 없는 사람을 가리키며, 또한 고아도 가리킨다. '상속'과 '고아'의 관계는 다소 이상한 듯이 보인다. 그러나 다른 단어군에서는 의미가 정확히 병행 관계를 이룬다. 라틴어 형용사 hērēd-(상속자)는 그리스어 행위자 명사 khērōstés(방계 상속인)와, 또한 형용사 khêros(부모가 없는), 여성 khéra(과부)와 대응이 확실하게 나타난다.

이 어원 관계를 어떻게 정당화할 수 있는가? 호메로스의 그리스어 khērōstés는 자식이 없어서 가족(친척) 가운데서 재산을 상속받는 자이다. 그것은 '버려진'(khêros) 재산을 받는 방계 친척이다. 그런데 고트어 형태 *orbhyom에서 파생된 중성 파생어 arbi(유산)는 문자적 의미로는 'orbus에게 귀속되는 것', 다시 말해서 자기 직계 양친의 사망으로 인해 부모가 없는 자에게 법적으로 귀속되는 재산이다. hērēs, khērōstés도 동일한 관념을 나타낸다. 인도유럽족의 관습에 따르면, 재산은 자손에게 직접 전수된다. 그렇지만 이 자손이 유산 상속자로서의 자격을 완전히 갖는 것은 아니다. 그래서 사망한 자와의 친족 관계의 정도가 얼마나 밀접한지에 관계없이 물질적 재산을 상속받을 자를 '상속자'라고 명명하는 법적 명세의 필요성을 느끼지 못했다. 인도유럽사회에서 아들은 상속자로서 지명을 받지 못했다. 자식이 '없어서' 상속을 받는 자만을 상속자로 불렀다. 이것이 바로 khērōstaí, 즉 상속인이 없는 재산을 물려받는 방계 친척이다.

이러한 것이 '고아의', '친척', '아들이나 부친이 없는'의 개념과 '상속' 개념의 관계이다. 이 의미관계는 타키투스의 『게르마니아』 20장의 한 구절에 나오는 정의가 잘 예시한다. Heredes …… successoresque sui cuique liberi, et nullum testamentum(각자는 자신의 자식들을 상속자와 계승자로 가지며, 유언장은 없다). si liberi non sunt, proximus gradus in possessione fratres, patrui, auunculi(자식이 없을 때, 재산이 귀속되는 것은 인척들이다.

형제, 친삼촌, 외삼촌의 순서로 상속 정도가 결정된다).

이것이 arbi-numja이다. arbi-numja의 문자적인 의미는 '상속(arbi)을 받는(numja) 사람'이다. 그러면 arbi-numja는 어떤 그리스어 용어를 번역한 것인가? 그것은 klēronómos(κληρονόμος)이다. 또한 분석적 표현 arbi niman(상속자)도 있는데, 이는 그리스어 klēronomeîn(κληρονομεῖν)을 번역한 것이다.

이 그리스어 합성어의 구성은 이 점에서 유익하다. 이 합성어의 둘째 항은 némō, nómos, nomós와 연관되며, 이들 단어는 아주 풍부한 단어족을 구성한다. 이 단어족은 라로슈E. Laroche가 연구한 바가 있으며(『고대 그리스어의 어근 nem-의 역사』*Histoire de la racine nem- en grec ancien*, 1949), 이 연구에서 세부적 용법이 잘 조사되어 있다. 아주 중요한 이 어근에서 매우 다양한 파생어들이 파생되었다. 우리가 여기에서 분석하는 이 개념은 법적 재산 분할의 개념, 즉 자의적 결정이 아니라 법, 관습, 동의에 의해서만 이루어지는 재산 분할이다. 다른 그리스어 동사, 예컨대 datéomai 같은 동사도 '분할하다', '나누다'를 의미한다. 그러나 의미의 차이가 있다. némō는 '동의나 관습법에 따른 재산 분할'을 가리킨다. 이러한 이유로 관습법에 의해 분할된 방목지는 nomós로 불렸던 것이다. nómos(법)의 의미는 '법적 귀속'으로 거슬러 올라간다. 그리하여 그리스어에서 némō는 '법적으로 분할하다'로 정의될 뿐만 아니라, '상속에 의해 법적으로 재산을 획득하다'(능동태에서도 이 의미를 갖는다)를 뜻한다.

동사 niman이 '취하다'를 의미한다면, 이 동사는 그리스어 klēronomeîn을 번역하는 데는 전혀 필요가 없을 것 같다. 그래서 고트어 (arbi-)numja가 (klēro-)nómos와 단어 구성이 동일한 것도 우연이 아니다. 여기에서 némō와 niman이 전문적인 용법으로 사용될 때, 이 둘의 대응이 어떻게 이루어지는지를 알 수 있다. 즉 고트어 niman은 '법적으로 받다'의 의미로서 '취하다'를 의미한다(이 용법으로는 그리스어 dékhesthai와 대응한다는 것을 참고). 여기에서 '받다', '분할 상속을 받다', '취득하다'란 의미가 나온다. 그래서 arbi niman이란 표현과 합성어 arbi-numja(상속자)를, niman이 지녔던 고대 의미가 남아 있는 표현들 가운데 하나로 간주할 수 있다. 이 의미가 그리스어 némō의 의미였고, 그 결과 klēronómos(상속자)란 용어가 만들어진 것이다. 그 밖의 다른 용법들은 쉽게 설명된다.[2]

따라서 게르만어 niman은 emo와는 아무 상관이 없다. 그래서 게르만어 어근을 nem-으로 제시해야 한다. 이러한 의미 해석에 의거해서 이것은 그리스어에 많이 나오는 인도유럽어 *nem-의 형태군과 연결되는 것이다.

emo도 이와 똑같이 증명한다면 어떤 사실을 발견할 수 있을까? 어두 e-와 대응하는 요소는 고대 슬라브어 imǫ, 발트어군의 리투아니아어 imù, im̃ti(취하다)에서 발견된다. 라틴어는 emo의 고유한 의미인 '도로 빼앗다', '탈취하다'를 자세히 해명하는 데 도움이 된다. eximo는 '나누어 갖다'를 의미하고, eximius(별도의/뛰어난)는 의미상으로 éxokhos(초월한/넘어선)와 대응한다. 또한 exemplum은 그 특이한 역사 때문에 '아주 두드러진 특징으로 인해 별도로 분리된 사물'을 의미하며, 여기에서 '모델', '예'라는 의미가 생겼다. 그리고 promo는 '밖으로 끌어내다'를 의미하며, 여기서 동사 파생 형용사 promptus(분명한/명약관화한)가 나왔다. 또 per-imo는 (per-do 에서 나타나는 동사 접두사 per-의 의미로 인해) '사라지게 하다', '없애다'를 뜻하고, sumo(*subs-emo에서 유래)는 '들어올리며 취하다'를 의미한다.

---

2) némō의 의미에 대해서는 『인도유럽어 행위자 명사와 행위명사』*Noms d'agent et noms d'action en indo-europén*, Paris, 1948, p. 79에 나오는 'némesis'의 분석을 참조할 수도 있다.

이 모든 단어에서 라틴어 '취하다〈 끌어내다/빼앗다/강탈하다'의 관념은 게르만어 '취하다〈 받다/받아들이다'의 개념과는 아무 관계가 없다. 이들은 기원이 다른 개념이며, 최초의 일차적 의미를 파악하면, 개별적 특성이 다르게 드러나는 개념이다. 이 각 개념은 고유의 의미 영역과 역사가 있다. 게르만어 niman과 라틴어 emo가 서로 유사해진 것은 진화의 끝 무렵에 와서 아주 일상화된 의미 때문이었다.

emo(사다)로 다시 돌아가 보자. 라틴어에서 emo의 의미가 특정화되는 방식은, '사다'의 의미가 그리스어 pérnēmi(포로 등을 외국으로 보내어 팔다) 등의 단어족을 구성하는 용어들과 전혀 다른 의미표상을 나타낸다는 것을 확정짓는 듯이 생각된다. emo는 우선 '자기 것으로 취하다', '자기에게로 끌어당기다'를 의미하는 것이 분명하다. 이 단어의 의미에서 나타나는 자기 것으로 주장하는 소유는, 물건을 취하여 자기에게로 끌어당기는 사람의 몸짓으로 표현된다. '사다'의 의미는 사람을 사는 인신구매人身購買에 적용된 것이 틀림없고, 일단 이들의 몸값을 정한 다음에 취하게 된다. 구매 개념의 기원은 값을 지불하는 행위나 물건의 가치를 변제하는 사실이 아니라, 구매(emo)를 체결하는 몸짓, 즉 끌어당겨 자기 것으로 취하는 몸짓이다.[3]

---

3) 그리스어 pérnēmi와 라틴어 emo에 대해서는 본서 163쪽 이하 참조.

7장 _ 환대

요약

라틴어에서 '손님'은 hostis와 hospes(‹ *hosti-pet-)로 불린다. 이 구성 요소들은 무엇을 의미하는가? 그리고 이 합성어의 의미는 무엇인가?

① -pet-는 또한 pot-(라틴어 potis/그리스어 pósis/despótēs/산스크리트어 patih)와 -pt-(라틴어 -pte/i-pse?)란 형태로도 나타나는데, 그것은 원래 개인의 정체正體, 신분을 의미했다. 가족 집단인 dem-에서 주인은 무엇보다도 가족 집단 자체(플라우투스에게서 ipsissimus는 곧 주인을 가리킨다)이다. 그래서 그리스어 despótēs는 형태론적으로 이 라틴어와 다르지만 dominus처럼 무엇보다도 가족 집단이 의인화된 사람을 가리킨다.

② hostis가 의미하는 원래 개념은 보상에 의한 평등平等의 개념이다. 즉 hostis는 내가 증여한 대가로 그 반대 급부를 통해 보상하는 사람이다. 그래서 고트어 대응어 gasts처럼 한때는 손님을 가리켰다. '적'敵이란 고전적 의미는, 종족들 간의 교환 관계가 ciuitas에 대한 cuitas의 관계가 독점적 배타 관계로 바뀌었을 때(그리스어 xénos(적) › '이방인' 참조) 출현했음에 틀림없다.

③ 이때부터 라틴어에는 손님을 가리키는 새로운 용어가 만들어졌다. 즉 그것은 *hosti-pet-인데, 이 용어는 추상적인 의미의 hosti-(환대)에서 출발해서 의미를 해석해야 하며, 결과적으로는 '무엇보다도 환대를 구현시키는 사람'을 의미한다.

특히 어근 *mei-에서 파생된 교환과 관련된 다수의 용어 —— 예컨대 라틴어 mūnūs(반대 급부의 의무를 의미하는 명예 직책), 인도이란어 Mitra(『일리아스』 6장 120~236행이 예시하는 것처럼 교환에 의한 계약이 의인화된 신), 라틴어 mūtuus의 *mei-t-, 산스크리트어 mithu-((부당하게 잘못) 교환된 〉 '거짓말하다/속이다'), 아베스타어 miθwara(짝) 같은 것 ——에 대한 연구를 통해서도 우리는 '손님'을 가리키는 명사 중기 이란어와 근대 이란어 mēhmān에 이르게 된다.

근대 이란어에 '손님'을 가리키는 또 다른 명사 ērmān(〈 aryaman)은 아리안족 내에서 이루어지는 아주 특이한 '환대'를 가리키며, 이 환대의 여러 형식 중 한 가지는 혼인에 의한 접대이다.

인도유럽사회의 제도 어휘는 중요한 여러 가지 문제를 내포하는데, 그 중에는 때로 용어조차 아직까지도 전혀 제시된 적이 없는 것이 있다. 이들 용어를 밝히기는 했으나 때로는 연구 대상 자체를 부분적으로밖에 밝힐 수 없었다. 이 작업은 이 제도를 알려 주는 단어를 통해서 이루어지며, 흔히 이 제도의 흔적은 어떤 언어에서는 극히 모호하게 간파할 수 있을 뿐이다.

일군의 단어들은 잘 확립된 사회 현상인 '환대'hospitalité, 즉 '손님'의 개념과 관련이 있다. 기저 단어인 라틴어 hospes는 고대의 합성어이다. 이 합성어를 구성하는 요소들을 분석해 보면 별개의 두 개념을 밝혀 낼 수 있고, 이들은 결국 서로 연관된다. 즉 hospes는 *hosti-pet-s를 가리키는 합성어이다. 둘째 요소 pet-는 pot-와 모음교체를 이루는데, pot-는 '주인'을 뜻한다. 그래서 hospes는 고유한 의미로 '손님의 주인'[손님을 맞이하는 주인──옮긴이]이란 뜻을 지닐 것이다. 이것은 다소 이상한 의미이다. 이것을 더 잘 이해하려면 두 요소 potis와 hostis를 따로 분석하여 이들의 어원 관계를 연구해야 한다.

potis란 용어 자체는 간단히 설명할 필요가 있다. 그것은 산스크리트어 pátiḥ(주인)와 '남편', 그리스어 pótis(남편)와 같은 단순 형태나 despótēs 같은 합성어로 나타난다.

산스크리트어에 '주인'과 '남편'이라는 두 의미 한정은 동일 어간 poti-가 두 가지로 서로 달리 굴절해서 분화된 것이다. 그렇지만 이것은 산스크리트어에서 고유하게 발달한 의미의 구별이다. '남편'에 대한 시적 표현 용어인 그리스어 pótis는 despótēs와 다소 거리가 있는 것으로 드러나는데, 이 후자의 용어에는 '가장'家長이란 의미가 더 이상 나타나지 않는다. 그리고 despótēs는 단지 권력, 힘을 나타내는 수식어이고, 이와 함께 여성 déspoina(여주인)는 위엄majesté을 나타내는 수식어이다.

그리스 용어 despótēs와 그 대응어 산스크리트어 dám pátiḥ는 고대의 합성어 계열에 속한다. 이 합성어들의 첫 요소는 규모가 가변적인 사회집단의 명칭이다. 즉

dam pátiḥ(집안의 우두머리)

viš patiḥ(종족의 우두머리)

jās patiḥ(자손의 우두머리)

despótēs와 dam pátiḥ 외에 다수 언어에서 확인되는 유일한 형태는 합성어인데, 산스크리트어 viš-pátiḥ, 리투아니아어 vḗš-pats(종족의 우두머리)이다.

라틴어에서 어원적 대어족은 자유형으로나 합성형으로 *potis란 단어를 중심으로 조직된다. hospes 외에도 그것은 형용사 impos, compos(무엇이 아닌 자), '자신의 주인인 자', '자기 정신의 주인인 자'를 구성하며, 동사 *potēre를 구성한다. 이 동사의 완료형 potui는 '힘'을 뜻하는 동사 possum에 융합된 채로 아직 남아 있다. possum은 서술적 용법으로 사용된 형용사 potis에서 형성되었다. 즉 potis sum(나는 무엇을 할 힘이 있다), pote est(무엇이 가능하다)이다. 이들 표현이 단순형으로 축약되어 possum, potest가 되었다.

이 모든 사실은 명확하며, 그 의미가 일관되게 나타나고, 형태들은 서로 중첩되어 나타나기 때문에 아무런 문제점이 없을 것이다. 단지 potis가 인도유럽어 영역의 양극 지방에 아주 다른 별개의 의미로 발달하지 않았다면 말이다. 리투아니아어에서 이 단어는 형용사 pats(그 자신)와 또한 명사 pats(주인; 합성어 vḗš-pats)를 파생시킨다. 이와 마찬가지로 이란어에서 합성 형용사 χᵛaē-paiθya(그에게 고유한), '그 자신의', 인칭의 의미 구별이 없이 '나의', '너의', '그의', '누구에게만 속하는'이 형성되었다. χᵛaē는 재귀대명사 *swe의 이란어 형태이며, 고형 *se는 문자적 의미로는 '그 자신의'를 의미하고, -paiθya는 고형 *poti-의 파생어이다. 이 사실은 잘 알려진 것이지만, 이 사실들이 제기하는 중요성과 특이성 때문에 세심하게 조사할 필요가 있다. 어떤 조건에서 '주인'을 뜻하는 단어가 자신의 정체, 신분을 뜻하게 되었을까? *potis의 일차적 의미는 아주 잘 정의되고, 강력한 의미가치를 지닌다. 즉 '주인'이다. 여기에서 혼인 관계의 '남편', 집, 종족, 부족 같은 사회집단의 '우두머리' 개념이 생겨 났다. 하지만 '자기 자신'의 의미로도 또한 잘 확인된다. 여기에서 히타이트어는 중요한 자료를 제공한다. 형용사든 명사든 *potis에 대응하는 형태는 히타이트어에는 없다. 히타이트어가 출현하는 시기가 아주 오래되었음에도 불구하고 거기에는 벌써 의미가 심하게 변형된 어휘가 나온다. 많은 개념들이 새로운 명칭을 지닌다. 흥미로운 사실은 히타이트어에 전접 첨사 -pet(-pit)가 있다는 점인데, 이 첨사의 의미는 '엄밀히 말해서 바로 (자기) 자신'을 뜻한다. 즉 문제의 대상을 지시하는 정체正體를 뜻하는 첨사이다. 다음 예를 보자.

(노예가 도망쳐서

적국으로 그가 가 버린 경우에

바로 그를 잡아 도로 데려오는 자

바로 **그자가** 그를 취할 수 있다.)

takku IR-iš huwāi

naš kururi KURe paizzi

kuišan EGIR-pa uwatezzi

nanzan **apāšpit** dai.

지시사 apāšpit(바로 그 사람/그 사람 자신)에서 첨사 -pit는 정체(신원)를 확인하는 관계를 맺는다. 더욱이 이 첨사는 지시사, 명사, 동사 자체와 함께 사용되어 역시 이와 동일한 기능을 지닌다. 이 첨사의 용법이 리투아니아어와 이란어의 정체 확인의 의미를 갖는 *potis의 의미와 대응한다.

일단 의미, 형태, 용법이 이들 언어에서 확인됨으로써 이들과 거의 관련되는 것으로 생각되는 다른 형태가 또 다른 언어에 발견된다. 리투아니아어 첨사 pat는 히타이트어 -pet처럼 '바로', '정확히', '꼭'을 뜻한다. 이것과 라틴어 utpote를 비교해야 하는데, 이 utpote를 올바로 분석해야 한다. 이것은 어원적으로 (pote est의 pote와 함께 사용되어) '가능한 것으로'를 의미하는 것이 아니라 (정체 확인을 뜻하는 pote와 함께 사용되어) '바로 정확하게 ……로서'를 뜻한다. 그리고 utpote는 행위를 행위자와 완전히 일치시키고, 술어의 주어와 술어를 일치시킨다. 또한 suopte의 라틴어 후치사 -pte(그 자신에 고유한 것/그 자신에 속하는 그의 것)도 여기에 포함시켜야 할 것이다. 페스투스의 *suopte pro suo ipsius*(suo issius 대신에 suopte) 참조. ipse란 형태의 알 수 없는 신비한 -pse도 확실하지는 않지만 역시 여기에 포함될 가능성이 있다. 어쨌든 라틴어의 이 두 가지 언어사실과 리투아니아어 pat에 국한할 때, 우리는 사람 자신을 표시하고, 문장에 발화된 술어를 주어와 연관짓는 pot-의 용법이 잔존하는 것을 확인할 수 있다. 이제서야 고립된 용법으로 간주된 것이 중요한 단서가 되어 potis의 고유한 의미를 드러내 준다. '주인'을 지칭하는 단어의 의미가 어떻게 약화되어 '그 자신'을 가리키게 되었는가를 고찰하는 것이 어려운 만큼, '그 사람 자체'를 의미하면서 사람의 신원을 가리키는 형용사가 어떻게 해서 '주인'의 고유한 의미로 변했는가를 이해하기는 무척 쉽다. 이 제도 개념의 형성을 밝혀 주는 과정은 다른 언어에서도 확인된다. 그래서 다수의 언어가 '그 (자기) 자신'을 의미하는 용어를 통해서 '주인'을 지칭한다. 구어 라틴어에서, 예컨대 플라우투스에게서 ipsissimus는 '주인', '안주인', '고용주', 즉 (사람) '그 자신', 중요한 유일한 사람을 가리킨다. 러시아어의 농부 말에서 sam(그 자신)은 '주인 나리'를 지칭한다. 제한된 소공동체이지만 중요한 공동체, 예컨대 피타고라스학파의 사람들에게서 autòs éphā(αὐτὸς ἔφα; 그는 그 자신이 그것을 말했다)에서 autòs는 무엇보다도 그들의 '주인'인 피타고라스를 명시하며, 이 고정 표현은 진정 주인 자신이 한 말을 가리키기 위해 사용되었다. 덴마크어에서 han sjølv(그 자신; er selbst)는 이와 동일한 의미이다.

　'그 자신'을 의미하는 형용사가 '주인'의 의미로까지 확대되려면 조건이 필요하다. 즉 폐쇄 집단에서, 이 집단의 개성을 지니면서 이 집단과 완벽하게 동일시될 수 있는 핵심 인물에게 이 집단이 종속되고, 그 집단이 이 핵심 인물 그 자신으로 압축되어야 한다. 오직 그만이 그 집단을 구현한다.

이와 같은 사태가 합성어 *dem-pot(i)-(집안의 우두머리)에서도 일어났다. 이처럼 명명된 인물의 역할은 명령을 행사하는 것이 아니라 가족 전체──이 전체 가족과 그 인물은 동일시된다──에 권위를 지니고 대표 기능을 한다.

산스크리트어 páyate, 라틴어 potior(어떤 것에 대한 권리/권한을 갖다/어떤 것을 마음대로 처분/이용하다)처럼 poti-에서 파생된 동사는 '할 수 있다'의 의미가 출현했음을 나타낸다. 이것과 라틴어 동사 possidēre(소유하다)를 비교할 수 있다. 이 동사는 *pot-sedēre에서 파생한 것으로서 '소유자'를 물건 위에 자리 잡은 자(선점한 자)로 묘사한다. 이 의미표상이 독일어 besitzen에 이전되었다. 그리고 라틴어 형용사 compos(누구/무엇의 주인인/자신의 마음대로 통제하는)에도 나타난다. 그리하여 (이론적인) '힘', '능력'의 개념이 형성되었고, 이 개념은 술어 표현 pote est에서 동사형을 취하게 되었다. pote est는 potest로 축약되었고, 여기에서 활용형 possum, potest(나는 무엇을 할 능력이 있다/나는 할 수 있다)가 생겨났다.[1]

잠시 살펴볼 가치가 있는 특이한 사항이 있다. 즉 산스크리트어 dam pati와 그리스어 despótēs에 대해 라틴어는 동일한 어간에 기초해서 이들과 동일한 용어를 구성하지만 구성 방식이 다르다. 그것은 라틴어 dominus 인데, 이 용어는 이차적 파생에 의해 '우두머리'를 지칭하는 일련의 명칭

---

1) *pot(i)-의 의미론 연구에 대해서는 본인의 논문, 「재구의 의미론적 문제」Problèmes de sémantiques de la reconstruction, Word X, nos 2-3, 1954(그리고 『일반언어학의 여러 문제』Problèmes de linguistique générale, Gallimard, 1966, p. 301 이하 참조).

이 되었다. 예컨대 tribunus(부족장), 고트어 kindins(< *genti-nos < gen(종족)의 우두머리), druhtís(고대 고지 독일어 truhtin; 호위대 우두머리), þtudans < teuta-nos(왕), '백성의 우두머리'가 그 명칭들이다. 이 형태론적 과정은 사회집단의 명칭에 -nos를 접미사로 첨가시켜 라틴어와 게르만어에 정치집단이나 군사집단의 우두머리의 명칭을 만들어 냈다.

그리하여 서로 독립된 경로를 통해서 우두머리를 가리키는 두 계열이 서로 접합되었다. 한쪽에서는 접미사로, 다른 쪽에서는 합성어로 주인이 대표하는 사회 집단에 기초해서 주인을 지칭하게 된 것이다.

이러한 분석을 유도한 합성어 hospes로 다시 돌아가서, 이제 이 합성어의 첫 요소 hostis를 연구할 때가 되었다. 유럽의 여러 언어의 선사 시대 어휘에 공통된 용어 가운데서 hostis란 용어는 각별한 관심을 불러일으킨다. 왜냐하면 라틴어 hostis는 고트어 gasts, 고대 슬라브어 gostĭ와 대응하기 때문이다. 더욱이 고대 슬라브어 gostĭ는 hospes처럼 형성된 gos-podĭ (주인)도 있다.

그러나 고트어 gasts, 고대 슬라브어 gostĭ의 의미는 '손님'이며, 라틴어 hostis의 의미는 '적敵'이다. '손님'과 '적'의 관계를 설명하기 위해 이 두 의미가 또한 라틴어에서도 확인되는 '이방인', '낯선 사람'이란 의미에서 파생되었다는 사실을 일반적으로 받아들인다. 그래서 '호의적인 이방인 → 손님', '악의적인 이방인 → 적'으로 설명한다.

사실상 '이방인', '적', '손님'이란 개념은 전체적이고 개략적인 개념이며, 사회역사적 맥락에서 상세히 규명되고 해석해야 할 필요가 있다. 우선 hostis의 의미작용을 포착해야 한다. 이 문제에 대해서는 라틴 작가들 자체로부터 도움을 받을 수 있다. 이 작가들은 동일 단어족에 속하는 일련의 단어들뿐만 아니라 hopstis란 용어의 유익한 용례들도 제공한다. 『12

동판법』[2]에는 hostis의 고대의 의미가치가 그대로 보존되어 있다. 증거가 되는 다음 문헌을 보자. aduersus hostem aeterna auctoritas est(o). 여기에서 동사 être를 제외하고, 어떤 단어도 고전 라틴어 시기에 이들 단어가 지녔던 의미로 사용된 것이 없다. 이는 다음과 같이 이해해야 한다. '이방인에게는 재산 반환 요구권이 영속적이 되어야 한다.' 다시 말해서 재산 반환 요구권을 이방인에게 청구하는 경우에는 결코 소멸되지 않는다. hostis란 단어 자체에 대해 페스투스는 다음과 같이 말한다. eius enim generis ab antiquis *hostes* appellabantur quod erant *pari iure* cum populo Romano, atque *hostire* ponebatur pro *aequare*(이들을 hostes라고 부른 것은 이들에게 로마인과 동일한 권리가 있기 때문이며, 그래서 aequare라고 부르는 대신에 hostire라고 했다). 이 지적으로부터 hostis는 이방인도 아니고 적도 아니라는 결론이 나온다. 여기에서 hostire = aequare(평등하게 하다)라는 등식을 세워야 하며, 이 등식에서 redhostire를 페스투스는 'refere gratiam'(호의를 갚다)으로 주해하고 있다. 이 hostire의 의미는 플라우투스에게서도 확인된다. Promitto hostire contra ut merueris(네가 그럴만한 자격이 있기 때문에 너에게 상호적인 반대 급부를 약속한다; 『아시나리아』 *Asin*, 377). 명사 hostimentum은 'beneficii pensatio'(선행의 보상)으로, 또한 'aequamentum'(평등화)로 주해되고 있음이 드러난다. 농업어에 속하는 옛 용어로서 hostus는 더욱 전문적 기술어인데, 바로는 『시골일』(I, 24, 3)을 인용하고 해설한다. *hostum* vocant quod ex uno facto olei reficitur (단 한 번 짜서 얻은 기름을 hostus라고 부른다). 짜서 얻은 결과물을 그 대

2) 『12동판법』*la loi des Douze Tables*: 12개의 청동판에 새겨진 세계 최초의 성문법(451~449년)이다. 로마에서 작성되어 포룸Forum에 내걸어 두었다. 대부분 종교와 시골 생활사와 관련된 법규로서, 평민들이 집정관의 자의적 법집행을 규제하기 위해 만들어졌다.—옮긴이

가로 간주하는 것 같다. 또 다른 전문 용어는 hostorium인데, 이것은 말尺의 표면을 평평하게 똑같이 고르기 위해서 사용하는 방망이를 가리킨다. 성 아우구스투스에 따르면, 고대 로마의 판테온에는 Dea Hostilina(오스틸리나 여신女神)가 있었는데, 이 여신은 이삭을 똑같이 자르는 임무를 맡거나 행한 노동의 대가를 수확물로 정확하게 보상하는 일을 맡았다. 마지막으로 잘 알려진 단어 hostia는 이들과 동일한 어족에 연관된다. 즉 그것은 원래 '신들의 분노를 보상하는 데 사용되는 희생물'을 가리킨다. 따라서 그것은 보상의 재물이며, 이러한 점에서 로마의 제사의식에서는 hostia와 uictima가 구별된다.

hostis를 제외하고 이들 단어 가운데 어떤 단어에서도 적대감의 개념이 출현하지 않는다는 것은 놀라운 사실이다. 일차 단어든 파생어든 동사든 형용사든 종교나 제사에 속하는 옛 용어든 이 모든 사실은 그 일차적 의미가 aequare, 즉 '보상하다', '똑같이 만들다', '균등화하다'라는 사실을 확인하거나 확증해 준다.

그러면 hostis 자체는 이것과 어떻게 연관되는가? 이는 앞에서 인용한 페스투스의 정의에서 나온다. "quod erant pari iure cum populo Romano." 이로써 hostis와 hostire의 관계가 규명된다. 즉 "hostes는 로마인과 동일한 권한이 있었다". hostis는 이방인 일반을 가리키는 것이 아니다. 영토 경계 밖에 거주하는 peregrinus와 다르게 hostis는 "로마 시민의 권리와 동등한 권리를 인정받는 자로서의 이방인"이다. 이 법적 인정은 호혜성의 관계를 함축하며, 협약을 전제로 한다. 즉 로마인이 아닌 사람은 hostis로 부르지 않는다. 평등과 호혜의 관계가 '이' 이방인과 로마 시민 사이에 확립되며, 이것으로 환대의 엄밀한 개념에 이르게 된다. 이 의미표상에 기초해서 hostis는 '보상의 관계에 있는 사람'을 의미할 것이다. 이것이 환대 제도의 기초임이 당연하다. 개인이나 집단 간의 이러한 유형의 환대 관계는 '포틀라치' 개념을 반드시 환기시키는데, 이 개념은 마르셀 모스의 논문 「증여론: 고대사회 교환의 형태와 이유」Essai sur le don: Forme et raison de l'échange dans les sociétés archaïques(『사회학연보』, 1924)에서 잘 기술되고, 해석되었다. 북아메리카의 북서부 지방 인디언 부족에게 널리 알려진 이 제도는 일련의 증여와 반대-증여로 구성된다. 그래서 증여는 언제나 상대방에게 일종의 구속력을 가지고서 한층 우세한 증여의 의무를 지운다. 이는 동시에 절기와 신앙과 연관된 축제이기도 하다. 또한 부의 유통으로서 경제적 현상이며, 가족들·종족들, 심지어는 이들의 후손들 사이에 유대를 맺게 하는 현상이다.

환대는 포틀라치를 참조하면 해명된다. 그 이유는 이 환대가 포틀라치의 좀더 완화된 형태인 까닭이다. 환대의 기초는 사람은 자신이 받은 수혜에 따라 반대 급부로 보상하는 의무로 타인과 연계된다는 관념이다.

이와 동일한 제도가 그리스 세계에 다른 명칭으로 존재한다. 즉 xénos(ξένος)는 협약에 의해서 맺어진 사람들 사이에 이루어지는 그와 같은 유형의 관계이며, 이 협약은 자손들에게까지 적용되는 자세한 의무를 규정한다. 환대하는 제우스Zeus Xénios의 보호 아래 있는 xenía(ξενία)에는 이 협약에 따라 자신들의 후손들이 서로 유대 관계를 맺게 하려는 의도를 선포하는 계약 당사자들 사이에 주고받는 증여와 교환을 포함된다. 개인뿐만 아니라 왕도 이처럼 행동한다. 예컨대 '폴리크라테스[3]'는 아마시스[4]와 xenía를 맺고, 이들은 서로에게 선물을 보냈다. ξεινίην συνεθήκατο(협약을

---

3) 폴리크라테스Polykratēs: 기원전 535~522년에 재위한 사모스 섬의 군주. 이 왕의 치하 때 에게 해를 지배했다. 레스보스인들을 무찌르고, 이집트와 동맹을 맺은 후 페르시아와의 동맹을 위해 이집트와의 동맹을 포기한다.—옮긴이

4) 아마시스Amasis(기원전 568~526년): 이집트의 마지막에서 두번째 파라오.—옮긴이

뜻하는 동사) πέμπων δῶρα καιδεκόμενος ἄλλα παρ’ ἐκείνου(헤로도토스, 『역사』 3권 39장). 마르셀 모스(『그리스 연구지』*Revue des Éudes grecques*, 1921)는 트라케스인에게서도 이와 동일한 제도의 예를 찾았다. 크세노폰[5]은 군대의 식량 보급을 위해 협정을 맺고 싶어 한다. 왕의 고문관은 그에게 그가 트라케스에 머물고, 많은 부를 원한다면 세우테스Seuthès 왕에게 선물을 바치기만 하면 되고, 왕은 그에게 도로 더 많은 선물을 줄 것이라고 말한다(『아나바시스』*Anabase* VII, 3; X, 10). 또 투키디데스(II, 97)[6]는 트라케스의 또 다른 왕인 시탈케스Sitalkès에 대해 같은 증언을 한다. 즉 그 왕에게는 줄 것을 요청받았을 때 주지 못하는 것이 받을 것을 요구할 때 받지 못하는 것보다 훨씬 더 창피한 일이라고 한다. 아주 오래된 듯한 트라케스 문명에서 상호 의무의 제도는 그 당시에 효력이 있었다.

이 제도를 나타내는 인도유럽어 표현 가운데 한 가지가 바로 라틴어 용어 hostis이며, 대응어로 고트어 gasts, 슬라브어 gospodĭ가 있다. 역사 시대에 와서 로마 세계에서 이 제도는 그 효력을 상실했다. 이 제도는 기존의 체제와 더 이상 양립될 수 없는 관계 유형을 상정하기 때문이다. 고대 사회가 국가 체제가 될 때 인간 관계, 종족 간의 관계가 사라졌다. 오직 ciuitas의 외부에 있느냐 내부에 있느냐의 차이만이 남았다. 자세한 조건은 알 수 없는 의미 변화로 인해서 hostis는 '적대적인'의 의미를 갖게 되었고, 그때부터 오직 '적'이라는 의미로만 사용되었다.

---

5) 크세노폰Xenophon(기원전 426~355년): 그리스의 역사가이자 장군. 소크라테스의 제자. 저서로는 투키디데스의 『역사』를 잇는 『고대 그리스 역사』(7권), 키루스 대제의 생애를 역사적으로 서술한 『키루스의 교육』*Kúrou Paideia*, 『소크라테스의 변명』, 『경제학』 등이 있다. 『아나바시스』는 키루스의 원정과 1만 명의 그리스 용병의 이야기를 기록하고 있다.―옮긴이
6) 투키디데스Thoukydidès(기원전 460~400년)는 트라케스 출신이지만 아테네에서 활동한 고대 그리스의 가장 유명한 역사가. 그는 30여 년에 걸쳐 『펠로폰네소스 전쟁사』를 지었다.―옮긴이

그리하여 결국 환대의 개념은 다른 용어로 표현되었다. 이 용어에는 고대의 hostis가 잔존해 있지만 *pot(i)s와 합성어를 구성한다. 즉 그것은 hospes ⟨ *hostipe/ot-s이다. 그리스어에서 (영접받는) 손님은 xénos이며, 영접하는 사람은 xénodókhos(ξενοδόχος)이다. 산스크리트어에서 atithi((영접받는) 손님)의 상관어로 atithi-pati(영접하는 사람)가 있다. 이 단어의 조어법은 라틴어 hospes의 조어법과 같다. 영접하는 사람은 손님의 '주인'이 아니다. 우리가 살펴본 것처럼 -pot-는 원래 '주인'의 의미가 아니다. 여기에 대한 또 다른 증거는 고트어 brūþ-faþs(젊은 신랑, νύμφιος)이며, 이와 동일한 의미가치를 지닌 단어는 ßrätigam이다. brūþ(젊은 신부)에 기초해서 '젊은 신랑'을 가리키는 대응 명칭이 만들어졌는데, 이는 고트어 brūþ-faþs처럼 potis와 결합하거나 독일어 ßrätigam처럼 guma(남자)와 결합하여 만들어진 합성명사이다.

*ghosti-(hostis)의 조어법도 관심을 끈다. 이것은 개인을 수식하는 명칭이 -ti로 구성된 추상명사인 것 같다. -poti-로 구성된 모든 고대 합성어의 일차적 구성 요소는 사실상 집단을 가리키는 일반적 단어이다. 예컨대 *dems-poti, jās-pati이다. 그리하여 *ghosti-pets의 문자적 의미, 즉 환대의 구현으로서 hospes를 더욱 잘 이해할 수 있다. 그리하여 위에서 정의한 potis의 의미와 서로 연관된다.

그리하여 hostis의 역사는 로마 제도에서 일어났던 의미 변화를 요약하고 있다. 마찬가지로 호메로스에게서 '손님'으로 그 특성이 잘 드러나는 xénos는 그 후에 단순히 '이방인', 즉 자기 국민이 아닌 자의 의미가 되었다. 아티카 법에는 '시민'으로 자처하는 '이방인'을 고소하는 graphē xenías(이방인 관련 법규)가 있었다. 그러나 xénos는 라틴어 hostis처럼 '적'의 의미까지 발달하지는 않았다.

hostis를 기술하는 이 의미 메커니즘이 다른 종류의 관념과 다른 계열의 용어에도 적용될 수 있는 상응하는 메커니즘이 있다. 예컨대 어근 mei-(교환하다)에서 파생된 용어 산스크리트어 ni-mayate(그는 교환하다)이다. 특히 라틴어 용어 mūnus(〈 *moi-nos; 고형 moenus 참조)도 해당된다. 이 단어는 접미사 -nes로 특징지어지는데, 이 접미사는 메이예A. Meillet(『언어학 회지』*Mém. Soc. Ling* 17권)가 pignus(저당), facinus(행위/사실), fūnus(장례식), fēnus(이자/이익)에 나타나는 -nes의 의미가치를 연구한 바 있다. 이들 단어는 mūnis(직책/직능)처럼 모두 사회적 특성을 지닌 개념을 지칭한다. 또한 산스크리트어 rek-naḥ(상속) 등을 참조. 이 접미사는 mūnis, immūnis, commūnis 등의 파생 형용사를 만들어 냈다. 이 마지막 형용사는 고트어에서 상응어가 나오는데, ga-mains(gemein; 공공의)이다.

그러나 mūnus가 표현하는 '책무', '일'의 개념과 어근이 나타내는 '교환'의 의미를 어떻게 연관지을 것인가? 페스투스는 mūnus를 다음처럼 정의함으로써 길을 제시해 준다. 즉 donum quod officii causa datur(공적 일로 인해서 주어지는 증여)이다. 사실 사법관의 책무에 나오는 mūnus는 구경거리와 놀이를 가리킨다. '교환'의 개념은 이것에 함축되어 있다. 사람을 사법관으로 임명할 때 그에게 특혜와 명예를 부여한다. 그 대가로 그는 반대 급부의 공무公務를 제공하는데, 특히 구경거리를 위한 경비 지출의 형태로 제공함으로써 '공적 업무'를 '교환'의 개념으로 정당화한다. 이제 gratus와 mūnis의 연관(플라우투스, 『거래상』*Merc.* 105)을 더 잘 이해할 수 있고, immūnis의 옛 의미가 'ingratus', 즉 제공받은 호의를 갚지 않는 것(배은망덕한)이라는 점을 알 수 있다. mūnus가 교환을 강제하는 증여라면, immūnis는 보상의 의무를 행하지 않는 자이다. 이는 켈트어군의 아일랜드어 moin(main, 귀중품), dag-moini(선물/혜택)에서 확증된다. 따라서 commūnis는 '책무를 함께 지는 (자)'을 의미하는 것이 아니라 원래 'mūnia를 같이 갖는 (자)'을 의미한다. 그런데 이 보상 체계가 동일 집단 내에서 시행될 때 그것은 '공동체'communauté, 다시 말해서 이 호혜의 관계를 통해 묶인 사람들의 집단을 결성하는 것이다.

그리하여 일종의 구속력을 가지고 반대-증여를 요구하는 이 복잡한 용어의 메커니즘은 mūnus와 같은 어근 *mei-의 파생어에서 더 잘 표현된다. 이러한 제도의 모델이 없었던들 이와 연관된 용어의 의미를 파악하기는 어려웠을 것이다. 왜냐하면 이처럼 엄밀하고 기술적인 개념 내에서 이들 용어가 통일성을 가지고, 고유한 관계를 맺기 때문이다.

그런데 한 가지 질문이 제기된다. 즉 반대 급부의 증여를 요구하지 않는 증여를 나타내는 단순한 '주다'란 표현은 없는가 하는 것이다. 이에 대한 대답은 이미 주어져 있다. 다시 말해서 그것은 이미 앞의 설명에서 도출된다. 즉 라틴어 dō, dōnum, 그리스어 dôron의 어근인 인도유럽어 어근이 존재한다. 분명히 앞(96쪽)에서 *dō-의 어원의 선사先史가 단순하지 않고, 또 외적으로 상충되는 듯한 언어자료들이 서로 교차한다는 점을 살펴보았다. 그렇지만 역사 시기에 '주다'의 개념은 모든 언어에서 *dō-의 형태와 고유하게 결합되었고, 각 언어에 (히타이트어를 제외하고) 평행 형태로 구성되었다. 그리스어에서 dôron이란 용어 자체는 명확하게 대가 없는 '증여'를 가리키지 않더라도 부사 dōreán(무상으로/거저)의 의미는 '증여'가 사심 없는 증여라는 점을 충분히 보증한다.

더욱이 거의 알려지지 않고 지적된 바가 없는 다른 어근에서 파생된 형태도 있다. 이 어근은 중요성으로나 고어적 성격으로나 재구해야 하는 형태이다. 그것은 어근 *ai-이다. 여기에서 토카리아어 동사 ai-tsi(주다)와 히타이트어 pai-(동사 접두사 pe- + ai-; 주다)가 파생되었다. 그리스어는 명사형 aîsa(αἶσα, 몫/부분)을 보존하였고, 오스카어는 추상명사 *ai-ti(몫)가 단수 속격 aeteis에서 확인되는데, 이 속격형은 라틴어 partis와 의미적으로 대응한다. 마지막으로 일리리아어의 고유명사에 Aetor라는 고유명사가 나오는데, 이는 동일한 어근 *ai-를 지닌 행위자 명사이다. 이것이 '한몫을 할당하다'란 의미로 간주되는 '주다'를 표현하는 새로운 표현의 출발이다.

라틴어 mūnus, immūnis, commūnis로 대표되는 어원군에 속하는 용어들로 되돌아가서, 우리는 인도이란어에서 아주 중요하고 특이한 단어구성을 하는 파생어를 볼 수 있다. 그것은 의인화된 신神으로서 인도이란의 신 미트라Mitra이다. 이 명칭은 일반적으로 도구道具의 중성명사에 사용되는 접미사 -tra와 *mei-의 축약형으로 구성된다. 베다 산스크리트어 mitra-는 두 성性이 있는데, 신의 명칭을 가리키는 남성과 '우정', '계약'의 의미인 중성이다. 메이예는 유명한 그의 논문(『아시아지』Journal Asiatique, Série 10. 9, 1907)[7]에서 Mitra를 신격화된 사회적 힘으로, 의인화된 계약으로 규명했다. 그렇지만 '우정', '계약'은 이들이 보존된 문맥에서 뜻이 명료해진다. 즉 그것은 감정적 우정이 아니라 '교환'에 근거하는 '계약'이다. 고대 사회에서 통용되고 이용되던 이 개념을 표상하기 위해 호메로스에 나오는 장면을 참조해 보자. 이 장면은 '사회적'이라고 할 만한 사례를 보여 준다. 그것은 『일리아스』 4권 120~236행에 나오는 유명한 에피소드이다(마종Mazon의 번역을 인용).

글라우코스와 디오메데스는 얼굴을 마주하고 서로를 확인하면서 그들의 부친들이 환대의 관계로 연대해 있음을 발견한다(174행). 그러자 디

---

7) 「인도이란의 신 미트라」Le dieu indo-iranien Mithra. 또한 「인도유럽사회의 종교」La religion indo-européne, 『역사언어학과 일반언어학』L.H.L.G. 1권의 22장 참조. ─옮긴이

오메데스는 글라우쿠스에게 자신의 입장을 분명히 밝힌다.

그렇다면 그대는 먼 옛날 부조父祖 적부터 우리 집안의 빈객(xenios)이다
(215행). ……그러니 앞으로 아르고스의 한복판에서는 내가 그대의 주
인이 되고, 내가 리키에로 가면 그곳에서는 그대가 나의 주인이 될 것이
다. 그러므로 우리는 무리들 사이에서라도 서로의 창을 피하기로 하자
(224~226행). ……그러니 자, 우리가 서로 무장을 바꾸어 부조 때부터 친
구임을 자랑스럽게 여긴다는 것을 저들도 알도록 해주자(230~231행).

이 상황은 계약 당사자들에게 공통의 국가 이익보다는 더욱 구속력
이 강한 법적 의무를 지운다. 법적 의무는 원칙상 세습적이지만 증여와 교
환을 통해 정기적으로 갱신함으로써 사적私的 의무로 계속 남는다. 이러한
이유로 상대방은 서로 무기를 교환하자고 제의하는 것이다. "이렇게 말하
고 두 사람은 전차에서 뛰어내려 서로 손을 잡고 우정을 다짐했다. 그러나
이때 크로노스의 아들 제우스께서 글라우코스의 분별력을 빼앗아 버렸다.
그래서 그는 황소 백 마리의 값어치가 있는 자기 황금 무장을 황소 아홉 마
리의 값어치밖에 안 되는 튀데우스의 아들 디오메데스의 청동 무장과 맞
바꾸고 말았다"(232~236행).

그래서 이 음유시인은 여기에서 어리석은 거래를 보게 된다. 실제로
증여물 사이의 불평등한 가치는 의도적이다. 왜냐하면 한 사람은 청동 무
기를 건네고, 다른 사람은 황금 무기를 '되돌려' 주기 때문이다. 그리고 한
사람은 계란 9개의 값을 주고, 상대방은 계란 100개의 값을 되돌려 주지
않을 수 없음을 느끼기 때문이다.

이 일화逸話는 고대 사회에서 우리가 '계약'으로 부르는 유형의 약속에

따른 의미를 환기시키고, 또 산스크리트어 mitra- 같은 용어의 고유한 의미가치를 재구하는 데 아주 적합하다. 이와 같은 것이 디오메데스와 글라우코스 사이의 mitra-, 즉 서로 유대를 맺으면서 동시에 구속력이 있는 교환이다. 이 사실은 또한 이 용어의 형식적 분석에 빛을 던져 준다. 접미사 -tra-는 '수단'의 명사로서 '행위자' 명사를 구성할 수 있다. 그것은 도구를 이용해서 행위를 하는지, 사람이 직접 하는 행위인지에 따라 문법적 성性이 바뀌기 때문이다. 그리하여 중성 mitram 외에도 남성 mitras가 존재한다. 신화를 탐구하여 미트라의 역할에서 그 어원에 대한 기억을 찾아볼 수 있다. 하지만 우선 이와 동일한 어근에 기초해서 형성된 개념과 지금 연구하는 개념과 관련된 개념의 목록을 확장시켜야만 한다.

　*mei-와 아주 유사한 형태로 접미사 -t-가 첨가된 *mei-t-가 있는데, 이는 라틴어 동사 mūtō(바꾸다/교환하다)에서 나타난다. 이것은 형용사 mū-tuus(상호적인/서로)와 비교하면, 그 의미를 더 자세히 설명할 수 있다. 더욱이 이 형용사의 특이한 용법을 고려해야 한다. 즉 mūtua pecūnia(빌려주거나 빌린 돈)와 이 용법으로 사용된 형용사에서 파생된 동사 mūtuāre(빌리다), 즉 '돈을 반환할 의무를 지니면서 돈을 취하다'가 그것이다. '빌려주기'와 '빌리기'는 이처럼 해서 차례로 교환의 순환에 들어 간다. 이것이 전부는 아니다. '교환'은 여기에서 또한 '증여'와 이웃하고 있다. 라틴어 mū-tō, mūtuus와 고트어 maidjan(교환하다)는 대응한다. 그런데 파생명사 ma-iþms(〈 *mait-mo-)는 그리스어 dôron(증여)을 번역한 것인데, 반복과 교환을 의미하는 구절에서 그렇게 번역한다.

　다른 파생어들은 별개의 두 범주로 나뉜다.

　① 어떤 파생어는 의미가 전문화되었다. 예컨대 산스크리트어 mithu-(잘못된/거짓의) 같은 단어이다. 라틴어 mūtō처럼 '교환하다'의 일반적 의

미가 '변질하다'의 개념으로 바뀌었다. 어떤 사람이 변했다고 말할 때, 그것은 그에게 이로운 것이 아니다.

② 그러나 다른 일련의 파생어는 고유한 의미를 지니는데, 특히 이란어가 그렇다. 예컨대 아베스타어 miθ-wara-(쌍으로 된/짝이 지어진), maēθman 〈 *mei-t-men(짝짓기)가 그것이다. 사회적 성격을 지닌 의미발달로 인해 maēθman은 '상호성'의 의미로 바뀌었고, 중기 이란어와 근대 이란어에서 mēhmān 〈 *maēθmānam은 '손님'을 지칭하게 되었다. 이것은 우리가 먼 우회로를 통해서 결국은 출발점에 되돌아온 것을 의미한다. 이제 다시 한번 '손님'을 상호성의 개념과 호혜의 관계에 따라 정의하기에 이른 것이다.[8]

근대 이란어에는 손님을 가리키는 또 다른 명칭이 있다. 그것은 ērmān인데, 고형은 aryaman(친한 친구)에서 확인되며, 이 형태는 인도이란어에서 널리 알려져 있다. 이것은 또한 신화로 형상화된 신의 명칭이다. 아리아만Aryaman은 환대의 신이다. 『아타르바 베다』*Atharva*[9]와 마찬가지로 『리그베다』에서도 그것은 특히 결혼과 연관된다.

-man의 구성요소를 어떤 방식으로 해석하든(이것은 명사형이 틀림없다) 신의 명칭 Aryaman은 arya란 용어와 결부된다. 이 책의 뒤에 가서 arya가 공동체의 구성원이 스스로를 지칭하는 상호적이고 공통된 명칭임을 알게 될 것이다. 그리고 그것은 동일 언어를 말하면서 같은 인종에 속하는 사람들의 명칭이다. 이제 Aryaman이 혼인이라는 매개를 통해 개인이 소위

---

8) 어근 *mei-에 대해서는 앞에 이미 인용한 뱅베니스트, 「증여와 교환」 참조.

9) 신에 대한 예배와 제사 의식들을 주관하는 사제의 직분이 4가지로 나뉘고, 이 사제들이 베다를 어떤 용도로 사용하느냐에 따라 베다도 4가지로 나뉘는데, 이 4가지의 베다 가운데 가장 철학적이고 중요한 것이 『리그베다』와 『아타르바 베다』이다. —옮긴이

아리안족의 외혼外婚 공동체 내에 받아들이는 기능이 있다는 점을 이해할 것이다. 즉 그것은 일종의 내적 환대이며, 부족 간의 유대이다. Aryaman은 종족의 외부에서 취한 여자가 새로운 가족 내에 부인으로 처음으로 들어 왔을 때 개입한다.

aryaman이 나중에 가지게 된 의미는 다양하다. 우리는 앞에서 페르 시아어 ērmān(주인)을 인용했다. 코카서스 산맥에 둘러싸여 있는 이란 민 족인 오세티아족(이들의 사회제도와 어휘는 아주 오래된 것이다)의 언어에 서 limän은 이란 단어로 '친구'를 의미한다. 그런데 limän은 음성적으로는 aryaman을 나타낸다. 이 친근 관계, 가족 간, 종족 간의 우애 관계는 용어 들이 고정되고 의미가 진화되면서 각 언어에서 새로이 정의되고 있다.

이처럼 서로 아주 다른 용어들이 하나의 동일한 문제로 귀착된다. 즉 접대와 호혜의 제도 문제이다. 이 제도에 의거해서 한 민족에 속한 사람들 은 다른 민족에게서 환대를 받으며, 사회들은 서로 연대를 맺고 교환을 실 시한다. 이러한 제도 형식의 깊은 관계와 동일 개념이 때로는 바뀐 새로운 명칭으로 반복해서 출현하는 것을 확인하였다.

8장_개인적 충성

요약

오스토프H. Osthoff는 「떡갈나무와 충성」Eiche und Treue(1901)에서 독일어 treu의 단어군이 떡갈나무를 가리키는 인도유럽어 명칭, 예컨대 그리스어 drus와 밀접한 관계가 있다고 한다. 다시 말해서 '충성스럽다'는 것은 '떡갈나무처럼 단단하다'는 것이다. 이들 사이에 친근 관계가 있지만, 계보 관계는 반대라는 것을 증명하고자 한다. 즉 공통되는 어근은 '단단하다', '견고하다'를 의미하고, 따라서 그 형용사는 '나무'를 가리키며, 문자적으로는 '단단한 것', '견고한 것'을 가리킨다('떡갈나무'의 의미는 그리스어 시대에 국한되며, 단일 인도유럽어의 시기까지 거슬러 올라갈 수 없을 것이다).

게르만어 *drauhti(고트어 ga-drauhts(군인))와 *drauhti-no-(고대 아이슬란드어 drottin(우두머리/주인))의 관계는 '친구', '동료'를 의미하는 슬라브어와 발트어의 단어가 이 명사 용어와 이것의 -no-형 파생어의 관계——이 관계는 다른 단어들, 예컨대 dominus, tribūnus 등에서도 알려져 있다.——를 맺어 준다. 즉 *drauhti는 '무리', '부대'('군대'의 의미로 사용된다. 이는 타키투스의『게르마니아』13장에서 기술된 바 있다)를 가리키는 집합명사이고, *drauhtino-는 이 부대에서 권위를 휘두르는 princeps(지배자)이다.

고트어 harjis(독일어 Heer)는 분노의 신인 오딘Odin Herijan과 관련되는 게르만 전설과 타키투스의『게르마니아』43장으로 설명될 수 있는데, 그것은 초토화시키는 원정을 위해 임시로 소집된 가면부대 집단의 명칭으로 출현한다(그리스어 koíranos가 herjan과 형태상으로 일치되는지 여부는 차치하고라도, 호메로스의 용법에서 도출되는 의미는 후자 형태가 암시하는 의미와 비교하는 것을 배제시킨다).

라틴어 fidēs는 아주 오래된 의미가치를 지니는데, 다른 언어에는 이 의미가치가 약화되고 단순화되었다. 예컨대 어근 *bheidh는 라틴어에서조차 의미가 변질되었다. fidēs는 '신뢰'의 의미가 아니라 '자신을 신뢰하도록 하고, 또 그를 신뢰하는 자에게 권위로 보호하는 존재의 고유한 자질)을 의미한다. 이 개념은 *kred-의 개념(15장에서 연구)과 아주 유사하기 때문에 라틴어에 credo에 대응하는 단어는 언제나 fidēs였다는 사실을 이해할 수 있다.

지금까지 연구한 용어들은 인간들 사이에 맺는 모든 관계와 관련되는데, 특히 '환대'의 개념이 그렇다. 개인적인 동시에 제도적인 관점에서 이제 특정 언어군 내에서, 그리고 공통 인도유럽어의 어휘를 참조하면서 '개인적 충성'의 개념, 즉 권위를 가진 자와 개인적 약속에 의거해 그에게 종속되는 자 사이에 맺어진 관계를 살펴보도록 하자. '믿음'은 서부 인도유럽 세계에서 아주 오래된 제도의 근거이며, 게르만 세계에서 아주 두드러진 모습으로 나타난다.

충성을 가리키는 명칭은 오늘날 독일어 Treue로 대표되는 용어에 나타나며, 모든 게르만어 방언에서 잘 확인된다. 예컨대 고트어는 πεποιθέναι(믿음을 갖다)를 번역한 동사 (ga-)trauan과 그리스어 πεποίθησις(신뢰)를 번역한 명사 trauains, 아이슬란드어 trūa, 앵글로색슨어 truōn(독일어 trauen) 등으로 나타나며, 이 형태들은 명사 어간 *truwō에서 파생된 형태이다. 그리고 아이슬란드어 trū(존경/누구에 대해 가진 믿음)와 여기에서 파생된 아이슬란드어 trur(충실한)도 있다. 이 어근에서 파생된 행위行爲 명사는 아주 발달해서 게르만어 어휘에 오랫동안 유지되어 내려왔다. 예컨대 고트어 trausti(협약/유대, 그리스어 διαθήκη를 번역)와 아이슬란드어 traustr(신뢰가 있는/확실한/충실한)이다.

여기에서 근대의 여러 형태가 파생되었고, 그 중 어떤 형태는 동맹에 의한 협약, 합의, 선서를 가리키고, 또 다른 형태는 동사와 명사로서 '신뢰하다', '안심시키다', '위로하다'를 의미한다. 즉 이들은 한편으로는 영어 trust(신뢰(를 갖다))로 대표되는 단어군이고, 다른 한편으로는 독일어 trosten(위로하다)으로 대표되는 단어군이다. 이 윤리적 개념은 분명히 제도와 관련된다. 라틴화된 게르만어의 봉건 어휘에서 trustis는 충성 관계를 가리켰고, 또한 충성 관계를 맺으면서 어떤 사람을 수행하는 무리에 속한 자들을 가리켰다. 고대 고지 독일어 명사 Traue(충성)에서 프랑스어 trève(휴전)가 생겨났다.

이처럼 다양한 게르만어 형태는 다음과 같이 의미표상이 아주 복잡하게 분화된 용어에 이른다. 즉 독일어 Treue, trauen(신뢰를 갖다), Trost(위로), 영어 trust(신뢰), true(진실한), truce(휴전/협약)이다. 이들은 모두 똑같이 게르만어 어근 *dreu-에서 기원하며, 이 어근에서 게르만어 추상명사 *drou-sto-(고대 아이슬란드어 traust(신뢰)/독일어 Trost(위로)), 파생어 *draust-yo-(고트어 trausti(조약))와, 형용사 *dreu-wo-(고트어 triggws(충실한)/독일어 treu)가 파생되었다.

이 단어군은 어원학자인 오스토프가 그의 『어원 잡록』*Etymologica Parerga*(1901)에서 연구하였다. 이 책은 다양한 어원을 연구한 연구집으로 제1장의 제목이 「떡갈나무와 충성」이다. 이 이상한 제목은 이 어근에서 출발해서 이것을, '떡갈나무' 명칭으로 간주한 인도유럽어 원형과 결부지으려는 아주 광범한 증명(100여 쪽)의 실체를 극명하게 보여 준다. 이 추론의 형태론적 기저는 인도유럽어 *dreu-wo와 그리스어 drûs(δρῦς)의 비교이다. 오스토프는 특히 강하고 단단한 나무인 '떡갈나무'가 어떤 성질을 보여 주는 상징물이고, 이 성질을 나타내는 가장 추상적 표현이 '충성' 개념이 포함되는 단어군에서 드러난다고 생각했다. 그래서 '떡갈나무'가 충성 제도의 일차적 이미지를 갖는다고 한다. 이 증명이 어원사전들에 나와 있다. 오늘날 그의 증명의 기반을 검증하는 것이 필요하고, 모든 어원 재구는 형태들의 방언 분포와 의미 분류를 위해 이들 형태에서 분석되는 관계를 고려해야 한다. 그런데 오스토프의 연구는 이 용어들의 전체 역사를 완전히 왜곡하고 있음을 증명할 수 있다. 그리고 이 언어사실의 진정한 관계는 이와 정반대임이 드러난다.

사실 오스토프의 증명이 옳다면, 떡갈나무 명칭은 공통共通 인도유럽어여야 한다. 그리하여 모든 언어에서 이 의미로 존재했어야 한다. 따라서 공통 인도유럽어에서 '떡갈나무'를 지칭하는 형태와 의미가 일정한 일차 용어를 기대할 수 있다. 왜냐하면 이 '떡갈나무' 명칭은 오직 한 언어에만 나타나며, 그것도 이 언어의 특정 시기에만 국한되어 나타나기 때문이다.

본격적인 논의를 시작하기 전에 떡갈나무가 특정한 지역에서 자라는 나무라는 사실 확인이 필수불가결하다. 인도유럽족은 떡갈나무를 알지도 못했고, 이를 공통의 명칭으로 지칭할 수도 없었다. 왜냐하면 그것이 인도유럽어 영역 전체에 걸쳐 서식하지 않기 때문이다. 예컨대 인도이란어에 떡갈나무의 명칭이 없는 것은 다 그만한 이유가 있다. 떡갈나무는 중앙 유럽지역에 분포하는 나무이며, 중앙 유럽과 동부 유럽의 언어에만 그것을 가리키는 용어가 있다.

이 어휘 분포는 자신들의 역사적 근거지를 향한 인도유럽족의 이동과 부합하는 것처럼 보인다. 모든 사실 ——역사적·언어적·고고학적 사실——은 동부에서 서부로 민족이 이동했다는 사실을 알려 준다. 그리고 게르만족은 자신들이 점유한 지역에 최후로 정착한 자들이다. 민족 이동은 그 경로에 따라 몇 단계에 걸쳐 이루어졌으며, 이동한 경로는 추적할 수 있다. 이동 경로는 떡갈나무가 발견되는 지방에서 끝나며, 분명히 이 지방은 이동의 출발점이 아니다.

이 사실은 떡갈나무 명칭에 대한 조사에서 확인된다. 인도유럽어의 형태는 두 상태, 즉 *de/orw-와 *drew-를 포함하며, 잘 정립된 인도유럽어 어근의 도식에 일치하여 각각 어근과 접미사 요소의 완전 계제階梯와 약계제弱階梯[1]가 있다. 여기에서 그리스어 dóru(δόρυ)와 drûs가 각각 생겨났다. 따라서 의미를 조사할 때는 이 두 어간에 근거하여 생긴 형태들

---

1) 인도유럽어의 형태론은 형태론적 기능을 갖는 모음교체(ablaut/apophony)로 특징이 규정된다. 기본 형태는 e인데, 이것이 어떤 조건에서는 o, 어떤 조건에서는 완전히 사라진다. 이 형태들을 일컬어 각각 완전 계제, 약계제, 영계제라고 한다. 예컨대 géu(라틴어 genu), gónu(그리스어 góu/산스크리트어 jánu), ǵnu(그리스어 gnusí/산스크리트어 jnu-) 같은 것이다. 또한 본서 1편 15장 각주 6번 참조.—옮긴이

을 모두 고려해야 한다. 그런데 어근 *dreu-와 교체형 *drū-, *doru-는 오직 (나무)만을 가리킨다는 것을 관찰할 수 있다. 예컨대 고트어 triu는 그리스어 xúlon(나무/목재)을 번역한 것이고, 이 의미가 대부분의 언어에서 나타난다. 고대 슬라브어 druva는 '목재'를 의미하고, 인도이란어형 drū, dāru는 오직 '나무', '목재', '식물'만을 가리킨다는 것을 확인하기란 쉽다. 재질材質을 가리키는 아베스타어 형용사 drvaēna는 이에 대응하는 고트어 형용사 triweins처럼 '나무로 된' 물건에 적용된다. 몇몇 언어에서는 파생어의 의미가 이차적으로 분화되었는데, 예컨대 슬라브어 drevo(나무) (〈 *derwo-)와 druva(나무; 〈 druwo-)가 그것이다.

여기에서 그리스어 형태들은 특별한 관심을 끈다. 그리스어에는 이와 동일한 어간에서, 역사적으로 구별되나 분명히 연관성이 있는 두 용어가 파생되었다. 이들은 dóru(창(의 나무))와 drûs(떡갈나무)인데, 이를 더욱 자세하게 고찰해야 한다. dóru의 일차적인 의미는 '나무', '나무의 그루터기'이다. 예컨대 『오디세이아』 6권 167행에서 오디세우스는 나우시카에게 다음과 같이 말한다. "그곳에서는 일찍이 그러한 **나무**dóru가 대지에서 자라나는 것을 결코 본 적이 없다."

이는 또한 선박을 건조하는 나무이기도 하다. 즉 δόρυ νηΐον(배의 용골)이다. 또한 그것은 창槍의 '나무', 즉 물푸레나무로 만든 투창 δόρυ μείλινον이기도 하다(『일리아스』 5권 666행). 마지막으로 그것은 나무로 만든 '창' 자체를 가리킨다. 프랑스어 bois가 침대, 오케스트라, 사슴(의 뿔)에 적용될 수 있는 것처럼 '나무'에는 구체적으로 한정된 많은 의미가 있다.

다른 한편 drûs는 그리스어에서 반드시 떡갈나무만을 지칭하는 것은 아니다. 고대인은 이를 특유한 말로 이야기한다. 즉 『일리아스』의 주석자의 증언(11권 86행에 대한 주석)에 따르면, δρῦν ἐκάλουν οἱ παλαιοὶ πᾶν δένδρον(고대인들은 어떤 나무든지 그것을 drûs라고 불렀다)이라고 한다. 이 사실은 작가들이 쓴 용법에서도 확증된다. 예컨대 소포클레스[2]의『트라키스의 여자들』*Trah.* 766에 δρῦς πίειρα(진이 나는 나무, 소나무)가 나오는데, 이 단어는 일찍부터 의미가 전문화되었다. 이미 호메로스에게서 drûs는 떡갈나무이며, 특히 어떤 의식(儀式)과 연관된 '나무'를 가리킨다. 예컨대 도도네[3]의 예언하는 떡갈나무 같은 것이다. 그러나 이 의미의 전문화는 그리스어의 역사 과정에서, 그것도 후기에 와서 일어났다. 왜냐하면 의미의 전문화는 drûs가 '나무' 일반을 가리키던 시기에 대한 흔적을 여전히 완전히 없애지 못하고 있기 때문이며, 또 다른 모든 언어에서 대응하는 용어가 '떡갈나무'가 아니라 '나무', '목재'를 의미하는 증거들과 일치하기 때문이다. 더욱이 그리스어에서도 druá 같은 파생어에서 drûs의 원래 의미를 발견할 수 있는데, 이 파생어는 신화적인 존재들, 즉 dryades를 명명한 것이다. 이들은 일반적인 나무에 사는 요정들이지 떡갈나무에만 특정하게 사는 요정들은 아니다.

　drûs와 관련된 또 다른 그리스어 형태가 있는데, déndron(δένδρον), 호메로스 그리스어 déndreon(δένδρεον, 나무)이다. 이것은 *der-drewon에서 이화작용을 통해 파생된 형태이며, *der-drewon은 이른바 불완전 중복 유형에 속하는 중복형이다(*karkros에서 파생된 라틴어 cancer(게)를 비교해 보

---

2) 소포클레스Sophoklès(496~406년): 그리스의 비극시인. 남아 있는 작품은 7가지가 있다. 『안티고네』*Antigoné*, 『오이디푸스 왕』*Oidipous turannos*, 『엘렉트라』*Electra*, 『트라키스의 여자들』*Trakhiniai* 등이다. 이 마지막 작품은 트라키스에서 살았던 헤라클레스의 생애의 마지막 몇몇 이야기와 그의 죽음을 주제로 하고 있다. ─옮긴이

3) 도도네Dôdônè: 그리스의 고대 도시로서 제우스와 디오네의 신탁으로 그리스 정치사에서 중요한 역할을 한 곳이다. 제사장들은 신성한 떡갈나무 잎들의 바스락거리는 소리나 바람에 부딪히는 청동그릇 소리 등을 해석함으로써 신들의 응답을 받는다고 생각했다. ─옮긴이

라. 그리스어 karkínos(게) 참조).

여기서도 역시 어간의 의미는 '목재', '나무'이다. 그래서 이 모든 증거들은 서로 수렴하며, '목재', '나무'라는 고대의 의미로부터 '떡갈나무'의 의미에 이르기까지 drûs란 용어의 의미가 그리스어 역사의 비교적 후기 단계에서 발달한 것임을 보여 준다. 그 결과 오스토프의 관점은 완전히 반대로 수정해야 한다. 즉 '떡갈나무'의 의미는 최종 단계의 용어이며, 그리스어의 진화 과정의 말기에 위치한다. 그 중간 과정은 '나무'이며, '단단한', '굳은'과 같은 최초의 개념에서 나와야 한다. 근대 이란어에서도 이 의미발달에 정확히 상응하는 것을 발견할 수 있다. '나무'를 가리키는 페르시아어 명칭 diraxt, 중기 이란어 draxt는 '안정된 것', '단단한 것'만을 고유하게 의미하는 고대의 동사적 형용사 draxta-(drang-의 분사)이다. 그래서 그 관계는 그리스어 drûs와 *dreu의 관계와 동일하다.

이처럼 '나무'에서 '떡갈나무'로 의미가 축소된 것은 지역적 조건에 의존해 있음을 알 수 있다. 사실상 이러한 의미 제한은 게르만어에서 바로 일어난 것은 아니다. 게르만어에서 *dreu-는 '나무'를 가리키는 총칭 명사로 남았고(고트어 triu/영어 tree 참조), '떡갈나무'를 가리키는 *aik-(독일어 Eiche)란 특수한 용어가 따로 있었다.

이제 다른 관점에서 인도유럽어 형태의 발달을 재구해 볼 수 있다. 이 어근 *dreu-로부터 형용사가 파생되는데, 산스크리트어 dhruva-(dh-는 이차적이며, 유추로 생겨난 음소로서 고대의 d를 교체한 것이다), 이란어 druva-(딱딱한/단단한/건강한), 슬라브어 sŭdravŭ(어두 su-가 첨가됨; saluus, 건강한)이고, 발트어군의 리투아니아어 drutas(강력한/단단한; 프러시아어 druwis(믿음/보증), druwit(믿다/믿음을 갖다) 참조)와, 그리스어 자체에서, 헤시키오스의 주석에 따르면, iskhurón(강한)으로 번역된 (아르고스 구어 방언) dro(w)ón이다. 이들은 모든 Treue(고트어 triggws; 충성스러운)의 단어족이 자연스럽게 관련된 의미발달이다.

그러나 다른 한편으로 *dreu-는 또한 '나무' 명칭이 된 형용사 *drū(강한/굳센/단단한)도 제공한다. 여기에서, 이처럼 어휘 발달이 서로 다른 층위에 이루졌다는 결론이 나온다. 즉 게르만어에 고유한 '충성'이란 의미는 인도유럽어 어근 *dreu-의 의미와 직접 연관되는 반면, '나무'의 의미는 일찍부터 의미가 분화되어 때로는 그리스어처럼 단독으로 남아 있다.

여기에서 '의미작용'과 '지칭'의 차이와 이들을 분리시킨 거리를 명확히 확인할 수 있으며, 어휘적 지표를 이용하지 않으면, 흔히 지칭은 그 의미작용을 예측할 수 없게 만들기도 한다.[4]

'믿음', '충성'의 관계는 다른 표현으로도 나타나는데, 이를 특히 게르만어에서 고찰하려고 한다. 그 표현들 가운데 하나는 귀족 용어와 군대 용어에 동시에 나타난다. 이를 고트어 ga-drauhts에서 출발해서 연구하려고 하는데, 이 고트어 단어는 『복음서』에서 στρατιώτης(군인)를 번역한 것이다. 이 단어는 공동체 집단을 표시하는 접두사 ga-와 그리스어 στρατεύεσθαι(전쟁을 하다/전장에 나가다)를 번역한 동사 driugan에 -ti가 첨가되어 파생된 파생어로 구성된다. 이 추상명사 drauhti-에서, 명사 파생동사의 현재형 drauhtinon(στρατεύεσθαι)과 합성어 drauhti-witoþ(στρατεία; 전투)——둘째 요소 -witoþ는 '규칙', '법'을 뜻한다——가 파생되었다. 고트어를 제외한 게르만어에서 이 추상명사의 의미는 약간 다르다. 즉 고대 아이슬란드어 drōt와 다른 방언의 대응 형태는 '수장首長의 수행원', '군대'를

---

4) *doru-/*dreu-에 대해서는 이미 인용한 뱅베니스트, 「재구의 의미론적 문제」 참조.

가리킨다. 예컨대 고대 영어 dryht, 앵글로색슨어 druht, 고대 고지 독일어 truht 같은 형태이다. 특히 눈에 띄는 형태는 'druhti-의 파생명사이다. 이 파생명사는 다시 '우두머리', '주군'主君을 가리키는 -no-로 된 형태를 제공한다. 즉 고대 아이슬란드어 drottinn, 고대 영어 dryhten, 고대 고지 독일어 truhtin이다. 아이슬란드어 여성형 drot-tning(여왕)은 아직도 스칸디나비아의 여러 언어에 보존되었다.

이들은 형태론적 관계가 명확한 게르만어의 단어군이다. 다시 말해서 '병사'를 가리키는 추상명사 고트어 drauhti-와 명사 파생어(문자적인 의미는 '똑같은 drauhti-를 가진 자'이다)와 또 한편 추상명사 druhti-에 기초해서 파생된 -no-(우두머리)로 된 파생어들이다. 이와 같은 언어자료를 의미적 문맥에 위치시키면 이들의 의미를 밝힐 수 있다.

이들 용어의 고유한 의미는 인접 언어들, 예컨대 슬라브어와 또 부분적으로 발트어와의 비교를 통해 다시 밝힐 수 있다. 그래서 '군대', '군대의 우두머리'라는 의미는 훨씬 더 일반적 의미인 '친우'親友에서 유래한다는 것을 알 수 있다. 슬라브어와 근대의 여러 언어에서 drugŭ(φίλος; 또는 ἑταῖρος)는 '친우', '동료'를 의미한다. 연대, 우정의 개념은 아주 강력해서 형용사──중복적으로 사용되면──는 '서로'라는 상호적 개념을 나타낼 수 있다. 예컨대 러시아어 drug druga와 같은 것이다. 리투아니아어에도 이와 동일한 의미를 지니는데, draugas는 서로 다른 모음계제에서 '친우', '쌍이나 짝을 이루는 한 사람'을 의미한다. 여기에서 추상명사 draugē (우정/동료 무리/친구 집단)가 생겨났다. 발트어는 이 명사 어간을 문법적 기능 요소로 사용한다. 예컨대 리투아니아어 draugè(-와 함께)가 그것이다. 그리고 고대 프러시아어 합성어 draugi-waldūnen은 '유산을 나눠 갖는 자/공동 상속자'Mit-erbe를 의미한다.

게르만어, 슬라브어, 발트어의 비교가 흥미를 갖는 것은 게르만어 단어의 고유한 의미작용을 밝혀 주기 때문이다. '동료 무리'라는 개념이 문제되는데, 이는 게르만어가 나타내는 특수한 조건에서 구체화된다. 즉 그것은 전우애다. 고대 슬라브어에는 그것과 평행하는 표현이 있는데, 집합적 용어 družina(군대의 동료/전우, συ-στρατιῶται)가 그것이다. '군인'을 가리키는 고트어 용어 ga-drauhts는 문자적으로 직역하면 '동일한 *dauhti-를 가진 자'를 의미하는데, 이는 집합적 용어로 이해된다. 즉 군복무를 같이해서 연대가 맺어진 사람들의 집단이 그것이다. 추상명사 drauhts는 '전우들의 동료애', '전우애'이고, drauhti-witoþ(στρατεία)는 '*drauhti-의 규율'로서의 '전투'이다.

이제 고대 아이슬란드어 drottinn과 그 단어군을 고찰해 보자. 게르만어 형태 *druxti-naz, 다시 말해서 *drukti-nos는 특수한 유형의 단어구성에 속한다. 이는 라틴어 dominus처럼 이차적으로 형성된 파생어이며, 사회집단의 머리에 위치하는 자를 가리킨다. 게르만어에서 이 조어造語 유형은 다수의 중요한 파생어에서 나타나는데, 고트어 þiudans(< *teuta-nos; 왕/공동체의 우두머리), kindins(< *genti-nos(gens의 우두머리))이며, 라틴어 tribus에 대응하는 tribūnus와 평행하는 용어들이다. 고대 영어 dryhten (주인/주군; 기독교 텍스트에서는 '주님'Seigneur)은 *drukti-nos(drukti의 우두머리)를 나타낸다.

이 유형의 관계들은 고대 게르만 사회를 특징짓는다. 거기에 대한 한 가지 사례 ——우리가 해석하려는 용어들과 상관없지만, 그런 만큼 더욱 귀중하다——를 타키투스의 『게르마니아』 13장과 14장에서 찾아볼 수 있다. 이 역사가는 게르만족이 어떻게 전투하며, 어떻게 군대를 소집하고 조직하는지, 군대와 그 수장의 관계가 어떤 것인지 자세히 기술하고 있다. "고귀한 가문의 출신이나 부친의 혁혁한 공적이 있는 사람들은 유아기부터 왕족의 지위를 부여받는다. 또 다른 사람들은 젊음의 힘이 넘치고 오랫동안 시련을 겪은 장수들에게 가서 붙는다. 이러한 동료의 역할은 부끄러워할 것이 없다. 이 역할은 수행 군사들로 둘러싸인 수장의 평가에 따라서 조정되면서 차등을 지닌다. 이 comites 사이에는 자신들의 수장 옆의 상좌를 차지하는 자에 대한 이상한 경쟁심이 있다. 또 이 수장들 사이에는 가장 많은 동료들과 가장 날쌘 용맹을 가진 자들을 거느린 자에 대한 경쟁심도 있다"(뷔르누프Burnouf의 번역). 우리는 자연히 princeps와 그의 comites의 관계를 생각하게 된다. princeps는 여기에서 'drottinn'으로 불리고, comites는 'gadrauhts'로 명명되고 있다. 이 역사가의 기술과 어휘 분석 사이에는 상관 관계가 성립한다.

gadrauhts의 조어법은 고트어 동의어 gahlaiba(συ-στρατιώτης, 군대의 동료/전우) ── 문자적으로는 '같은 빵을 나누어 먹는 자'를 의미한다 ── 에도 그대로 반복해서 나타난다. 고트어 ga-hlaiba와 라틴어 companio는 서로 밀접한 관련이 있다는 것이 드러난다. 이 두 단어 중 어느 한 단어는 다른 단어를 모사摸寫한 것이다. 아마도 gahlaiba가 원래 단어이고, companio는 이것을 베껴 모방한 것이리라.

'군대'의 명칭은 게르만어 방언에 공통된 용어이다. 고트어 harjis, 고대 아이슬란드어 herr, 고대 고지 독일어 hari 등이다. 룬문자로 기록된 비문碑文에서 hari-란 형태로 여러 번 출현한다. 더욱이 Hario-, Chario- 같이 고전 작가들이 전수하는 게르만어 고유명칭에도 이를 찾아볼 수 있다.

이 용어는 켈트어에 대응어가 있다. harja라는 형태는 중기 아일랜드어 cuire ⟨ *koryo(군대)와 정확히 일치한다. 이것은 골족의 명칭에서도 확인된다. 즉 Vo-corii, Tri-corii, Petru-corii는 군대를 '둘', '셋', '넷'을 지닌 것으로 지칭하는 까닭에 이들은 숫자가 가변적인 집단의 결집으로 구성된 다. 여기서도 슬라브어를 제외한 발트어에 대응 형태가 있다. 리투아니아 어 karias, 고대 프러시아어 karjis(군대)이다.

이 비교는 서부 유럽을 넘어 확장된다. 만일 우리가 고대 페르시아 어 kāra를 이와 관련된 것으로 간주하면, kāra는 아케메네스 왕의 비문[5] 의 어떤 곳에서는 '백성'을 의미하고, 또 어떤 부분에서는 '군대'를 의미하 므로, 따라서 그것은 '무장한 백성'을 가리킨다. 이 경우에 대응은 그리 밀 접하지 않다. 모음계제가 다르다. 즉 장모음이 있으며, -yo로 구성된 형태 도 아니기 때문이다. 더욱이 중기 페르시아어 합성어 kārčār, 페르시아어 kārzār(전투)에서 나타나는 kāra-는 고립된 것이고, 페르시아 방언에만 고 유한 것이다. 그래서 인도이란어에서는 이와 비교할 만한 용어가 없다.

고대 신화학의 명칭을 이용해서 이 게르만어 용어의 의미작용을 자세 히 설명해 보자. 이 명칭은 위대한 신 오딘Odin의 명칭이자 별칭인 고대 아 이슬란드어 Herjan이다. 이 명칭은 조어법 자체로 주목의 대상이 된다. 그 것은 '우두머리'의 명칭을 가리키는, 위에 언급한 -no- 파생어와 동일한 유 형에 속하기 때문이다. 즉 Herjan은 *koryo-nos(군대의 수장)에 기초한다. 오딘의 명칭 자체인 Wotan도 또한 이와 같은 방식으로 구성된다. 즉 그것 은 wōda-naz(Wōda의 우두머리), 다시 말해서 분노忿怒의 우두머리나 분노 에 찬 군대의 수장이다.

이처럼 이 위대한 신은 두 명칭에서 무리의 우두머리로 지칭된다. 즉

---

5) 고대 페르시아어의 설형문자로 기록된 비문. 이는 주로 아케메네스 왕조의 다리우스(기원전 521~486년) 왕과 케르케스(기원전 486~465년) 왕 시기에 기록된 비문들로서 고대 이란어 시기 에 속한다. ─옮긴이

Wotan은 이 이름으로 나쁜 짓을 일삼는 화가 난 무리(군대)의 수장이고, Herjan은 신화적 명칭으로 잘 알려진 무리(군대), 즉 Einherjar의 수장이다. 이 Einherjar는 발할라[6]에 거주하면서 그의 명령에 따라 전투를 하는 죽은 전사들이다. 이 표현에서 오딘은 죽은 자들의 왕이다. 이것이 그가 지휘하는 부대이며, 자신의 고유한 Heer이다.

이들은 전투를 어떻게 하는가? 지상의 Heer의 행동과 저승에 있는 Heer의 행동이 일치하는 점이 있다. 이들은 지상이든 지옥이든 동일한 집단이며, 이 집단의 구성원과 그 수장 사이에는 똑같은 관계가 맺어져 있다.

여기에서도 타키투스는 우리에게 문제의 이들 단어의 의미에 대해 많은 사실을 밝혀 주며, 그 텍스트는 이들 단어로부터 명확하게 해석된다. 『게르마니아』 53장에서 타키투스는 전사로서의 백성들이 보여 주는 모습을 묘사한다. "이 사나운 사람들은 야만성을 더욱 거칠게 하기 위해 술책과 시기時期의 도움을 빌린다. 그들은 창을 검게 칠하고, 피부를 색칠하고, 전투를 위해 가장 어두운 밤을 선택한다. 오직 공포와 죽음의 군대(feralis exercitus)를 둘러싸는 어둠이 공포를 확산시킨다. 이처럼 생전 처음 보는, 말하자면 '지옥' 같은 모습을 견뎌 낼 적군은 없다. 왜냐하면 각 전투에서는 눈眼을 가장 먼저 정복해야 되기 때문이다"(뷔르누프의 번역). 이 백성은 어떤 백성인가? 이들은 Harii이다. 타키투스는 여기에서, 후에 *Wuontanes heri(독일어 wüendes Heer(성난 군대) 또는 'Wotan의 군대'), 위장한 죽은 자들의 군대로 불리는 것을 제시한다. 이들은 지옥의 사자들의 모습을 하고(이것이 mascarade(가장 행렬)이다), 밤을 골라 전투하고, 공포로

---

6) 발할라Walhalla: 게르만 신화에 나오는 장소로서 전쟁에서 죽은 용감무쌍한 전사들을 모신 곳이다. 오딘 신이 다스리는 거대한 궁정이기도 하다. ―옮긴이

적을 물리친다. 이것은 죽은 자들이 산 자들 가운데서 일으키는 봉기이다. 이 가장 행렬의 형태는 Herjan으로서 오딘의 군대를 나타내는 것으로 짐작되며, 오딘의 무리, 즉 이 서사시가 Berserkr(고유한 의미는 '곰으로 위장한 자들'이다)로 부르는 자들의 공적을 지상에서 흉내 낸 것이다.

'군대'를 가리키는 게르만어 명칭인 고트어 harjis는 이 관념들로 정의될 수 있고, 또 그것이 사용된 어휘 문맥에서는 약탈하는 부대로 정의된다. 즉 Heer의 고유한 활동은 파생 동사 아이슬란드어 herja, 고대 고지독일어 herian(약탈하다), 독일어 heeren, verheeren(유린하다/황폐화시키다)으로 특성이 규명된다. 이러한 언어적, 민족지학적, 신화적 복합 개념에서 Heer의 구조와 기능이 발견된다. Heer는 라틴인의 exercitus나 그리스의 laós와는 전혀 다르다. 이것은 위에서 drauhti-라는 개념을 설명하기 위해 인용한 타키투스의 『게르마니아』 13장과 14장에 나오는 구절에 묘사된 집단과 유형이 같은 무리이다. 즉 공동체 생활에 참여하는 제한된 소수 집단과 이들이 추종하는 수장과 충성을 통해 유대를 맺고 있는 동료 전사들로서, 일시적 약탈이나 부족 간의 전투에 참가하는 집단이다. 이는 헬레니즘 세계의 philía와는 다른 것이다. philía는 가족이든 부족이든, 대집단의 구성원들 사이에 정상적 관계를 맺으면서 환대의 관계에 기초해 유대를 맺고, 동일한 법을 준수하고, 동일한 언어를 사용한다. 그러나 여기 게르만 세계에서는 전투 행위에 헌신한 남성 사회에서 맺어지는 남자 대 남자의 우정이다. 그래서 harjis, drauhti는 trauen처럼 언제나 이러한 관념과 제도 전체는 서로 연관된다.

그러면 이 용어가 서부 인도유럽 세계에만 국한되는가? 학자들은 흔히 고트어 harjis 등과 그리스어 용어 koíranos(κοίρανος(우두머리))를 비교했다. 사실상 koíranos의 단어구성은 아이슬란드어 herjan(군대의 우두머리)의 단어구성과 정확히 일치하며, 그래서 그리스어에도 *koryo-라는 형태로 이와 같은 군대 명칭을 가정한다. 하지만 koíranos의 의미를 자세히 밝혀야 할 필요가 있는데, 이는 이 그리스어를 '우두머리'라는 아주 모호한 용어로 번역하기 때문이다.

호메로스에게서 koíranos는 지휘관의 역할을 하며, 이 용어가 이 성질의 의미를 가질 때는 파생 동사로서 koiranéō(koíranos로서 역할을 하다)를 가진다. 예컨대 『일리아스』 2권 207행에서, "이리하여 koiranéōn은 군진영을 지나다닌다". koiranéōn(현재분사)은 어떤 군사를 나무라기도 하고, 또 어떤 군사의 용기를 북돋우기도 한다. 극렬하게 날뛰는 자들을 진정시키고, 용기가 없는 자들에게 신뢰감을 심어 준다. 자신의 생각을 강요하고, 우두머리에게 충고하려는 자들에게 그는 『일리아스』 2권 204~205행을 환기시킨다. οὐκ ἀγαθὸν πολυκοιρανίη· εἷς κοίρανος ἔστω, εἷς βασιλεύς ······ (polu-koiraníe는 아무 소용이 없다. 단 한 사람의 koíranos, 단 하나의 basileús가 있어야 한다). 시인 호메로스에게 koíranos는 전쟁을 치르는 장수가 아니다. 어느 곳에서도 그는 스스로 전투를 치르지 않으며, 또 군대의 선두에 나서지도 않는다. 그는 진영을 돌아다니며, 자신의 개인적인 권위를 드높인다. 그는 원로회의의 토론을 주재하지도 않는다. 『오디세이아』(18권 106행)에서 거지 이로스Iros는 자기에게 구걸하러 오는 자들을 쫓으려고 한다. 그는 오디세우스에게 koíranos로서 행동하지 말 것, 즉 명령을 내리고, 질책을 하지 말 것을 충고한다. 그래서 koíranos는 여기에서도 전투하는 장수 이외의 어떤 역할을 하는 사람이다. 호메로스의 텍스트 밖이나 호메로스에게서 koiraneîn은 전체 군대가 아니라 자기 집안의 사람들에게 권위를 행사하는 국부적인 세력가의 행위를 가리킨다. 『오디세이아』에서 구혼자들이 koiranéousi한다고 여러 번 말하는 것은 이들이 집안 사람에게 명령을 내리고, 주인으로 처신하기 때문이다. koíranos가 조직적인 집단의 선두에 있는 전쟁의 장수로 생각할 수는 없을 것 같다. 이 칭호는 북구의 herjan과는 아주 다른 기능이다.

또 다른 문제는 koíranos와 kuirwanaš(변이형은 kuriwanaš/kure-wanaš 이다; 독립적인/자율적인/시종이 아닌) 사이에 있을 수 있는 관계에 대한 문제이다. 정의할 수 있는 범위 내에서 이를 정의하면, 이 히타이트어 용어는 koíranos와 단지 우연히 유사해진 것 같다. 변이형으로 미루어 판단하건대, 그것은 지역어로부터 생겨난 것 같은 생각도 든다. 따라서 고유명칭 Koíranos가 리키아인이나 크레타인에 의해 호메로스 작품에 쓰이게 되었다는 사실에 일말의 가치를 부여할 수 있을지 의문이다. 마찬가지로 미케네 그리스어에 koíranos라는 용어가 어떤 의미로든지 부재한다는 것은 해석할 길이 없다.

2

서부 인도유럽어에서 '충성'의 개념을 나타내는 가장 일반적이고도 가장 특징적인 두드러진 표현은 라틴어 fidēs와 그 어원족이다. 다수의 언어영역에서 이로부터 계승된 종교적, 도덕적, 철학적인, 심지어는 법적인 의미들을 지닌 단어들이 있다. 이 형태들의 관계를 통해서 이 충성 개념의 여러 양태들을 어느 정도 규정하기 위해서 이들 단어군을 여기서 고찰해 보자.

라틴어 fidēs의 단어족에 그리스어 peíthomai(πείθομαι)의 단어족이 대응한다. 동사 형태는 우선 중동태로 출현한다. 그래서 능동 현재형 peíthō (설득하다)는 이차적인 것이다. 그것은 아주 후기에 peíthomai(복종하다)에 근거해서 만들어진 것이다. 고어적 특성을 지닌 모음교체에 따라

peíthomai는 완료형으로 pépoitha가 있는데, 이는 gínomai(되다/태어나다/발생하다) : gégona(태어난/발생한)의 패턴과 같다. 이 어근에서 추상명사 peithó(설득)와 행위명사 pístis(신뢰/믿음), 형용사 pistós(충성스러운/신뢰하는)가 파생되었다. pistós에 기초해서 새로운 현재형인 호메로스 그리스어 pistoûn(충성을 약속하다/약속으로 의미를 지우다/관계를 맺다)과 또한 우세한 의미가 남아 있는 pisteúō(믿음을 찾다)가 만들어졌다.

라틴어와 그리스어 이외에 이와 동일한 의미를 지닌 것은 알바니아어 *bhoidā에서 파생된 명사형 bē(맹약/선서)뿐이다. 물론 다른 언어에서 음성적으로 유사한 형태를 찾을 수 있으나 의미가 아주 달라서 이 형태로 상정할 수 있는 비교는 할 수 없다. 이 점이 이 문제가 안고 있는 난점의 단초이다. 우선 언어자료들은 게르만어 자료이다. 고트어형 beidan은 *bheidh-, 즉 라틴어 fidēs, foedus와 동일한 원형에 기초하지만 이 고트어 동사는 'προσδοκᾶν', '기다리다', '인내하다', '참다'를 의미하며, 고대 아이슬란드어 biđa도 마찬가지 의미를 갖는다. 그리고 고트어 baidjan은 어간의 모음계제는 다르지만 또 다른 의미가 있다. 그것은 앵글로색슨어 bēdian(구속을 가하다/강제하다)과 똑같이 그리스어 anankázein(구속을 가하다)을 번역한 것이기 때문이다. 따라서 '구속을 가하다'라는 의미는 슬라브어 běditi와 비교를 가능하게 만든다. 이 슬라브어도 역시 그리스어 동사 anankázein을 번역한 것이고, 또 명사 běda(anánkē, 필요/제약)와 비교할 수 있다.

이러한 비교는 모든 어원사전에서 지적했지만, 의미작용의 편차로 인해 불확실성과 의심스러운 점이 있다. 학자들은 이 비교를 정당화하거나 반박할 수 없어서 감히 이들을 제외시키거나 솔직하게 수용하지 못하고 있다.

하지만 어느 정도까지 이 비교를 확장해야 하는지를 아는 것이 중요하다. 재구를 그리스어와 라틴어 형태에 국한해야 하는가? 그러나 게르만어의 슬라브어 형태를 포함시키는 경우에 그것은 모든 의미 자료를 수정하게 된다. 이를 결정하기 전에 이들 용어의 의미를 엄밀히 정의할 수 있는 언어들에서 그 의미를 조사할 필요가 있다.

우선 라틴어 단어를 살펴보자. fidēs의 의미가 사전에 부정확하게 기술되어 있는데, 의미가 너무 부정확하기 때문에 처음 몇몇 용례의 구문은 이해조차 할 수 없다는 점을 지적해야겠다. 이를 연구하려면 의미들이 정확히 분류되어 있는 라틴어 『어휘보고』*Thesaurus*[7]의 fidēs 항목을 참조할 필요가 있다.

실제로 fidēs를 '신뢰'로 계속 번역하면, fidem habere, fidēs est mihi같이 희극喜劇 언어에 자주 등장하는 몇몇 기본적 표현은 반대 의미로 이해될 우려가 있다. 예컨대 플라우투스의 paruam esse apud te mihi fidem ipse intellego(『프세우돌루스』*Pseudolus*[8] 467) 같은 것이다. mihi est fidēs를 '나는 (너에게) 믿음을 가지고 있다. 나는 (너에게) 신뢰를 둔다'로 번역하면, 그것은 사실상 다음과 같은 정반대의 의미가 된다. "(오래전부터 너가 나를 무시한다는 것을 잘 알고 있다. 왜냐하면) 나는 너가 '내게 보잘것없는 미약한 신뢰만을 주고 있다는 것을' 잘 이해하기 때문이다." 플라우투스의 『암피트리루오』*Amph.* 555에 나오는 또 다른 예들을 보자. facis ut tuis nulla apud te fidēs sit도 마찬가지로 "너는 사람들에게 '신뢰를 가지고 있지 않다'"로 이해해야 한다.

---

7) 에스티엔R. Estienne, 『라틴어 어휘 보고』*Thesaurus Linguae Latinae*, Bâle, 1740~1743(Bruxelles, 1964).—옮긴이
8) 노예인 프세우돌루스가 자신의 야비한 노예상을 속여 먹는 희극이다.—옮긴이

이 표현의 문맥과 원래의 구문은 예측할 수 있는 관계들을 전도시키는 듯한 번역을 하도록 한다. 즉 fidēs est mihi apud aliquem은 '어떤 사람이 내게 신뢰를 가지고 있다'를 의미한다. fidēs를 문자적으로 직역하기 위해 '신뢰'를 '신용', '신임'으로 교체해 보자. 그러면 fidēs es mihi apud aliquem의 문자적인 직역은 '나는 어떤 사람에게 신용(신임)을 받고 있다'이다. 그래서 이것은 '나는 그에게 신뢰의 감정을 불러일으킨다', '그는 내게 신뢰를 가지고 있다'와 동일한 의미가치이다. 따라서 fidēs라는 라틴어 개념은 '신뢰'란 개념이 우리가 갖는 관계와 정반대의 관계를 당사자들 사이에 맺게 한다. '나는 누구에게 신뢰를 가지고 있다'라는 표현에서, 신뢰는 내가 그의 수중에 둔 어떤 것으로서, 또한 그가 이를 자기 맘대로 처분하는 나의 어떤 것이기도 하다. 그러나 라틴어 표현 mihi est fidēs apud aliquem에서는 내게 신뢰를 두는 것은 상대방이며, 그것을 맘대로 처분하는 것은 나이다.

그래서 fidēs란 용어는 소유를 나타내는 고유 표현 est mihi 구문과 연관된다. 그리고 이 '소유'는 상대방을 나타내는 전치사 apud(누구에게)로 표시된다. 따라서 fidēs의 '소유자'는 신뢰의 증서를 지니며, 이를 어떤 사람'에게' 주는 것이다. 즉 이는 fidēs가 원래는 '신용', '신임'을 의미했고, 사람들과 상대방에게서 이 '신용'을 누리는 것이다. 고대의 모든 예들은 이를 확증해 준다.

이 용어는 또한 잘 알려져 있는 또 다른 고정 표현에서도 나타나는데, 그 의미 또한 교정해야 한다. 이것은 도움을 구하는 소리이다. 신의 도움을 얻기 위해서 외치는 pro diuom fidem이나 di, obsecro uestram fidem(신들이여, 간청컨대 당신들의 fidēs를 구합니다) 같은 표현이다. fidēs는 말하는 자가 자기 상대 화자에게 신뢰를 '불러일으키고', 그에게서 이를 향유하는 것이라는 사실로부터 말하는 이에게 신뢰는 '보증'이며, 이것에 의지한다는 결론이 나온다. 죽은 자들이 신에 대해서 갖는 fidēs는 그 대가로 이들을 보증으로 해서 안심시킨다. 그래서 사람들이 고난 가운데서 간청하는 것은 신의 보증이다.

통사적·의미적 관계를 확신하는 학자들에게 프랑스어 동사구 avoir confiance en quelqu'un(누구에게 신뢰를 갖다)은 이상한 사실이다. 또한 je donne ma foi(내 믿음을 준다), j'accor-de ma confiance(나는 나의 신뢰를 부여한다)라고 말하기도 한다. 사실상 내게 속한 어떤 신뢰가 다른 사람에게 주어지고, 이때부터 그 사람은 신뢰를 소유하게 된다.[9] 그러나 어떤 사람에게 '신뢰를 가진다'라고도 말하는 이 사실을 어떻게 설명해야 하는가? 어떻게 어떤 것을 '주는'donner 동시에 그것을 가지는가avoir? 이에 대한 대답은 프랑스어 자체에서 찾아서는 안 된다. avoir confiance라는 표현은 라틴어 표현 fidem habere의 번역 표현으로서만 이해될 수 있다. 따라서 fidēs를 이 새로운 구문—이는 앞의 구문과 전혀 다른 것이다—내에서 설명해야 한다. 이 구문에서 고려해야 하는 것은 동사이다. habere는 관용구를 구성하기 때문이다. 사실상 fidem habere alicui라는 표현은 honorem habere alicui(누구에게 영예를 돌리다)와 같은 방식으로 이해해야 하며, 따라서 그것은 '어떤 사람에게 fidēs를 부여하여 그것이 그에게 귀속되다'를 의미한다. 예컨대 테렌티우스[10]의 『내시』*Eun.* 197을 보자. forsitan hic mihi paruam habeat fidem(아마도 이 사람은 신뢰가 거의 없어서 내게 미약한 fidēs를 부여할 것이다).

---

9) "그 사람은 신뢰를 소유하게 된다"의 원문은 "il possède ma confinace"로 직역하면, "그는 내 신뢰를 소유한다"이다.—옮긴이

그리하여 hic mihi fidem habet와 옛 구문 est mihi fidēs apud illum 사이의 관계를 알 수 있을 것이다. 수사학적 언어표현으로부터, fidem facere orationi(연설에 fidēs를 만들어 내다)라는 표현, 즉 '신뢰'의 의미로 자연스럽게 발전된다. 이제부터 fidēs를 가진 것은 말이며, est orationi fidēs apud auditorem(연설은 청중에 대해 이러한 fidēs를 가진다)라고 말할 수 있고, 그리하여 연설은 청중을 설득할 수 있게 되었다. 여기에서 축약 형태 fidem auditori facere가 생겨났고, 이는 문자적 의미로는 '청중에게 신뢰를 불러일으키다'를 뜻한다.

여기에 근거해서 주관적 개념으로서의 fidēs, 즉 어떤 사람에게 신뢰를 불러일으키는 것이 아니라 사람에 대해 갖는 신뢰의 개념이 발달했다. 이 전환은 의미진화의 중요한 계기가 되었다. 잘 알려진 다음의 성구 표현에서 이 개념의 발달 과정을 추적할 수 있다. se in fidem ac dicionem populi Romani tradere(로마 민족의 fidēs와 지고한 권력에 몸을 맡기다). 그래서 fidēs는 다른 사람을 마음대로 처리하는 능력인 diciō(권력; 〈dico + io)와 관련된다. 또한 se in fidem et potestatem alicuius tradere(다른 사람의 fidēs와 potestās에 몸을 맡기다) 같은 예문이다. 그래서 potestās와 diciō처럼 fidēs는 승리자에게 인정된 자질이다.

이처럼 동일한 의미가치는 fidēs의 또 다른 면을 해명한다. fidēs의 결

---

10) 테렌티우스Publius Terentius Afer(기원전 190~159년): 플라우투스와 함께 로마 희극을 대표하는 시인. 카르타고에서 태어나 노예로 로마에 끌려왔으나 원로원 의원인 테렌티우스 루카누스 덕분에 자유의 몸이 되어 교육을 받고 작가가 되었다. 특히 그리스 문학에 심취했다. 작품으로 『안드로스의 처녀』*Andria*, 『시어머니』*Hecyra*, 『자학자』*Heautontimorumenos*, 『내시』*Eununchus*, 『포르미오』*Phormio*, 『두 형제』*Adelphoe* 등의 6작품이 남아 있다. 『내시』는 한 젊은이가 노예 소녀의 사랑을 얻기 위해 에티오피아의 내시가 되려고 하는데, 그 소년은 자유인임이 드러나고, 결국은 사랑이 결합되어 끝을 맺는다는 내용의 작품이다.—옮긴이

합 요소들과 이들이 사용되는 상황을 조사하면, '신뢰' 관계의 관계자들이 동일한 입장이 아니라는 것을 알게 된다. 어떤 사람이 자신에게 준 fidēs를 소유한 사람은 이 사람을 자기 뜻대로 다룬다. 이러한 이유로 fidēs는 diciō와 potestās와 거의 동일한 동의어가 된다. 이 관계들은 그 초기 형태에서 상호성의 의미를 야기시킨다. 즉 자신의 fidēs를 다른 사람에게 둔다는 것은 그 대가로 자신의 보증과 지지를 마련해 주는 것이다. 그러나 이것도 불균형한 조건을 강조하는 방편이다. 권위에 복종하는 사람을 보호하는 동시에 복종의 대가로 그리고 복종의 정도에 따라 그에게 권위를 행사한다. 이 관계는 한쪽의 구속력과 상대방의 복종을 의미한다. 이 의미를, 원래 불균등한 권력의 당사자들 사이에 맺어지는 라틴어 단어 foedus((〈 *bhoides-(맹약))의 엄밀하고도 아주 강한 의미작용에서 볼 수 있다. 몇몇 시의 용법이 이를 잘 보여 준다. 예컨대 omnes foedere naturae certo discrimina seruant(모든 사람들이 자연에 의해 정해진 법에 따라 서로를 다르게 만드는 특성을 지니게 된다; 루크레티우스[11]의 『사물의 본성에 관하여』 5권 923행[12]). 또한 has leges aeternaque foedra certis imposuit natura locis(자연이 이 영원한 법과 규제들을 어느 지역에 강제로 부과했다; 베르길리우스[13], 『농업서』

---

11) 루크레티우스T. Lucretius Carus(기원전 99?~55?년): 자연과 에피쿠로스 학설을 서사시(육각운) 운문으로 지은 시인이자 철학자. 그의 생애에 대해서는 알려진 바가 거의 없다. 저서로 『사물의 본성에 관하여』De Rerum Natura가 있다. 이 저작은 라틴어로 된 가장 위대한 저술 가운데 하나이며, 그의 원자론과 우주론에 대한 대서사시이다. 테니슨, 괴테, 브라우닝 등의 작가에게 영향을 미쳤다고 한다.―옮긴이

12) 『사물의 본성에 관하여』De la nature des choses, 에르누A. Ernout 엮고 옮김, Paris: Belles Lettres, 1966 ―옮긴이

13) 베르길리우스P. Vergilius Maro(기원전 70~19년): 만투아 태생으로 로마에서 수사학과 철학을 수학한 학자. 작품으로 『목가시』Bucolica, 『농업서』Georgicon, 『아이네이스』Aeneis가 있다. 그의 작품은 중세기에 많이 읽혔는데, 단테는 이 작가의 작품들을 항상 애독했다. 『농업서』는 교훈적 시로서 4권으로 되어 있으며, 수확, 삼림, 포도주, 목축, 양봉에 관한 내용을 담고 있다.―옮긴이

Georg. I, 6012). foedus의 구속력은 그 후 상대방 양쪽에 확대되었다.

이들 라틴어 형태는 종교어와 법률어의 성구 표현 덕택에 그 의미가 지닌 다양한 면모를 밝혀 준다. 라틴어 이외의 언어에서 이들 개념은 대중화되고 분화되었다. 그렇지만 그리스어 동사 peíthomai(나 자신을 설득하게 내버려 둔다/나는 복종한다)는 아직도 '설득'이 '복종'과 의미가치가 같거나 이 개념을 거의 수용하게 되었고, 구속을 전제로 한다는 사실을 깨닫게 한다. 물론 이러한 복종의 제도적 형태는 출현하지 않았지만 말이다.

이제 게르만어와 슬라브어 형태와 그 어원의 관계를 다시 조사해서 자세히 설명할 수 있다. 지금까지 어원학자들은 고트어 beidan(기다리다)의 의미가 fidēs의 의미와 비교될 수 있는지의 여부를 열린 문제로 남겨 두었다. 고대 슬라브어 běda(구속, anánkē)도 마찬가지로 해결을 보지 못했다. 이와 같은 문제는 흔히 의미 관계에 대한 지나친 단견에서 생겨난다. 고찰해야 되는 첫째 조건은 동일 언어 자체 내에서 문제의 이들 용어를 정확히 정의하는 일이다. 고트어 beidan(기다리다, prosdékhesthai/prosdokân)이 어떻게 사용되는지를 조사하면, 특히 「누가복음」 2장 25절에 유의하게 된다. beidans laþonais Israelis, προσδεχόμενος παράκλησιν τοῦ Ἰσραήλ(이스라엘의 위로를 **기다리던** 자). 여기에서 '기대', '기다림'은 이사야가 한 예언(33장 20절)의 성취에 대한 '신뢰'이다. 「마가복음」 15장 43절의 "was silba beidans þiudangardjos gudis"((원로원의 저명 인사인 요셉 아리마데) 역시 하나님의 왕국을 **기다리고 있었다**). 여기서도 '기다리다'는 '누구에게 믿음을 두다'와 의미가치가 동일하다. 「누가복음」 2장 38절의 þaim usbeidandam laþon Jairusaulwmos(예루살렘의 해산을 **기다리던** 자들)에서도 확신이 주는 신심信心을 가지고 기다리던 사건을 가리킨다. 이는 「고린도전서」 13장 7절의 문맥이 간접적으로 확증하는 사실이다. 즉 gabeidiþ(ὑπομένει, 참고 기다리다)는 þulaiþ(변명), galaubeiþ(믿다), weneiþ(추방하다) 뒤에 나온다. 따라서 고트어에서는 *bheidh-의 옛 의미와 전혀 단절되지는 않지만 단지 '사람이나 사물에 신뢰를 두다'라는 의미에서 '기다리다'란 의미로 의미가 진화한 사실이 나타난다. 그래서 일상적인 의미로 사용되더라도 이 동사는 언제나 바라던 기대(기다림)와 연관된다.

beidan의 사역형으로 baidjan이 있다는 사실을 받아들이는 데는 난점이 없다. 여기에서도 다시 학자들은 그리스어 anankázein(제약을 가하다/구속하다)으로 번역되는 baidjan의 의미에 극복할 수 없는 난관이 있는 것으로 생각했다. 어떻게 해서 '구속하다'가 '기다리다'의 사역이 될 수 있을까? 그것은 다음과 같은 사실을 고려하지 않았기 때문이다. 즉 고트어에는 anankázein을 번역하는 두 가지 다른 동사가 있다는 것이다. 그 하나는 nauþjan(신체적 구속을 가하다)이고, 다른 하나는 baidjan으로, 이는 정신적 구속만을 의미한다. 즉 설득을 하는 것이다(「고린도후서」 12장 2절; 「갈라디아서」 2장 3절, 14절 참조). 따라서 beidan과 baidjan의 관계는 그리스어 peíthomai(누구를 믿다)와 peíthō(사람을 복종시키다)의 관계와 유사하다. 이것은 또한 고대 슬라브어 běda(구속/제약)에도 해당된다. 이러한 사실에 의거해서 고대의 의미적 단일성이 재구될 수 있고, 그리스어와 라틴어 형태와 게르만어와 슬라브어 형태 사이에 특히 제도적인 의미가 약화되거나 상실된 것을 알 수 있다. 이는 주로 게르만어에서 믿음과 충성의 새로운 표현, 즉 Treue와 관련된 용어들이 출현한 데서 기인한다.

fidēs의 역사는 어원적 친족 관계를 넘어선다. 오래전부터 학자들은 라틴어 fidēs가 다른 동사 crēdō의 추상명사라는 점을 지적했다. 이 보충 관계는 메이예가 연구한 바[4] 있으며, 그는 crēdō와 fidēs의 옛 관계가 기독교와 더불어 재생된 것이라는 사실을 제시했다. 즉 기독교 발흥 시기에 세속적 용어인 fidēs가 '종교적 믿음'의 의미로 진화했고, crēdere가 '자신의 fidēs를 고백하다'라는 의미로 진화했다는 것이다.

여기에서는 뒤(209쪽 이하)에 살펴볼 분석, 즉 fidēs와 crēdō가 보충법 supplélisme[15]으로 기능하게 만든 것이 무엇인가를 밝힌 분석의 결론을 미리 얘기해야겠다. 차후에 살펴볼 것이지만, crēdō는 문자적으로 '*kred를 두다', 즉 사람들이 보호를 기대하는 존재에게 '마법적인 힘을 두다', 그 결과 그 존재를 '믿다'를 뜻한다. 그런데 fidēs의 '신용', '신뢰'라는 일차적 의미는 fidem habet alicui(다른 사람에게 신뢰를 갖는 자)의 의존성을 함축하기 때문에 그것은 *kred의 의미와 아주 유사한 개념을 가리킨다. 그래서 고대의 명사-어근 *kred가 라틴어에서 상실되자 fidēs가 crēdō에 대응하는 명사로서 지위를 갖게 된 사실을 쉽게 이해할 수 있다. 이 두 용어에서 법적 개념과 종교적 개념이 구별되지 않고 뒤섞여 있는 개념을 결합시킨다. 모든 고대의 법이란 것은 여전히 신비로운 것에 뿌리를 박고 있는 관습과 규율로 지배되는 특수 영역이기 때문이다.

---

14) 『파리 언어학회 논집』, 1922, 215 이하.

15) 어떤 두 요소 X, Y가 의미적 차이는 아주 규칙적이지만 형태론적 차이는 아주 불규칙적인 경우(예컨대 극단적으로는 유일한 불규칙형), 이 두 요소의 관계를 보충법이라고 한다. 영어의 go/went, am/was 같은 것이 예이다. 여기에서 fidēs와 crēdō가 의미적으로 유사해서 교체되어 사용되지만 형태론적으로 전혀 관계가 없으므로 보충법이란 명칭으로 명명한다. ─옮긴이

9장_구매의 두 가지 방식

요약

여러 언어에서 '사다'를 의미하는 동사를 제공한 어근 *wes-와 *kʷri-는 인도유럽어에서 동의어였는가? 이 두 어근이 공존하면서 보충법으로 기능하는 그리스어에서 첫째 어근은 '거래'transaction를 의미하고, 둘째 어근은 '지불'을 의미한다는 점을 확증짓는다.

많은 언어들이 '구매'의 지칭이 서로 일치하며, 잘 정의된 어원군語源群을 제공한다. 즉 산스크리트어 vasna-, 그리스어 ônos(ὦνος), 라틴어 uēnum의 단어군이다. 이 모든 언어에서 명사형이 기본형이다. 산스크리트어 vasna-(구매 가격)는 아주 드물게 나타나는 동사형을 제공하는데, 명사 파생 동사 vasnayati(구매를 흥정하다/값을 깎다)이다. 그리스어 ônos는 동사 ōnéomai(ὠνέομαι)를 제공하고, 아르메니아어 gin(< *wesno-)은 gnem(나는 산다)과 음성적으로 동일한 파생 동사를 제공한다. 라틴어 명사 uēnum은 두 동사와 연관되는데, uēnum dare(팔다)와 uēnum īre(판매하러 가다/팔리다)이다. 라틴어 성구成句 uēnum dare에서 uendere(팔다)가 생겨났다는 사

실에 유의해야 한다. uēnum과 dare 사이에 확립된 이처럼 밀접한 통사적 관계는 아주 특이한 현상이다. 즉, 라틴어에서 '팔다'의 개념은 어떤 방식으로 '주는 것'(dare)을 정의하면서도 이 '주는 것'의 의미를 일정하게 한정한다. 즉 uēnum으로 한정하여 정의한다.

인도유럽어 용어는 명사형으로 구성된 *wesno-이다. 역사적으로 확인되는 동사형은 형태론적으로 만들어졌든 통사적으로 구성되었든(라틴어 uēnum dare/īre) 모두 명사 파생어이다. 그렇지만 *wesno- 자체도 파생어일 수밖에 없다. 여기에서 선사 형태 어근 *wes-가 재구된다.

어근 *wes-는 히타이트어에서 확인된다. 히타이트어 현재 waši는 '그는 산다'를 의미하므로 우리가 설정한 재구형이 최근에 와서 확증된 셈이다. 이 어근에서 히타이트어 동사 ušnyazi(그는 판다)가 파생되었다. 이 동사는 명사 *wesno-의 -n-형 조어법이라는 것을 보여 준다. 이 히타이트어 자료는 어근 *wes가 인도유럽어 어휘 중 가장 고형古形 가운데 하나라는 사실을 확신시켜 준다.

간접적이지만 다른 확증적인 사실도 있다. '시장'市場을 의미하는 잘 알려진 페르시아어 bāzār의 기원으로 거슬러 가면 증거를 얻을 수 있다. 최초의 형태를 재구하려면 더 과거로 거슬러 가야 한다. 예컨대 아르메니아어는 차용 형태 vačaṙ를 보존하고 있다. 여기서 ṙ(굴리는 r)은 r + 자음을 가리킨다. 이를 중기 이란어 wāčarn(상가 거리; 소그디아나어와 펠레비어)에서 찾아볼 수 있다. 이 단어의 rn은 아르메니아어 ṙ을 설명한다. 끝으로, 이 언어사실로 합성어 *wahā-čarana를 재구할 수 있으며, 이 재구형에서 둘째 항 čarana은 걸어 돌아다니는 행위를 가리키고, 첫째 항은 *wah-(어근 *wes-)에서 왔다. 따라서 이 합성어는 '물건을 구매하기 위해 돌아다니는 장소', 즉 '시장'을 가리킨다. 여기에서 이 형태의 불변성을 관찰할 수 있다.

단지 인도유럽어의 상황만이 복잡하다. 이와 비슷하게 '사다'를 의미하는 다른 어근의 용법을 입증하는 아주 오래된 증거도 있음이 드러나는데, 산스크리트어 krīṇāmi(이것은 *kʷrī-에 기초한다)와 근대 페르시아어 xarīdan의 어근이다. krī-로 구성되는 형태들이 어휘로 사용되면, vasna-보다 훨씬 더 현실적이다. vasna-는 베다 산스크리트어에 남아 있는 잔존형에 지나지 않기 때문이다.

이 어근 krī-는 이른바 토카리아어tokharien로 (틀리게) 부르는 언어에도 재발견된다. 이 언어에서 '상거래'는 방언에 따라 kuryar, karyar로 불린다. 산스크리트어 어근과의 관계는 그 후 곧 알려졌다. 이것은 그리스어에서 아오리스트 príasthai를 통해서 알아볼 수 있다. 이 형태는 ōnéomai의 활용에서 보충 시제의 역할을 한다. 아일랜드어는 crenim(사다), 슬라브어는 고대 러시아어 krĭnuti이다. 발트어에도 이 어근이 존재한다. 그러나 라틴어에는 이 어근이 존재하지 않는다. 게르만어도 없는데, 이 언어는 이 점에서 예외적으로 고립되어 있다.

그리하여 인도이란어와 그리스어에서는 적어도 한 가지 문제가 제기된다. 하나의 동일 개념을 지칭하면서 의미가 분화되지 않은 것으로 간주되는 두 어원족이 공존하는 것을 어떻게 설명해야 하는가? 여기에는 같은 활동이 다른 두 동사로 지칭되는 반면에, '사다'와 '팔다'의 두 개념이 접두사가 첨가된 변이(독일어 kaufen/verkaufen)나 성조 변이(중국어; 성조가 다른 mai-maí(사다-팔다))는 있지만 동일 동사로 표현되는 것이 드러난다. 즉 동일한 개념이 과정의 전반부와 후반부에서 서로 다르게 분화된다. 의미가 오직 문맥에서만 한정되는 경우도 있다. 예컨대 misthòn phérō(여기에서 misthòn은 '봉급'을 의미한다)는 두 가지 의미를 가질 수 있다. 즉 '봉급을 지불하다', '봉급을 어떤 사람에게 주다'와 받는 자에게는 '봉급을 타다',

'봉급을 가져가다'이다. 따라서 그것은 경우에 따라 '지불하다'를 가리키거나 '지불받다'를 가리킨다.

이와 반대로 여기서는 단 한 가지 활동, 즉 '사다'란 활동을 가리키는 별개의 두 동사가 있다는 것이 문제이다. 확인된 의미는 *wes-와 *kʷrī에 똑같이 적용되고, 둘 모두 오래된 고형이지만 분포는 인도유럽어 영역의 어느 영역에서만 서로 일치한다. 즉 *wes-는 히타이트어, 인도이란어, 그리스어, 라틴어, 아르메니아어에 나타나고, *kʷrī-는 인도이란어, 그리스어, 켈트어, 슬라브어, 발트어에 나타난다.

대부분의 인도유럽어는 이들 가운데 어느 한 어근을 선택했다. 그러나 그리스어 같은 언어에는 이 두 어근이 함께 기능한다. 그래서 ōnéomai와 príasthai는 서로 연관된 상보적相補的 형태로 활용한다. 즉 둘째 용어의 아오리스트형이 첫째 용어를 보충한다. 그래서 이 두 형태는 서로 별도로 사용되며, 각기 활용도 완전하다. 인도이란어에서 krī-, krīṇā-는 빈번히 사용되지만, vasna-와 몇몇 다른 명사형과, 또한 좀처럼 사용되지 않는 명사 파생 동사 vasnayati로 대표되는 다른 어근은 실제로 여기서 제외된다. 그래서 일상적으로 사용되는 동사는 krī-이다.

그리스어의 언어사실은 더욱 유익하다. 호메로스 그리스어의 용법과 그 후의 이오니아 그리스어 산문에 나타나는 용법에서 이 두 어근 각각의 고유한 의미가치를 포착할 수 있다. ōnéomai는 판매자와 흥정을 통해 '사는 것', 흔히는 '사려고 애쓰는 것'을 가리킨다는 사실을 파악할 수 있다. 그래서 príasthai는 kteáessi(재산/상품/소유물)처럼 특수하게 도구의 한정을 받는다. 분명 이 동사의 용법은 지불 방식을 가리키며, 나아가서 결국에는 지불한 금액을 가리킨다. ônos, ōné, ōnéomai는 '구매 일반', '구매자로 처신하는 행위'를 가리키는 반면, príasthai는 '돈을 지불함으로써 실제로 구매를 실현하다'를 의미한다.

이 해석은 파생어에 의해 확증된다. 이 파생어는 어떤 어근에서 파생되느냐에 따라 서로 다른 방식으로 구성된다. 형용사 ōnētós의 여성형 ōnētḗ는 호메로스에게서는 gametḗ와 대립되어 형태상으로 '결혼한' 신부 新婦와는 구별되는 '돈을 지불하고 구매한' 신부를 가리킨다. 그러나 *príatḗ 는 없다. 그것은 이 경우 구매의 개념이 특이하게 ōnéomai로 표현되기 때문이다. 이와 반대로 부정否定 형용사 *apriátḗ(사지 않은)가 있다. 이것은 아가멤논의 포로가 된 어린 여자아이의 부친이 자기 딸을 요구하면서 자기에게 "príasthai하는 행위 없이, 그리고 poiné 없이" 딸을 되돌려줄 것을 부탁하는 구절(『일리아스』 1권 99행)에서 anápoinon과 함께 사용된다. 그는 거래하려고 하지 않는다. 자신의 딸이 거래 대상이기 때문에 딸을 그에게 몸값 없이anápoinon, apriátēn하게 그저 되돌려주기만을 바라는 것이다. 딸은 구매 근거가 없다. 부친이 자기 딸을 되찾는 데 값을 지불할 필요는 없다. 그리하여 apriátē가, 물질적 개념이자 지불 방식인 anápoinon(poiné 없이)과 동일 차원에 놓인 것이다.

이제 두 동사가 어떻게 구별되는지를 알 수 있다. 더욱 제한되고 물질적인 의미는 príasthai이고, 더욱 일반적인 의미는 ōnéomai이다. 이 차이는 또한 구매 행위의 양면을 가리키는 의미대립에서 유래한다. '팔다'와 대조해서 무엇을 '사기'를 원할 때 사람들이 이용하는 동사는 príasthai가 아니라 ōnéomai이다.

구매와 지불은 두 가지 다른 활동이다. 즉 그것은 근대 문명과, 아직도 오늘날의 전통적인 몇몇 문명권에서 행해지는 동일한 활동의 서로 다른 두 계기적 과정이다. 즉, 지불은 구입이 끝나고 가격에 서로 의견의 일치를 본 후에 이루어지는 행위이다.

10장_구매와 되사기(보상)

요약

인도유럽어에는 '값이 나가다', '값', '가치'에 해당하는 단어들이 있었다. 그러나 호메로스 그리스어 alphánō(도로 가져오다/가치가 있다)의 용법에 대한 연구를 통해서 alphé가 원래는 시장에 팔려고 내놓은 사람의 교환 가치를 가리켰다는 사실이 드러난다. 산스크리트어 arhat(각별히 공적이 있는 사람)은 이 옛 의미를 확증한다.

경기에 참가하여 자신의 개인적 자유를 상실한 사람을 파는 게르만족의 관습을 통해서, 고트어 동사 saljan(팔다)의 의미는 더 오래된 옛 의미 '희생제물로 바치다'에 기초해서 구성되었다는 점을 이해할 수 있다.

이와 일치하는 수많은 언어자료를 통해서 고대 사람들은 상품을 사는 것이 아니라 사람을 산다는 생각을 하게 된다. 따라서 무엇을 사고 구매한다는 것은 원래는 보상하는 것(되사는 것)이다. 그것은 전쟁 포로처럼 일시적으로 불안정한 상태에 빠진 사람을 구매를 통해서 자유롭게 해주기 때문이다.

우리에게는 '가격', '가치'란 개념을 나타내는 인도유럽어 용어가 있지만, 이는 경제 분야에서는 아주 드물게 출현한다. 그것은 그리스어 alphé(ἀλφή)와 특히 명사 파생 동사 alphánō(ἀλφνω, 상을 타다/이익을 얻다)로 나타나며, 또한 인도이란어군에는 산스크리트어 arh(값나가다), arghá-(가치/가격), 아베스타어 araĭ-'값나가다', arəjah-(가치/가격), 페르시아어 arzīdan(값나가다), arzān(값나가는)로 나타난다.

그 외의 언어들 중에는 단지 발트어군에만 대응형이 나타난다. 리투아니아어 algà, 고대 프러시아어 algas(급여)이다.

그리스어에서 ἀλφή는 드물게 출현하는 용어이며, 그래서 파생어가 거의 없다. 뒤에 논의할 합성어를 제외하고, 어근에서 파생된 것은 단지 고전 그리스어 형용사 timalphés뿐이다. 이는 보통 '귀중한'으로 번역되고, 문자적 의미는 '그 가격에 값하는'이다. 우리가 할 수 있는 것은 단지 그 의미를 확인만 하면 된다. 게다가 이 의미는 위에 인용한 대응 사실로 확실히 보장되므로 이로부터 인도유럽어에 '가치', '값'을 나타내는 표현이 있었다는 점을 밝혀내는 것이다.

그러나 흥미로운 사실은 '가치/값'을 정의하는 것, 즉 가능하다면 이 개념이 어떤 차원의 의미표상과 연관되는지를 아는 것이다. 이것은 무엇에 대한 가치인가? 이 가치를 어떻게 평가하는가? 호메로스에 나타나는 alphné의 용례가 적지만, 모두 의미심장하므로 그 의미를 자세히 설명하는 것이 유익할 듯하다.

『일리아스』 21권 79행: 프리아모스[1]의 아들 리카온이 아킬레우스와

---

1) 프리아모스Priamos: 『일리아스』에 나오는 인물로서 트로이의 왕이자 라오메돈의 아들이다. 50여 명의 아들과 다수의 딸이 있었다고 한다. 이 중 19명이 둘째 부인 헤카베에게서 태어난다.—옮긴이

전투하는 장면에서, 아킬레우스는 리카온을 자기 수중에 두고 그를 죽이려는 찰나에 있다. 리카온은 더 이상 자신을 방어할 수 없어서 그에게 목숨을 살려 주기를 간청한다. "그대가 내 아버지의 거처에서 나를 사로잡아 (나를 팔기 위해) 렘노스로 나를 이송시키던(epérassas; 문자적 의미로는 '건너게 하다'를 의미, 본서 163쪽 참조) 그날 그대 집에서 식사를 하였지요." "ἑκατμβοιον δ τοι ἤλφον"(나는 그대에게 황소 값 100마리에 해당하는 이득을 가져다주었소).

그래서 alphánō(가지고 있다)의 의미는 보다 정확하게는 '값을 벌어들이다', '이득을 보다'를 뜻한다. 이것은 전쟁에서 승리함으로써 갖는 당연한 권리로서, 사람을 소유한 자가 매매를 통해서 벌어들이는 값이다.

『오디세이아』 15권 453행: "그 아이를 빼앗은 후에, 그를 배 위로 데려올 것이고, 그러면 ὁ δ' ὑμῖν μυρίον ὦνον ἄλφοι." 여기에서는 탈취한 노예를 파는 것이 문제인데, 이 경우에 이 노예는 일정한 값의 이득을 가져다줄 것이다(위의 ὦνος에 대한 것 참조). 즉 '그의 가격보다 만 배나 (많이)'의 의미이다.

우리는 여기에서 ἀλφνω와 ὦνος(구매하는 가격)의 연관성을 알 수 있다. 앞에서 이 용어는 περω(팔다)와 관계가 있었지만, 뒤에 가서는 ὦνος가 사람들 사이의 계약과도 관련된다는 것을 알게 될 것이다.

『오디세이아』 17권 250행: "내 배로 이 사람을 이타카로부터 멀리 데리고 갈 것이다." "ἵνα μοι βίοτον πολὺν ἄλφοι"(그래서 그가 내게 풍부한 물자를 도로 가져다주어 그것으로 풍요하게 살 수 있도록).

『오디세이아』 20권 383행: 승리를 확인한 구혼자들은 손님들을 향해 경멸하는 말을 남기면서 흩어진다. 이 손님들 가운데 오디세우스가 변장한 채로 몸을 숨기고 있었다. "이 손님들을 바깥으로 쫓아내자"(360행).

"이 이방인들을 잡아서 그들을 배에다 싣고 시칠리아로 보내자……." "ὅθεν κέ τοι ἄξιον ἄλφοι"(여기서 그들은 자기들의 몸값만큼 많은 이익을 가져다줄 것이다).

이 모든 예들은 호메로스에 나오며, 이 동사가 사용된 예문이다. 의미는 전혀 변동이 없다. 이처럼 변동이 없는 일정한 의미 한정이 아직 전혀 지적된 바가 없다는 것은 놀라운 사실이다. 즉 ἀλφάνω는 소유주인 주인이 판매한 사람(노예)에게 적용되는 '이득을 가져다주다'를 의미한다. 이것이 동사 '값이 나가다'의 고유한 의미이다.

이 의미를 다른 증거를 통해서도 확증할 수 있는데, 성구 표현 "parthénoi alphesíboiai"(『일리아스』 18권 593행; 자기 가족에게 황소들을 가져다주는 여자아이들)에서 나오는 합성어 alphesíboiai가 그것이다. 왜냐하면 혼인을 통해 이 여자아이들을 획득하기 위해서는 값을 지불해야 하기 때문이다.

따라서 '가치/값'의 개념은 팔 수 있는 사람의 인간적·육체적 가치에서 기원한다. 또한 호메로스의 작품 세계에서 αλφάνω는 오직 전쟁 포로의 판매를 통해 얻는 이득에만 사용된다.

인도이란어군에서 이에 대응하는 용어 산스크리트어 arh-, 아베스타어 araʒ-의 의미는 훨씬 광범하다. 그것은 모든 종류의 가치를 총칭한다. 그러나 인도어에는 그리스어 alph-가 나타내는 의미작용이 그리스어에만 고유하게 발달한 의미가 아니라 전승된 개념이라는 표지가 있다. 이를 인도의 종교 어휘에 속하는 잘 알려진 용어에서 볼 수 있다. 인도의 불교에서 특수하게 사용되는 분사 arhat(특별히 공덕이 있는 사람/공덕을 쌓은 사람)가 그것이다.

주목할 만한 사실은 arh-가 사람에게만 사용되며, 사물에는 사용되지 않는다는 점이다. 베다 산스크리트어 시기로부터 인간 자질에만 적용되는 이 의미 한정은 그것이 도덕(정신) 영역으로 전이되더라도 '공덕'이 인간이 가진 개인적 '가치'라는 것을 나타낸다. 그리스어 덕택에 개인적 '공덕'의 개념을 상업적 '가치'의 개념——이것은 '사다'와 '팔다'를 의미하는 동사와 연관된다——과 결부 지을 수 있다. 이 모든 사실은 고대 사회의 유형이 동일하고, 관습이 같았다는 것을 설명해 준다.

포로가 된 자에 대한 포로를 산 자의 권리, 포로 인계, 금전에 의한 인신매매 등 이러한 조건에서 '구매', '판매', '가치/값'의 개념이 점차 분석되고 발달했다.

게르만어의 영역에서도 이와 유사한 과정을 관찰할 수 있는데, 이 과정은 역사적 증거와 어휘 자료의 상관 관계에 의해 드러난다. 역사적 증거는 타키투스의 증거이다. 그는 경기를 좋아하는 게르만족의 취향을 이야기하면서 이들이 주사위 놀이에 얼마나 열광하는지를 잘 보여 준다. "놀라운 것은 이 주사위 놀이가 이들에게 얼마나 심각한 일이면 밥을 굶고서 몰두하며, 승패에 정신이 너무 팔려서 가진 것이 더 이상 없는 경우에는 최후의 지고한 한판 승부를 위해 자신의 자유와 자신의 고유한 몸을 내기에 건다. 내기에 진 자는 자발적인 예속을 받아들인다……. 그가 더 젊고 강건하더라도 그는 스스로 속박되어 팔린다. 이런 것이 게르만족의 고집스러운 무분별한 짓이다. 그런데도 이들은 이를 가리켜 신의를 지킨다고 말한다. 승자도 역시 승리의 수치로부터 해방되려고 이 종류의 노예를 매매해서 없애 버린다"(『게르마니아』 24장, 페레Perret의 번역).

타키투스가 이 내기에서 자기 자신을 마음대로 팔기까지 하는 자의 조건을 지칭하는 방식, 즉 seruos condicionis huius에 유의해야 한다. 이 노예들은 로마적 의미의 노예이다. 왜냐하면 게르만 세계에서는 엄밀한 의미의 노예가 없었기 때문이다. 타키투스는 이를 다른 곳에서 분명하게 말한다. 이들은 노예를 거래하는데(per commercia tradunt, 거래를 통해 양도하다), 그것은 여기에서 이익을 얻기 위해서가 아니라 상대방을 노예 신분으로 전락시킨 수치심에서 벗어나기 위함이다.

이 사실을 통해서 북서부 게르만어에서 '팔다'를 의미하는 옛 용어──이를 아직 고찰하지 않았다──를 보다 잘 이해할 수 있다. 우리가 살핀 바대로, '팔다'가 '사다'의 변이형이라는 것은 드문 일이 아니다. 현대 독일어 kaufen과 verkaufen의 경우도 마찬가지이다. 또한 하나의 같은 동사가 능동能動이냐 중동中動이냐에 따라서 '사다'와 '팔다'의 상호적 개념을 나타내며, 다른 언어들도 마찬가지이다. 그런데 대부분의 게르만 어군에서 별개의 두 동사가 나타난다. '사다'에 해당하는 동사로 고트어 bugjan, 영어 buy가 있는데, 잠시 후 이를 설명할 것이다. 또 '팔다'에 해당하는 동사로 고대 노르웨이어 selja, 고대 영어 sellan, 영어 sell이 있고, 고트어 seljan은 이들과 대응하지만, 이 고트어는 '팔다'의 의미가 아니라 '희생물을 바치다'(그리스어 thúein)를 의미한다. 예컨대 hunsla saljan = λατρείαν προσφρέιν τῷ θεῷ(하나님께 예배를 드리다)란 표현에서 hunsla는 희생제물을 바치는 것을 가리킨다.

고트어 saljan(신에게 희생제물을 바치다)는 고대 아이슬란드어 selja(넘겨주다/팔다)의 기원을 밝혀 준다. 이것의 고유 의미는 사람들이 바친 제물로 간주하는 '판매'를 가리킨다. 이 유형의 판매가 타키투스가 우리에게 의미하는 판매의 의미이며, 영리가 목적이 아니라 자신이 상대방을 거꾸러트리고 이겼다는 수치심에서 벗어나기 위해 사로잡은 사람을 포기하는 인신 판매이다. 그래서 이 판매는 제물을 바침으로써, 말하자면 사람을 희생제물로 바침으로 이루어진다.

게르만어 seljan의 역사를 통해서 이 개념이 고유한 의미의 상거래 관계의 어휘보다도 더욱 앞섰다는 것이 증명된다. 이제부터 이 의미발달이 동사 bugjan(사다; 어원적으로는 사람을 노예 신분에서 구하기 위해 '해방시키다', '사람을 도로 사다', '몸값을 지불하다')과 일치한다는 사실을 지적할 수 있다. 그래서 이 모든 사실은 서로 관계가 있다. 즉 이들은 일차적으로는 사람과 관련되면서도 또한 종교적 의미가치가 함축된 두 개념이다.

지금부터 '팔다'에 해당하는 용어를 다른 언어에까지 계속해서 조사한다면, 각 언어에서 이 용어들이 대립적으로 조직된다는 것을 발견할 수 있다.

예컨대 그리스어에는 한편으로 pōleîn(πωλεῖν, 팔다)이 있고, 다른 한편으로 동사 어근 *per-가 있다. 이 어근은 현재 pérnēmi(πέρνημι), pipráskō(πιπράσκω), 아오리스트[2] epérasa(ἐπέρασα)로 나타난다. 그런데 같은 시기에 의미차가 전혀 없이 경쟁적으로 사용된 듯한 이 두 동사를 구별할 수 있다. 이 둘째 단어군의 의미작용은 어근 *per-에 기초를 둔 조어법造語法에서 분석된다. 또 부사 péran(어디를 넘어서/다른 쪽에)에서도 확인되는 이 어근은 '지나가게 하다', '이전하다'를 의미한다. 따라서 원래 pérēnmi의 단어군은 상거래 개념이 아니라 이전(양도)한다는 의미를 환기시킨다. 이것은 고대 민족에게는 팔려고 하는 것을 어느 곳에서 다른 곳으로 이전하거나 시장에서 이전(양도)하는 고대 시기의 관습이었던 것이 틀림없다. 예컨대 epérasa는 물건으로서의 사람 이름과 함께 사용되어 '이

---

2) 아오리스트aoriste: 그리스어의 동사 시제로서 명확한 시점을 밝히지 않는 과거 시제를 말한다.―옮긴이

전하다'를 의미하거나 우리들이 말하듯이 '수출하다'를 의미한다(『일리아스』24권 752행 참조; 여기에서 pérēnmi와 péran의 연관성이 분명하다). 따라서 빈번히 나타나는 '팔다'라는 의미는 이차적인 것으로 간주해야 한다. 그것은 어근 *per-의 일반적 의미에 기초하여 의미가 축소된 데서 연유한다. -nā로 된 현재형 pérēnmi에서 관찰할 수 있는 형태론적 분화는 형태의 평행성 때문에 지적할 가치가 있다. 이 형태론적 평행성은 그 반대 의미의 -nā-로 구성된 산스크리트어 현재형 krīṇā-(사다)로 나타난다.

동사 pōleîn의 어원은 그리 명확하지 않다. 언뜻 보면 그리스어 자체 내에도 이와 유사한 형태가 있는 것 같다. 즉 호메로스에 나오는 pōléo-mai(πωλέομαι)는 pōleîn의 평행 형태로 생각된다. 그러나 pōléomai의 의미는 완전히 다르다. 그것은 대격의 장소 한정과 전치사가 함께 사용되어 '정기적으로 가다', '자주 가다', '왕래하다'를 의미한다. 이 형태는 pōléo-mai(πωλέομαι)와 관계지어야 한다. 따라서 '팔다' 이외의 다른 의미가 없는 pōleîn을 이것과 구별해야 한다. pōleîn은 고대 고지 독일어 fāli(고대의 e가 있다), 독일어 feil(돈으로 살 수 있는/살 수 있는), 리투아니아어 peînas(공적/이득)와 비교되었다. 그래서 반복성(itératif) 동사 pōleîn은 '이득을 얻다'를 의미할 것이고, 이차적으로는 '팔다'를 의미할 것이다.

'사다'와 '팔다'를 표현할 때, ōnéomai와 관련되는 것은 pōleîn이다. 그러나 이 두 개념을 따로 떼어놓으면, 각 개념은 이중의 표현이 있다. '사다'라는 개념에 대해 두 동사를 같이 찾아볼 수 있는데, priámenos ōneîsthai(πριάμενος ὠνεῖσθαι, 구매하고 가격을 지불하다)가 그것이다. '팔다'도 두 용어가 있다. pōleîn(가격을 정하다/이익을 구하다)과 pipráskō 또는 pérēnmi(일반적으로 해외로 팔기 위해 (시장에서) 물건을 양도하면서 팔다)가 그것이다.

라틴어의 언어사실을 살펴보자. 명사 uēnum은 do(주다), eo(하러 가다)와 더욱 밀접하게 접합되며, 여기에서 uendo, uēneo가 생겨났다. 이 축약은 고전어에서 이미 일어난 현상이지만, 아직도 uēnum do란 형태로 발견할 수 있다. 그래서 uēnum이라는 개념은 '물건은 사도록 내놓다'와 '물건 구매를 위해 사러 가다'는 상반된 측면을 표현하는 데 사용되었다. uēnum이 동사성 명사(supin)든 명사든(이것일 가능성이 더욱 크다) '팔다'란 개념은 구매(사다)란 개념에서 생겨났다. 더욱이 구매란 용어가 고대에 emo(사다)에 의해 의미가 크게 바뀌었다는 사실을 확인하자.

라틴어 파생어 uēnum(인도유럽어의 '사다'라는 어근에서 파생)과 dare가 결합하여 ─이 결합 표현의 의미가 '팔다'가 된다─ '팔다'의 개념이 혁신되었다는 점과, 또한 '사다'라는 개념으로 emo를 사용했다는 사실은 특이하다. 이것이 이 동사의 이차적 의미분화이다. 고대인은 당시에 emo가 '취하다'를 의미한다는 것을 알았던 것 같다. 예컨대 페스투스는 antiqui *emere* dicebant pro *sumere*(고대인들은 sumere(자기 것으로 취하다) 대신 emere라고 말했다)라고 말한다. 이를 확증하는 대응 단어가 있다. 리투아니아어 현재형 imù(취하다), 켈트어와 아일랜드어 ar-fo-emat(그들은 취한다; ar-와 -fo-는 동사 접두사)이다. 라틴어에도 일련의 합성어에 이 의미가 나타난다. demo(빼앗다), sumo(제거하다/취하다), promo(산출하다) 등의 단어가 그것이다. 따라서 emo가 처음에는 '취하다'를 의미했고, 그 후에 '사다'를 의미했다는 이와 같은 특이성에 유의해야 한다.

이를 해석하기 위해 다른 언어의 증거를 인용해야 한다. 이 언어사실은 게르만어에서 아주 복잡하게 얽혀 있다. 게르만어에서 특히 '사다'를 나타내는, 여러 번 변형된 새 단어들이 있다. 독일어 kaufen(〈고트어 kaupon, 장사하다)은 고려하지 않을 것인데, 그것은 후기에 와서 라틴어

caupo(술집 주인/거래인)에서 차용된 차용어로, 의미가 일반적으로 '거래하다'를 뜻하기 때문이다. 고트어 kaupon에서 고대 슬라브어 kaupiti, 러시아어 kupit'(사다)가 파생되었다. 이 동사는 게르만어군에서 고트어 bagian (사다), 정과거 1인칭 단수 baúhta, 영어 buy, bought로 대표되는 용어로 자리 잡았다. 여기서도 역시 이 옛 동사의 확실한 어원을 알 수 없다. 파이스트의 어원사전[3]은 아주 막연히 지적할 뿐이고, 이 동사의 진정한 의미를 다루지 못하고 있다. 이 의미를 우선 해석해야 한다.

고트어 동사 bugjan은 그리스어 agorázein(시장에서 사다)을 번역한 것이며, 또한 '팔다'를 의미하는 데도 사용된다. 즉 fra-bugjan(pōleîn, pipráskein; 독일어 ver-kaufen과 동일한 동사 접두사가 있다)이다. 또 다른 동사 접두사가 사용된 us-bugian은 exagorázein(다시 사다/보상하다)을 나타낸다. 더욱이 어근은 파생어로 합성명사를 만들어 내었다. anda-bauhts(ti-로 된 추상명사)는 antílutron(구매 가격)을 번역한 것이고, faur-bauhts는 apolutrōsis(보상)을 번역한 것이다. 학자들은 오래전부터 이 어근이 인도유럽어 어근 *bheug(h)와 어떤 방식으로든 틀림없이 관련이 있을 것으로 생각했다. 그러나 이 어근을 중심으로 모은 형태들은 아주 혼란스럽고, 의미도 아주 달라서 파이스트는 bugjan은 어원이 전혀 없는 것으로 남겨 두었다. 사실상 fungor(직책을 벗어나다), fugiō(도망치다), 그리스어 pheúgō(도망치다), phugé(도망), 산스크리트어 bhuj(먹다)와 '구부리다'(고트어 biugan/독일어 beugen(구부리다) 참조)를 모두 모아서 단어족을 구성할 수 있을까?

---

3) 파이스트S. F. Feist, 『고트어 비교사전』Vergleichendes Wörterbuch der gotischen Sprache(제3판), Leiden, 1936.—옮긴이

모든 언어사실을 단 하나의 의미작용으로 귀착시켜야 한다면, 그것은 굉장히 복잡할 것이다. 실제로 이 언어사실은 다음과 같은 구별 작업이 필요한, 양립할 수 없는 형태들의 집합이다.

① 라틴어 fungor는 산스크리트어 bhuṅkte와 비교해야 한다. 이 산스크리트어 형태는 중동태, 현재, 비음 형태(bhuj- 참조)이며, 일차적 의미는 '즐기다'이고, 일찍부터 '음식물을 즐기다/소비하다'의 의미로 특수하게 분화되었다. 그리하여 그것은 아르메니아어 bucanem(음식물을 먹이다/기르다)과 관계가 있다.

② 고트어 biugan(구부리다)은 *bheugh-에서 유래하며, 산스크리트어 bhuj-(구부리다), 라틴어 fugio, 그리스어 phegō(이들은 모두 *bheug-에서 파생)와 비교할 수 있다.

③ 마지막으로, 고트어 bugjan(사다)은 고대 이란어에서 가장 명확히 확인되는 어근과 비교해야 한다고 생각한다. 즉 아베스타어 baog-인데, 이것은 이란어에 많은 파생어가 있고, 허리띠를 '풀고', 옷을 '끄러 벗는' 것을 의미한다. 그 후에 그것은 '구하다'를 의미하게 되었다. 아베스타어 동사 baog-는 몇몇 동사 접두사와 사용되며, 행위자 명사 baoxtar(해방자)를 제공한다. 그것은 물질적 의미뿐만 아니라 또한 종교적 의미도 있다. 이것은 이란어의 다른 많은 단어처럼 아르메니아어로 차용되었는데, 아르메니아어 명사 boyž, 현재형 bužem(구하다(단지 병으로부터 구하다의 뜻만을 가진다)/치료하다)이 그것이다.

여기에서 종교적 의미가 곧 부각되었다. 즉, 신神의 개입에 따르는 해방, 포로된 피조물을 구원하러 오도록 예정되어 있는 '구세주'가 개입해서 해방시키는 행위가 그것이다. 이 단어가 구원, 보상, 해방의 관념을 번역하게 된 것은, 그것이 특히 마니교의 종교 어휘로 사용되었기 때문이다. 즉 파르티아어 bōžāɣar, 페르시아어 bōžēɣar(해방자)가 그것이다. 그래서 이 단어는 아주 자연스럽게 기독교 문헌에서 '보상', '구원'이란 개념을 표현하게 된 것이다.

고트어 bugjian과의 비교는 이 동사의 용법과 위에 인용한 그리스어의 등가 단어에 기초해서 가능하다. -bauhts는 -lusis, -lutron(해방/보상)의 의미와 같다는 점은 이미 살펴보았다.

이 의미전이는 어떤 조건에서 이루어질 수 있었던가? 그것은 오직 '사람'을 사는 것, 즉 포로가 되어 판매를 위해 내어 놓은 자를 해방하는 것만을 문제시하기 때문이다. 다시 말해서 포로를 해방할 수 있는 유일한 수단은 그를 사는 것뿐이다. '산다는 것'은 '해방시키는 것'을 의미한다. 이때부터 anda-bauhts(보상/구속)와의 관계가 분명히 설정된다.

이제 라틴어 uendo, emo를 다시 논의해 보자. uēnum이 '사다'를 의미하는 경우, 그것은 emo로 보충되고 대치된다는 것은 매우 의미심장하다. 왜냐하면 emo는 '취하다'를 뜻하지만, 원래의 의미는 '자기에게로 당기다', '취하다'이기 때문이다. 이 의미의 전문화는 emo가 사용된 조건을 상당히 가깝게 그대로 보여 준다. 그것은 취하는 사물이 아니라 취하는 사람에게 사용되었음에 틀림없다. 구매는 곧 거래가 끝난 후에 판매를 위해 전시된 사람을 취하여, 자기에게로 당기는 행위를 가리킨다.

호메로스에 나타나는 ōnéomai(어근 *wes-; 사다)의 용법을 관찰해 보면, 모든 예문들이 **사람**에게 적용됨을 알 수 있다. 즉 노예를 사는 것, 다시 말해서 포로가 되어 노예로 팔려고 내놓은 사람을 사는 것이다. 포로가 사람들이 자기를 사주기를 간청하는 장면도 있다. 노예를 일단 구매하면, 노예 신분은 다소 정상적 신분이 된다는 사실을 이해해야 한다. 포로를 사로잡은 자나 상인의 수중에 있는 포로는 아직 종이나 노예 신분은 아니지만,

이 신분은 신원을 보증받는다. 그는 사람들에게 구매됨으로써(팔림으로써) 노예 신분을 획득한다.

다른 단어를 통해서 표현되는 것도 이와 똑같은 과정이며, 이것만이 유일한 과정이다. '사다'를 나타내는 고대 표현 uēnum, ōnéomai이건 더욱 최근형 bugjian이건 이 과정의 성질을 알려 주는 표지가 항상 있다. 즉 그것은 상품, 재화, 식품의 구매나 판매가 아니라 인간의 구매와 판매라는 점이다. 최초로 나타나는 용례들은 노예의 구매나 노예가 될 운명에 처한 자들의 구매와 관련된다. 대칭적으로 peráō, pipráskō(팔다; 고유한 의미로는 '이전하다'이다) 등은 포로, 사로잡힌 자에게 적용된다. 귀중품은 제외하고, 식품은 분명히 이와 같은 방식으로 거래가 이루어지지 않았거나 이와 동일한 과정을 겪지 않았다.

이와 같은 것이 거래, 즉 구매와 판매의 이런저런 측면과 관련된 표현에서 분석되어 나온 문명사의 중대 현상이다.

11장_명칭이 없는 직업: 상업

요약

인도유럽어의 비교는 구매(사기)와 판매(팔기)와는 다른 구체적 활동으로서 상업에 대한 공통된 명칭은 보여 주지 않는다. 이곳저곳에서 출현하는 특수 용어들이 대분분 차용어(라틴어 caupo/그리스어 kápēlos)이거나 후기에 만들어진 신조어(그리스어 émporos)임이 드러난다.

역시 후기에 와서 생겨난 라틴어 negōtium의 역사는 특이하다.

① 그리스어 a-skholía를 모사한 라틴어 neg-ōtium은 이 그리스어 용어의 모델과 같이 긍정적 의미작용이 있다. 즉 '직업', '방해', '난관'이다.

② 둘째 단계에서 negōtium은 그리스어 prâgma(물건)와 의미가 일치하지만, 파생어는 더욱 구체적으로 '상업적인 일'을 의미한다. 여기서 prâgma를 의미적으로 모사한 negōtium은 '상업적인 일', '거래'를 지칭하는 용어가 된다.

원래는 '직업', '일'을 의미하는 용어에서 '상업적인 일', '거래'로 의미가 구체화된 것은 고립적 현상이 아니며, 근대어에서도 예를 찾아볼 수 있다(프랑스어 affaires/영어 business 등). 이것은 인도유럽 세계에서 전통이 없던 활동을 이를 지칭하는 고유 용어로 정의하는 데 난점이 있음을 보여준다.

'사다'와 '팔다'가 '상업 관계'와 관련되는 용어에 대한 연구로 이어질 것이라고 생각할 수 있다. 그러나 우리는 여기서 원리상의 차이가 있음을 확인할 수 있다. 즉 '구매', '판매'와 엄밀한 의미의 '상거래'는 별개의 다른 것이라는 점이다.

우선 이 점을 자세히 해명해야 한다. 상업은 통일된 개념이 아니다. 그것은 문화 유형에 따라 종류가 다양하다. 상업 관계를 연구한 모든 학자들은 원시 문명이나 아주 오래된 고대 문명에서 상업 관계는 아주 특수한 성격을 지닌다는 사실을 지적한다. 즉 상업 관계는 주민 전체와 관련되며, 집단 자체가 수행했다는 점이다. 상업 관계는 특별한 절차에 의해 다른 주민들과 관계를 맺는 교환이다. 생산물을 제시하면, 상대방이 다른 생산물을 제공하고 서로 교환한다. 서로 합의가 되면 종교적 행사, 의식이 거행될 수도 있다.

인도유럽어에는 이와 같은 것이 없다. 언어사실이 사회 현상을 연구할 수 있도록 허용하는 한, 방금 기술한 문명 단계와는 거리가 아주 멀다. 어떤 용어도 이 시기에 이루어진 원주민의 집단적 교환이나 종족 행사를 회상시켜 주지 않는다.

그리하여 상업의 개념은 구매와 판매의 개념과도 구별해야 한다. 땅을 경작하는 농부는 자신만을 생각한다. 남는 생산물이 있으면, 농부는 그와 똑같이 남은 잉여 생산물을 가진 다른 농부들이 모인 곳으로 가지고 가거나, 양식으로 이를 사야 하는 사람들에게 가져간다. 그렇지만 그것은 상거래가 아니다.

인도유럽 세계에서 상거래는 남자, 즉 중개업자의 일이었다. 그것은 개인적 직업이었다. 잉여물을 팔거나 개인의 양식으로 삼기 위해 사는 것과, 다른 사람을 위해 사거나 파는 것은 전혀 별개의 두 현상이다. 상인, 즉 거래 중개인은 생산물과 부富를 유통시키는 중간 매개자이다. 사실상 인도유럽어에는 상거래와 거래 중개인을 지칭하는 공통된 단어가 없다. 단지 몇몇 언어에만 고유하면서 이 민족에서 저 민족으로 이동한 고립 단어들만이 있을 뿐이고, 조어법조차도 불분명하다.

예컨대 라틴어에서 pretium(가격)의 어원은 난해하다. 라틴어에서 그것은 단지 inter-pret-와만 확실히 비교될 수 있을 뿐이다. 이 개념은 '흥정, 공동의 합의에 따라 정해진 가격'(inter- 참조)일 것이다. '상거래'를 나타내는 표현은 오직 라틴어에만 있으며, '사다'와 '팔다'의 개념과는 구별되는 일정한 고정 표현으로 나타난다. 즉 merx에서 파생된 commercium과 mercor, mercator이다. merx의 어원은 아직 밝혀지지 않았는데, 그 의미는 '상품'이고, 원래의 고유 의미는 '거래의 대상', '거래품'이었다. 여기에서, (일반적으로 먼 나라와) mercor(거래에 몰두하다/그것을 직업으로 삼다)와 mercator(거래하는 자/거래 중개자)가 생겨났다.

잘 알듯이 이 용어들은 사고파는 행위를 가리키는 용어와 아무 관계가 없다. 이들은 전혀 서로 다른 개념이다.

더욱이 상거래나 거래는 시민들의 일상 행위가 아니라 일반적으로 흔히 주민들과 자격이 동등하지 않은 열등한 신분 조건에 있는 자들이 하는 행위, 즉 외국인이나 해방된 자유민의 행위였고, 이들이 거래 활동을 전담하였다. 이 현상은 페니키아인들이 대규모로 상거래를 했던 지중해 지역에서는 널리 잘 알려진 사실이다. 상거래와 관련되는 다수의 용어들, 특히 'arrhes'(계약금/담보)는 페니키아인을 통해서 고전어에 들어왔다. 다른 용어도 전파되거나 차용에 의해 고전어에 이입되었다. 라틴어 caupō는 그리스어 kápēlos(소매상인/고물장수)와 관련이 있는 것 같지만 그 형태가 정확히 일치하지 않는다. 이 두 용어가 모두 분석되지 않기 때문이다. 그것은 틀림없이 동양의 언어에서 차용된 차용어일 것이다. 우리가 살펴보았듯이, 라틴어 caupō는 게르만어로 차용되어 kaufen, verkaufen이 되었고, 게르만어에서 슬라브어로 넘어갔다.

규모가 큰 대거래상은 각 언어 자체에서 형성된 새로운 용어를 필요로 했다. 그래서 그리스어 émporos는 해상을 통해 상거래를 하는 대규모 상인을 가리켰다. emporeúomai(바다로 향해 가다)는 대규모의 사업, 그것도 반드시 해상 사업에 사용되었다. émporos는 바다를 건너 항구까지 배를 끌고 가는 행위만을 가리켰다. 그것은 구체적 행위와 관련된 특정 용어가 아니다. 흔히 우리들은 상업의 개념이 존재했는지 여부조차 알지 못한다. 예컨대 '사다'와 '팔다'에 대해 이란어는 인도어와 부분적으로 공통되는 고대의 명칭이 있지만, 『아베스타』에는 상업과 관계되는 용어가 한 번도 언급되지 않는다. 이것은 아마 우연한 일이 아닐 것이다. 이 위대한 문헌에는 종교 개념들이 주축을 이루지만, 일상생활과 관련된 개념도 역시 거기에 자리하고 있다. 그러므로 마니교의 설법 대상이었던 사회계층의 정상적 활동 가운데는 상업이 없었다는 것을 상정할 수 있다.

로마 세계에서는 사정이 이와 전혀 다르다는 것은 잘 알려져 있다. 이미 앞에서 인용한 commercium 외에도 라틴어에는 negōtium이 있다. 이 용어는 경제 용어의 비약적인 발전을 초래한 용어이다. 라틴어에서 이 사실은 아주 명확해서 이를 단지 언급하는 것으로도 충분할 것이다. 사실상 그것이 부정적否定的인 표현에서 유래한다는 점에서 우선 역사가 아주 특이하다.

용어 negōtium의 조어법 자체는 난점이 없다. 그것은 nec-ōtium에서 유래하며, 문자적인 의미는 '여유가 없음'이다. 플라우투스의 작품에 negōtium의 분석적 변이형이 있는 만큼, 그것은 아주 확실한 조어법으로 구성된다. fecero quanquam haud otium est(나는 여유가 없지만(haud otium est) 그것을 할 것이다; 『소카르타고인』*Poen.* 858). 주석가들은 플라우투스의 다른 구절을 비교하기도 한다. dicam si uideam tibi esse operam aut otium(네가 시간이 있거나 나를 도와줄 채비가 되어 있다는 것을 내가 알면 너에게 말해 줄 것이다; 『거래상』*Merc.* 286)이라고 어떤 사람이 말하자 다른 사람이 대답한다. "내가 그러한 여유는 없지만, 도와줄 준비는 되어 있습니다. quanquam negotium est(비록 내가 해야 할 일이 있지만 말입니다)." 또한 'quid negoti est'(또는 quin과 함께 사용하여)라는 단순 의문으로도 인용되었다. "(어떤 일을 하는 데) 무슨 문제가 있겠습니까?"

따라서 이 개념은 라틴어의 역사 시기에 형성된 것임이 드러난다. 하지만 neg-ōtium에 대한 학자들의 분석은 주요한 사항을 놓치고 있다. 이 부정적 표현이 어떻게 해서 그리고 왜 긍정적이 되었는가 하는 점이다. '여유가 없다'는 사실이 어떻게 '직업', '일', '직무', '책임'의 의미와 등가치를 지니게 되었는가? 우선 라틴어는 이와 같은 성구 표현을 만들어 낼 근거가 있는가? negōtium이 동사적 성구 표현 negōtium est ——우리에게 실제로 이러한 표현이 있다——를 전제한다는 사실로부터, 고대의 부정형 neg-가 완전히 동사적인 것이 아니었을까 하고 유추해 볼 수도 있다. 그러나 그것은 올바른 생각이 아니다. 물론 고대 문헌에 nec이 동사형과 함께 사용된 예도 있다. 예컨대 『12동판법』*lois de XII Tables*에 si adgnatus nec escit((어떤 사람을 계승할 수 있는/그의 재산을 상속받을 수 있는) adgnatus(부계 친족)가 없다면) 같은 것이다. 여기서 nec은 non과 의미가 같다. 그러나 nec은 또한 단어의 부정에도 사용된다. 예컨대 플라우투스의 nec ullus = nullus(아무것도)나 nec ullo uolnere caedi(어떠한 상처도 입을 수 없는; 『백조』Ciris)[1]같은 것이다. 마찬가지로 res *nec* mancipi(소유권이 없는 물건)와 res mancipi를 대립시키기도 하는데, 후자는 관용적으로 사용되는 잘 알려진 법적 표현이다. 단어의 부정사로 사용된 nec의 용법에서 남아 있는 고전어 표현으로, 예컨대 necopinans(기다리지 않는), neglegens(관심이 없는)가 있다. 따라서 절(문장) negōtium est와는 별도로 부정 합성어 neg-ōtium이 형성된 사실을 반박할 어떠한 근거도 없다. 그렇지만 다음의 문제는 계속 남는다. 즉 여기에 왜 부정 표현이 사용되고, 이 부정 표현이 발달했는가 하는 것이다.

라틴어 자체 내에서는 이를 설명할 방도가 없다. 우리가 확립하려는 근본적 사실은 negōtium이 그리스어 askholía(ἀσχολία)의 번역어라는 점이다. 이것은 askholía와 완전히 일치하는데, 이 단어는 문자적으로는 '여유가 없다는 사실'과 '직업'을 동시에 의미한다. 이 단어는 오래된 것이다. 우리가 여기서 관심을 가지는 의미는 그리스어에서 이 단어 초기 용법부터(기원 5세기 초) 나타난다. 핀다로스[2]에서 전형적인 예를 발견할 수 있다. 이 시인은 그가 찬미하는 테베의 한 도시를 향해 말한다(『이스트미아 축가』Isthm. I, 2).

---

1) 베르길리우스의 작품으로 추정되는 아우구스투스 시대의 시. 『베르길리우스 부록』Appendix Virgiliana에 수록되어 있다. 스킬라Scylla의 적인 미노스Minos에 대한 그녀의 사랑과 자신의 부친의 머리카락을 자르는 것에 대한 얘기를 담고 있다.—옮긴이

2) 핀다로스Pindaros(기원전 518~438년). 테베 출신의 그리스의 서정시인. 그가 남긴 작품으로는 경기의 승리자를 축하하는 승리의 찬가인 『에피니케이아』Epinikeia가 있다. 이 찬가는 『올림피아』Olymphiques, 『퓌티아』Pythipues, 『네메스』Néméennes, 『이스트미아』Isthmiques의 4권의 축가祝歌로 되어 있다. 『이스트미아 축가』는 코린토스 지협地峽의 포세이돈의 성지 내에서 이루어지는 범헬라 축제의 경기에서 승리한 승리자를 축하하는 찬가이다.—옮긴이

··· τὸ τεόν ···

πρᾶγμα καὶ ἀσχολίας ὑπέρτερον θήσομαι

"나는 모든 일 위에 너의 이익을 두겠다." 이것은 시어詩語가 결코 아니다. 그것은 투키디데스가 '방해', '일'이라는 의미로 사용했다. 이것은 플라톤이 사용한 일상어에서도 발견할 수 있다. 소크라테스는 휴가를 가기 위해 "ἐμοί τις ἀσχολία ἐστί"라고 말한다. 이것의 라틴어 번역은 'mihi negōtium est'(나는 일이 있다)일 것이다. 이는 플라우투스에게서 볼 수 있는 의미와 완전히 동일하다.

더욱이 askholía(직업/일)는 또한 askholían perékhein(근심/어려움을 만들어 내다)이란 표현에서는 '어려움', '근심'을 의미한다. 또한 플라톤의 τὸ σῶμα μυρίας ἡμῖν παρέχει ἀσχολίας(육체가 우리에게 수많은 어려움을 만들어 낸다)는 문자적으로 negotium praebere 또는 exhibere로 번역할 수 있고, 이것은 '누구에게 어려움을 만들어 내다'란 의미와 의미가 동일하다. 또한 askholía를 일반적인 '일'의 의미로도 번역할 수 있다. askholian ágein(일을 추구하다)은 negotium gerere(일을 수행하다)로 번역된다.

마지막으로 askholía로부터 형용사 áskholos(여가가 없는)로, 실제로는 '어떤 일에 몰두하는'으로 거슬러 갈 수 있다. 반대로 라틴어에는 negōtium에서 파생된 형용사가 있다. ōtium : ōtiōsus의 모델에 따라 negōtiōsus가 만들어졌는데, 이것은 áskholos의 모든 의미와 정확히 대응한다.

따라서 이 라틴어 단어의 조어법과 의미를 결정한 것은 그리스어이다. 그리스어 skholé(여유/여가)의 의미가치 때문에 askholía는 기원에서부터 긍정적 개념이었다. 이러한 이유로 negōtium의 분석은 반드시 술어적 기원 'neg ōtium (est)'을 요구하는 것이 아니다. 이것은 nefas(신의 뜻을 거역하는/불경의)와 같은 유형의 합성어이다. 그리고 negōtium이 '상업적 일', '상업'의 의미로 고정된 후에, 그것은 negōtiārī, negōtiātor, negōtiāns 같은 동사 파생어와 명사 파생어를 만들어 내었다.

바로 여기에 그리스어가 또 다른 형태로 이차적으로 개입했다. 그리스 용어 askholía는 '일', '공적', '사적 업무'를 뜻하지만, 그것은 negōtium이 갖는 상업적인 일에 대한 함축 의미는 분명히 없었다. 라틴인들 자신이 그리스어를 모방하여 이 용어를 주조했다는 것을 우리에게 지적해 준다. 아울루스 겔리우스[3]는 negōtiōsitās가 polupragmosúnē(많은 일에 몰두하기)를 번역하는 데 사용되었다는 것을 알려 주며, 키케로는 pragmatikós (일에 관한)를 번역하려고 negōtiālis란 용어를 만들어 내었다. 이때부터 그리스어 prâgma(하는 일)를 모사해서 negōtium의 새로운 의미가 모두 파생되었다. 그래서 특이한 의미전이의 과정을 목격할 수 있다. 즉 이 시기부터 negōtium은 그리스어 prâgma의 모든 의미를 갖게 되었으며, prâgma처럼 '사물'과 심지어는 '사람'도 의미하게 되었다.

학자들은 때로 이 단어가 khrêma를 모사했다고 지적하지만 그것은 사실이 아니다. negōtium과 그 모든 단어족에 모델로 사용된 것은 prâgma와 그것의 모든 단어족이다. 여기서 동사 negōtiārī가 생겨났고, 이는 pragmateúesthai(상업에 종사하다)를 모사한 것이다. 행위자 명사 negōtiātor는 pragmateutés(중개업자)를 모사한 단어이다.

이와 같은 복잡한 과정이 이 라틴어 어휘가 크게 발달한 조건이며, 이

---

3) 아울루스 겔리우스Aulus Gellius(123~165년): 서기 2세기경에 활동했던 작가로 추정되며, 『아티카의 밤』Noctes Atticae이라는 작품을 지었는데, 거의 유실되고 제8권만이 전해지고 있다. 이 저작은 여러 가지 잡다한 일화, 문법, 철학, 법률, 역사, 문예 비평 등의 글을 수많은 그리스로마 작가들로부터 뽑아 모은 잡록이다.—옮긴이

어휘 발달 자체는 다시 유럽의 많은 언어에서 사용되는 형태를 만들어 내었다. 라틴어는 그리스어에서 의미가 두 번 차용되었다. 첫째는 askholía에 기초하여 negōtium을 직접 모사한 것이고, 둘째는 negōtium의 파생어에 상업의 개념을 결합시키기 위해 prâgma의 파생어를 모델로 모사했다. 첫째 차용에서는 형태 자체가 모사되었고, 둘째 차용에서는 의미가 변화되었다. 바로 이것이 이 단어의 역사이며, 학자들이 일반적으로 제시하는 것보다 그리 직선적이지 않고, 또 기본적 구성 요소가 결핍된 역사이다. 그 이유는 학자들이 라틴어 형태 negōtium의 근거가 된 그리스어 용어를 인정하지 않았기 때문이다.[4]

negōtium의 현대적 등가어를 한번 살펴보는 것도 유익할 것이다. 프랑스어 affaires(일/용무)는 à faire(해야 할)란 표현을 명사화한 것에 지나지 않는다. j'ai quelque chose à faire(나는 할 일이 있다)에서 j'ai une affaire(일이 있다)가 생겨났다. 그러나 오늘날 affaire, affaire commerciale(상업)이 가진 의미내용은 문자적인 의미작용과는 다르다. 이러한 정확한 의미를 가진 것은 벌써 그리스어 prâgma——그리스어에서는 아주 모호한 단어였다——로부터이다. 라틴어에서 '상업적인 일'이라는 개념이 생겨난 것은 부정적 표현인 negōtium이다. 즉 '여가의 부재'는 곧 '일', '업무', '직업'이다. 그러나 이 용어는 활동 자체의 성질은 전혀 알려 주지 않는다. 근대어들은 독립적 경로를 통해서 그와 동일한 표현을 만들어 내었다. 영어 형용사 busy(바쁜/여유가 없는)는 추상명사 business(업무/일)를 만들어 내었다. 독일어 추상명사 Geschäft도 역시 의미가 아주 모호하다. schaffen은 만드

---

4) negōtitum에 대해서는 필자의 논문, 「라틴어 negōtium의 역사에 대하여」 Sur l'histoire du mot latin negotium, 『피사 고등사범학교 연보』 Annali della Scuola Normale Superiore di Pisa, vol X, Fasc I-II, 1951, pp. 3~7 참조.

는 행위, 형성하는 행위, 창조하는 행위 일반을 가리킨다. 러시아어 dělo도 역시 '작품'을 뜻하고, 또한 이 용어의 모든 의미에서 '일'을 뜻한다.

여기에서 모든 나라에 공통되면서 최초의 용어에서 벌써 드러나는 중요한 현상을 목격할 수 있다. 즉 상업적 일은 명칭이 없다는 것이다. 사람들은 상업적 일을 긍정적으로 정의할 수 없다는 것이다. 그 어떤 언어에서도 구체적 방식으로 이 상업적 일을 한정할 수 있는 고유 표현이 없다. 상업적 일은 적어도 기원으로부터 전통적이고 안정된 활동이 없는 직업(업무)이기 때문이다.

상업적 일은 모든 직업, 모든 관행, 모든 기술의 밖에 있다. 이러한 이유로 상업적 일을 '어디에 종사하는' 행위, '해야 할 일을 가진' 행위로밖에 달리 정의할 수 없는 것이다.

이것이 이 유형의 활동이 지닌 새로운 특성을 밝혀 주고, 따라서 형성하는 과정에 있는 이 어휘 범주의 특이성을 포착하여, 이 범주가 어떤 방식으로 구성되었는지를 알려 준다.

이 명칭이 처음 만들어진 곳은 그리스이지만, 그것은 라틴어를 매개로 확산되었다. 그리고 아직도 이 명칭은 인도유럽 세계와 서양의 근대 어휘에 이르기까지 혁신된 형태로 영향을 미치고 있다.

* * *

여기에서 연구한, 가장 뚜렷하고 가장 특이한 표현들이 지시하는 경제적 차원의 개념들 가운데 가장 명확한 용어는 일반적인 경제 발달에 의해서 일정한 의미를 지니면서 새로운 활동이나 기술을 지칭하는 용어라는 점을 깨닫게 된다. 이 점에서 겪게 되는 난관은 인도유럽어 어휘의 다른 영역에서 만나는 난점과는 다르다. 잔존 어휘들을 확인하는 것이 문제가 아니라 새로이 혁신된 단어를 해석하는 것이 문제이기 때문이다. 흔히 언어표현은 어떤 유형의 새로운 명칭을 보여 주지만, 부분적으로는 아직도 사용되는 명칭을 나타내 준다.

이 조사는 출발점으로 특수 용어, 즉 이미 전문 기술어가 되었거나 전문 기술어가 되려는 전문용어를 취해야만 한다. 여기에서 전문용어의 다양성, 분포의 불균형, 기원의 다양성이 생겨나는 것이다. 때로는 고대어, 일반적으로는 각 언어의 고유한 역사 내에서 의미가 전문화된 어휘가 형성되는 것을 목격할 수 있다.

부富와 교환, 구매, 판매, 대여 등의 활동을 가리키는 용어들은 이들과 평행선을 그리며 발달한 제도와 관련이 있다. 이러한 이유로 독립된 과정들이 서로 유사하게 되는 것이다.

또한 인도유럽 민족의 관습과 기술이 고대 문명기의 다른 민족의 관습 및 기술과는 다르게 진보했다는 점을 지적하고자 한다. 여기서 분석된 많은 과정에 대해서는 수준 차가 상당할 것이다. 우리는 가장 오래된 언어 대응을 위치시킬 수 있는 시기에 벌써 아주 정교한 물질 문명이 인도유럽 세계에 있었다는 것을 밝혔다. 우리가 연구한 용어들은 극히 분명하게 사회 범주에 속하며, 서로 다른 시기에 각기 다른 수준으로 그리스와 로마, 인도이란어의 영역이나 게르만어에서 흔히는 대개 서로 일치한다.

이 용어들 중 몇몇 용어를 통해서 우리가 관찰하는 근대 어휘의 기원을 깨닫게 된다. 이 모든 용어는 과거에 사라진 것이 아니며, 그 모습이 잔존하는 것으로 그치지 않고, 개념들이 전통으로 직접 계승되었든 번역의 경로를 통해서 혁신되었든 현대어 가운데 어떤 형태로든 여전히 살아 있는 개념의 단초를 보여 준다.

제4부 / 경제적 의무

12장_계산과 평가

요약

라틴어 duco와 그리스어 hēgéomai는 의미가 동일하다. 본래적 의미는
'인도하다', '지휘하다'이고, 비유적 의미는 '믿다', '판단하다', '평가하다'
이다. 그러나 이 두 언어에서, 고유 의미에서 비유 의미로 의미발달 과정
이 평행한 것으로 추론하지 않도록 유의해야 한다. hēgéomai는 '지휘하
다'에서 '(권위를 가지고) 판단하다'로 의미가 직접 발달한 반면, 라틴어는
duco의 두 의미 사이에 구체적 중간 과정인 합산 행위가 있다. 이 중간 과
정은 putare uineam((포도나무를) 자르다)와 putare(deos esse; 신이 존재한다
고) 생각하다)의 의미에도 거의 동일하게 다시 나타난다.

동사 ducere는 '인도하다'의 의미에서 출발해서 '판단하다'라는 더욱 추상
적이고 일반적인 개념으로 발달했다. 이때 동사 구문은 술어적이거나 부
정법 절을 가진다. 즉 aliquem ducere(어떤 사람을 어떠하다고 여기다; 대격
의 형용사 술어와 함께 사용)로 사용되거나 ducere가 부정법 절을 지배하여
'믿다', '판단하다', '평가하다'란 의미를 지닌다.

이 특수 용법은 그리스어 동사 hēgéomai(ἡγέομαι)에서도 그대로 평행하게 나타나는데, 이 동사는 의미상으로 라틴어 duco와 대응한다. 이 동사는 '인도하다', '이끌다'란 의미의 타동 구문을 가지며, 또한 '판단하다', '사람을 어떻게 생각하다'라는 의미로도 사용된다. 이 그리스어의 의미 현상을 설명하기 위해 학자들은 라틴어 ducere의 의미발달 과정을 근거로 내세우기도 한다. 그러나 duco의 용법 자체도 명확하게 완전히 해명된 것은 아니다. 일반적으로 특이한 의미가 의미발달 과정에서 나타나면, 어떠한 특수한 연관 관계가 이러한 의미를 생겨나게 했는지를 알아보아야 한다.

duco는 사고思考 작용을 지시하는 데 사용되는 동사가 아닌 것 같다. 애당초 이 동사는 오직 '끌어내다', '질질 끌다', '인도하다'만을 의미했다. 그렇지만 고대 시인 루킬리우스[1]가 보여 주는 오직 한 사례 sumptus duc(명령법; 지출을 합산하라)만이 우리가 찾으려는 설명을 제공해 준다. 이 예는 duco의 본래적 의미로 해석해야 하는데, 그것은 여기에서 문맥이 피지배어(목적어)에 의해 조건화되었기 때문이다. 그것은 특수한 유형의 계산 활동, 즉 더하기(합산)를 가리킨다. 고대 문명에서 이 합산은 우리와는 다른 모델에 따라 이루어진다. 즉 합산할 여러 숫자의 계산을 우리 문명권처럼 높은 숫자에서 낮은 숫자로 실행한 것이 아니라 낮은 수에서 높은 수로 계산하여 summa, 즉 '최고 높은 숫자'라고 불리는 수에 이를 때까지 합산을 실시한다. 이러한 이유 때문에 우리는 전체 합을 여전히 somme(전체/합)로 부르는 것이다. sumptus ducere에는 이 의미표상이 있으며, 그래서 이 ducere에는 원래의 의미인 '끌어내다'란 의미가 있다. 일련의 수를 낮

---

1) 가이우스 루킬리우스Gaius Lucilius(기원전 180~102년): 풍자시의 시조로 알려진 시인. 30여 종의 저서를 지었으나 단편들(1,300행 정도) 만이 남아 있다. 호라티우스는 이 시인을 모방하기도 했다. 여행, 문예 비평, 사회생활, 정치 등 다양한 주제에 대해 글을 썼다.—옮긴이

은 낮은 수로부터 높은 수로 '이끌어 내어' 전체 합에 이른다.

이 의미는 순수히 고전적 표현 rationem ducere(계산하다)에서도 확증된다. ratio는 '산정', '계산'을 뜻하는 전문 용어이다. 따라서 우리는 출발점이 되는 용어를 취한 셈이다. 그것은 실제로, 글자로 계산하던 계산 행위이다. 문명이 아주 진보해서 이 용어들이 필연적으로 중요하게 된 것은 아니다. 농경 문명권에서도 지주地主의 계산은 행정의 기본 요소였다(카토Cato, 바로M. T. Varro 참조).

ducere가 '계산을 전체 합까지 이끌고 가다'(rationem ducere), (결과적으로) '계산하다'를 의미하게 된 중간 단계의 표현을 통해서 우리는 비로소 aliquid honori ducere(어떤 것을 명예롭게 여기다)나 aliquem honestum ducere(어떤 사람을 명예로운 자로 여기다)란 표현을 이해할 수 있다. 여기에는 항상 '전체로 합산하다'란 관념이 개입된다. 이 의미분화의 조건은 책력 계산법의 산물이다. 계산 자체, 다시 말해서 산술算術은 일반적으로 사고작용을 조건짓는 조작활동이다.

그러나 그리스어 동사 hēgéomai와의 이상한 평행 관계는 어떻게 된 것인가? 의미발달 과정이 아주 유사하게 보이기 때문에, 문헌상으로 그리스어를 그대로 모방하여 반복한 것으로 생각할 수도 있다. 그렇지만 사용 조건이 같은지를 확인하거나 아니면 애초에 라틴어와 동일한 자료를 거의 확실하게 상정할 가능성이 있는지를 확인해야 한다.

실제로 이 중간 과정은 그리스어에는 없을 뿐만 아니라 의미도 전혀 다르다. 분명히 exercitum ducere, stratoû hēgeîsthai라고들 말한다. hēgéomai의 의미는 물론 '인도하다', '우두머리이다', '안내하다', '어떤 행동에서 다른 사람보다 앞서다'이다. 여기에서 stratēgós(군대의 우두머리)가 생겨났다. 이 칭호는 게르만어 합성어인 고대 고지 독일어 heri-zogo(군대를 이끄는 자; 귀족 칭호가 된 군대 칭호 Herzog)에 그대로 모사된 것이 거의 확실하고, 이 게르만어 칭호는 다시 고대 슬라브어 vojevoda(군대의 우두머리, voïvode)로 모사되었다.

그러나 '주인이다', '우두머리다'가 어떻게 해서 '사람을 어떻게 생각하다'가 되었는가? 우리는 라틴어 모델에 따라서 이 두 의미를 조화시킬 방도가 있는지는 알 수 없다. hēgéomai에는 산술 활동의 개념이 없다. hēgéomai(우두머리이다/이끌다)라는 의미에서 술어 구문에서 갖는 의미로 의미가 직접 전이된 듯이 생각된다. 술어 구문에서 '무엇이라는 데(견해에서) 대한 안내자이다', 즉 '자기 판단에 대해 전적으로 책임을 지면서 생각하다'를 의미하는 것으로 이해해야 한다. 여기에는 권위 있는 판단의 개념이 있고, 또 실제로 hēgéomai도 '평가하다'는 의미로 흔히 신앙이나 결정 (결심)의 대상이 되는 소재, 예컨대 신의 존재 같은 것에 적용된다. 여기서 권위는 개인적 판단에 따른 권위이며, 권력에서 나오는 권위가 아니다. 술어 구문에서 사용된 hēgéomai가 헤로도토스에게서 완료 구문 '무엇이라는 데(견해에) 대해 권위를 가지다'로 사용된 것이 흥미로운 관찰이다. 여기서도 판단할 수 있는 자질(자격)을 지닌 자가 권위를 가지고 피력하는 견해가 문제시된다.

조건은 약간 다르지만, 라틴어 iudicare에서 진정한 평행으로 볼 수 있는 의미발달 과정을 엿볼 수 있다. 즉 우선 '최고의 판단자로서 판단하다'의 의미에서 그 후 단순히 '(사고작용의) 판단을 내리다'로 의미가 발달한 과정이다. iudicare와 그리스어 hēgeîsthai를 접근시키는 이 의미발달에 비추어서 ducere와 hēgeîsthai의 피상적 평행 관계가 얼마나 허구인가를 잘 알 수 있다. 그것은 이 두 의미의 발달 과정이 완전히 독립적이며, 귀착된 결과만 서로 유사한 까닭이다.

'판단하다', '생각하다', '평가하다'를 의미하는 또 다른 라틴어 단어가 사용되는데, 그것은 puto이다. 그런데 이 단어의 합성어 중 하나가 산술과 관련된다. 이 동사는 특이한 특징을 보여 준다. 이것이 하나의 동사 puto인지, 두 동사로 인정해야 할지는 현재로는 알 수 없다. 한 동사는 구체적 의미 '자르다'를 뜻한다. 다른 동사는 판단, 산술, 믿음의 동사로서 여러 동사 접두사를 갖는다. 예컨대 computo처럼 특히 com-을 접두사로 갖는다.

'자르다'의 의미로 사용된 putare는 널리 확인된다. 이것은 시골 용어이다. 이 동사는 농업서 저자들이 '나무', '관목', '포도나무' 등과 함께 사용한다. 그래서 uitem, uineam putare(포도나무를 자르다)가 카토, 바로, 코루멜라에게서 출현한다. puto뿐만 아니라 또한 이들 나무를 피지배어(목적어)로 사용하는 de-puto(자르다), re-puto(자르는 행위를 반복하다), inter-puto(전지하다; 이는 올리브 나무에도 사용된다. 예: oleam interputare(올리브나무를 자르다))가 있다. 그리고 지금까지 남아서 더 잘 알려진 동사 amputare(주위를 자르다)도 있다. 동사 puto는 전문적 의미로서 쓸데없는 잔가지를 '정리하다', '가지를 치다'를 의미한다.

이 설명이 판단·산술을 가리키는 다른 동사를 해명할 수 있는가? 우선 은유적 용법 rationem putare에서 출발해야 한다. 그리고 이것을 puto의 전문적 의미에 의거해서 문자적으로 해석해야 한다. 즉 '(낮은 수부터 높은 수로) 계산을 하면서 검증된 항을 차례로 소거하다'의 의미이다. 여기에서 '검증하다', '계산을 검토하다'란 의미가 나온다. 각 항을 검증하고, 다음으로 이를 삭제하고 소거한 뒤에 마침내 계산의 끝에 이른다. 여기에서 rationem putare(계산을 끝내다/해결하다)란 의미가 생겨났다. 여기에서 putare는 물론 그것이 지닌 실질 의미에서 유래한다. 즉 '한 항씩 계산을 적정한 것으로 인지할 수 있도록 검증하다'라는 의미이다.

이 의미가 은유隱喩로 전위되어 '판단하다', '믿다'로 번역되는 의미가 되었다. 즉 항을 하나씩 소거한 수의 계산을 검증하듯이 문제의 모든 요인을 결정한 후에 결론에 이르다는 뜻이다. 키케로가 deos esse puto라고 말할 때, 그것은 신앙의 행위(=신이 있다고 생각한다)를 말하는 것이 아니다. 그는 '**모든 계산을 해본 결과** 나는 신이 존재한다고 믿는다'를 의미하려고 한 것이다. 따라서 그것은 동일한 동사이지만 산술(계산) 활동에서 특수하게 분화된 의미를 지녔고, 따라서 기원이 된 농촌에서 멀어지고 분리되어 독립된 동형同形의 동사가 된 것이다.

이 세 동사는 서로 유사하다. 이들을 통사적 동의어synonime syntaxique로 간주할 수도 있을 것이다. 다시 말해서 라틴어 puto, duco와 그리스어 hēgéomai는 똑같은 구문을 형성하지만 이들의 기원과 공통의 용법을 가지게 된 발달 과정은 서로 얼마나 다른지를 잘 알 수 있다.

13장_임대차

요약

프랑스어와 다르게 라틴어는 conducere(임차하다/세를 얻다)와 locare(임대하다/세를 놓다)가 대립한다. 애초에 '인도하다'를 의미하는 conducere 의 의미 특화는 징병하는 군대 관행에서 시작되었고, 군대의 우두머리(dux)가 일정 금액에 사람들을 징집하는 데서 확인된다. 즉 conducere mercede(보수를 지급하여 고용하다)이다. 이와 유사하게 locare(물건을 원래 있던 제자리에 두다)는 사람이나 사람의 노동에 적용되면서 '빌려주다', '빌리다'의 의미로 특화되었다. 더욱이 이는 임대차 금액을 명시할 때 의미가 특화되는데, 이를 플라우투스에게서도 읽을 수 있다. locare oper-am suam tribus nummis.

게르만 세계에서 '임대차' 표현은 전혀 다른 기원으로 거슬러 올라간다. 그것은 타키투스가 묘사한 것처럼 고대의 게르만족이 간직하고 싶어하는 물건을 매장하는 습관이다. 이 사실은 고트어 filhan(매장하다/맡기다/임대차하다)이 가진 이상한 다의성^{多義性}을 설명해 준다.

여기에서 ducere의 합성어가 우리의 관심을 다시 불러일으킨다. '빌리다', '임차하다'에 대해 conducere가 있고, 거기에 상응하는 대칭 표현 '임대하다'는 locare이며, 이것은 프랑스어에서 louer가 되었다. 라틴어에서 이 두 개념에 서로 다른 용어가 부여되지만 프랑스어는 똑같이 louer로 표현된다. conducere(빌리다/임차하다)는 모든 종류의 일이나 물건에 적용된다. 즉 하인, 군대, 영지, 집, 가구, 일의 시행, 심지어는 건물의 건축에도 적용된다. 예컨대 conducere templum aedificandum((보수를 받고) 사원 건축을 청부맡다) 같은 것이다.

이 conducere의 특수 의미는 '인도하다'라는 일반적 의미에서 파생되었을 것이다. 즉 '노동자, 군인을 인도하다'에서 나중에 '임차하다'로 의미가 바뀌었을 것이다. 여기에서 라틴어의 전문적 표현을 볼 수 있으며, 그 표현은 라틴어 자체 내에서 생겨나서 우리 목전에서 전문화되는 듯이 생각된다. 그러나 정확히 말해서, 포착하지 못한 것은 '**임차**를 하다'prendre en location라는 의미로 의미가 전이된 과정이다. 이 의미의 전이과정이 없다면, '인도하다'와 '빌리다'는 서로 다른 개념으로 남게 된다. 우리가 설명하려는 것은 이 전이점이다.

우선 단순 동사를 고찰해야 한다. duco는 '인도하다'를 의미한다. 그러나 그것은 어원상으로 고트어 tiuhan(독일어 ziehen(끌어내다))과 대응한다. 이 고트어 동사는 '끌어내다', '끌고 가다', '데리고 가다' 등의 행동 양태를 분화시키는 많은 동사 접두사와 함께 빈번히 사용된다. 나아가 학자들은 이것과 그리스어 δαιδύσσεσθαι ἕλκεσθαι를 비교한다. 그렇게 되면 이것은 '끌어내다'를 의미하는 *duk-yō 유형의 현재형(그러나 중복형 dai-dússesthai가 된다)일 것이다.

고트어와 라틴어의 비교를 통해서 벌써 duco의 일차적 의미인 '끌어

내다'를 결정할 수 있다. 실제로 이 동사는 ensem과 함께 사용되어 '검을 뽑다'를 의미한다. 또한 murum(벽), vallum(성채)과 duco가 사용되기도 한다. 그런데 라틴어에는 '끌어당기다'를 의미하는 또 다른 동사가 있는데, traho이다. 이것은 프랑스어 traire(끌다)가 되었다. 그러면 이 두 동사의 차이는 무엇인가?

traho는 '자기에게로 끌어당기다', '저항하는 것에 당기는 힘을 가하다)를 의미하는 반면, duco는 '획정된 선에 따라 끌고 가다'를 의미한다. duco의 모든 뜻이 이 의미를 확증해 준다. ducere aquam(aquae ductus(수로水路) 참조)은 물을 '끌어대다'이다. 그러나 그것은 준비된 일정한 수로를 따라 물을 이끌고 가는 것이다. ductus는 littera, 즉 문자에 대해서도 사용되는데, 그것은 표기법을 뜻한다. 다시 말해서 문자는 그 형태에 따라 일정하게 제시된 모델을 따른다. 행위자 명사인 dux는 인도하는 자, 다른 사람들이 따라야 할 길에서 이들을 '끌고 가는' 자에 대해 사용된다. 군사적인 의미로 사용되면, duco는 '일정한 목표를 향해서 군대를 끌고 가다'를 의미한다. 이와 관계가 있는 동사는 sequor(따르다)인데, 동작이나 충동을 받아들이는 것을 뜻한다. 이외에도 성구 표현 ducere uxorem, ducere in matrimonium(결혼시키기 위해 여자를 데리고 오다)도 있다.

동사 접두사가 사용된 conducere는 단지 '인도하다'만을 의미할 뿐 아니라 또한 '인도하여 함께 모으다'란 의미도 있다. 여기에서 '수축하다'라는 전문적 의미가 생겨났다. 의학에서 conducitur aut laxatur는 수축, 이완하는 근육에 사용된다. conducere(서로 얻다/빌리다)를 설명하려면 사람의 경우에 이 동사가 어떻게 사용되는지를 살펴봐야 한다. 카이사르[1]의 유용한 예(『갈리아 전기』*B. G.* I, 4. 2)가 이를 잘 보여 준다. 골족의 우두머리가 격렬한 고발의 충격으로 자신을 변호할 방도를 찾는다. 재판 소송

날 omnem suam familiam coegit ⋯⋯ et omnes clientes obaeratosque suos conduxit(자신의 모든 가족을 불러모으고⋯⋯ 자신의 후견인들과 지불 능력이 없는 채무자들을 함께 모이게 했다). 그는 모든 자기 수하 사람들을 불러모아 재판정에서 자신을 지지하도록 한다. suos(자기 수하 사람들)에 사용된 동사는 coegit(자기 앞으로 함께 밀어서 모이게 하다)이다. 그러나 자기 보호자와 채무자에게는 동사 conduxit(함께 모으다)가 사용되었다. 그것은 보호자에 대한 후견인의 권리, 채무자에 대한 채권자의 권리를 지닌 자들에게 적용된다. 여기에 conducere가 나타내는 의미관계가 있다. '모으다' 뿐만 아니라 '권위 덕택으로 불러모으다'는 의미를 갖는다. 실제로 근대 언어에서 conducere copias(군대를 불러모으다/소집하다)는 dux(지휘관)의 자연스러운 권위를 상정하며, 남자들은 자기 dux를 섬기기 위해서 모여야 할 의무가 전제된다.

이제 '빌리다'의 의미로 의미가 전이될 수 있는 사용 조건이 주어진 셈이다. conducere가 '빌리다', '임차하다'를 의미할 때는 mercede가 함께 사용된다는 점을 추가해야 된다. 이 두 단어의 결합으로 전문적인 의미분화는 끝난다. conducere는 자체는 자기 수하의 군대를 집합시키는 사람이 전권全權으로 행사하는 군대 소집을 물론 가리킬 수도 있다. 그러나 이 상황 외에도 남자들에게 돈(mercede)을 지불하면서 징집할 수 있는데, 이때 conducere를 할 수 있도록 보장하는 것이 이 용병 지급금이다. 여기에서 mercede milites conducere(용병을 모집하다)가 생겨났고, 다양한 변이형으로 auxilia(원군援軍), mercenarios conducere(용병을 모집하다) 등이 생겨났

---

1) 가이우스 율리우스 카이사르Caius Julius Caesar(기원전 101~44년): 로마의 정치가, 장군이자 문필가. 작품으로 『갈리아 전기』De Bello Gallico, 『내전기』De Bello Civili가 있다. 그 외 문법서로서 『유추론』De Analogia이 있고, 서간집, 시들이 있다.—옮긴이

다. 기원상 그것은 우두머리의 관행, 다시 말해서 충신을 마음대로 이용하던 자들의 관행을 가리킨다. 그것은 그리스어 laós(보병)처럼 개인적 충성을 맹세하고, 그의 대의명분을 위해 무기를 드는 남자들에 대한 우두머리의 권위를 전제로 한다.

이와 같은 방식으로 '임차하다'라는 의미가 고정되는데, 일차적으로는 군인(용병)의 임차가 그것이고, 다음으로는 어렵거나 위험한 일을 할 것으로 기대하는 사람들의 임차이다. 고용된 일꾼들이 자객이든 흔히 순진한 노동자이든 아무 상관이 없다. 대중어에서, 예컨대 플라우투스에게서 요리사나 악사, 매장 시에 통곡하는 자의 '임차'에 conducere가 사용된 것을 볼 수 있다. 순수히 경제적 의미는 이처럼 우두머리와 권위 행사가 가능한 사람들에 대한 관계에서 생겨났다. 그러나 아주 일찍부터 conducere는 일의 임차에 사용되었다. 이 동사의 행위자 명사는 이러한 여러 가지 뜻이 있다. conductor는 원정을 목적으로 남자들을 징집하는 책무를 맡은 자를 가리킨다. 그는 또한 노동자를 모집하는 청부업자이면서 일을 위해 노동자를 '빌린다'. 이 '빌리다'란 의미가 정해진 후에 conducere는 육체 노동뿐만 아니라, 땅(agrum)과 집(fundum)의 '임차'에도 사용되었다.

이제 locare란 용어를 보자. conducere와의 어휘 대립은 conducere가 '징집하다', '임차하다'라는 의미를 취한 뒤에야 출현했다. locare가 conduco의 상관어로서 기능을 갖게 된 이유가 무엇인지를 간단히 지적해 보자. ducere in matrimorium((여자를) 결혼시키다)의 표현에 locare in matrimoniam(결혼시키기 위해 젊은 처녀를 누구에게 넘겨주다)이 대응하는데, 이 후자 표현은 젊은 처녀의 부친에게 사용된다. 이 경우 합법적 용어는 dare(주다)이다. 그러나 locare는 플라우투스에게서 빈번히 나타나며, 카이사르처럼 아주 신중한 작가조차도 그것을 사용한다. 또한 collocare in matrimonium(딸을 시집보내다)도 있다.

여기서 왜 locare 동사가 사용되었는가? 그것은 locare의 의미와 관련되며, 이 동사 자체는 또한 locus(장소)의 의미에 의존하기 때문이다. '장소'를 가리키는 이 단어처럼 의미가 모호한 단어에서 의미를 정확히 한정하려면 약간 노력을 기울여야 한다. locus는 '사물의 자연스러운 위치'로 정의해야 한다. locus는 또한 그리스어 용어 tópos(τόπος)를 번역하는 데도 사용된다는 점을 확인할 수 있다. 이를 검증하는 일은 어려운 일이 아니므로 지적하는 것만으로 그치자.

결국 locare는 '사물을 어디에 두다'의 의미가 아니라 '어떤 것이 자연스러운 자리를 찾게 만들다', '물건에 응당한 제자리를 부여하다'를 의미한다. 바로 여기에서 '제자리를 잡다'라는 의미가 나왔다. 우리는 이와 동일한 의미로 établir sa fille, 즉 '딸을 시집보내다'라고 말하는 것이다. 그래서 locare는 ponere(버리다/무엇을 어떤 곳에 방치하다)라는 의미와는 아주 다르다.

'빌려주다', '임차하다'라는 의미로 바뀐 의미전이는 conducere처럼 locare가 사람이나 일에 적용될 때 일어났다. 예컨대 locare operam suam tribus nummis(플라우투스, 『3누무스의 남자』[2] 844) 같은 예이다. 이것은 문자적으로는 '3에뀌에 그의 작업을 위치시키다', 즉 그 작업을 '임대하다'는 뜻이다. 마찬가지로 사람들이 fundus를 자기 스스로 가꿀 수 없다는 사실을 알고서 이 fundus(영지/땅)를 이용하려고 할 때 그는 '위치를 정하고', 그것을 '임대한다'. 즉 locare fundum이다. 도시의 발달과 공공

---

2) 『3누무스의 남자』*Trinummus*: 플라우투스의 희극으로서 늙은 칼리클레스가 자기 친구 카리미데스의 아들, 딸과 그의 재산을 돌보는 과정에서 보이는 충성심이 이 희곡의 주제이다.—옮긴이

사업이 성행하면서 집단적 업무 '도급을 준다'. locare uiam exstruendam (도로 건설을 임대하다). 그리하여 '임대한다'라는 의미가 확정되었다. 이는 conducere의 전문적인 뜻과 대칭되지만 동시적으로 출현한 것은 아니다.

임대차를 '얻다'와 '주다'로 각각 특화해야 할 때만 이 둘을 함께 사용했다. 라틴어가 서로 다른 두 동사를 이용한 것은 로마인이 잘 아는 법적 의미를 한정하려는 배려가 아니라 라틴어는 동일한 동사의 태態를 변화시켜 사용할 수 있는 기능이 없었기 때문이고, 반면 그리스어는 태를 이용할 수가 있었다. 그리스어에는 오랫동안 상관적인 두 개념, 예컨대 daneízō(빌려주다), daneízomai(빌리다), misthô(임대하다), misthoûmai (임차하다)를 나타내기 위해 동일 동사를 능동태와 중동태로 사용할 수 있는 가능성이 있었다. 라틴어에서는 수동형 능동동사verbe déponent가 더 이상 사용되지 않았기 때문에 이 언어수단을 이용할 수 없었다. 그래서 어휘적 수단으로 locare와 conducere의 의미를 전문적으로 분화시켜서 보완했던 것이다.

여기에서 방법상의 원리가 분석되는데, 반복되지만 이를 재차 강조할 충분한 근거가 있다. 즉 어휘의 의미작용이 이처럼 특수화될 때는 새로운 의미를 결정할 수 있는 특정 용법을 거듭 발견하려고 노력해야 한다는 것이다.

지금 우리가 연구하는 개념들에 상응하는 아주 다른 용어가 있다. 이 용어를 게르만어군, 특히 고트어에서 취해 보자. 동사 filhan(감추다)과 동사 접두사가 사용된 동사 af-, ga-, us-filhan(매장하다)이다. 그러나 ana-filhan은 이상하게도 '주다', '넘겨주다'와 또한 '빌려주다'(임대하다)를 의미하며, 이러한 이유로 그것은 우리 연구 주제에 속한다. 동사 filhan은 그리스어 krúptō(숨기다)와 tháptō(매장하다)를 번역한 용어이다. 예컨대 let filhan, ἄφες θάφαι(그를 매장하라; 또한 ga-filhan을 사용하기도 한다). af-filhan의 의미는 '숨기다', '시야를 감추다'이다. 「누가복음」 10장 21절의 ἀπέκρυψας ταύτα ἀπὸ σοφῶν(너는 이것을 현자들에게 감추었다(affalht)). ga-filhan도 또한 그리스어 tháptō(매장하다)를 번역한 용어이다. 예컨대 ἐτάφη(그는 매장되었다)는 gafulhans war로 번역된다. 이것은 다른 게르만어의 증거로도 확증된다. 예컨대 고대 고지 독일어 fel(a)han(매장하다/숨기다)이다.

anafilhan의 경우는 아주 특수하다. 이 동사는 아주 풍부하게 확인되는데, 그리스어 paradidónai(어떤 사람에게 건네주다/믿음으로 맡기다)와 ekdídosthai(빌리다/임대하다)를 번역한 용어이다. 우리는 「누가복음」 20장 9절에 나오는 우화에서 특징적 용법을 볼 수 있다. 어떤 사람이 포도나무를 심고, 여행을 떠나야 되기 때문에 **'그것을 임대한다'**(anafalh ina waurstwjam, ἐξέδοτο γεωργοίς). 이와 동일한 관계가 또한 고대 고지 독일어 bevehlen(매장하다/맡기다)에서도 나타난다. '명령하다', '추천하다'의 개념만이 남아 있는 befehlen, empfehlen 참조.

이러한 의미발달이 완전히 해명되었는지는 알 수 없다. 우선 이 의미전이는 이해할 수 없는 것으로 남아 있다. 다른 사람을 향해서 움직이는 동작을 나타내는 동사 접두사가 첨가된, '숨기다'를 의미하는 동사가 어떻게 해서 '위임하다', '맡기다', '임대하다'라는 의미에 이르게 되었는가?

이러한 다양한 의미작용에 함축된 최초의 의미표상이 타키투스의 저술에 나오는 게르만족의 관습 묘사에서 밝혀진다. "게르만족은 도시에 거주하지 않고, 주거가 서로 인접하는 것을 참지 못한다. 로마인의 마을과는 다른, 게르만족의 마을은 서로 의지하거나 연결되어 있지 않다. 그래서 각

자는 자기 주거를 널따란 공간으로 에워싼다……"(『게르마니아』 16장). 그 다음에 게르만족이 로마인과 건축 양식이 다르다는 점을 강조한 뒤에 타키투스는 계속해서 말한다(16장 4절). "그들은 땅굴을 파는 습관이 있다. 그들은 그 위에 커다란 거름더미를 쌓고, 겨울을 대비한 피난처로 이용하거나 수확물 저장고로 사용한다. 그럼으로써 이들은 냉혹한 기후를 피해 지낸다. 적이 갑자기 나타나 엄폐되지 않고 보이는 것을 약탈하기 때문이다. 그러나 숨겨져서 파묻힌 것은 찾아내야 하기 때문에 적의 눈을 피하게 된다"(Solent et subterraneos specus aperire eosque multo insuper fimo onerant, suffugium hiemi et receptaculum frugibus, quia rigorem frigorum eius modi molliunt, et si quando hostis aduenit, aperta populatur, abdita autem et defossa aut ignorantur aut eo ipso fallunt, quod quaerenda sunt).

바로 이것이 filhan의 용법을 밝혀 줄 수 있는 용례들이다. filhan의 첫째 의미는 '숨기다', '매장하다'이다. 타키투스가 묘사한 이 행위가 게르만족이 지칭하던 동사의 행위라는 것은 당연하다. anafilhan(위탁하다/사람이나 사물을 넘겨주다; 그리스어 paradidónai, parádosis를 번역한 용어이다)의 수수께끼 같은 의미작용은 '안전하게 감추어 둘 것을 넘겨주다' 또는 '넘겨주어 안전하게 감추어 두다'로 해석된다. 이처럼 안전한 피난처에 넣어 둔 것은 귀중한 물건인 식량食糧이다.

그리하여 '안전하게 보관하다'라는 개념은 필수품을 숨겨 보관하던 관습에서 근거한다. 더욱이 이 개념은 '임대하다'의 의미로 의미가 발달했고, 여기에서 '위탁하다', '위임하다'라는 의미로 전문화되었다. 그래서 anafilhan은 ekdídosthai, paradidónai, 즉 '어떤 사람에게 자기가 간직한 것을 믿고 넘겨주다', '그에게 맡기다'로 번역할 수 있게 되었다. 바로 이것이 게르만어의 특수한 의미발달을 해명할 수 있는 가능성이며, 이 의미발달 과정은 어원적 근거에서는 정당성을 확보할 수 없다. 뒤에 가서 우리는 독일어 bergen(피신시키다)과 borgen(빌리다/빌려주다)의 관계를 연구할 것이다.

따라서 게르만어에서 '빌리다', '빌려주다'를 특정적으로 나타내는 구체적 표현은 없었고, 단지 '보관된 귀중한 소유물을 안전하게 두다', '위탁하다'라는 의미를 가진 동사를 전문적으로 분화시켜 사용했다. 화폐를 운용하는 활동은 차후에 도입되었기 때문에 고트어에서 이를 지칭하는 특정한 용어는 없었다. 여기에서도 경제생활의 복잡한 관습을 파악할 수 있는데, 이 관습은 여러 시기에 걸쳐서 서로 다른 개념에 기초해서 생겨났고, 또 그 어휘들은 이전 시대의 사회제도에서 차용하고 있다.

14장_가격과 임금

요약

'임금'賃金을 나타내는 단어들의 가장 오래된 용법을 연구하여 인도유럽어의 기원과 관련지어 보면, 이 단어들 ——특히 그리스어 misthós, 고트어 laun(독일어 Lohn) ——이 '(어떠한) 노동의 가격'이라는 의미를 가리키기에 앞서 원래 '혁혁한 행동에 대한 보상', '경쟁에서 탄 상', '대가'를 의미했다는 것을 알 수 있다.

라틴어 merces는 현대적 의미의 '임금'을 뜻하지 않는다. merx(상품)와의 관계는 생산물을 사는 것처럼 용역을 사기 위해 인간관계에 금전을 도입했다는 사실을 보여 준다.

교환 관계를 지칭하는 용어 가운데 '임금'이라는 용어에 한 자리를 할애해야 한다. 그것은 적어도 이 용어에는 잘 확인되는 인도유럽어의 대응어가 있고, 의미도 명확하게 드러나기 때문이다.

여기서 문제시되는 단어군에 속하는 대표 단어들은 다음과 같다. 그리스어 misthós(μισθός), 산스크리트어 mīdha-, 아베스타어 mižda, 고트어

mizdo, 고대 슬라브어 mĭzda이다. 이 용어는 인도이란어, 그리스어, 게르만어, 슬라브어에 공통적으로 출현한다. 단어 형태는 놀랄 정도로 일관되고, 의미의 일관성도 괄목할 만하다. 위에 인용된 단어들의 의미 차이는 아주 미약할 뿐이고, 첫눈에 보기에는 '임금'이라는 의미의 발생을 설명해 줄 성질이 아닌 듯이 보인다.

그렇지만 이 개념을 보다 명확히 규명하려면 이 대응을 보다 자세히 연구할 필요가 있다. 이 용어의 형태 자체는 더 이상 분석되지 않는다. 그것이 파생어이지만, 기어基語가 출현하지 않기 때문이다. 그것이 동사 어근이더라도 이를 더 분석할 수도 없고, 확인할 방도도 없다. 따라서 그것은 고립된 명사이거나 (단지 베다 산스크리트어 mīḍha-와 mīḍhvas-(아량 있는)를 비교할 수 있을 뿐이다) 가장 오래된 옛 어휘에 속하는 단어이다.

베다 용어 mīḍha-는 원래 '임금'을 뜻하는 것이 아니라 '경쟁' 또는 '경쟁에서 탄 상', '경쟁의 대가'를 뜻한다. 아베스타어의 언어사실을 여기에서 고려해야 한다. mižda-는 여러 차례 확인되는데, 특히 『찬가』Gāthās에서 나타난다. 이는 동사 han-의 지배를 받는다(이 점은 일관되게 나타나는 공통점이다). 이 동사의 산스크리트어 대응어는 san-이며, 원래 '이기다', '얻다'를 뜻한다. mižda와 함께 사용된 han-의 용법을 연구해 보면, 그것은 노동의 대가로 받는 임금(이것이 이 논의에서 다루는 문제이다)이 아니라 활동의 대가, 특히 물질적이든 아니든 종교적 신앙 행위에 대한 보상으로 받는 임금이다. 이 용어가 이 뜻으로 국한되는 것에 놀랄 필요는 없다. 『아베스타』Avesta의 『찬가』는 시적詩的이고, 신학적 텍스트이며, 조로아스터교 신앙을 옹호하는 열렬한 설교이기 때문이다. 모든 함축적 용어들은 종교적 의미 자체를 풍부하게 함축하고 있다.

사람들이 mižda를 얻게 되는 것은 신앙의 봉사 사역이나 공적功績에 따른 것이다. 그러나 보상은 적어도 한 번 정도는 구체적 모습을 지닌다. "약속했던 mižda를 우리에게 허락하소서. 구체적으로 말해서 수말과 함께 암말 10마리와 낙타 1마리를……"(『야스나』Yasna 44, 18). 이곳에서만 보상물이 열거되었고, 나머지 다른 예들에서는 정신적인 보상이 나온다. 즉 미래의 삶에 부여된 보상인 행복이다. 『복음서』에 사용된 그리스어 misthós의 평행 용법과 이처럼 신기하게 일치하는 것을 지적해야겠다. 이 일치는 최초의 조건이 동일한 데서 연유한다. 즉 조로아스터교 설교에서 가장 중요한 위치를 차지하는 것은 미래의 왕국이며, 아베스타어의 용어를 사용하자면, '바라는 왕국'이다. 이 왕국에, 이 약속된 행복에 mižda가 있는 것이다.

베다 산스크리트어와 아베스타의 이 용어를 서로 비교하면, 겉으로 드러나는 의미작용과는 전혀 다른 방향으로 더욱 엄밀한 의미작용이 드러난다. 여기서 문제시되는 것은 경제적 성격의 이득도 아니고, 정치적 급료도 아니며, 통상적인 노동에 대한 임금도 아니다. 그것은 오히려 물질적이든 아니든 투쟁이나 경쟁에서 승리한 자에게 주는 보상이다. 이러한 점 때문에 베다 산스크리트어 mīḍha-는 mīḍhvas-(아량이 있는)와 서로 관련이 있다는 것은 타당한 것으로 보인다.

가장 많이 나타나는 것은 그리스어의 '임금'이란 용어이다. 그리스어 misthós는 실제로 호메로스의 텍스트로부터 우리가 현재 의미하는 바의 '임금'이라는 의미작용을 지니고 있다. 그것이 출현하는 예문의 의미는 명확하다. 『일리아스』 21권 445행에서 포세이돈[1]은 그가 프리아모스를 위해

---

1) 포세이돈Poseidon: 바다와 물의 신으로서 크로노스와 레아의 아들이다. 제우스, 하데스와 더불어 우주를 다스리는 세 형제에 속한다. 트로이전쟁에서 그는 헤라, 아테나 여신과 함께 그리스편을 든다.—옮긴이

misthôi epì rhētôi, μιστῷ ἐπì ῥητῷ(일정한 임금에/정해진 보수에) 일을 해 주었음을 상기시킨다. 여기서는 진정 급료가 문제시되는 것이다.

그러면 이 급료는 무엇인가?『오디세이아』(18권 358행 이하)의 한 구절에서 misthós를 받기 위해 일하는 사람이 자기가 번 것에 대해 말한다. 즉 밀, 의복, 신발이다. 이것이 급료를 받은 자의 misthós이다. 임금 노동자가 자기 임금을 받지 못하거나 일부만 수령했을 때는 흔히 이의를 제기한다는 사실은 잘 알려져 있다.

그렇지만 '임금'의 의미가 적합하지 않은 예문도 있다. 이들 예문에서 misthós의 용법은 보다 오래된 옛 용법을 보여 주는 것 같다.『일리아스』10권 304행에서 트로이군의 진영에서 아카이아군을 위험하게 정찰할 수 있는 자원자를 찾는다. 그리고 그에게는 큰 선물을 약속한다. δώρῳ ἐπì μεγάλῳ; μισθòς δέ οἱ ἄρκιος ἔσται(그러면 확실한 misthós를 받을 것이다). 훌륭한 두 필의 말이 딸린 마차가 그 선물이다.

misthós를 받을 수 있는 자의 조건은 임금 노동자의 조건과는 전혀 다르다. 그는 공적功績을 달성해야 되고, misthós는 공적 임무의 완수를 위해 제시되는 보상이다. 여기에 인도이란어의 용어들이 근거하는 의미작용이 있다. 즉 misthós는 정기적으로 지불되는 급료가 아니라 경쟁의 승리자, 어려운 활동을 수행한 영웅이 쟁취하는 보상이다.

이 해석에 대한 또 다른 증거가 있는데, 이를 잠시 논의해 보자. 왜냐하면 이 사항은 지적된 적이 없기 때문이다. misthós가 특수한 동사와 합성해서 '임금을 벌다'란 뜻을 나타내는데, mistharnein(μισθαρνεῖν, 임금을 벌기 위해 노동하다/급료를 지급받다)이다. 이 합성어에서 동사 árnumai(ἄρνυμαι)를 확인할 수 있는데, 이 동사는 호메로스에 분명한 용례들이 나오며, 그 수는 아주 적어서 이들을 모두를 일일이 조사할 수 있다.

우선 괄목할 만한 사실은 고대의 문법가들이 이 동사를 antikatallá-ssesthai(승부를 건 시합의 결과로 무엇을 얻다/획득하다)로 번역하고 있다는 점이다. 이 정의는 현대의 사전학자들이 고려하지 않지만, 호메로스의 예문들이 증명하듯이 아주 정확한 것이다.『오디세이아』의 서두(1권 5행)에서 오디세우스의 불운을 서술하는데, 이 시인은 무사 여신[2]에게 이 영웅, 즉 ἀρνυμενος ἥν τε Ψυχὴν καὶ νάστον ἑταίρων(자신의 목숨과 전우들의 귀환을 얻은 자)을 찬양하라고 요구한다.

격렬한 싸움을 통해서 그는 갖은 시련을 겪으면서 승리하여 '보상'을 획득한다. 상賞은 자신의 영혼을 구원할 뿐만 아니라 자기 동료의 무사귀환을 보장한다. 다른 곳, 즉『일리아스』1권 159행에서는 timèn árnus-thai(자신의 timé를 얻는 것), 즉 전쟁이나 경기에서 자기 우두머리인 아가멤논[3]에게 돌아갈 영예의 몫을 얻는 것을 가리킨다(5권 553행 참조). 또한 árnusthai méga kléos(싸움에서 큰 영광을 얻는; 6권 446행) 것을 가리킨다. 마지막으로, 지고한 전투에서 아킬레우스가 헥토르[4]를 추격하는 장면에 나오는 예로서 가장 의미심장한 텍스트이다: ok ἱερον οὐδὲ βοεην ἀρνύσθην ἅ τε ποσσὶν ἀθλια γνεται ἀνδρών(그들은 달리기 경기에서 서로 다투는 상을 얻으려고 애쓰는 것이 아니다; 22권 160행). 그렇지만 이 내기의 진정한 목적은 아킬레우스가 추적하는 헥토르의 목숨이었다.

그래서 árnumai는 '치열한 싸움에서 보상을 쟁취하다'를 뜻한다.

---

2) 무사Mousa 여신: 보통 뮤즈로 알려져 있다. 제우스의 딸로서 시가詩歌의 여신이다. 복수형은 Mousai이다. 시적 영감을 불러일으키고, 사건들에 대한 기억을 일깨운다.—옮긴이

3) 아가멤논Agamemnon: 아르고스와 미케네의 전설적 왕이자 아트레우스의 아들. 트로이 전쟁에 참가한 그리스군대의 최고 원수이다.—옮긴이

4) 헥토르Hector: 프리아모스와 헤카베의 아들. 트로이 전쟁 때 트로이 군대 가운데서 가장 용맹이 뛰어난 장수이다. 그리스 장군 아킬레우스의 손에 죽는다. 아레스 신의 보호를 받는다.—옮긴이

mistharneîn이 이처럼 시합과 관련된 보상을 함축하는 구체적 동사와 함께 합성어를 구성한다는 것은 우연일까? 게다가 상, 승리를 '획득하는'(얻는) 것처럼 임금을 '획득한다'(받다)라고 말하지 않는가? 이처럼 직접적으로나 간접적으로 misthós는 우리가 인도이란어에서 확인한 바와 똑같은 개념이다. 즉 경쟁에서 받는 미리 결정된 보상이라는 개념이 그것이다. 이 의미가 『베다 찬가』의 영웅적 전승에 잘 보존되어 있다. 그러나 그 의미는 호메로스에게서도 여전히 인지할 수 있다. 이 의미가 misthós의 일차적 용법이다. '임금'의 의미에서 아직도 '사람들이 노동을 끝마칠 때 지급받는 미리 결정된 보수'라는 개념이 살아 있다. 시합에서 쟁취하는 '보상'이 노동의 '임금', '급료'가 된 것이다.

이 점에서 고트어와 슬라브어는 중요한 사실을 알려 주는 것이 거의 없다. 고트어 mizdo는 그리스어 misthós의 번역에 사용되었고, 유용한 변이형을 보여 주지 않는다. 하지만 고트어에는 mizdo 외에 그리스어 misthós를 표현하는 또 다른 용어인 laun(고대 고지 독일어 lōn, 독일어 Lohn)이 있다. 이것은 고대의 중성 *launom에 근거하고 있다. 이 고트어와 이 고대 인도유럽어의 용어의 경쟁 관계는 그 자체로 관심을 끌 만한 가치가 있다.

고트어 laun은 인도유럽어 어휘에서 고립된 것은 아니지만, 이 용어를 대응어와 관련해서 조사하기 이전에, 용법에서 분석되는 의미작용을 검토해야 한다. laun은 또한 misthós, opsónia(실물이나 돈으로 군인에게 지급하는 급료나 양식), kháris(은혜/은총)를 똑같이 번역하는 용어이다. 이 용어는 아마도 이 세 그리스어 용어의 어느 것과도 정확하게 일치하지 않는 것 같다.

고트어 모델로 사용된 그리스어 해당 용어인 misthós가 사용되는 곳에서 laun과 mizdo가 같이 사용되어 고트어의 의미에 어떠한 역할을 하는지를 특히 잘 보여 주는 구절이 있다. laun ni habaiþ fram attin izwara-mma(하늘에 계신 너희 아버지의 *laun*을 얻지 못하느니라(μισθὸν οὐκ ἔχετε); 「마태복음」 6장 1절). 그 뒤의 "내가 진실로 너희에게 이를 이르노니 위선자들은 상을 이미 받았느니라"(ἀπέχουσι τὸν μισθὸν αὐτῶν, andnemun mizdon seina).

고트어는 misthós를 번역하기 위해 한 줄 건너 다른 두 단어를 사용한다. 둘째 것은 mizdo인데, 그것은 사람들이 받는 진정한 의미의 임금, 즉 위선자들이라고 불린 자들의 급료――이들의 보상은 존경과 그 외의 이익이다――가 문제시되기 때문이다. 임금을 하늘에 있는 아버지로부터 받으면, 그것은 laun이다. 여기에서 사람들은 mizdo를 사용할 수 있는 것으로 생각하지 않았다.

아주 거친 표현, 즉 대중어인 opsónia를 번역하기 위해 사용된 용어도 역시 laun이다. launa frawaurhtais dauþus(τὰ ὀψώνια τῆς ἁμαρτας θάνατος, 죄의 대가(=급료)는 죽음이다; 「로마서」 4장 23절). opsónia는 원래 '봉급', 즉 군인들에게 보장된 고기, 특히 생선 등 빵 이외의 양식을 의미한다. 여기에서 양식으로 지불되는 군인들의 급료가 생겨난 것이다. 여기에서는 비유적으로 사용된 대가(급료), 즉 죄에 대한 보수로 나타난다. 그리고 laun은 그리스어 opsónia가 복수複數이므로 복수형 launa가 되었다. 또 다른 예를 보자. "누가 너희에게 준 것을 되돌려주고, 너희에게 선한 일을 하는 자들을 사랑한다면, ……너희의 kháris는 어디에 있는가?"(「누가복음」 6장 32~34절). 여기서 kháris(은총)는 laun으로 번역된다.

이제 laun의 의미작용을 파악하도록 도와주는 두 개의 합성어가 있다. 첫째는 sigis-laun(Sieges Lohn, 승리의 보수 혹은 상), '승리의 laun'은 그리스어 brabeîon을 번역한 것으로 brabeús, 즉 심판자가 경기의 승리자에게 주는 '상'이다. 이는 스타디움의 경주에서 탄 상을 가리키는 용어이다. 한 문헌이 이를 공식적으로 보여 준다. "경기장에서 달린 모든 사람들 가운데 오직 한 사람만이 sigis-laun을 얻는다"(「고린도전서」 9장 24절).[5]

둘째 합성어는 이상하다. launa-wargs(「디모데후서」 3장 2절)가 akhár-istos(배은망덕한; ingratus, 『불가타 성서』[6])를 번역한 것이기 때문이다. 여기에서 부정_{否定}의 동사 접두사처럼 기능하는 것은 -wargs이지만, 고트어에서는 un-으로 부정의 형용사를 쉽게 만들어 낼 수 있다. -wargs의 의미는 명확하고 강력하다. 예컨대 (ga-)wargjan은 '유죄를 선고하다'를 의미하고, wargipa는 '유죄선고'를 뜻하고, 고대 고지 독일어 warg는 '범죄자'를 의미한다. 이것은 모두 게르만적 개념이다. 즉 warg는 법의 통치 밖에, 치외법권에 있으며, 공동체로부터 추방당했다는 것을 의미한다. 따라서 합성어 launa-wargs는 원래 'laun이 없는', 'laun을 박탈당한'을 의미하며, laun이 거부된 사람을 가리킨다. 이것은 아주 가혹한 용어이며, 그것이 번역어인 그리스어 단어의 의미보다도 더 가혹하다.

그리하여 laun은 임금과는 전혀 다른 것이라는 사실을 알 수 있다. 그것은 일상 노동(이 경우에 mizdo가 더 적합한 단어이다)이 아닌 활동으로 획득하는 은총의 산물이나 이득을 가리키며, 고유한 의미로는 받은 '은총'이나 쟁취한 '상'을 가리킨다.

---

5) 『우리말 성경』(두란노)의 번역은 다음과 같다. "운동장에서 달음질하는 자들이 다 달아날지라도 오직 상 얻는 자는 하나인 줄을 너희가 알지 못하느냐." ─옮긴이
6) 『불가타 성서』*Vulgate*: 성 제롬(340~420년)이 베들레헴에서 작성한(390~405년) 라틴어 성서. 옛 라틴어 판에 기초를 두고, 그리스어 히브리어 원문을 참조하여 번역했다. 7세기 초부터 사용되었으나 1548년 트리엔트 종교 회의에서 공인을 받았다. ─옮긴이

언어 비교를 통해서 이 의미를 더욱 한정할 수 있는 수단이 있다. 그것은 lau-가 특히 라틴어 lū-crum(〈 *lau-tlom), lūcror에 의해 잘 확인된다는 점이다.

lūcrum의 의미는 이득, 은전恩典인데, 이것은 바라지 않는 것, 기대하지 않는 여분의 이익을 표상하는 관념을 나타낸다. 또 다른 언어에서 이 의미작용은 의미가 전문적으로 분화된다. 산스크리트어 lota(노획물), lotra(전리품; 이들은 어휘집에 속한 단어다)가 그것인데, 이것은 슬라브어 용어 lovŭ/loviti(사냥해서 잡다/포획을 실시하다)와 관련된다. 그리고 그리스어 léís(λήίς, 전리품), léízomai(노획하다), léístōr(날강도)와도 관계가 있다.

전리품, 사냥의 포획물은 사전에 미리 예측할 수 없는 수확이며, 운명이 배려하는 '호의'다. 이 어근은 그리스어의 다른 단어족, 즉 apolaúō(즐기다)에서 발견된다. '즐기다'가 이 동사의 고전적 의미이든 아니든 여기에 옛 의미가 여전히 나타난다. '전리품'의 개념과 관련해서 볼 때, 그것은 추적이 용이한 의미발달로서 '전리품을 획득하고 그것을 즐기다', '전쟁 또는 사냥의 포획을 이용하다'를 의미한다. 따라서 게르만어 *launom, 고트어 laun의 출발점은 '포획으로 획득되는 이익, 전리품'일 것이며, 여기서는 정규적 노동이 가져다주는 임금과는 전혀 다른 종류의 이득이다.

그리하여 여기에서 고트어 어휘에서 근본적으로 다른 mizdo와 laun의 두 개념이 서로 접근하여 의미가 유사해진 것을 관찰할 수 있다. mizdo는 경쟁과 이 경쟁과 관련된 상을 가리키는 반면, laun은 전리품이나 사냥의 노획품을 가리키고, 그 후에 일반적으로 은전이나 보상을 가리키게 된 것이다.

우리가 고찰해야 할 세번째 용어가 남았는데, 이것은 라틴어에 국한된다. 그것은 merces, 속격 mercedis(임금/보수)로서, 여기에서 mercenarius

와 이와 관계되는 모든 단어들이 파생했다. merces의 특성은 그것이 merx의 의미와 아주 차이가 있다는 점이다. 형태론적 관점에서 볼 때, merces는 -ed-로 구성된 형태이다. 이러한 단어구성의 예는 거의 없고, 위의 예들에서도 통일된 단위가 없다. 그래서 이들은 일반적으로 관계가 분명하지 않은 용어들이다. 물론 hered도 있지만 이것은 형용사이다. 반면 merced-는 다른 명사에 기초해서 구성된 명사이다.

이 특성을 지적했으므로 어떻게 merces가 merx와 관계를 맺는지 그리고 '상품'(merx) 개념과 '보수'(merces) 개념의 관계가 무엇인지를 이해하려고 노력해야 한다. merces가 '임금'과는 전혀 다른 것이라는 점을 강조할 필요가 있다. merces가 보상으로 지급하는 것은 정확히 노동자의 노동이 아니라 사람의 일손, 전쟁 병사의 노역, 법률가의 지식, 공공생활에서 사람들이 영향력의 거래로 부르는 정치적 인물의 중재를 가리킨다.

특수한 '보상 지급'은 상업 어휘에서 연구한 용어들과 이처럼 연관을 맺는다. 그러나 이것은 일상적 의미의 '상거래'에 속하는 것이 아니다.

merx와 merces를 연결짓는 것이 확실한 것으로 생각되는 것은 보상 지급이 금전을 통해 이루어진다는 개념이다. 즉 '상품'으로서 merx는 금전을 대가로 하여 얻은 상품이다. 물물교환, 즉 어떤 물건과 다른 물건의 교환이 아니라 금전을 매개로 실현되는 상업적 구매를 가리킨다. 이것이 merx와 merces의 두 개념의 관계의 기초이다. 이 개념 관계를 보다 잘 이해하기 위해 프랑스어 denrée의 예와 비교해 보자. 고대 프랑스어에서 denerée(한 드니에를 주고 얻을 수 있는 것)는 돈으로 지불될 수 있는 산물産物, '상거래'에 포함될 수 있는 산물을 가리켰다. 이것이 merx와 commercium(상거래)의 관계이다.

따라서 merces는 특정 의도를 지니고 사람을 일시적으로 고용하는 것에 대한 대가로 지불하는 보수이다. 이 용어는 완전히 새로운 개념을 알려 주는데, 즉 상품을 사는 것처럼 용역을 사기 위해서 사람들의 관계에 금전을 도입한다는 개념이다.

여기서 나온 다른 용어들은 의미작용의 분석 때문에 비교했지만, 이들은 서로 관계를 맺고 있다. 이들이 여러 다양한 기원에서 출발해서 서로 접근했을 것이라는 사실을 이해하려면 이 관계를 다시 파악할 필요가 있다. 이 용어들은 이들이 지시하는 문명의 위대한 현상이 갖는 복잡성을 보여 준다. 여기에서 우리는 인도유럽족의 어휘와 경제에서 여러 유형의 노동관계가 점차 확립되면서, '임금'의 개념이 전쟁이나 내기 경기에서 획득하는 '보상'의 개념에서 출발해서 어떻게 형성되었는지를 알 수 있으며, 또한 '상거래'와 '상품'의 개념이 다시 새로운 유형의 '보수'를 결정하는 방식도 알 수 있다. 이와 동일한 과정이 새로이 그 의미가 혁신된 근대어의 명칭에서도 반복되고 있다. 예컨대 '병사의 보수'의 의미를 지닌 용어로서 solde(여기에서 soldat의 개념이 나왔다. soldat는 이탈리아어 soldato(봉급으로 보수를 지급 받는))에서 생겨났다. 이 이탈리아 용어에서 라틴어 solidum(금화; 여기에서 프랑스어 sol, sou가 파생되었다)과의 관계를 인지할 수 있다. 현대인은 이 어휘 기호(단어)들의 거리가 멀기 때문에 salaire(봉급)가 라틴어 형태로는 salarium, 즉 '군인에게 지급되는 sel(라틴어 sal(소금)을 살 수 있는 돈'이었다는 사실을 상상하기 아주 힘들 것이다. 또한 payer(지불하다)가 라틴어 pacare((돈을 나누어 줌으로써) 만족시키다/진정시키다)에서 파생되었고, gages(급료) 역시 gage(보증/몸값)의 복수형이라는 사실을 이해하기 어려울 것이다. 전쟁과 용병의 용역의 이미지가 노동과 노동의 개념과 관련된 합법적 보수 지급이라는 개념에 앞서고, 그리하여 이 개념들을 탄생시킨 것이다.

15장_신용과 믿음

요약

라틴어 crē-dō와 산스크리트어 śrad-dhā-의 정확한 형태적 대응은 이것이
아주 오래된 유산임을 보증한다. 『리그베다』에 나오는 śrad-dhā-의 용법
에 대한 조사를 통해 이 단어의 의미작용이 '(신자에게 내리는 신의 은총의
형태로) 보상을 함축하는 (신에 대한) 신앙 행위'라는 것이 밝혀진다. 이와
같은 복합적 개념을 지니는 인도유럽어 *kred-는 라틴어 crēdō-(다시 되찾
을 수 있다는 확신으로 어떤 것을 맡기다)의 세속화된 의미로 재발견된다.

'임금'賃金의 명칭처럼 '빌려주기', '대여'와 '빌리기', '차용'의 개념과 관련
된 명칭은 기원상으로 볼 때 원래 경제적 의미는 없었다.

    '대여'는 차후에 도로 받을 수 있도록 맡겨 놓은 금전이나 재산이다.
다수의 인도유럽어에 공통된 용어들과 또한 후기의 발달에서 연유하는 용
어에 적합한 이 정의에 우리는 만족한다.

    우선 의미작용이 보다 더 광범한 라틴어 용어 하나를 고찰하려고 하
는데, 이는 오래된 꽤 많은 언어를 대응해서 밝힐 수 있다. 그것은 crēdō와

그 파생어이다. '신용'의 개념은 전통의 시초부터 '믿음'의 개념으로 확장된 것이 드러난다. 이미 이러한 광범위한 의미작용의 성격으로 인해 이 개념들이 라틴어에서 서로 어떻게 연관되는지를 과연 알 수 있는가 하는 문제가 제기된다. 왜냐하면 다른 언어들에서 나타나는 대응 용어도 이 개념이 아주 오래되었다는 점과, 이 두 의미의 밀접한 연관 관계를 드러내 주기 때문이다.

이 두 용어의 방언 분포는 아주 특수하다. 즉 한편으로는 라틴어 crēdō, 아일랜드어 cretim이 있고, 다른 한편으로 인도유럽어 영역의 극동 지방에 산스크리트어 동사와 여성 형용사 śraddhā, 이와 평행되는 아베스타어 동사 어간이자 명사 zrazdā-가 있다. 인도이란어에서도 그 의미는 역시 '믿다'이며, 라틴어와 구문이 동일하다. 즉 여격의 피지배어(목적어)와 같이 구성된다. 한스 쾰러Hans Köhler는 그의 박사학위 논문(괴팅겐, 1948)에서 베다 문헌과 불교 문헌에 나타나는 śraddhā의 개념을 자세히 연구한 바 있다.[1]

이 대응은 인도유럽어 어휘들 중 가장 오래된 대응어 가운데 하나이다. 이 대응이 (이미 지적한 바처럼) 오직 인도유럽어 공통 영역의 양극 지방에만 확인된다는 점에서 이 대응은 주목할 만한 가치가 있다. 그리고 신앙과 제도와 관련된 중요한 많은 용어처럼 이 경우도 그 잔존어는 고어적이라는 것을 보여 준다.

이 점은 조어법이 아주 오래되었다는 사실로도 확증된다. 그것은 *dhē-로 구성되는 고대의 동사 합성어이다. 원형은 *kred-dhē-(*kred를 두다)로 쉽게 재구되며, crēdō는 음성적으로 볼 때 *crezdō에 근거한다. 그리

---

1) 『베다와 고대 불교 문헌의 śraddhā』 *śraddhā in der vedischen und altbuddhistischen Literatur*. —옮긴이

고 이것은 산스크리트어 śraddhā와 대응한다. 아베스타어에서는 *srazdā 라는 형태를 기대할 수는 있으나 실제로는 동화同化에 의해 어두에 z-가 있는 zrazdā란 형태로 나타난다. 따라서 모든 형태들이 정확히 서로 일치한다. 이러한 조건에서 나타나는 형태상의 동일성은 이들이 잘 보존된 어휘 유산임을 보증한다.

다르메스터테르J. Darmesteter가 최초로 이 대응 관계를 수립했을 때, 그는 이 용어의 첫 요소를 심장의 명칭(라틴어 cor/cordis)으로 생각했다. 그런데 이 해석은 여러 이유에서 곧 폐기되었다. 오늘날 어원 문제가 다시 제기되기 때문에 우리는 그 이유들을 재론할 것이다. 일반적으로 학자들은 *kred가 '마술적 힘'을 의미하는 별개의 단어로 생각하는데, 그렇다면 *kred-dhē-는 '어떤 사람에게 *kred를 주다'(여기에서 **신뢰**가 유래한다)를 의미할 것이다. 그러나 문제는 그렇게 간단한 것이 아니다. 이 개념이 근대의 의미표상과 일치하는 것으로 선험적으로 기대할 수 없기 때문이다.

이 문제는 퀼러가 재론했다. 그는 베다 산스크리트어에서 이 동사와 명사의 의미를 검토하고는 인도유럽어 어원에서 유래하는 결과로 생각되는 사항들을 지적했다. 그에 따르면, 다르메스터테르의 어원, 즉 *kred가 심장의 명칭이라는 것을 폐기한 것은 잘못된 것이라고 한다. 즉 *kred-dhē-를 '그의 마음을 어디에 두다'로 재해석하면, 확인된 여러 의미와 후기의 '욕구'라는 의미를 포함해서 인도어, 예컨대 베다 산스크리트어나 팔리어에 일정하게 남아 있는 의미들이 발달한 과정을 전혀 난점 없이 알 수 있다는 것이다. 베다 산스크리트어 용어가 '신앙'을 가리킨다면, 그것은 신학적 crēdō가 아니라 신자가 신들에게, 그들의 능력에, 특히 모든 신들의 우두머리인, 도움과 구원의 신神 인드라에게 바치는 '신뢰'를 가리킨다. 제사 종교인 베다 종교에서 중심 역할을 하는 이 종교적 개념은 퀼러에 따르면, 연속된 새 용어로 표현된다는 것이다. 즉 '믿음'(Treue), '헌신'(Hingabe), '열납'(Spende-freudigkeit, 바치는 기쁨/헌납의 도량)이다. '믿음'에서 '(제사에서 바치는) 열납'으로 발달한 의미 변화는 먼저 명사에서 일어났고, 그 후에 동사에서 일어났을 것이다.

베다 문헌에서 신성시된 한 개념을 볼 수 있는데, 헌납된 제물의 신神인 여신女神 śraddhā이다. 성직자의 관점에서, 이 용어는 속인俗人들이 브라흐만과 그의 권능에 대한 '신뢰'——이는 재물 헌납에서 보이는 도량과 관계가 있다——를 가리킬 수 있다. 그래서 신들에 대한 신뢰에서 헌납 제물의 권능으로 의미가 전이된 것 같다.

그 나머지 논의에서 퀼러는 『우파니샤드』[2]와 불교 문헌에 나타나는 이 용어의 역사를 계속 추적한다. 이들 문헌에서는 '믿음'의 개념이 여전히 남아 있는 것으로 나타나고, 또 '헌납의 도량' 개념도 출현한다. 따라서 퀼러가 재구하려는 고대의 어원에 따르자면, 최초의 의미는 '마음을 두다'일 것이다. 퀼러는 베다 산스크리트어에서 분석한 개념들로 이 고대의 어원을 증명할 수 있는 것으로 생각했다.

이 결론에서 무엇을 끌어낼 수 있는가? 우선 어원은 일단 보류하고 끝에 가서 재론하기로 하자. 베다 산스크리트어에서 śraddhā가 '믿다', '누구에게 신뢰를 갖다'를 의미한다면, '신앙'을 어떻게 정의할 수 있는지를 알수 없다. 베다 산스크리트어에서 이 개념은 라틴어나 아일랜드어의 '신앙' 개념과 같은 것으로 생각될 수 있는데, 그것은 그 개념이 이 두 언어의 기원으로부터 이미 고정되었기 때문이다. 그렇다면 어원 이외에는 그 기반

---

2) 인도 최고 성전인 『베다』의 가장 철학적인 부분으로 후세의 체계적인 철학파들에게서 발견되는 중요한 사상들이 담겨져 있는 베다의 끝부분이다. 그래서 『베단타』*Vedānta*라고도 한다. ─옮긴이

을 설명할 수 있는 것은 없는 것 같다.

실제로 오직 쾰러가 철저하게 인용한 문헌들을 가지고 이 개념의 성격을 다소 자세히 규정지을 수 있다. śrad-란 용어는 -dhā 이외의 다른 동사와는 결합하지 않는데, 단지 예외적으로 단 한 번 kar-(kṛ-; 하다/만들다)와 결합한다. 그러나 śrad-kar-의 구성은 작위적이고 분명하지 않다. 모든 학자들이 이 점에 동의한다. 또한 동사 śraddhā-가 동사 접두사를 지닌 합성어로 취급된다는 점, 그래서 구성요소들이 분리될 수 있다는 점을 지적해야겠다. 그러면 그것은 śrad와 dhā로 분석된다. 이 신앙은 결코 사물에 대한 신앙이 아니다. 그것은 인간의 신앙, 즉 신에 대한 인간의 태도를 가리킨다. 사람과 사람의 관계가 아니라 신에 대한 인간의 관계이다. śraddhā 는 특히 영웅이자 민족의 신神인 인드라[3]에 대한 신앙이다. 『리그베다』는 인드라의 무훈으로 가득 차 있다. 잘 알려져 있는 전이 절차에 의해서 신이 어떤 역할을 수행할 때마다 사람들은 땅에서도 그와 동일한 역할을 수행하려면 이 인드라 신을 필요로 한다. 이러한 이유로 인간이 투쟁에서 스스로 승리자가 되려면 인드라가 필요한 것이다.

(1)

우선 어떤 조건에서 인드라를 믿는 신앙을 갖는지를 보여 주는 텍스트를 보자.

    ……… *śráddhitaṃ* te mahatá indriyáya

---

3) 인드라Indra: 베다 시기의 고대 인도의 신으로서 천둥의 신이자 전쟁의 신. 신들의 왕으로 간주되며 모든 존재물의 동격이다. 비雨로 현현한다. ─옮긴이

ádhā manye *śrát* te asmā *adhāyi*

vṛṣā codasva mahaté dhánāya

—『리그베다』I, 104, 6

(우리는 인드라 당신의 위대한 권능에 신뢰를 두었지요. 이러한 이유로 저는 이처럼 생각한 것이지요(manye). 우리들이 당신을 신뢰했으므로 싸움에서 큰 상을 탈 수 있도록 황소처럼 돌진하시오).

여기에는 싸움에서 상 타는 것을 문제 삼는다. 그 싸움은 전쟁이 아니라 단신單身의 싸움, 승부 시합, 마상馬上 시합이다. 신들이나 신의 대리자들은 각자 자신의 지지가 있으며, 신의 명분은 그를 지지하는 모든 자의 명분이다. 왜냐하면 이들은 신에게 자신들의 믿음, 신뢰를 두고 있는 까닭이다.

(2)

다음은 신의 기원 문제와 그들의 존재에 대한 회의懷疑가 아마도 최초로, 유일하게 나타나는 구절이다. "그에 대해 사람들은 '그가 어디 있느냐'고 묻는다. 무서운 존재(신)에 대해 사람들은 '그가 존재하지 않는다'고 말한다. 그는 주사위 놀이(경기자)처럼 ari(상대방)의 재물을 사라지게 'mināti' 한다. 그러므로 그에게 신뢰를 가져라", só aryáḥ puṣṭír víja ivá mināti śrád asmai dhatta(『리그베다』II, 12, 5).

여기서는 문제시되는 것은 마상馬上 시합으로 이 경기에서 사람들에게 자신이 존재하는 것까지 의심받는 신이 모든 것을 제거하고, 상대 적수의 승리 가능성을 크게 약화시킨다. 그러므로 ……śrad asmai dhatta(그를 믿어라!).

이 신은 인간의 희망을 지닌 승리자이며, 그는 인간의 대의명분을 대표한다. 사람들은 śraddhā를 행함으로써 그의 권능을 강화시킨다. 따라서 사람들은 싸움에서 이길 수 있도록 신에게 śrad를 두는 것이며, 신은 자신의 과거의 공적으로 이 믿음을 정당화시켜야 된다.

(3)

또 다른 텍스트를 보면 다음과 같다. śrat te dadhāmi(나는 당신께 내 신뢰를 둔다. 왜냐하면 당신이 용을 무찔렀고, 용감무쌍한 전과戰果를 세웠기 때문이다; X, 147, 1). 이 텍스트의 주제는 브르트라(Vṛtra)를 상대하는 인드라의 싸움이며, 신자信者들이 자기 신앙을 인드라에게 두게 만드는 과거 공적이다.

(4)

다음 간구懇求는 쌍둥이 신神 나사티야(Nāsatyas; 디오스쿠로이[4]에 상응하는 아슈빈들)[5]에게 바치는 것으로, 이 쌍둥이 신들은 치료와 학문의 신(X, 39, 5)이다. "우리들에게 당신의 은총을 다시 얻을 수 있도록 당신께 강구하건대, 나사티야여, 이 ari(종족의 무리)가 당신께 신뢰를 갖게 하소서."

사람들은 이 병을 치료하는 의사-신들로부터 이들이 인간을 도울 수 있다는 증거를 얻기를 원한다. 그것은 신을 믿지 않은 '타인들'(ari)이 이제부터 신에게 신뢰를 두고 지지자들이 되게 하기 위해서이다.

---

4) 디오스쿠로이Dioskouroi: '제우스의 소년들'이란 뜻으로 카스토르와 폴리데우케스의 쌍둥이 형제를 가리킨다.—옮긴이

5) 베다에 나오는 쌍둥이 신들로서 아침과 저녁의 별을 인격화한 신이다. 치료의 신들이다.—옮긴이

(5)

왜 신뢰를 두는가? ──한 텍스트(VII, 32, 14)에 거기에 대한 대답이 나온다. "인드라여, 어떤 자가 당신을 보물처럼 귀하게 여기는(tvā-vasu; 당신을 재산으로/재물로 가지고 있는) 그자를 공격합니다." "당신에게 신뢰를 가짐으로써 śraddhā te, 그 영웅은 결승의 날에 (싸움의) 상을 타려고 노력할 것입니다."

(6)

"왜냐하면 제가 다음과 같이 말했기 때문입니다. 인드라와 아그니여, 우리들이 당신을 선택함으로써 우리들은 이 싸움을 통해서 (신들의 적수인) 아수라들에게서 이 신주神酒를 탈취해야 합니다. 오셔서 śrad를 지탱시켜 주시고, 짜낸 신주(suta)를 드십시오"(I, 108, 6).

(7)

"오 그대 인드라시여, śraddhā와 신주를 즐기시고, Dabhīti(여기서는 사람의 이름이다)를 위해 (악귀) 추무리(čumuri)를 잠재우셨나이다"(VI, 26, 6).

*   *   *

우리가 제기한 '왜?'에 대한 답──위의 5번 단락을 참조──은 따라서 다음과 같다. 왜냐하면 śrad를 받은 신은 승리를 뒷받침함으로써 신자에게 그것을 되돌려 주기 때문이다.

종교 어휘의 일반적 경향에 따라서 추상적 믿음 행위인 śrad와 헌납 행위 사이에 등가치적 의미가 성립한다. 즉 신에게 자신의 śrad를 둔다는 것은 곧 그에게 봉납을 드리는 것이다. 여기에서 한편으로 śrad와, 다른 한편으로 yaj-와 봉납을 나타내는 모든 동사가 의미적으로 등가치를 지닌다. 퀼러가 이 단어 의미의 발달사의 어느 시기에 있었던 것으로 생각한 '도량'의 의미는 필요없다는 것을 이제 알 수 있다.

위험을 무릅쓰고 śrad의 번역을 제시해 본다면, 그것은 어원적 의미로는 '헌신'이 될 것이다. 그것은 마상 시합의 싸움에서, 승부 내기에서 신에 바치는 인간의 헌신이다. 그러므로 '헌신'은 승리자로서 신의 승리를 보장하고, 그 대가로 그는 신자들에게 본질적 이득, 즉 투쟁에서 거둔 인간 승리, 질병의 치료 등을 가져다준다. '신뢰한다'는 것은 자기 신뢰를 담보하지만, 반대 급부의 의무가 있어야 한다.

이 개념은 아베스타어에도 이와 같은 방식으로 정의된다. 즉 그것은 신에게 표명하는 신앙 행위이다. 그러나 그것은 투쟁에서 그의 도움을 얻기 위한 의미로 특정화된다. 믿음의 행위는 언제나 확실한 보상을 포함한다. 헌신을 한다는 것은 약속한 것에 대한 이득을 되찾으려는 것이기 때문이다.

서로 다른 종교 환경에서 나오는 이와 유사한 의미구조는 이 개념이 오래되었다는 것을 확실히 나타내 준다. 그 상황은 신들의 투쟁이다. 인간은 이러저러한 명분을 내세우며 이 투쟁에 개입한다. 인간은 이 투쟁에 참여함으로써 자신의 일부를 바치며, 이로써 자신들이 지지하기로 선택한 신의 편을 들어 준다. 그러나 항상 반대 급부가 개입된다. 그래서 사람들은 신에게서 보상을 기대하는 것이다. 믿고 맡긴 것이 어떤 것이든 이것이 분명 '신용'créance, '신앙'confiance에 대한 세속적 개념의 근거이다.

이와 동일한 의미 한정이 모든 신앙의 표현에 출현한다. 즉 어떤 것을 믿고 맡기는 것(이것이 crēdō의 용법이다)은, 위험 부담이 없이 여러 이유로 실제 주는 것은 아니되 맡긴 것을 도로 찾는다는 확신을 가지고 다른 사람이 자기가 가진 것을 위탁하는 것이다. 엄밀하게 종교적 믿음이든 사람에 대한 신뢰든, 약속을 말로 하든 계약이든 금권이든 상관없이 모두 메카니즘이 동일하다.

이리하여 우리는 오랜 선사先史까지 거슬러 올라가는데, 적어도 이 선사 개념의 특징은 다음처럼 대강 기술할 수 있다. 즉 종족 간의 힘의 경합, 신이나 인간 승리자들의 힘의 경합이며, 이 경합에서 승리를 확실시하거나 내기에서 이기려면(이 내기는 순전히 종교적이다. 즉 신들이 내기를 하는 싸움이다) 힘이나 도량으로 겨루어야 한다. 승자가 되려면 사람들은 신을 믿어야 하고, 그에게 *kred를 맡겨야 할 필요가 있다. 그리고 신은 자기를 이처럼 지지해 준 신자들에게 이득을 베풀어야 한다는 조건이 따른다. 그리하여 사람들과 신 사이에 do ut des(내가 주는 것은 네가 줄 수 있도록 하기 위함이다)란 관계가 생겨난다.

*kred는 무엇인가? 우리가 방금 분석한 것은 퀼러가 분석한 것처럼 *kred(심장)로 돌아가야 한다고 결론짓는가? 이 해석과 정반대되는 옛 견해가 여전히 남아 있다. 인도이란어에서 *kred란 형태는 심장 명칭과 일치하지 않는다. 그것은 이상하지만 논란의 여지가 없는 언어사실이다.

라틴어 cor(d), 그리스어 kér, kardía, 고트어 hairtō, 슬라브어 srǔdice와 대응해서 인도이란어 용어에는 어두의 유기 유성음이 있다. 즉 산스크리트어 hṛd-, hārdi, 아베스타어 zəred-이다.

설명이 어떤 것이든지 인도이란어에는 다른 모든 언어에서 확인되는 무성 후음의 흔적이 전혀 남아 있지 않다. 그래서 *kred란 형태는 심장 명칭과 동일한 것이 아니다. 그 형태의 어두음이 k-로 나타나는 서부 인도유럽어의 어근조차 심장을 가리키는 형태는 *kerd, *kord, *kṛd(영계제)[6]이며,

결코 *kred는 아니다.

더욱이 의미상의 난점이 있는데, 이것이 필자에게는 더욱 중요한 듯이 보인다. 이 점은 학자들이 거의 언급한 적이 없는 문제의 한 측면이다. 즉 인도이란어에서 '심장'은 무엇을 나타내는가? 그것은 우선 말 그대로 내장內臟이다. 그래서 사람들은 인간의 심장을 개에게 던져 준다. 둘째로 심장은 수많은 감정이 위치하는 장소이다. 호메로스를 읽어 본 사람들은 심장에 용기와 사고가 위치하는 것을 알 것이다. 감정, 특히 분노가 거기에서 생겨난다. 여기에서 고대 슬라브어 srŭditi, 러시아어 serdit'(화내다; 고대 슬라브어 srŭdĭce, 러시아어 sordce(심장) 참조) 같은 동사가 생겨났다. 명사 파생어도 이와 동일한 의미표상과 관련된다. 즉 라틴어 se-cors(마음이 없는), concors(마음이 일치된)와 concordia(일치/이해), ve-cors(자신의 심장 밖에 있는/자신의 능력 밖에 있는) 같은 추상명사와 동사 파생어 recordor(기억하다) 같은 것이다. 심장은 단지 신체기관일 뿐이며, 감정의 자리, 정감의 자리, 엄밀하게는 기억의 자리 그 외의 아무것도 아니다.

고대의 인도유럽어에서도 **결코** 확인하지 못한 것은 '자기 심장을 누구에게 두다'(*mettre son coeur en quelque'un)와 같은 분석적 성구 표현이다. 고대인의 관용적 성구, 문체, 사고 방식에 익숙한 학자들에게 그것은 '자신의 간肝을 두다'처럼 아주 이상한 표현이다. 이 점에서 심장과 다른 모든 기관의 명칭 사이에는 차이가 전혀 없다. 오직 현대의 은유법에서 생겨난 착

---

6) 모음 계제vowel gradation: 모음 계제母音階梯는 인도유럽어의 어근의 형태론적 변이를 설명하는 개념으로 기본적으로 질적인 모음 교체형과 양적인 모음 교체형이 있다. 이 중 음량에 의한 모음 변이는 정상/장/감소(또는 영)의 세 단계에서 이루어진다. 예컨대 산스크리트어 pát-ati(잘 떨어진다; 정상 계제), pāt-áyati(그는 떨어진다; 장계제), pa-pt-imá(우리들은 떨어졌다; 영계제)에서 어근 pat-가 형태론적인 변이를 거치면서 어근 모음의 음량이 사역형에서는 pāt-로, 과거형에서는 -pt-로 변이된 것을 관찰할 수 있다. 본문에서는 e/o/ø의 교체형이 나타난다. —옮긴이

각으로 인해 이 인도유럽어 표현을 '자기 심장을 어디에 두다'와 같은 방식으로 상상했을 것이다. 고대 문헌을 아무리 탐색해도 그와 같은 성구의 흔적은 전혀 없다. 따라서 이 같은 해석은 단호히 배제해야 한다. 불행히도 이를 대치할 자세한 해석이 전혀 없다. 그래서 *kred는 미지의 사항으로 남아 있다. 그것은 이 결합에서만 표현되며, 독립 단어로는 출현하지 않는다. 그리하여 어원적 견지에서 볼 때, 이 단어는 완전히 고립되어 있다.

따라서 우리는 단지 한 가지 추론만을 제시할 수 있을 뿐이다. 즉 *kred가 일종의 '담보', '내기'일 것이라는 점이다. 그것은 물질적인 것이지만 사람의 감정도 개입시킨다. 그것은 모든 사람에게 속하면서 초월적 존재에게 맡기는 주술적 권능을 지닌 개념이다. 이 용어를 더 정확히 정의할 수 있으리라는 가망은 없으나 적어도 문맥은 재구할 수 있고, 이 문맥을 통해 일차적으로는 인간과 신 사이에 확립되고, 그 후 인간들 사이에 실현되는 관계를 찾아볼 수 있다.

16장_대여, 차용, 부채

요약

어근 par-를 두 가지로 구별하는 바르톨로마에Christian Bartholomae의 견해에 반대하여 우리는 par-의 이란어 (그리고 아르메니아어) 파생어 ——이란어 *ptu-와 여기에서 파생된 아르메니아어 partkc(부채) ——는 단 하나의 기본적 의미가치인 '자기에게서, 즉 자기 자신이나 자기 소유로부터 취한 어떤 것으로 보상하다'와 긴밀히 관련된다는 점을 증명하려고 한다.

라틴어 debere(빚을 지다)는 어떤 사람에게서 무엇을 받아서 그에게 그것을 되돌려 줘야 한다는 것을 함축하지 않는다. 이와 반대로 전문적 표현 pecunia mutua는 이자 없이 동일한 금액의 돈을 주고받는 두 가지 행동을 정확하게 가리킨다.

게르만어 leihv-(〈 인도유럽어 *leikw-; 그리스어 leípō(남겨 두다) 참조)가 '빌려주다'의 의미로 특정된 것은 이 어근과 연관된 '비어 있음', '공허'의 개념, '남겨 두다'를 뜻하는 다른 동사 letan이 있었기 때문이다. 이와 반대로 고트어에는 '부채'를 가리키는 (일반적인 의미의) '빚을 지다'를 뜻하는 동사가 있지만, 이는 켈트어에서 차용한 또 다른 용어임에 틀림없다.

고트어에서도 '대여'를 가리키는 어휘는 외견상 별로 엄밀하지 않은 듯하지만, 사실상 별개의 두 개념을 포함한다. 즉 전통적인 개념은 개인적 거래로서 대여의 개념이고, 전통이 없는 다른 개념은 직업적 행동으로서 이자가 딸린 대여의 개념이다. 그리스에도 이와 유사한 현상을 관찰할 수 있다.

마지막으로 라틴어 praestare (〉프랑스어 prêter)는 우선 되돌려 받으려는 생각 없이, 더더욱 이자를 받으려는 생각 없이 무엇을 무상으로 빌려 주고 자유로이 이용하게 하는 행위를 가리킨다.

이 장의 목적은 '부채'負債, '대여', '차용'을 가리키는 서로 상관이 있는 용어들이 더욱 일반적이거나 다른 차원의 의미를 표상하는 용어들의 의미로부터 ——이란어, 라틴어, 고트어, 그리스어 등의 여러 언어에서 서로 독자적으로——어떻게 전문화되고 분화되었는가를 증명하는 것이다. 그렇지만 각 언어에 고유한 의미발달에서 생겨난 특수한 명칭 외에도, 한편으로는 아주 일반성을 지닌 용어와 다른 한편으로는 이들 개념과 연관되는 단어군에 공통된 단어구성의 절차도 살펴볼 것이다.

이란어의 '부채'

인도유럽어의 동부 영역에서 지금까지 대응이 불확실하면서 이란어에서는 의미가 별로 분화되지 않는 일련의 이란어 형태가 있다. 이들은 아베스타어 어근par-와 관계 있는 파생어이다.

이 어근을 기어基語로 하는 단어들은 권위 있는 이란어 사전인 바르톨로마에의 사전[1]에서도 분명하게 구별하지 않는다. 그래서 여러 항목에 흩어진 단어들을 재배열하려면 이들을 당연히 재분석해야 한다. 사실상 바르톨로마에는 두 어근을 구별한다. ① par-(균등하게 만들다)와 ② par-(형벌을 내리다)이다. 필자의 견해로는, 서로 의존하는 이 두 형태를 함께 묶어 단일 단어족을 재구해야 한다. 왜냐하면 바르톨로마에 사전의 두 항목에는 이 형태들이 부분적으로 똑같이 중첩되기 때문이다. 이들 형태는 일반적으로 수동의 의미로 사용되는데, 예컨대 두 par-에 공통된 현재형 pairyete(보상되다)나 pairyete(형벌을 받다)이다.

이들 형태가 출현하는 문맥을 보여 주는 예문을 보자. 동사 접두사 ā와 -ti가 접미사화되어 생겨난 파생어 ā-pərəti는 다음 구절에서 동일 어근에서 파생된 중동 분사 pārəmna와 인접해서 나란히 사용된다. "회개하는 (pārəmnai) 신자들에게는 어떤 것은 čiθā이고, 어떤 것은 āpərəti이다"(『비데브다트』*Vidēvdāt* 8, 107).[2]

추상명사 āpərəti는 čiθā(속죄/보상)와 나란히 나온다. 이 두 명사는 종교를 범한 불경죄를 없애기 위한 속죄贖罪를 가리킨다. 또한 āpərəti가 yaoždāθra와 의미가 등가치라는 것을 알 수 있다. 즉 흠이 있는 사물이나 사람, 따라서 종교적으로 사용하기에 부적합한 사물이나 사람을 제사의식을 통해 흠결이 없는 적합한 제물로 만드는 행위를 가리킨다.

다른 두 파생어는 특히 『비데브다트』로 불리는 '결백'의 규범에서 사용되는 두 용어이다. 즉 범죄에 대한 보상으로 지불하는 pərəθā-(육체적 형벌/벌금)와 부정 형용사 anāpərəθā-(보상할 수 없는/속죄할 수 없

---

1) 크리스티안 바르톨로마에Christian Bartholomae, 『고대 이란어 사전』*Altiranisches Wörterbuch*, Strasbourg, 1904.—옮긴이
2) 아베스타 문헌의 가장 특징적인 책 가운데 하나(기원전 6세기)이다. 원제목은 『비다에보다타』 *Vidaévodàta*이다. 악에 대해 자신을 보호하는 제의祭儀 관행을 설법한 교서이다.—옮긴이

는; šyaoθna(행위)에 적용된다)이다.

이제 또 다른 일련의 단어를 살펴보자. 이들은 다른 단어군 par-와 관련되지만 실제로는 앞의 형태들과 분리하면 안 되는 단어들이다. 이들은 『비데브다트』에 빈번히 나오는 법률 표현이다. 즉 중성 pərəθa(속죄/보상; 방금 살펴본 형용사 anāpərəθa에도 함축되어 있다)에 기초해서 합성어 tanu-pərəθa, pərətō-tanu, pəšō-tanu((문자적인 의미로는) 신체(tanu)가 형벌을 받는/신체가 보상으로 사용되는; 마지막 두 형태는 철자 변동으로 차이가 생겼다)가 구성되는데, 이 형용사들은 어떤 종류의 범죄를 저지른 죄가 있는 사람을 수식한다. 또한 같은 성구 표현에서 합성어 dərəzānō-pərəθā(그 보상이 아주 큰)와 명사 pāra-(부채)가 결합한 것이 아주 특이하다. 이 일련의 개념은 '속죄'나 '보상'과 관련되는 점에서 종교적이고, '부채'라는 의미에서는 경제적 관계를 나타내기 때문에 이 아베스타어 어휘들은 종교와 경제 관계에 분포하는 일련의 개념을 보여 준다. 이 사실은 또한 아르메니아어가 역사적 발달 시기마다 상당히 많은 단어를 이란어에서 차용했기에 아르메니아어의 간접 증거로도 확증된다. 이란어 역사의 어느 시기에는 우리 지식의 공백이 상당히 크므로 아르메니아어는 이란어에 결여되거나 불충분하게 나타나는 어휘들의 단어족을 재구하는 데 도움이 된다.

여기에서 예를 들어 보자. 우리가 이용하는 자료는 아르메니아어 partkᶜ(부채; 추상적 단어에서 정상적으로 나타나는 복수 표지 kᶜ가 있다), 속격 partuᶜ(이란어에도 역시 잘 알려진 -u 어간)이다. 그래서 추상적 단어의 두 형태가 대립하는데, -ti로 된 형태 ā-pərəti와 -tu로 된 형태 *-pr̥tu의 대립이 그것이다. 아르메니아어 partkᶜ(부채)는 또한 일반적인 '당위적 의무', '의무적 사실'을 가리키는데, 이는 독일어 Schuld, 영어 shall과 같다. 여기에서 part ē inj가 생겨났다. 이것은 문자적 의미로는 '내게 부채가 있다',

'누구에 대한 의무가 있다'를 뜻한다. 즉 '나는 빚이 있다', '나는 누구에 대한 당연한 의무가 있다'(부정否定 형태는 ǒē part inj(나는 빚진 것이 없다)이다)를 뜻하는데, 이는 도덕적 의무든 경제적 부채든 상관없이 사용된다. part에 일상적 접미사 -akan을 첨가하면, 형용사 partakan(채무자/빚진 자)이 파생된다. 이 형용사는 술어 구문 partakan ē를 구성한다. 이 단어는 또한 두 항이 모두 이란어 형태인 합성어에서 그 의미가 전문화되었다. 이 합성어는 partavor(부채를 지닌 자 또는 의무를 지닌/재판 관할권에 속한)와 특히 part-a-pan(채무자; 문자적 의미는 '빚을 간직하고 있는'이다)이다. partapan에 기초해서 대립적 용어 partatēr(여기서 tēr는 '주인'을 뜻하는 아르메니아어이다)가 생겨났는데 이는 문자적 직역으로는 '부채의 주인', 다시 말해서 '채권자'를 가리킨다. 여기에서 다시 새로운 파생어가 생겨났다. 우선 동사 partim(나는 해야만 한다/나는 해야 할 의무가 있다)이 생겨났고, 그 후에 이란어에서 차용된 전문어인 합성어 part-bašxi가 생겨났다. 이 후자 용법은 조어법을 설명해 준다. 아르메니아어에서 '다른 사람을 위해 part-bašxi로서 자기 재산을 주다', 즉 '타인의 부채를 면제시켜 주다'라고 말한다. 합성어 *pṛtu-baxšya(아르메니아에 차용된 이란어 차용어의 원형)는 '부채의 청산'을 의미한다. 즉 이것은 법률 언어에 속하는 전문 표현이다.

결국 우리는 상당히 많은 형태 집합을 이용할 수 있다. 나아가 이 용어들에 특징적으로 사용된 접미사에 관심을 기울여야 한다. '부채'를 가리키는 단어 *pṛtu-는 문자적 의미로는 '보상해야 할 어떤 것'으로 정의되고, 여기에서 일반적으로 '의무' 개념이 생겨났다. 이 의미는 적성適性, 우발성의 의미를 함축하는 접미사 -tu에 의해 해석된다. 이와 반대로 접미사 -ti가 첨가된 파생어 아베스타어 āpərəti는 '실제적 보상'이라는 예상된 의미를 보여 주며, 따라서 '형벌'·'속죄'(이 의미는 확인된 것이다)를 나타내고, 그 결과 '실제로 탕감된 부채'를 가리킨다. 이 의미는 갚아야 할 부채를 가리키는 *pr̥tu-(부채)와는 다르다.

이란어에서 par-의 개념은 우리의 현대적인 '부채' 개념보다는 훨씬 광범하다. 범죄로 인해 죄가 있는 자가 배상으로 갚아야 하는 모든 것을 가리킨다. 결국 단 하나의 어근 par-(자기에게서, 즉 자신이나 자기 소유로부터 취한 어떤 것으로 보상하다)만이 존재하며, 따라서 이 어근이 지금까지 조사된 모든 어휘 집합을 설명할 수 있다.

이란어 이외의 언어들에서 대응어를 찾아보자(필자가 아는 한, 이 어근은 인도어에는 나타나지 않는다). 그것은 동등同等이나 균등均等을 가리키는 라틴어 형용사 par, paris이다. 라틴어에는 일차적 동사 어근은 없다. 예컨대 paro(똑같이 놓다), comparo(짝을 짓다/같은 평면에 놓다)는 형용사 par(똑같은)의 파생어이다. 움브리아어에서도 pars(라틴어 par)는 단지 명사적 단어에 지나지 않는다.

이 비교는 의미 때문에 가능하다. 이 의미는 라틴어와 인도유럽어의 동부 어군을 비교시킬 수 있는, 지금까지 남아 있는 의미 가운데 하나이기 때문이다. 그래서 이 비교를 통해서 오직 이란어에만 실현되어 '부채'의 개념을 탄생시킨 전문적 의미발달의 단초가 제공되기 때문에 이 대응은 그만큼 더 유익하다. 이 법률적 표현은 대부분 종교적 개념에서 출발하여 형성되었다. 동형어同形語를 유의해서 구별해야 한다. 라틴어와 이란어의 형태군은 앞에서 연구한 '팔다'란 개념을 가리키는 동일 형태의 어근에서 파생된 형태, 즉 peráō, epérasa, pipráskō와는 별개이다. 우리가 살펴보았듯이 '팔다'를 나타내는 표현은 그리스어 자체에서 '이관시키다', '외국으로 가져가다'의 의미로 재구된다.

따라서 그것은 '평평하게 고르다', '보상하다'의 의미가 결코 아니며,

따라서 이 두 어근 *per-는 의미로나 방언 분포로 볼 때, 공통점이 전혀 없는 동형이다.

라틴어에서 '부채'와 '차용'

라틴어 dēbeō(해야 한다/빚을 지고 있다)의 의미는 dē +habeō로 구성된 용어에서 유래하며, 이 구성은 의심의 여지 없이 확실하다. 그것은 고대 라틴어의 완료가 여전히 dēhibuī(예컨대 플라우투스의 작품에 나온다)이기 때문이다. dēbeō는 무엇을 의미하는가? 일반적 해석은 '어떤 사람으로부터 (그가 지니고 있는) 어떤 것을 갖다'이다. 이 해석은 아주 간단하고, 아마도 지나치게 단순한 것 같다. 그 이유는 난점이 즉각 나타나기 때문이다. 다시 말해서 여격 구문 debere aliquid alicui(어떤 사람에게 무엇을 빚지다)를 설명할 수 없기 때문이다.

라틴어에서 debere는 겉보기와는 반대로 '부채가 있다'의 의미로 '빚이 있다'를 나타내는 고유한 표현을 구성하지 못한다. '부채'의 전문적인 지칭, 즉 법률적 지칭은 aes alienum으로, '부채를 지다', '부채를 청산하다', '부채로 투옥되다', '구금되다'를 뜻한다. '부채를 지다'의 뜻으로 사용된 debere는 거의 잘 쓰이지 않는다. 그것은 파생 용법에 지나지 않기 때문이다.

debere가 '빚이 있다'로 번역되지만, 의미는 전혀 다르다. 어떤 것을 차용하지 않고서도 '빚이 있을' 수 있다. 예컨대 집세 같은 것인데, 이것은 차용한 금액을 반환하는 것은 아니지만 '빚을 지는' 것이다. 단어 구성이나 구문에 비추어 볼 때, dēbeō는 접두사 de의 의미가치, 즉 '누구에게서 취한', '누구로부터 탈취한'에 의거해서 해석해야 한다. 따라서 그것은(어떤 사람에게서 탈취한(de) 것을 소유하다(habere))를 의미한다.

이 문자적 해석은 실제 용법과도 일치한다. 즉 dēbeō는 어떤 사람에게 귀속된 것으로서 문자 그대로 빌리지 않고도 자신이 점유한 것을 돌려주는 상황에서 사용된다. 그래서 debere는 타인의 소유에서 취한 것을 자기에게 유치시켜 지니는 것을 가리킨다. 예컨대 군대의 수장에 대해서 '군대의 급료를 빚지고 있다'는 것을 가리키거나, 도시에 밀(식량)을 공급해야 할 때 debere가 사용된다. 주어야만 되는 의무는 단지 타인에게 속한 것을 억류하고 있다는 사실에서 기인한다. 이러한 이유로 고대에서 debeo는 '부채'를 가리키는 고유 용어가 아니다.

이와 반대로 '부채', '대여', '차용' 사이에는 밀접한 관계가 있는데, 이는 mutua pecunia : mutum pecuniam soluere(부채를 갚다/청산하다)로 표현된다. 형용사 mutuus는 '차용'을 특징짓는 관계를 규정한다. 그 조어법과 어원은 분명하고 확실하다. 동사 muto(옮기다/바꾸다)는 이러한 전문적 의미가 없지만, mutuus와의 관계는 확실하다. 더욱이 munus(직무/의무)를 지적하자면, 이와 관련되는 인도유럽어의 대단어족을 찾아볼 수 있고, 이 단어족은 다양한 접미사를 가지면서 '상호성'의 개념을 나타낸다(본서 117쪽 이하 참조). 형용사 mutuus는 언어표현을 한정하는 방식에 따라 '대여'와 '차용'을 가리킨다. 이는 정확히 받은 금액만큼 환불한 돈(pecunia)과 관련된다. 대여와 차용은 이자 없이 일정 금액을 가불하고 환불하는 동일 거래의 두 측면이다. 이자가 붙는 대여는 다른 단어 fenus를 사용한다.

'바꾸다'로 번역되는 muto와 mutuus의 의미 관계는 '교환'으로 결정된다. muto는 어떤 것을 등가치의 다른 것과 맞바꾸는 것이다. 이것은 대치代置이다. 즉 주어진 물건이나 없어진 물건의 자리에 똑같은 물건을 다시 위치시키는 것이다. 이 동사의 의미 한정에 사용되는 대상은 언제나 동일하다. 그것은 mutare uestem, patriam, regionem으로서, 다시 말해 의복과 조국과 지방을 다른 의복과 조국과 지방으로 각각 교체한다. 마찬가지로 mutuus는 동일한 것으로 교체해야 할 것을 수식한다. 이제 munus와의 관계가 분명해진다. 이것은 다른 개념과 연관되지만, mūtuus와 동일한 의미표상과 결부된다. 그 어근은 교환을 가리키는 인도유럽어 *mei-이고, 이 어근은 인도이란어에서 신의 명칭이자 '계약'을 뜻하는 mitra가 되었다. 앞에서 형용사 아베스타어 miθwara, 산스크리트어 mithuna를 살펴보았는데, 이 형용사에서 mūtuus의 어기 접미사 -t-를 볼 수 있고, 그 의미는 '상호적인', '짝을 이루는', '교환을 구성하는'이다.

그러나 munus의 의미는 특히나 복잡하다. 그것은 두 용어군──뒤에서 연구할 기회가 있을 것이다──으로 발전하는데, 한 어군은 '면제', '무상'이고, 다른 어군은 '공적 직무', '공무公務'를 가리킨다. 이 두 개념은 언제나 상호성을 지니면서, 받은 호의와 이에 대한 상호적 의무를 함축한다. 이로써 '행정 업무', '공적 직무'의 의미와 '다른 사람에게 베푸는 호의'의 의미가 동시에 설명된다. 왜냐하면 이것은 '공적 서비스', 다시 말해서 사람에게 부과하여 그를 강제하면서도 명예롭게 만드는 직무이기 때문이다. '호의'와 '의무'는 이처럼 하나로 통일된다.

게르만어의 '대여'와 '부채'

이제 이 개념을 게르만어에서 고찰해 보려고 한다. 그 개념을 나타내는 표현은 완전히 다르다. 이 표현은 고트어 leihvan(빌려주다), 고대 고지 독일어 līhan, 고대 아이슬란드어 lān, 현대 영어 loan, 독일어 leihen 등이다. 그 의미작용은 고대 게르만어 시기로부터 일관되며 잘 확립되어 있다. 이에 대한 간접적 증거는 이 용어들이 슬라브어로 전해진 것에서 볼 수 있다. 고대 슬라브어 lixva는 tókos(돈의 이자/가격)를 번역한 것이며, 이 단어는 모든 슬라브어에 나타난다.

이 단어들은 그리스어 leípō(λείπω), 라틴어 linquo(남겨 놓다/내버려 두다)의 단어족에 속한다. 이 동사의 의미(두다/놓다)는 인도유럽어에서 일반적이며, 초기에 일어난 의미분화는 문제를 제기한다. 즉 이 의미가 전문화된 조건을 찾는 것이 문제인데, 그것은 의미 전문화가 일반적 현상이 아니기 때문이다. 예컨대 인도이란어 rik-와 아르메니아어 lkʿanem(비음을 가진 현재 어간)은 단지 '남겨 놓다'나 '남아 있다'를 뜻한다. 이 이상한 의미발달은 메이예가 연구한 바 있고,[3] 그는 '빌려주다'를 '무엇을 누구에게 남겨 놓다'로 설명하는 것은 만족스럽지 못하다고 강조했다. 문제는 이 용어의 의미가 어떻게 축소되고, 전문화되었는지를 아는 것이다.

메이예는 인도이란어에는 동일 어근 *rik-에서 파생된 파생어로, 산스크리트어 reknas, 아베스타어 raēxnah-가 있고, 이 두 용어는 모두 '유산'을 뜻하고, 서로 정확히 대응한다는 사실을 지적했다. 접미사 -nes로 특징지어지는 인도이란어 명사형은 lehan과 같은 게르만어 명사형을 환기시킨다. 게르만어 동사가 '빌려주다'의 의미로 전문화된 것은 아마도 lehan(대여)이 획득한 의미 때문일 것이다. 어근 *leik-는 동사가 피지배어(목적어)를 갖느냐 않느냐에 따라 '남겨 놓다'나 '남아 있다'로 번역되며, 사실상 '결여된 것으로 드러나다', '무엇이 없다', '응당 있어야 할 것이 없다'를 의미한다. 호메로스 그리스어 완료 léloipa는 타동 완료인 라틴어 reliqui처

---

3) 메이예, 『파리 언어학회 논집』, XV.

럼 '나는 남겨 놓았다'를 의미하지 않고, 능동 구문에도 불구하고 자동 완료 '나는 무엇이 없는 상태에 있다'를 의미한다. 그것은 leloipós가 '무엇이 없는 (사람)'을 의미하는 까닭이다. 일상적인 정의는 그리스어와 라틴어의 용어가 갖는 의미와 아주 잘 일치한다. 그리고 산스크리트어 rik-는 '무엇이 결여된', '비어 있는', '무엇이 구비되어 있지 않는'을 의미한다. 이 산스크리트어 단어의 동사적 형용사로 구성되는 합성어는 rikta-pāṇi, rikta-hasta((누구 앞에) 빈손으로 (나타나다))이다. 또한 성구 표현 riktī kṛ(라틴어 multi(많은 것), lucri facio(이익을 얻다) 참조) '비우다', '버리다'와 형용사 reku-(빈/황량한)를 지적할 수도 있겠다.

이 사실들은 역시 동일 의미를 지닌 표현들을 보여 주는 아베스타어에도 확인된다. 즉 -aya-로 된 사역 현재 raēčaya-(비우게 하다)이며, 문자적 의미로는 '(물이) 빠지게 만들다'를 의미한다. 따라서 rik-의 의미는 '비우다', '어떤 것이 존재하는 것으로부터 비게 하다'이며, '남아 있다'는 아니다. 명사 파생어 reknas(유산)는 사람들이 일반적으로 '남겨 놓은' 사물로서 '유산'遺産이 아니라 (그 소유자가 실종됨으로써) '비게 된', '주인이 없는 것으로 남게 된' 재산으로서의 '유산'을 가리킨다.

메이예는 -nas로 된 단어구성, 예컨대 mūnus의 단어구성 자체와 산스크리트어 apnas(재산/자산; 여기서 ap-는 라틴어 ops(힘/부)와 비교할 수 있다) 같은 소유물의 형태와 관련된 일련의 소수 단어의 단어구성을 올바로 지적했다. 또한 다른 어기語基에서 파생된 산스크리트어 draviṇas도 의미가 똑같다. 즉 '동산', '자산'이다. 여기서 라틴어 fēnus를 지적할 수 있는데, 이 단어에서 fē-는 분명 fēcundus(상상력이 있는/비옥한), félix(생산력이 있는), fēmina(여자/암컷)와 같은 단어군에 속한다. 이 단어들은 의미는 서로 아주 다르지만, 그리스어 θη-와 대응하면서 일차적 의미가 '생산력', '번영'

을 뜻하는 어기 fē-를 공통으로 가지고 있다. 그리하여 fēnus(이자/산물)는 그리스어 tókos와 동일한 이미지를 연상시킨다. 즉 어린애를 낳듯이 이자 秭가 돈에 의해 발생되는 것이다. 이 의미분화를 허용한 부차적 조건을 설정할 수도 있다. 즉 고트어에는 '남겨 놓다'를 가리키는 letan(영어 to let/독일어 lassen)과 더불어 많은 용법이 있는데, '고아를 남기다', '어떤 사람을 떠나게 만들다' 등의 용법이다. 이때부터 특수한 전문적 의미를 나타내는 leihv-를 이용할 수 있게 되었다.

또한 베다 산스크리트어에 전문화된 의미 용법의 단초도 역시 나타난다. 즉 rik-(물러가다/어떤 것을 폐기하다)는 때로 대격의 명사 목적어와 수단과 함께 구문을 구성하여 '어떤 값에 물건의 소유를 포기하다'를 뜻하고, 나아가 '돈을 대가로 양도하다', '팔다'를 가리킨다. 분명히 이는 '빌려주다'가 아니며, rik-가 어떤 종류의 거래를 가리킬 수도 있다는 사실을 알 수 있다.

게르만어에서 '빌리다'와 '빌려주다'를 나타내는 표현은 영어 borrow, 독일어 borgen(빌리다)으로 대표되는 동사와, 또한 그 외의 다른 게르만어의 대응 형태이다. 이것은 원래 '확실성', '보증'을 뜻하는 borg에서 파생된 명사 파생 동사의 현재형이며, 고트어 동사 bairgan(지키다/보존하다)과 모음교체 관계에 있다. 의미의 전이과정은 고대 색슨어에서 관찰된다. 즉 borgjan은 '보존하다'를 의미했고, 그 후에 '보증인이 되다'를 의미했다. 여기에서 '빌려주다'와, 또 대칭적으로 '보증하다'가 생겨났고, 여기에서 다시 '빌리다', '차용하다'가 생겨났다.

'빌려주다', '빌리다'의 평행 관계를 상정할 수 있는데, 그것은 게르만어에서 동일한 동사 borgen이 이 두 개념을 표현하기 때문이다. 별개의 두 용어가 있는 고트어조차 평행관계가 분명히 드러난다. 즉 '빌려주다'

는 '남겨 놓다'로 표현되고, '빌리다'는 '지키다', '지니다'로 표현된다. 이 어휘를 구별하는 것이 필수적인 것은 아니다. 왜냐하면 고대 프랑스어도 emprunter(빌리다)는 '빌려주다'와 '빌리다'를 나타내기 때문이다.

이 관계는 또한 전문용어인 그리스어 dános(δάνος, 이자가 있는 대여금; 아직도 접미사 -nes가 있는 형태이다)에서도 증명되는데, 현재형 daneízō(빌려주다)는 여기에서 생겨났다. 능동과 중동의 작용으로 인해 단일 동사가 '대여', '차용'의 쌍을 가리킨다. 하지만 만족할 만한 dános의 어원은 아직 없다. δάνάς·μερίδας(작은 부분)라는 주해가 옳은 것으로 믿는다면, 고대에서 이 단어의 의미는 '부분', '몫'이었을 것이다. 그렇다면 dános를 datéomai(나누다; 산스크리트어 동사적 형용사 dina(나뉘어진)과 비교할 수 있다)의 어근에서 파생된, -nes(중성)로 형성된 파생어로 간주해야 할 것이다. 난점은 '나누다', '공유하다'란 의미가 어떻게 '빌려주다', '빌리다'의 의미로 귀착되었는가를 설명하는 것이다. 이에 대한 설명은 뒤에서 규명할 관계(본서 239쪽 이하)에서 드러날 것이다.

고트어에는 일반적인 의미로든 전문화된 의미로든 '빚을 지다', '무엇을 해야만 하다'를 가리키는 동사 skulan이 있으며, 이는 물질적인 의무와 도덕적 의무를 가리킨다. 이것은 '채무자이다'를 의미하는 동사 opheílō와, 복음서의 그리스어에서 '의무가 있다', '도덕적 규율이 부과되다'를 의미하는 동일한 동사 opheílō를 동시에 번역하는 단어이다. skulan은 또한 méllō를 번역하는 데도 사용되었다. méllō는 미래 표현 '나는 해야만 한다'와 부정법을 번역하는 방식 가운데 하나이다. 'être'와 같이 사용된 완료분사 skulds는 능동 부정법과 함께 우언 표현을 구성하여 수동의 의무 개념을 나타낸다. 그것은 고트어에는 수동 부정법이 없는 까닭이다. 그래서 조

동사의 수동형과 함께 부정법을 구성해야만 한다. il doit *être appelé*(그는 호출되어야 한다)는 문자적으로는 il *est dû appeler*(그를 호출해야 되었다)로 표현된다. 그것은 또한 중립 구문에서 비인칭 용법도 있는데, 예컨대 skuld ist같은 것이다. 이것은 éxisti, deî(~하는 것이 가능하다/~하는 것이 필요하다)를 번역한 것이다.

명사 skula(채무자)는 명사형과 구문을 구성하거나 부정법과 구문을 구성한다. 이것은 돈을 '빚진' 자, 어떤 의무에 속박된 자, 결국은 형벌에 처해진 자를 가리키며, 여기에서 범죄 등에서 '유죄의', '혐의가 있는', '기소된'의 의미가 생겨났다(독일어 shuldig 참조). 금전상의 부채에서는 이를 나타내는 특수한 표현이 있는데, dulgis skulans이다. 이것은 복수 khreophe-ilétai(χρεοφειλται)를 번역한 것이다. 예컨대 「누가복음」 7장 41절의 twai dulgis skulans wesun dulgahaitjin sumamma = δύο χρεοφειλέται ἦσαν δαν-ειστῇ τινι이 그것이다. 이는 문자적으로는 '채무자 두 사람이 한 채권자에게 속해 있었다'[4]를 의미한다. '부채를 지닌 자들'을 표현하기 위해서 skulan이라는 명사 파생어로만으로는 충분치 못하고, 이 개념을 dulgis로 한정해야 한다. 더욱이 이와 대립되는 용어인 '채권자'는 합성어를 이용해서 구성되었다. 즉 dulgahaitja도 역시 동일한 한정사 dulgis를 포함하고 있다. 그리하여 '부채'를 뜻하는 명사 dulgs는 어원상으로 동사 skulan(빚이 있다/해야만 한다)과 상관없다. 그리하여 동일한 이 dulgs는 그리스어 daneistés '빌려주는 자'를 번역하는 고트어 합성어의 구성요소다.

괄목할 만한 사실은 dulgs가 게르만어에서 기원하는 것이 아니라

---

4) 『우리말 성경』에는 "빚 주는 사람에게 빚진 자가 둘이 있어"(「누가복음」 7장 41절)로 번역되어 있다.—옮긴이

는 점이다. 그것은 켈트어에서 차용된 차용어이다. 이 켈트어형은 아일랜드어의 중요한 단어군과 관련되는데, dliged(법/타인에 대한 권리)와 동사 dligim(합법적으로 이용하다/사람이나 사물에 대한 권리를 지니고 있다)이다. 이 동사는 주어가 능동이냐 수동이냐에 따라 두 가지 구문을 가진다. 수동 구문은 고대 아일랜드어 dlegair domsa(권리/나에 대한 이의제기 가능성)이고, 능동 구문은 dligim nī duit(어떤 것을 네게 요구할 청구권이 내게 있다), 즉 '네가 나에게 어떤 것을 빚졌기 때문에 나는 네게 대해 청구권을 요구할 입장에 있다'를 의미한다.

고트어 표현 dulgis skulan은 이중적인 의미가 있다. 그 표현 자체만을 볼 때, skulan과 그 파생어는 금전상의 부채를 특정화할 수 없다. 이를 구체적으로 지시하기 위해서는 '부채'라는 이 아일랜드어 명사 차용어를 이용해야만 한다. 따라서 고트어 어휘는 금전상의 관계, 즉 대여와 채무에 관련되는 법률적 문맥에서는 그 의미가 별로 상세히 발달한 것 같지 않다.

그러나 이 문제는 더욱 복잡한 양상을 띤다. 중요한 텍스트를 직접 분석하여 고트어 번역자가 이 특수한 경우를 어떻게 처리했는지를 살펴보자. 동전의 비유를 주제로 하는 「누가복음」19장 12~26절의 예이다. 끊임없이 반복되는 그리스어 용어 mnâ(므나)에 대해 고트어는 여러 등가치적 용어를 이용하는 듯한데, 겉보기에는 다소 우연하게 경우에 따라 이들을 다르게 사용하는 것 같은 생각이 든다. 어떤 사람이 멀리 다른 나라로 떠나면서 동전 열 닢을 열 명의 하인들에게 나누어 맡기고, 그들에게 이 돈을 불리도록 말한다. 「누가복음」19장 13절에서 "그는 그들에게 10므나(mnâ)——taihun dailos——를 주고는 그들에게 '이 돈을 불리도록 하라'(그리스어로는 pragmatecin(돈을 운용하다))라고 말한다". 고트어는 명령법

kaupoþ(독일어 kaufen, 사다/돈을 이용하여 이익을 얻다)을 사용한다. 라틴 차용어 caupo를 기저로 해서 형성된 kaupon 이외에 상거래와 돈의 융통을 나타내는 별도의 고트어 표현은 없다.

15절에서, 그 사람이 돌아와서 자기가 돌아올 때까지 '그가 자기 돈을 맡겼던'(οἷς ἔδωκε τό ἀργύριον) 하인들을 불러모으게 한다. 여기서는 argúrion(돈)을 silubr로 번역하고 있다.

16절에서, "첫번째 하인이 나타나서 주여, 주의 한 므나로 열 므나를 남겼나이다"(skatts þeins gawaurhta taihun skattans). 이번에는 '므나'를 나타내기 위해 dailos 대신에 skatts를 번역어로 사용한다.

마찬가지로 18절에서, "주여, 주의 한 므나가 다섯 므나를 만들었나이다". 다시 skatts와 복수 대격 skattans가 사용되었다.

20절에서, 마지막 하인이 그에게 말하길, "주여, 보소서. 주의 한 므나가 여기 있나이다. 내가 수건으로 싸 두었나이다". 여기에서도 skatts가 사용되었다.

23절에서, 주인이 나무란다. "그러면 어찌하여 내 은을 은행에 두지 아니하였느냐." 고트어는 '돈'銀을 (앞에서처럼) silubr로 번역하고, '은행'(그리스어 trápeza)을 '환전인', 즉 skatts에서 파생된 행위자 명사 skattja로 번역한다.

24절에서, 주인은 거기에 있던 자들을 향해서 말을 잇는다. "그 '므나'를 빼앗아 열 '므나' 있는 자에게 주라." 그런데 '므나'는 skatt로 번역하고, '열 므나'는 taihun dailos로 번역했다. 단수에서 복수로 넘어가면서 용어가 바뀌었다.

25절에서, 다른 하인들이 이의를 제기한다. "주여, 저에게 이미 열 므나가 있나이다"(habaiþ taihun dailos).

그리하여 구절에 따라서 고트어는 '돈'에는 한 단어, 즉 silubr를 사용하고, '므나'에는 두 단어, 즉 skatts와 daila를 사용한다. 더욱이 고트어는 재료(argúrion)나 통화(khrémata)로서의 '돈'에 대해 faihu라는 용어(본서 68쪽 참조)도 이용한다. 따라서 4가지 가능성을 확인해 볼 수 있다.

돈(은) ⌈ silubr   므나 ⌈ skatts
        ⌊ faihu   ⌊ daila

고트어에서 그리 발달된 어휘가 없는 듯이 보이는 영역에서 이처럼 이상하게 어휘를 다양하게 보여 주는 것은 어디에서 기인한 것인가?

우선 돈의 명칭을 고찰해 보자. silubr는 외래어로서 그 기원을 밝히기 불가능한 단어이다. 그것은 북부와 북동부의 인도유럽어에 국한되어 나타난다. 즉 게르만어, 발트어, 슬라브어에 출현한다. 발트어의 형태들은 동질적이지 못하다. 예컨대 고대 프러시아어 siraplis, 리투아니아어 sidábras, 라트비아어 sidrabs에 대해 고대 슬라브어는 srebro이다. 이 언어들의 형태는 서로 대응하지 않는다. 변동이 심하고, 아주 불규칙적이어서 공통의 기원을 상정키 어렵고, 그 기원도 알 수 없다.

이 단어는 아마도 재료를 가리키는 것이지 통화를 가리키는 것은 아닐 것이다. 다른 인도유럽어에서 '돈'은 '흰 빛깔'을 의미하고, 그 명칭이 아주 오래되었다. 이 사실은 argúrion과 그 대응어들이 증거하는 바이다. 그리스어 argúrion(돈/은)은 금속 '은'과 함께 통화를 가리킨다. 고트어에만 고유하게 나타나는 faihu는 pecus의 대응어이다. 그러나 그것은 '짐승'을 의미하는 것이 아니라 '재산', 특히 '돈'을 가리킨다. 이 단어는 '돈'의 의미로 일련의 합성어를 구성한다. 예컨대 phlárguros(돈에 탐욕적인/인색한)

은 'faihu를 갈망하는'(faihu-gairns(돈을 좋아하는) 참조), faihu-gawaurki(수입금) 같은 단어이다. 마지막 합성어의 둘째 용어는 gawaurkjan(노동을 통해 생산하다)란 의미이다. 이와 관련해서 앞(「누가복음」 19장 16절)에서 완료형 gawaurhta를 살펴보았다.

mnâ에는 두 용어가 사용되었다. 그 중 하나인 skatts(독일어 Schatz(보물))는 게르만어 이외의 언어에서는 대응어가 없다. 그것은 mnâ(므나)뿐만 아니라 dēnárion(δηνάριον, 데나리온)을 번역한 용어이다(이 두 통화의 가치가 상당히 차이가 있음에도 불구하고). 또한 더욱 일반적으로는 argúria, argúrion(돈)을 번역한 단어이다. 그러나 이러한 다양한 용법에서 내릴 수 있는 결론은 skatts가 돈에 대한 정확한 가치를 규정하지 않는다는 점이다. 그래서 그것은 서로 다른 통화 가치들을 번역하는 것이다. skatts로부터 남성 skattja(환전상)가 파생되었다. 이것은 trápeza(은행)를 번역하려고 고트어 번역자가 선택한 단어이다.

두번째 단어인 daila는 전혀 다르다. 그것은 이러한 의미로 분명 일상적으로 사용되었을 것임에 틀림없으며, 이 의미로 사용된 유일한 구절이다. 이 단어는 공통 게르만어에 속한다. daila 또는 dails(독일어 Teil(부분)) 외에 고트어에는 dailjan(teilen, 부분으로 나누다)이 있고, 또 동사 접두사 af-, dis- ga-가 사용된 파생어가 있는데, 그 의미는 이 접두사의 의미로 구체적으로 지시된다. 즉 '분배하다', '나누다', '배분하다' 등의 의미이다. 다른 구절에서 daila는 그리스어 metokhé(공유)를 번역하고 있지만, 이 일련의 예들에서는 mnâ를 번역하고 있다.

주인은 자기 하인들에게 10므나(dailos)를 나누어 준다. 그리고 한 므나가 10므나(언제나 skatts이다)를 만들어 낸다. 마지막으로, 한 므나(skatts)를 도로 빼앗아 그것을 10므나(이번에는 다시 dailos)를 가진 자에게 준다.

이 두 용어는 서로 경쟁적으로 사용되는 듯이 보인다.

여기서는 의도적으로 대조된다. 즉 한편으로 metokhé(공유)의 의미와 등가치적인 daila는 여기서 전체 금액의 '몫', '부분'이란 의미로서, 역시 이 이야기의 서두에도 배치되어 있다. 그리고 이것은 또한 맨 뒤의 수단이 좋은 투자꾼이 벌어들인 같은 금액의 '몫'이기도 하다. 그러나 skatts는 그 자체로도 고유한 가치를 지닌 화폐 단위이다. 이러한 이유로 다음과 같은 선택이 좌우된다. 즉 그것이 별도의 화폐 단위로 계산된 통화 표시를 가리키든가 아니면 분배의 결과로 생긴 몫이든 투자에 의해 불어난 몫이든 '몫'을 가리키든가 둘 중 하나이다. 이 고찰은 고트어 번역자가 택한 명칭을 설명할 수 있는 것으로 보인다.

여기에서 지금까지 보류한 분석을 다시 논의해 볼 필요가 있다. '빌려주다'를 의미하는 고트어 동사와 게르만어 동사는 고트어 leihvan, 독일어 leihen, 영어 loan으로, 이는 그리스어 leípō, 라틴어 linquo의 어근에 속한다. 아주 이상하게도 이 동사는 게르만어에서 '빌려주다'를 의미하는 반면, 그 외의 언어에서는 '남겨 놓다', '남다'를 의미한다.

'남겨 놓다'라는 일반적 개념이 어떻게 '빌려주다'의 관념에 영향을 받았을까? 여기서 두 가지 사실을 설명해야 하는데, 이들은 서로 연관되어 있으면서 서로를 밝혀 준다.

타키투스의 증거에는 (apud Germanos) fenus agitare et in usuras extendere ignotum(『게르마니아』 26장; (게르만족은) 고리의 대여를 알지 못다)이 나온다. 분명히 타키투스는 게르마니아에 대해 아주 이상적인 모습을 묘사한다. 즉 게르만족은 이자가 붙는 대여인 fēnus를 알지 못했다는 것이다. 일반적으로 고트어에서 '빌려주다'는 두 가지 방식으로 결정된다.

① 사람들은 자기에 속한 물건의 사용(권)을 다른 사람에게 '남겨 놓는다'. 이것은 leihvan으로, 돈을 제외한 어떤 종류의 물건에도 적용된다(「마태복음」5장 42절; 「누가복음」6장 34~35절). 바로 이 점이 차이점이다.

② 돈의 대여는 그것을 되돌려 받기 위해 돈을 맡기는 것이다. 이 개념은 오래되지 않은 것임에 틀림없다. 고트어는 관례적으로 인정된 해당 용어가 없어서 kaupjan(투기하다)이란 단어를 만들어 내었다.

분명히 이 게르만 사회에서는 사람들이 돈을 빌려주지 않았다. 단지 전문적인 전문업자만이 돈을 대여했다.

회고해 보건대, 다른 또 한 가지 사실이 이것을 다소간 설명해 준다. 즉 그것은 그리스어 dános로서 이것은 이자가 붙는 대여를 가리키는 전문용어이다. 이 용어에서 daneízo(이자가 있는 대여), daneízomai(빌리다), daneistés(채무자)가 생겨났다. 앞에서 dános와 daíō, datéomai(공유하다)의 어원 비교를 언급했다. 이 그리스어 용어는 méros(몫/부분)로 주석되고 있다. dános는 사회적 거래관계의 어휘에 속하는 fênus, pignus(담보물)의 유형처럼 -nes로 된 중성 명사이다. 그러나 '이자가 있는 대여'와 '공유하다'를 어떻게 연관지을 수 있을까? 그것은 méros(부분/몫), merís(부분/몫), metokhé(공유/이익 분배의 몫) 등을 번역하는 고트어 daila, dails와 동일한 관계가 이 그리스어에도 있을 수 있다. 환전이나 대여의 활동이 전문업자에게 가져다주는 '공유' 또는 '몫'을 dános로 지칭한 것이다.

그래서 이자가 있는 대여, 채권, 채무의 개념은 고트어에서 전문적 직업활동이 문제시되느냐 개인적 거래가 문제시되느냐에 따라서 서로 다른 두 범주의 용어를 만들어 낸 것이다. 여기에서 daila를 나타내는 dulgis skulan같이 아주 다른 표현이 연유한다.

그리스어에도 돈의 채무뿐만 아니라 도덕적인 의미에도 사용되는

ophéilō 같은 일반적인 동사가 있다. 그러나 금전적 부채가 문제시될 때는 khré(해야만 한다/무엇이 필요하다)의 파생어, 예컨대 khrémata(재산/소유물; khreopheilétēs 참조)로 구체적으로 지시하든가 고유한 의미의 이자를 나타내는 tókos 같은 용어로 특정화한다. 이와 반대로 dános, daneízo는 오직 위에 언급된 양태에 따라서 이자가 붙는 대여만을 가리킨다.

라틴어의 '대여하다'

마지막으로, 라틴어에서 형성되었으나 프랑스어에 전해 내려온 동사를 고찰해 보자. 그것은 라틴어 praestare이다. 사용 범위에 비추어 보아서 이 동사의 정확한 의미를 자세히 규명해야 할 여지가 충분히 있다. praestare 외에도 부사 'praesto (esse alicui)'가 궁극적으로 프랑스어 prêter에 이르게 되는 관계를 미리 예감할 수 있다. 그러나 praestare의 다양한 용법 관계를 지적할 필요가 있다. 라틴어 현재형 praesto의 용법은 두 가지이다. 하나는 prae-sto(앞서 있다/머리에 있다/구별되다)는 sto의 합성어이고, 다른 하나는 이제 우리가 연구하려는 형태이다.

부사 praesto의 어원이 어떤 것이든 praestare는 이 부사에서 파생되었다는 점을 고려해야 한다. 그것은 부사에서 파생된 현재로서 조어법이 이상하다. 이 형태론적 조건에서 의미의 출발점을 찾고, 동시에 이 동사의 구문이 다양하게 변형된 이유를 밝혀야 한다.

부사 praesto는 자동自動의 술어구문에만 사용되는 특수성이 있다. 즉 praesto esse(누구의 뜻(처리)에 맡겨져 있다, (시야에) 나타나다, (어떤 사람에게) 봉사하다)이다. 문제는 타동 구문의 술어로 그것을 전환시켜 praesto esse를 *praesto facere로 변형시키는 것이다. 라틴어는 *praesto facere 대신에 이 기능을 갖는 praestare를 만들어 내었고, 그것은 '어떤 것을 무엇에 사용할 수 있게 준비시키다', '무엇을 이용할 수 있게 맡기다'를 의미한다. 그러나 피지배어(목적어)의 성질에 따라 그것은 다양한 뜻을 지닐 수 있다. aliquid alicui praestare는 '어떤 자가 어떤 것을 믿게, 의지하게 만들다'를 의미할 수 있고, 여기에서 '보증인으로 자처하다', '누구에 대해 책임을 지다'의 의미가 생겨났다. 예컨대 emptori damnum praestare(구매자에 대해서 손해 배상을 책임지다) 같은 단어이다. 목적어가 사람의 자질을 가리키는 경우, 그 동사는 문자적으로 '어떤 자질이 (어떤 자의 시야에) 드러나게 만들다', '어떤 자에게 사용되도록 만들다'를 의미하며, 여기에서 '드러내 보이다', '제시하다'의 의미가 나왔다. 예컨대 uirtutem praestare(용기를 드러내 보이다), pietatem praestare(자기 애정을 나타내 보이다), se praestere(자신의 모습을 (그대로) 드러내다) 같은 것이다. 이 용법들은 분명히 praestare pecuniam alicui(돈을 어떤 사람이 이용할 수 있게 맡기다/그것을 그에게 빌려주다)의 용법을 예비하고 있다. 그러나 praestare가 이렇게 전문적으로 분화된 의미로 우선 사용되었고, 그 후에 오랫동안 '이자가 없는 대여'에 사용되었다는 사실을 이해할 수 있다. 즉 재정적 활동이 아니라 무상의 제공, 호의의 표시로서 돈을 대여하는 것이다. 돈을 미리 지급하는 '대여'는 mutuatio로 돈을 불리는 차용과는 다르다. mutuatio는 받은 것을 정확히 되갚는 상호성이 있기 때문이다. 이는 또한 fēnus(이자가 있는 대여)와는 더더욱 다르다.

여러 용어로 나타나면서 독자적인 의미의 발달 과정이 있는, 여기에서 고찰한 이 용어의 역사는 복잡한 과정들의 집합으로 드러나며, 그 각 과정은 각 사회의 역사 속에서 상세히 규명된다. 문제는 모든 언어에서 이 용어들이 지녔던 최초의 의미가치가 무엇이었는지, 그 용법이 어떻게 전문적으로 분화했는지를 확립하는 일이다. 밝혀지지 않은 몇몇 세부 사실들이 아직 남아 있지만, 서로 작용하는 이 형태들의 지위가 각기 어떤 것이고, 또 어떤 조건에서 이들의 의미가 확장되고 축소되었는지를 명확히 보여 준 것으로 생각된다.

17장_무보상과 감사

요약

라틴어 gratia는 원래는 종교적 의미가치를 지닌 용어였으나 경제활동에
도 적용되는 것을 볼 수 있다. '은총'과 '은총에 의한 행위'가 가리키던 내
용이 '무보상'(gratis)의 개념을 표현하게 되었다.

돈 지불의 여러 방식과 관련된 용어들을 통해 우리는 이와 반대되는 개념,
즉 '무보상'의 개념을 고찰하게 된다. 이 개념은 한편으로는 돈의 가치와
관련이 있고, 다른 한편으로는 '은총'의 복잡한 관념과 관련이 있는 경제적
이자 도덕적인 개념이다.

우리가 일차적으로 고찰하려는 것은 라틴어 gratia란 용어이다. gratia
는 형용사 gratus에서 파생되었다. 이 형용사는 양면성을 지니고 있다. 그
것은 상반되는 양면으로 사용되는데, 하나는 '호의를 가지고 환영하는 자',
'감사를 표하는 자'이고, 다른 하나는 '호의로 환영을 받는 자', '호감을 받
는 자'이다. 이 상호적인 의미가치가 구문과 관련되어 경우에 따라 어느 한
의미로 출현한다.

반의어 ingratus(감사를 나타내지 않는/감사·호감을 불러일으키지 않는)도 마찬가지의 방식으로 사용된다. 그리고 오직 복수로만 사용되는 고형古形의 명사 grates(agere/soluere/habere, 사의謝意의 표시)도 여기에 포함된다. 마지막으로, 확인되지 않은 명사형에 근거하는 동사 grator와 그 후에 출현한 동사 gratulor, 추상명사 gratia, 형용사 gratuitus도 마찬가지다. 라틴어 어휘에서 이 형태들이 '은총'이라는 종교적 의미를 갖게 된 것은 역사를 통해서만은 아니다. 여기에 또 다른 요인도 개입되는데, 그리스어 용어 kháris(χάρις)가 그것이다. 이 그리스어 용어가 라틴어 용어의 의미발달을 결정했다.

gratus는 이탈리크어 자체에 대응어가 있는 형용사이다. 예컨대 오스카어 brateis(gratiae; 이것은 -i-형 명사의 단수 속격이다) 같은 것이다. 이것은 오직 인도이란어에만 명백히 확인되지만, 전혀 다른 의미영역과 관련되는 어휘족에 속한다. 예컨대, 산스크리트어 gir(찬가/찬송), 현재형 grnāti(칭송하다/칭찬하다; 그 대상은 신적神的 인간이다)이다. 형용사 gūrta(칭송을 받는/환영을 받는)는 흔히 강화强化 접두사와 함께 사용된다. 예컨대 ari-gūrta 같은 경우인데, 이것은 접두사 ari-(ἀρι-), eri-(ἐρι-)로 구성된 고대의 호메로스 그리스어 합성어와 대응한다. 아베스타어에 나타나는 것도 이와 동일한 형태이다. 즉 명사형이나 동사형의 gar-(칭송/칭송하다)이다.

이 어원 비교에서 인도이란어에 고유한 종교적 의미발달——이는 '찬가', '찬사'의 의미로 귀결된다——의 출발점을 간파할 수 있다. 그것은 '(신에게) 감사하기' 위해 바치는 '은총'에 대한 찬송이다.

라틴어 단어들과의 관계에서 보면, 기원에서 볼 때 무보상의 행위는 아무 대가나 보상 없이 봉사하는 것임이 나타난다. 그리고 (문자 그대로)

'무보수'인 봉사는 그 대신 우리가 '감사'로 부르는 현상을 유발시킨다. 반대급부의 봉사를 요구하지 않는 봉사의 개념은 현대의 우리에게는 '호의'와 '감사'──주는 자와 받는 자가 서로 느끼는 감정──라는 두 가지 의미의 기원이 된다. 그래서 이들은 상호적 개념이다. 즉 무보수의 행위가 감사의 감정의 전제 조건이 되고, 이 감정은 행위를 유발시킨다. 이와 같은 상호적인 개념이 인도이란어에서 '감사', '사의', '찬사'(의 말들)라는 의미를 낳게 했다.

게르만어에는 이와 평행하는 이상한 용어가 있다. 감사를 나타내는 고트어 표현은 awiliuþ이고, 동사는 awiliudon(감사하다/사의를 표하다/고마움을 나타내다)이다. 이들은 분명히 오래된 진정한 의미의 합성어이고, 이들을 번역한 그리스어 단어 kharízomai, eukharisteîn, khárin, ékhein 등의 의미나 형태에 전혀 영향을 받지 않았다.

고트어 awi는 '호의'와 같은 뜻을 갖는 것으로서 고대의 룬 문자가 기록된 비문碑文의 auja(호의/기회)와 대응하는 것으로 보인다. 인도이란어에서 이 어근은 산스크리트어 avis(호의적인)와 동사 ū, avati(그는 호의적이다/우호적이다/도와줄 용의가 있다), uti(도움)에 의해 잘 알려져 있다. 이란어에서 이 동사는 동사 접두사 adi와 밀접하게 연관을 맺으며, ──여기에서 ady-av-(도움을 주다/구제하다)가 생겨났다──그 역사가 꽤 길다. 예컨대 행위자 명사 ady-āvar(구조자/도와주는 자)는 지금까지 전해 내려와 페르시아어 yār(친구)의 형태로 남아 있다.

고트어 liuþ를 살펴보면, 이것은 '노래', '찬송'이란 의미의 명사이며, 독일어 Lied가 된 단어이다. 게르만어의 기독교 어휘에서 leud는 라틴어 psalmus를 번역한 용어이다. 따라서 이 고트어 합성어는 '감사의 노래', '은총의 찬송'을 의미한다. 고트어 awi-liuþ는 그리스어 kháris(은총)와

eukharisteîn(사의를 표하다)을 그대로 옮긴 것이다. grātus와 산스크리트어 gir에서도 이와 동일한 관계를 살펴볼 수 있다. '감사'는 이를 표시하는 '노래'로 표현된다.

이제 라틴어와 게르만어에 나타난 이 모든 의미발달을 직간접적으로 지배하는 그리스어 용어 자체를 살펴보자. kháris와 친족관계에 있는 단어들로 구성된 대단어족은 아주 다른 의미작용을 지닌 용어들로 나뉘어진다. 즉 kharízomai, eukharisteîn 등과 khará(기쁨), khaírō(기뻐하다) 같은 것이다.

이들의 비교는 확실하다. 오래전부터 학자들은 그리스어 어기 khar-를, 산스크리트어 har(ya)-(즐거움을 느끼다), 이탈리크어 her-(hor-): 오스카움브리아어 her-(원하다), 라틴어 사역형 horior, hortor(원하게 하다/하도록 격려하다)와 비교했을 뿐만 아니라 또한 게르만어 *ger-: 고트어 -gairns(하고 싶은 욕망이 있는; 독일어 gern), gairnei(욕망), 현재형 gairnjan(욕망이 있다/강하게 원하다)과도 비교했다.

그리스어 kháris는 '쾌락', '즐거움'(육체적인 의미도 또한 포함된다), '호의', '감사'의 개념을 강조한다. 아마도 그리스어의 영향으로 이와 평행하게 발달한 라틴어 gratiā(탈격)를 참조.

라틴어 gratiosus는 '감사를 느끼는'과 '친절로 행해진', '무보수로 행해진'을 의미한다. 마찬가지로 gratiis의 의미가 전문화되어 gratis로 축약된 형태로 라틴어에 나타나는데, 그것은 '돈을 지불하지 않고'를 의미한다. 즉 gratis habitare는 '공짜로 거주하다', '집세를 지불하지 않고'를 뜻한다. 그래서 gratia의 용법에 새로운 의미요소, 즉 '무보수로, (상대를) 즐겁게 하기 위해' 제공하거나 제공받은 봉사, 급부라는 의미가 나타났다. gratia는 지출을 절약하는 것을 가리킨다. 이 의미발달에 대한 증거를 형용사 gratuitus(공평무사한/무상의)에서 볼 수 있다. 이 형용사의 구성은 fortuitus와 평행되며, fortu-(fortuna 참조) 유형의 명사 *gratu-를 상정한다. 이미 화폐에 기초한 문명권에서 어떤 사람에게 '은총'(grace)을 베푸는 것은 그가 빚진 것을 '면제해 주거나'faire grace, 받은 용역에 대한 지불 의무를 호의로 연기해 주는 것이다. 이와 같은 것이 감정 용어를 경제적 가치의 의미에 개입시키게 된 배경이다. 그러나 이 용어가 탄생된 원래의 종교적 의미표상과는 아무런 단절 없이 의미가 발달한 것을 볼 수 있다.

경제적 개념이 물질적인 차원의 필요——언제나 이를 만족시키는 것이 문제다——에서 생겨난 것이라고 생각하거나 또는 이러한 개념을 나타내는 용어들이 단지 물질적 의미만을 갖는다고 생각하면 큰 잘못이다. 경제적인 개념과 관계되는 모든 것은 인간 관계나 인간과 신의 관계 전체를 포괄하며, 훨씬 광범위한 의미표상과 연관된다. 그래서 이들의 관계는 복잡해서 파악하는 것이 어렵고, 언제나 쌍방의 당사자들이 포함되어 있다.

그러나 사역(봉사)의 제공과 지불의 상호 과정은 의도적으로 단절될 수 있다. 예컨대 보상 없는 용역, 호의적인 제물 헌납, 순수한 '은총' 등이며, 이들은 새로운 상호 관계를 만들어 낸다. 교환의 정상적 순환, 즉 무엇을 증여함으로써 다시 되돌려 받는 순환이라는 차원 위에 제2의 순환이 있는데, 그것은 바로 자선과 감사, 보상에 대해 아무 생각 없이 거저 주는 것, '고마움'의 표시로 제공하는 증여의 순환이 그것이다.

2편

친족 관계

서론

요약

델브뤽Berthold Delbrück이 연구한 인도유럽사회의 친족관계에 대한 연구 이래로 친족에 대한 인도유럽어 어휘에 대한 우리 지식은 그렇게 현저히 진전되지 못했지만, 민족학적인 성찰은 그 나름으로 많은 진보를 했다. 이 러한 성찰 덕택에 오늘날 언어학자들은 어휘의 '비정상형'에 대한 전통적 해석을 수정하게 되었다.

친족관계와 관련되는 인도유럽어 용어는 인도유럽어의 가장 안정되고 도 가장 확실한 용어 가운데 속한다. 그것은 친족용어들이 거의 모든 인 도유럽어에 출현하는 한편, 또한 명확히 대응하기 때문이다. 여기서는 철 저한 연구에 유리한 모든 조건들이 충족된 것으로 보인다. 그렇지만 이 친족관계 문제는 델브뤽의 저서 『인도게르만어 친족관계』*Indogermanische Verwandtschaftverhältnisse*가 출간된 연대인 1890년 이후에는 별로 진전된 것이 없다. 이 저서에는 친족관계 대응어z로부터 끌어낼 수 있는 주요한 두 가 지 결론이 제시되어 있다. 즉 한편으로는 친족어휘를 통해서 윤곽이 드러나는 조상(이 조상을 중심으로 모든 남성 자손과 이들의 소수 가족이 집단을 이룬다)을 모신 '대가족'(이는 19세기 세르비아에서도 관찰되었다) 유형을 보여 주는 가부장적家父長的 사회구조라는 점이다. 또 다른 한편으로는 친족관계의 용어가 남자와 관련된다는 점이다. 여성과 관련된 용어는 그 수도 매우 적고, 불확실하며, 흔히는 형태도 유동적이다.

그렇지만 델브뤽 이후 70~80년이 지난 지금에는 많은 인도유럽사회에서 방대한 양의 자료가 수집되었을 뿐만 아니라 특히 친족관계의 일반 이론이 점차 명료해짐에 따라 더욱 훌륭한 해석이 제시되면서 이 분야의 연구는 크게 진보했다. 인도유럽 세계 이외의 세계에서 우리가 얻은 지식에 의하면, 이 친족체계에서는 때로 서구 현대사회에서 구별되는 친족을 동일한 용어로 부르기도 한다. 예컨대 '형제', '사촌', '부친', '친삼촌' 등의 친족이 그것이다. 이와 반대로 우리가 구별하지 않고 섞어 사용하는 친족은 구별하기도 한다. 예컨대 '외삼촌', '친삼촌'(현대 서구에서는 '삼촌'), '외조카', '친조카'(현대 서구에서는 '조카') 등이 그것이다. 그러나 오늘날 우리에게 낯선 이 친족관계는 때로 고대 인도유럽 친족체계에서는 등가치를 지닌 용어로 나타나기도 한다. 그리하여 고대 인도유럽 세계도 다른 모든 친족체계처럼 친족분류의 원리들을 알아내는 것이 문제이다.

친족관계에 대한 인도유럽어 어휘는 사실상 상당수의 비정상 형태들을 보여 주는데, 이들은 다른 친족체계에 비추어서 보다 명확히 규명할 수 있다. 예컨대 리키아 민족은 모계母系 친족을 따른 명칭을 지녔다고 헤로도토스(『역사』 1권 173장)는 말한다. "그들은 그들의 모친을 따라 명명되었고, 부친을 따라 명명되지 않았다." 그리고 그는 첨가해서 말하길, "여자 시민이 노예와 결혼하면 어린아이는 좋은 가계의 출신으로 인정된다. 그러나 남자 시민이 비록 그가 시민 가운데서 최고의 자리에 있더라도 외국 여자나 첩을 가진 경우에는 그 아이들은 전혀 고려의 대상이 되지 않는다". 따라서 리키아에서는 모계의 가계가 확인되는 것 같다. 그러나 헤로도토스의 주장은 리키아 비문碑文의 인명 연구로는 확증되지 않는 것 같다. 하지만 헤로도토스가 이러한 특이한 것을 만들어 낸 것은 아니다. 그는 그 후에 확증된 다른 정보를 제공하는데, 예컨대 리키아인의 토착 명칭인 테르밀라이인Termilai 같은 것이다. 그런데 호메로스가 전해 주는 이야기(『일리아스』 6권 192~195행)에서 나타나는 바대로, 벨레로폰테스[1]의 얘기에 의하면 리키아의 여성 친족관계가 정말 중요한가를 의심할 수 있다. 즉 리키아의 왕이 아르고스인 벨레로폰테스에게 자기 딸과 왕의 특권의 절반을 주면서 그를 자기 사위와 후계자로 삼는다. 그래서 벨레로폰테스는 결혼함으로써 왕권을 획득한다. 그런데 비문에 의거해서 리키아인의 친족관계 체계가 어떤 것이었는지를 표상할 수 있다. 조각상의 기초석基礎石에 쓰인 기원전 4세기의 이중 언어로 된 헌사에서 다음 글을 읽을 수 있다. Πόρπαξ Θρύψιος Πυριβάτους ἀδελφιδούς Τλωεύς ἑαυτὸν καὶ τὴν γυναίκα Τισευσέμβραν ……. Ὁρτακία θυγατρέα Πριανόβα ἀδελφιδήην……(틀로스의 시민 퓌리바테스의 조카 트루스의 **아들** 포르팍스와 프리아노바스의 **질녀** 오르타키아스의 **딸**인 그의 부인 티세우셈브라는……). 이 텍스트는 리키아어로 기록되어 있다. 인명이 부계 조상과 더불어 제시된다(트립시스가 남자 명칭이더라도 확실하지 않다). 그러나 그는 또한 '누구의 조카'로 언급되고, 또 그의 부인은 '누구의 딸'과 '누구의 질녀'로 명명되고 있다. 이러한 가계 표기법은 리키아의 많은 다른 비문에서 재발견되지만 이들 비문에서도 대부분 '누구의 조

---

1) 벨레로폰테스Bellerophontes: 포세이돈의 아들 또는 시시포스의 손자. 페가수스(날개 달린 백마)를 길들이고 키메라를 죽인다. 리키아의 왕은 그가 신의 아들인 것을 확신하고 그에게 딸을 주고 왕위를 물려준다.—옮긴이

카'라고만 언급되어 있다. 이 경우 '조카'의 의미는 무엇인가?

교차사촌 간의 혼인을 규정하는 친족체계에서 남자는 고모의 딸이나 외삼촌의 딸과 결혼할 수 있다. 그러나 친삼촌의 딸이나 이모의 딸과는 결코 혼인할 수 없다. 이것은 분류학상의 이유 때문이다. 즉 친삼촌은 '아버지'로 불리고, 이모는 '어머니'로 불리기 때문이다. 결국 친삼촌의 아들이나 이모의 아들은 '형제'로 부르고, 그 딸은 '자매'로 부른다. 그래서 '자매'나 '형제'와 혼인하는 것은 불가능하다는 사실은 이해가 간다. 이와 반대로 혼인이 합법적인 친족관계의 조건 역시 아주 분명하다. 즉 고모나 외삼촌은 다른 혈족에 속하며, 그들의 자식들도 마찬가지다. 그래서 삼촌과 조카의 관계는 다음과 같이 정의된다. 즉 조카에게 '삼촌'은 외삼촌이고, 삼촌에게 '조카'는 외조카이다. 많은 사회에서 '조카'란 단어는 '자매의 아들'만을 의미한다. 앞의 리키아 비문에서 프리아노바스는 티세우셈브라의 외삼촌이다. 따라서 이것은 혼합 친족체계로서 부계와 모계를 동시에 지적하고 있다.

그 이유를 설명해야 할 또 다른 사실도 있다. 인도유럽어는 왜 여성의 친족관계 어휘가 그렇게 빈약한가 하는 문제이다. 학자들은 가정家庭에서 남성이 기능적으로 우세하기 때문이라고 말하기도 한다. 아마 그럴지도 모르지만, 이와 같은 남성의 우위는 다른 영역에서도 이와 동일한 어휘적 결과를 초래하지 않고서도 그대로 잘 유지되었다. 유럽에서 여성의 법적 지위는 18세기까지 변하지 않았다. 그렇다고 해서 친족어휘가 엄밀히 상호적이 아닌 것은 아니다(예를 들면 beau-père(시아버지/장인)/belle-mère(시어머니/장모) 등). 이에 대한 설명은 오히려 여자가 자기 혈족을 떠나서 남편 혈통에 편입되고, 그래서 이때부터 그녀와 남편의 가계 사이에 새로운 표현을 요구하는 관계가 설정된다는 데서 찾아야 한다. 그런데 이 가계는 '대가족'이기 때문에, 즉 호메로스 시대의 사회에서 볼 수 있는 유형의 '대가족'이기 때문에 그 관계는 다양하다. 그래서 새색시는 부친, 모친, 형제, 형제의 아내들(동서)과 다른 관계를 맺는 것이다. 이와 반대로 남자는 특정한 용어로 자기 아내의 가족(남편은 이들과 동거하지 않기에)을 구별할 필요가 전혀 없다. 그래서 그는 이들과의 관계의 특징을 표시하기 위해서 '친족을 맺은', '혼인을 맺은'이라는 일반적 용어로 만족하고, 이 용어는 이 친족관계의 구별 없이도 이 친족을 적절히 지시할 수 있다.

세번째 사실을 지적해야 되는데, 그것은 친족관계의 지칭에서 빈번히 나타나는 변동이다. '부친', '모친', '형제', '자매'를 가리키는 용어는 명확하고 일관되게 나타나지만, '아들'의 명칭은 흔히 혁신되고 변화한다. 마찬가지로 '삼촌'·'숙모' : '조카'·'질녀'에 대한 명칭은 모호하고, 언어에 따라 아주 다양하다(라틴어 nepos는 '조카'를 가리킴과 동시에 '손자'를 가리킨다). 마지막으로, '사촌'에 대한 인도유럽어 명칭은 부분적으로도 재구할 수 없을 것 같다. 이 어휘 변동은 여러 차원에서 심각한 문제를 야기시킨다.

각 언어에 특수한 친족체계를 고찰하면 특이한 상관관계가 나타남을 알 수 있다. 예컨대 auunculus(삼촌)는 라틴어에서 auus(조부)의 축소사縮小詞이다. 이러한 예는 모든 차원에서 제기되는 문제들의 일단으로서, 어떤 문제는 용어의 의미와 관련되고, 또 어떤 문제는 이 용어의 분포와 관련되고, 그 외의 문제는 이 용어의 진화와 관련되어 있다.

1장_부친 개념의 중요성

요약

인도유럽어에서 아버지와 어머니, 형제와 자매는 대칭적 쌍을 구성하지 않는다. *māter(어머니)에 대해 *pəter는 생물학적 아버지를 가리키지 않는다. 이는 무엇보다도 라틴어 Iupiter에 그대로 보존된 고대의 단어 병치가 증명한다. *bhrāter도 역시 같은 혈통에 속한 형제가 아니다. 그리스어 phrátēr는 다른 어떤 언어보다도 친족관계의 분류 용어인 '한 씨족의 구성원'이라는 의미를 더 잘 보존한다. *swesor(라틴어 soror)를 살펴보면, 이것은 문자 그대로 집단(*swe)의 여성(*sor)을 가리킨다. 이것 역시 친족관계의 분류에 속하는 또 다른 용어지만, *bhrāter와 대칭을 이루지 않는다.

모든 친족용어 가운데서 가장 확실한 형태는 아버지의 명칭이다. 즉 인도유럽어 *pəter, 산스크리트어 pitar-, 아르메니아어 hayr, 그리스어 patér, 라틴어 pater, 고대 아일랜드어 athir, 고트어 fadar, 토카리아어 A pācar, 토카리아어 B pācar이다. 이 형태들 중 단지 두 형태만이 공통의 모델에서 벗어난다. 다시 말해서 아일랜드어와 아르메니아어에는 어두 p가 변질되었다. 그리고 토카리아어에서 pācar의 ā는 고대의 장모음이 아니며, c(=ts)는 구개음화된 인도유럽어 t를 계승한다.

많은 언어의 증거는 또 다른 명칭을 보여 준다. 히타이트어에는 atta라는 형태가 발견되는데, 이는 라틴어 atta, 그리스어 atta(ἄττα), 고트어 atta, 고대 슬라브어 otĭcĭ(*at(t)ikos에서 파생된 atta의 또 다른 파생 형태)와 대응한다.

히타이트어 atta를 알게 된 것은 좋은 계기가 되었다. 왜냐하면 표의문자 체계는 대부분의 친족용어의 음성 형태를 은폐하기 때문이다. 단지 '아버지', '어머니', '할머니'만이 명확히 알아볼 수 있는 형태로 기록되었고, 반면 '아들', '딸', '부인', '형제'는 단지 표의문자로만 기록되어 있다.

고트어에는 아버지를 지칭하는 두 가지 명칭 atta와 fadar가 있다. 지금까지 관례는 이들을 동일한 차원에서 논의했다. 실제로 모든 인도유럽어에서 아버지의 명칭은 atta이다. fadar는 단 한 곳에서만 확인할 수 있다. 「갈라디아서」4장 6절에서 사용된 호격 ἀββᾶ ὁ πατήρ(아바! 오 아버지여!; ἀββᾶ는 아르메니아어 형태로서, 신에게 간구하는 전통적인 호칭이다. 이것이 그리스어 주격-호격으로 다시 반복되고 있다)는 abba fader로 번역되었다. 번역자는 *abba atta를 사용하는 것을 피하고 싶었기 때문에 다른 게르만 방언에서 일상적으로 사용되던 옛 단어 fadar(이것은 고트어 자체 내에 파생어 fadrein(가계/양친)을 남기고 있다)를 다시 반복하는 듯이 보인다. 그외의 모든 인도유럽어에도 그리스어 patér는 atta로 번역되는데, 여기에 성구 표현 atta unsar(우리 아버지)도 포함된다. 히타이트어와 고대 슬라브어에 *pəter가 출현하지 않는 것은 어떤 연유에서인가? 이에 대한 대답은 *atta가 *pəter의 친밀한 일상 형태라는 것으로는 해결되지 않는다. 진정한 문제는 이보다 훨씬 중요한 것이다. 즉 *pəter가 고유한 의미에서 생물학적인 부친을 가리키며, 오직 이 생물학적인 부친만을 가리키는가 하는 문제이다.

*pəter란 용어는 신화神話에서는 풍부한 함축적 의미가 담겨 있다. 그것은 인도유럽족의 최고의 신을 가리키는 영원불변의 수식어이다. 그것은 신의 명칭 Jupiter에서 호격呼格 형태로 나타난다. 즉 라틴어 형태 Jūpiter는 기도 형식 *dyeu pəter(하늘에 계시는 아버지시여)에서 나왔고, 이 후자 형식은 그리스어 호격 Zeû páter(Ζεῦ πάτερ)와 정확히 일치한다. Jupiter 외에도 주격 Diēspiter가 그대로 보존되어 있고, 베다 산스크리트어 dyauḥ pitā와 대응한다. 라틴어, 그리스어, 베다 산스크리트어의 증거에 추가해서 움브리아어 Iupater와, 마지막 증거자료로, 잘 알려 있지는 않으나 흥미로운 형태인 Deipáturos(Δειπάτυρος)가 있다. 이 형태는 헤시키오스[1]에는 Θεὸς παρὰ Στυφαίοις(스팀파이아인들의 신), 즉 에페이로스에 있는 도시인 스팀파이아 주민의 신으로 주석된다. 이 고대 일리리아 백성의 식민 거주지에서 일리리아인의 유산 일부가 도리스 그리스어를 통해서 전해 내려온다. 그래서 Deipáturos라는 형태는 일리리아어에서 기원하는 호격이어야 한다. 신의 호칭 영역이 아주 광범위해서 '아버지'의 명칭에 대한 사회적 용법은 공통 인도유럽어 시기까지 거슬러 올라가는 것이 정당하다.

그런데 이 '아버지'에 대한 원래의 이미지에는 생물학적 부친관계가 배제되어 있다. 이것은 엄밀한 의미의 친족관계를 벗어나고, *pəter는 개인적(사적)인 의미로는 '아버지'를 가리킬 수 없다. 그래서 이들 중 어느 한 의미에서 다른 의미로 의미가 쉽사리 전이될 수 없다. 이들은 별개의 두 의

---

1) 헤시키오스Hesychios(서기 약 6세기): 알렉산드리아의 헤시키오스. 알파벳 순서로 제시된 그리스 단어들의 『사전』Léxeón을 편찬했다. 이는 그리스어 사전편찬학에 대한 가장 기본적인 자료이다.—옮긴이

미표상이며, 따라서 언어에 따라서 어느 한 의미를 다른 의미로 환원시킬 수 없다는 점이 드러난다. 이 차이를 분명히 드러내기 위해, 태평양에서 지신의 체험을 이야기하는 선교사 이븐스W. G. Ivens의 관찰을 참조해 보자. 4복음서를 멜라네시아어로 번역하려고 했을 때, 그가 느낀 가장 큰 애로사항은 Pater noster(우리 아버지)였는데, 그것은 아버지의 집합적 함축의미에 대응하는 용어가 멜라네시아어에는 없었기 때문이었다. "부친은 이들 언어에서는 단지 인간적이고 개인적인 관계에 지나지 않는다."[2] 보편적인 '아버지'라는 개념은 이들 언어에서는 상상이 불가능했던 것이다.

인도유럽어의 분포는 이와 동일한 원리와 대강 일치한다. 인간적이고 개인적인 '아버지'는 atta이며, 히타이트어, 고트어, 슬라브어에 나타난다. 이들 언어에서 고대 용어 *pəter는 atta로 교체되었다. 그것은 *pəter가 일차적으로 분류학상의 용어였기 때문인데, 이는 '형제'의 명칭을 연구하는 데서 확증할 것이다.

atta란 단어 자체를 살펴보면, 몇 가지 특징이 이 단어 정의에 도움이 된다. 그 음성 형태로 보아서 이것은 '친밀' 용어로 분류되며, 따라서 '아버지'를 가리키는 atta와 유사하거나 심지어 이와 동일한 명칭을 수메르어, 바스크어, 터키어 등의 다양하고 친근관계가 전혀 없는 언어에도 찾아볼 수 있다는 사실은 결코 우연이 아니다. 더욱이 atta는 tata와 분리될 수 없는데, tata 역시 베다 산스크리트어, 그리스어, 라틴어, 루마니아어에서 어린애들이 아버지를 다정스레 부르는 전통적 호칭 방식이기 때문이다. 마지막으로, 게르만어 형용사 '고귀한', 즉 *atalos 〉 edel, adel[3]도 살펴볼 것인

---

2) 이븐스, 『솔로몬 제도의 사이어와 울라와어의 사전과 문법』*Dictionnary and Grammar of the Langu-age of Saea and Ulawa, Solomon Islands*, Washington, 1918, p. 166.

3) 본서 2권 1편 8장.

데, 이 호칭어로부터도 다수의 파생어가 생겨났고, 이들도 제도어휘 내에 자리 잡고 있다.

이로부터 atta는 '양육한 아버지', 즉 어린이를 기르는 아버지임에 틀림없다는 결론이 나온다. 이 점에서 atta와 pater는 차이가 있다. 그리하여 이 두 용어는 사실상 꽤 광범하게 공존할 수 있었고, 또 공존하고 있다. atta 가 인도유럽어의 영역 일부에서 우세하게 사용된 것은 아마도 종교적 관념과 사회구조에서 일어난 격심한 변화의 결과일 것이다. 실제로 오직 atta 만이 사용되는 인도유럽어 영역에서는 '아버지' 신이 지배하던 고대 신화의 흔적은 전혀 남아 있지 않다.

'어머니'의 명칭을 살펴보면, 형태들이 거의 동일하게 분포한다는 것을 관찰할 수 있다. 즉 이를 가리키는 용어인 인도유럽어 *māter는 산스크리트어 mātar-, 아베스타어 mātar, 아르메니아어 mayr, 그리스어 métēr(μήτηρ), 고대 아일랜드어 mathir, 고대 슬라브어 mati, 고대 고지 독일어 muotar로 나타난다. 그러나 히타이트어는 anna-로 나타나는데, 이는 atta(아버지)와 짝을 이룬다. 라틴어 anna, 그리스어 annís(ἀννίς, 어머니나 아버지의 어머니) 참조. 아버지와 어머니의 명칭은 대칭적으로 구성되고, -ter란 공통의 어말 형태를 지니고 있다. -ter는 친족명칭을 가리키는 특징적 접미사가 되었고, 그 후에 많은 언어에서 가족명칭 전체로 확장되어 사용되었다.[4]

*pəter와 *māter는 더 분석할 수 없다. 따라서 이 어말형태가 그 기원으로부터 접미사였는지에 대해서는 말할 수 없다. 어쨌든 이 -ter는 행위자

---

4) 본서 310쪽 이하 참조.

명사의 형태소도 아니고, 비교급의 형태소도 아니다. 단지 확인할 수 있는 것은 *pəter나 *māter에서 분석되어 나온 -ter가 어휘부류의 지표, 즉 친족 명칭의 지표라는 사실뿐이다. 이러한 이유로 그것은 이 부류에 속하는 다른 용어로 일반화되어 사용되었다.

'어머니'의 두 명칭, 즉 *māter와 *anna가 '아버지'를 가리키는 두 명칭, 즉 *pəter와 *atta가 동일한 구별이라는 것은 충분히 가능한 사실이다. 왜냐하면 '아버지'와 '어머니'는 '고귀한' 명칭으로 고대 신화에서 대칭적 의미 표상을 그대로 유지하기 때문이다. 예컨대 『리그베다』에도 '하늘-아버지'와 '대지-어머니'는 짝을 이룬다.

더욱이 히타이트어군만이 anna-(루위어 anni-)를 '어머니'를 가리키는 용어로 채택했는데, 이는 '아버지'를 가리키는 용어가 atta-(루위어 tati-)인 것과 같다. 한걸음 나아가 *anna의 의미는 아주 모호하다. 잘 확인되지는 않지만, 라틴어 anna는 '양육의 어머니'를 가리키는 듯이 생각되고, 그리스어 annís에 대한 헤시키오스의 주석 '아버지나 어머니의 어머니'와 일치하지 않는다. 이러한 성질의 용어는 친족체계에서는 정확한 지시대상이 없다.

'형제'의 명칭은 인도유럽어 *bhrāter인데, 산스크리트어 bhrātar-, 아베스타어 brātar, 아르메니아어 eɫbayr, 그리스어 phrátēr(φράτηρ), 라틴어 frāter, 고대 아일랜드어 brathir, 고트어 broþar, 고대 슬라브어 bratrŭ, bratŭ, 고대 프러시아어 brati, 토카리아어 prācer의 대응의 일치에 근거해서 재구된 형태이다. 히타이트어의 형제 명칭은 아직 알려져 있지 않다. 아르메니아어 형태 eɫbayr는 음성적으로는 어두의 음운도치로 설명된다. 즉 bhr- ⟨ (a)rh-이다. 어두의 음운도치로 인해서 인접하게 된 두 r이 이화작용으로 l-r 이 되었다.

이 대응표에 나타나지 않는 중요한 사실은 그리스어에는 *bhrāter의 대응어로 phrátēr란 형태가 있지만, 실제로 친족어휘에서는 *bhrāter가 adelphós(ἀδελφός; 여기에서 adelphé(ἀδελφη; 자매)가 생겨났다)로 교체되었다는 점이다. 이와 같은 용어 대치는 우발적 어휘사실일 수는 없다. 그래서 이는 친족명칭 전체와 관련하여 어떤 필요성이 있어 대치된 것으로 생각된다.

크레츠머P. Kretschmer[5]에 따르면, phrátēr가 adelphós로 교체된 것은 형제 관계를 새로이 고찰하는 방식에서 기인하며, 이로 인해 phrátēr는 씨족 구성원의 명칭이 되었을 것이라고 한다. 실제로 phrátēr는 혈통에 의한 형제를 가리키는 것이 아니다. 그것은 상징적인 친족관계에 의해 서로 관련되면서 같은 아버지에게서 태어난 자손들로 간주되는 남자들에게 적용된다. 그렇다면 이것은 그리스어에서 일어난 어휘 혁신인가? 사실상 그리스어에는 인도유럽어 *bhrāter의 '광범한' 의미작용이 보존되어 있고, 이 탈리크 세계의 종교제도도 아직 이 측면을 그대로 반영하고 있다. 예컨대 로마의 '아르왈리스의 형제들'(fratres aruales), 움브리아인의 '아티에디스의 형제들'(fratres Atiediis)은 성직자단의 구성원이다. 이 형제단들이 활동하고, 또 구성원들이 특수 지위를 가지는 경우에, '혈통에 의한 형제'를 명시적 용어로 특정화할 필요가 있었던 것이다. 그래서 라틴어에서 같은 혈통의 형제는 frater germanus로 부르거나 간단히 germanus(에스파냐어 hermano/포르투갈어 irmāo)라 불렸다. 말하자면 같은 뿌리에서 나온 형제라는 것이다. 마찬가지로 고대 페르시아어에서 다리우스 왕이 포고문에서

---

5) 『말』*Glotta*, vol. II, 1910, p. 201 이하.

자기 이복형제에 대해 말할 때, 그는 hamapitā(같은 아버지에게서 태어난), hamātā(같은 어머니에게서 태어난) 같은 말을 덧붙이는데, 이는 그리스어 homo-pátrios, homo-métrios에서 사용된 것과 같은 방식의 조어법이다. 사실상 '형제'는 '아버지'와 관련해서 정의되지만, 이 '아버지'는 반드시 생물학적으로 '자식을 낳은 자'만을 가리키는 것은 아니다.

이러한 연관 관계로 해서 *bhrāter는 반드시 같은 혈통에서 태어난 형제가 아닌 형제도 가리켰다. 그리스어에서는 이 두 가지 뜻이 구별되었다. 그래서 phrátēr는 한 씨족의 구성원을 가리키는 데 국한되었고, '혈통에 의한 형제'를 가리키기 위해 adelphós(문자적 의미로는 '동일한 모태에서 태어난'를 의미한다)라는 새로운 용어가 제정되었다. 더욱이 이 차이는 거의 관찰되지 못했던 사실에 의해 분명히 드러난다. 즉 phrátēr는 말하자면 단수 형태로는 존재하지 않는다는 점이다. 그래서 복수 형태만이 일상적으로 사용된다. 이와 반대로 개인적 친족관계를 지시하는 것을 목표로 하는 adelphós는 단수로 빈번히 사용된다. 이제 이 두 관계가 서로 구별될 뿐만 아니라 암시적인 지칭관계에 의해 양극화된 것으로 드러난다. 즉 phrátēr는 동일한 아버지와 관련해서 정의되고, adelphós는 동일한 어머니와 관련해서 정의된다는 사실이다. 그 후부터 오직 같은 어머니의 자손만이 형제의 기준으로 제시되었다. 이와 동시에 새로 생겨난 이 친족지칭은 이성異性의 개인들 사이에도 자리 잡게 되었다. 즉 adelphós(형제)에서 여성형 adelphé(자매)가 생겨났고, 이로써 고대의 친족용어 체계는 전도되었다.

'자매'는 특정한 명칭을 지니고 있다. 즉 이것은 인도유럽어 *swesor로서, 산스크리트어 svasar, 아베스타어 xᵛanhar, 아르메니아어 kʰoyr(*swesor의 음성변화 결과 생김), 라틴어 soror, 고트어 swistar, 고대 슬라브어 sestra, 토카리아어 šar로 나타난다.

*swesor의 그리스어 대응어는 éor(ἔορ)란 형태로 보존되지만, 위의 대응표에는 빠져 있다. 그러나 이것은 주석가들이 모은 잔존형에 지나지 않는다. phrátēr가 특수 의미를 보여 주는 것과 마찬가지로 *swesor와 음성적으로 대응하는 éor는 서로 불일치하는 의미들이 제시되었다. 즉 θυγάτηρ(딸), ἀνεψιός(사촌), ἔορες· προσήκοντες(친척)로 주석되었다. 아주 모호한 이 용어는 학자들이 더 이상 아주 명확하게 의식하지 못했던 막연한 친족 촌수寸數에 적용되었다. éor는 adelphé(자매)가 새로이 생기면서 소실되었고, adelphé는 한 단계 거슬러 올라가면, '형제'를 뜻하는 용어가 변형되어 파생된 것이다.

그러면 *swesor-의 고유 의미는 무엇인가? 이 형태는 합성어 *swe-sor로 분석할 수 있다는 사실 때문에 각별한 관심을 끈다. 이 합성어는 사회 관계의 용어[6]로 잘 알려진 *swe-와, 여성을 지시하는 고대 합성어의 요소 *-sor로 구성되어 있다. *sor를 살펴보면, '셋째'와 '넷째'를 가리키는 고대의 서수사序數詞는 남성형 외에도 *-sor란 형태 특징을 갖는 여성형이 있었다. 예컨대 켈트어 cetheoir, 베다 산스크리트어 catasra, 아베스타어 čataŋrō 같은 형태인데, 이들은 모두 *kʷete-sor에서 유래하는 여성형이다.

*-sor가 '여자'를 가리키는 고대 명칭이라는 것은 가능한 사실이다. 이것은 이란어군의 아베스타어 hāiriši(여자/암컷)의 기어基語에 있는 har-란 형태로 인지되며, 아베스타어 hāiriši는 여기에 -iš-ī가 접미사화된 형태이다. 이 접미사 형태소는 산스크리트어 여성 mahiṣī(여왕)에도 다시 나타난다. 또한 산스크리트어 strī(‹ *srī; 여자)는 고대의 *sor가 여성화하여 이차적으로 생긴 형태일 수 있다. 그래서 합성어 *swe-sor를 구성하는 두 요소

---

6) 본서 405쪽 참조.

를 확인할 수 있고, 그것은 어원적으로는 '사회집단인 swe에 속한 여자'를 의미한다. 이 명칭은 '자매'를 '형제'와는 전혀 다른 평면에 위치시킨다. 즉 이 두 용어 사이에는 대칭관계가 없다는 점이다. 따라서 남성 구성원들로 유지되는 '대가족' 내에 있는 가족사회의 하위 집단인 swe와 관련해서 지배적 지위를 정의할 수 있다. 차후에 swe의 의미만을 더욱 자세히 조사하는 기회가 있을 것이다.

　'자매'를 가리키는 단어와는 달리 '형제'를 가리키는 명칭을 더욱 분석할 방도는 없다. 단지 '아버지'와 '어머니'처럼 동일한 어말형태 -ter를 따로 분석해 낼 수 있을 따름이다. 그러나 어떤 설명으로도 어간 *bhrā-를 해명할 수 없다. 이를 라틴어 ferō의 어근 *bher-와 결부짓는 것은 쓸데없는 일이다. 왜냐하면 이 어근에서 파생된 형태들의 용법 중 그 어느 것으로도 '형제' 의미와 관련되는 것이 없기 때문이다. *bhrāter를 *pəter와 *māter 이상으로 더 해석할 수는 없다. 이 세 용어는 가장 오래된 인도유럽어 기반에서 전해 내려오는 것이기 때문이다.

2장_어머니의 지위와 모계 혈통

요약

인도유럽사회에서 상실된 어머니의 법적 역할을 알려 주는 또 다른 지표 중 patrius에 대응하는 *mātrius가 부재한다는 사실을 지적할 수 있다.

그렇지만 어휘, 그 중에서도 특히 그리스어 어휘는 전혀 다른 사회구조에 대한 옛 흔적을 지니지만, 아마도 인도유럽사회에 대한 흔적은 없는 것 같다. 예컨대 Zeus *Héraios* 같은 것이나 *Héra-Héraklès* 같은 부부쌍이 존재하는 것을 '형제'를 가리키는 그리스어 명칭인 adelphós((문자적 의미로는) 같은 모태에서 태어난)와 kasígnētos(같은 모태에서 태어난)는 부계의 혈통체계에 대한 참조로는 설명할 수 없다.

그러나 역사 시기에 와서는 오직 이 과거에 대한 기억만이 남아 있다. 즉 Zeus *Héraios*는 유일한 용례로 나타나고, kasígnētos(이것은 분류학적 용어로서 phrátēr를 교체한 용어로 잠시 사용되었다)와 adelphós는 이들의 어원에도 불구하고 부계 친족의 용어로서 '형제'를 가리킨다.

지금까지 논의한 모든 언어사실은 인도유럽어에서 부친의 개념이 지닌 우위성을 인정하는 것으로 귀착된다. 이와 대조적으로 이들은 또한 이 원리에서 벗어나는 확인가능한 일탈 요소를 평가하는 데도 도움을 준다. 부친의 우위성은 언어적 특성을 지닌 보잘것없는 표시들로 확증된다. 이 표지들은 반드시 명백한 것은 아니지만, 그 기원으로 거슬러 올라가면 의미가치를 지니고 있다.

이 사실들 가운데 하나는 pater에 근거해서 새로이 만들어진 라틴어 patria(조국)란 용어이다. 그러나 이 파생이 직접 생겨난 것은 아니다. 이는 pater와 mater에서 파생된 형용사를 고찰하면 더 잘 알 수 있다.

pater에서 파생된 형용사는 patrius이다. 이것은 '아버지'의 세계에만 배타적으로 귀속되는 형용사이다. 하지만 '어머니'는 그 상관어가 없으며, 따라서 *matrius란 용어는 없다. 그 이유는 분명히 어머니의 법적 지위 때문이다. 로마법에는 형용사 *matrius가 적용될 수 있는 제도가 없었고, 그래서 '아버지'와 '어머니'를 동일한 지위에 놓을 수 없었다. 그리하여 potestas(권력)는 오직 patria(부계의)에 속한 것이다. 로마법에 의하면, 어머니에게만 고유하게 귀속되는 권위나 재산은 없다. māter에서 파생된 형용사는 이와 전혀 다르다. 따라서 파생 형용사 maternus의 조어법을 재고해야 한다.

pater와 māter에 공통된 파생어가 적어도 하나는 있는 것으로 생각할 수 있는데, 그것은 -monium으로 된 파생어이다. 그것은 matrimonium(결혼)과 patrimonium(상속 재산)이 서로 평행하기 때문이다. 하지만 이것은 사실상 극히 외적인 대칭일 뿐이다. 뒤에서 살펴보겠지만, 이 두 용어의 형태는 서로 상관이 없으며, 동일한 기능을 나타내 주는 것도 아니다. 여기서도 이 두 개념을 구별짓는 본질적인 불균형이 형태론적 표지에서 분명히 드러난다.[1]

고대의 사회구조를 가장 오랫동안 간직한 인도유럽사회 가운데 하나는 남부 슬라브족의 사회로서, 여기에는 오늘날 아직도 소위 자드루가(zadruga)란 가족 형태가 나타난다. 뱅스키[2]는 이 '대가족'의 구성과 기능을 자세히 고찰했다. zadruga는 대부분의 경우 20여 명의 구성원, 때로는 30여 명에서 60여 명에 이르는 구성원을 집단화한 것이기 때문에 오늘날 우리가 일상적으로 볼 수 있는 제한된 소수의 가족보다는 훨씬 많은 구성원을 가진 집단이다. 왜냐하면 이것은 동일한 집에 사는 아들들의 숫자만큼 많은 소수 가족을 하나로 묶기 때문이다. 하지만 외부인이 딸과 혼인함으로써 가족의 구성원이 될 수 있다. 즉 상속녀에 의해 가계가 지속된다. 사위는 새로운 가족에 포함되어 자신의 고유한 지위마저 상실한다. 심지어는 자기 아내의 이름을 얻기까지 하는데, 그래서 가족의 다른 구성원은 이 아내의 이름에서 파생된 소유 형용사를 이용해서 그를 부르기도 한다. 그 후 그 사위는 아들과 마찬가지로 자기 아내의 성으로 불린다. 그 결과 그 자신이 지녔던 성은 더 이상 사회적 기능이 없어진다.

　　그러나 고대 그리스 사회에서는 특히 이와 반대 방향을 증거하는 자료도 있다. 앞에서 그리스어에만 고유하면서 다른 인도유럽어와 분리되는 특수성을 살폈다. 즉 adelphós는 '형제'를 지칭함으로써 동일 모태에서 태어난 형제를 가리켰다는 점이다. 이것은 어머니와 관련해서 '형제'를 지칭하는 유일한 용어는 아니다. 동일한 의미를 지닌 대칭 용어는 형용사 homogástrios(ὁμογάστριος)와 쌍립어 ogástōr(ὀγάστωρ; 문자적 의미로는 '동일한 자궁에서 태어난'을 가리킨다)이다. 이것이 여성의 우위를 보여 주

---

1) matrimonium에 대해서는 뒤의 4장 참조.
2) 뱅스키Vinsky, 『남부 슬라브족의 대가족: 인종학적 연구』*La grande famille des Slaves du sud. Etude ethnologique*, Zagreb, 1938.

는 고대의 지표인 듯이 생각된다.

　그리스 신화는 여기에 대한 확실한 증거를 많이 제공한다. 예컨대 부부의 원형이라고 할 수 있는 위대한 신의 부부쌍 제우스와 헤라를 보자. 이들은 hieròs gámos(신성한 결혼)에 의해 서로 맺어져 신들 가운데 지고의 우두머리인 남편의 부권父權을 잘 예시해 준다. 제우스에 대한 기념비적 저서를 쓴 저자 쿡[3]은 이 hieròs gámos를 연구했다. 그에 의하면, 제우스와 헤라의 결합은 원래부터 있던 것이 아니라 더욱 복잡한 전설傳說 상태가 보다 잘 표준화되어서 기원전 5세기경에 출현한 것으로 생각된다고 한다. 그 이전에는 별도의 두 부부쌍이 있었다고 한다. 즉 한편으로는 제우스와 배우자 여신의 쌍과, 다른 한편으로는 남자 신과 헤라의 쌍이 그것이다. 거기에 대한 증거가 아테네의 제사력祭祀曆에 나온다. 여기에는 Zeùs 'Hēraîos(Ζεύς 'Hραῖος)에게 바치는 제사의 헌납물이 언급되어 있다. 이것은 신이 부인의 이름으로 지칭된, 아마도 유일한 예일 것이다. 신화 단계에는 제우스가 헤라에게 종속되어 있다. 쿡[4]은 제우스의 가장 존경할 만한 지성소인 도도네에서 제우스의 부인이 헤라가 아니라 디오네 Diónē(Διώνη)였다는 것을 보여 주는 증거들을 수집했다. 다시 말해서 아폴로도로스[5]가 주장하듯이 도도네인은 헤라를 디오네로 불렀다는 것이다. Diónē는 Zeûs에서 파생된 형용사이다. 디오네라는 신적神的 수식어는 제우스의 이름에서 생겨난 것이며, 그의 발현을 나타내 준다.

　이에 대해 헤라는 지고한 여신이다. 그것은 특히 아르고스에서 그렇

---

3) 쿡A. B. Cook, 『제우스』Zeus, III(1941), pp. 1025-1065.

4) 쿡, 『고전학지』The Classical Review (First Series) XIX, 365와 416.

5) 아폴로도로스Apollodors(기원전 140년 출생): 아테네 출신의 산문 작가로 트로이 전쟁으로부터 기원전 144년까지의 기간의 『연대기』를 지었으나 몇몇 단편들만 남아 있다. ―옮긴이

다. 그런데 그녀와 연관되는 인물은 신화 전승의 가장 일반적인 형태에 따르면, 헤라의 사위인 헤라클레스이다. 그러나 어떤 사실, 예컨대 헤라의 질투심 같은 것은 이들이 모자母子 관계가 아니라 부부夫婦 관계를 나타내 주는 것 같다. 고대에서는 헤라클레스를 헤라 '여신의 배우자'로 간주할 수도 있다는 것이 거의 사실인 것 같다.

따라서 한 쌍의 부부가 아니라 두 쌍의 부부가 있는 것이다. 즉 제우스와 디오네가 한 쌍이고, 헤라와 헤라클레스가 다른 한 쌍이다. 이 두 쌍이 한 쌍으로 합쳐지면서 위대한 여신이 이 위대한 신의 부인이 된다. 그리하여 그 이후 제우스와 헤라는 늘 함께한다. 따라서 이 신화의 원초적인 형태는 부인에게만 고유하게 속한 주요 역할에 대한 기억을 여전히 간직하고 있다.

이와 동일한 특징이 '형제'를 가리키는 그리스어의 두 명칭, 즉 adelphós(ἀδελφός)와 kasígnētos(κασίγνητος)의 대조에도 나타난다. phrátēr의 개념은 phrātría의 개념과 함께 Apatoúria(Ἀπατούρια)의 축제와 관련된 전통(기원상으로 이오니아의 전통인 것 같다)에서 명백히 나타난다. 이 축제 기간의 둘째 날에 Zeùs Phrátrios(Apatoúrios)뿐만 아니라 Athēnaía phratría(Apatouría)에게 바치는 희생제사가 거행된다. Apatúria의 어원은 분명하다. 고대인은 벌써 이 단어를 homopátria(ὁμοπάτρια)로 해석하고 있다. 즉 그것은 동일한 '아버지'를 가진 자들의 축제이다. apátores(ἀπάτορες)는 phráteres와 등가치적 의미를 갖는데, 그것은 phrátēr가 동일한 patár에게서 태어난 후손이기 때문이다. 여기에서 남성적·가부장적 가계의 개념이 생겨났다.

이제 kasígnētos를 고찰해 보자. 이것은 고대의 시어詩語에 속하지만, 이오니아어로 보이는 apatoúrios와 동일한 방언 전통에 속한 것은 아니다. 그래서 kasígnētos는 아이올리스어, 즉 (퀴프로스어 유형에 속하는) '아카이아어'이다. 그 일차적 의미는 다음 용법에 의하면, adelphós란 의미이다. 즉 κασίγνητον καί ὄπατρον(『일리아스』 11권 257행, 12권 371행 참조)이다. 이는 '같은 어머니와 같은 아버지에게서 태어난'을 뜻하고, 『일리아스』 3권 228행에서도 확인된다. 즉 카스토르와 폴리데우케스[6]에 대해 말하면서 αὐτοκασιγνήτω τώ μοι μία γείνατο μήτηρ(나의 어머니가 내게 낳아 주셨던 두 형제)라고 말한다. 이 단어는 합성어의 조어법으로 구성된 것으로서, 첫 구성요소 kásis(형제/자매; 아이스킬로스)는 동사적 형용사 -gnētos(태어난/탄생의)로 강조되고 있다.

그러나 kasígnētos의 용법에 난처한 점이 있는 것 같다. "헥토르는 자기의 모든 kasígnētoi에게 호소를 한다. 그리고 우선 그는 히케타온의 아들인 거만스러운 멜라니포스를 비난한다"(『일리아스』 15권 545~547행). 그래서 히케타온의 아들인 멜라니포스가 헥토르의 형제에 속한 것으로 나타난다. 하지만 이 인물은 그의 형제는 아니다. 그는 히케타온의 아들이지 프리아모스의 아들은 아니기 때문이다. 이미 고대의 주석가들도 이 점을 지적하고 있다. 그래서 고전주석자들은 여기서 kasígnētos를 막연한 용어인 sungeneîs(συγγενεῖς, 친족)로 번역한다. 또한 이 시기에 이오니아인은 sungeneîs를 kasígnētoi로 불렀다. 오늘날은 이것을 좀더 정확하게 정의할 수 있다. 한편 『일리아스』에 나오는 인물의 계보에 따르면, 멜라니포스는 프리아모스의 형제인 히케타온의 아들이다. 따라서 그는 정확하게는 헥토

---

6) 카스토르Kastôr, 폴리데우케스Poludeukés: 제우스와 레다의 쌍둥이 형제. 디오스쿠로이Dioskouroi, 즉 제우스 신의 아들들이라 불린다.—옮긴이

르의 아버지의 형제(삼촌)의 아들이다. 그러므로 kasígnētos는 여기서 같은 아버지에게서 태어난 형제를 가리키는 것이 아니라 아버지의 형제에게서 태어난 '형제', 다시 말해서 우리들의 '사촌'에 해당하는 것이다.

우리는 여기서 두 가지 결론을 끌어낼 수 있다. ① 이 친족관계는 반드시 분류학적 유형에 속하며, 따라서 adelphós는 phráter, apátōr와 결합된다. ② adelphós의 의미로서, 또 이것과 아마도 동의어로 사용된 kasígnētos는 분명 어머니와 관련되었던 어원의 의미작용에서 벗어나 오직 '부계'의 친족관계에만 속했다는 것이다. 그리하여 지역적인 (아마도 이방의) 전통이 지속되어 내려오지만, 강력한 인도유럽적 사고방식으로 인해 비정상적 개념이 원래의 규범으로 환원되었다.

우리들은 라코니아어의 주석에서 이에 대한 증거를 볼 수 있다. κάσιοι· οἱ ἐκ τῆς αὐτῆς ἀγέλης ἀδελφοί τε καὶ ἀνεψιοί. 즉 같은 '밴드 집단' bande의 형제와 사촌을 kásioi로 불렀다. 그래서 kásioi로 부르는 아이들은 동일한 '밴드 집단'에 편입되었다. 왜냐하면 이들은 서로 형제와 사촌이므로 자기들의 '아버지'가 동일한 것을 인정하기 때문이다.

이처럼 복잡한 친족의 역사에서 우리 문화가 변할 때 전통적 용어가 특정한 의미가치를 가지는 경우, 이 용어를 교체하여 새로운 용어를 사용한다는 것을 잘 알 수 있다. 바로 이와 같은 사태가 이베로로망어의 '형제' 개념에서도 일어났다. 친족용어로서 라틴어 frater가 상실되자 에스파냐어는 hermano로, 포르투갈어는 irmão으로 각각 교체되었는데, 이 두 용어는 라틴어 germanus(같은 부모에게서 태어난 형제)에서 파생된 것이다. 교체된 이유는 다음과 같다. 즉 기독교화의 결과로 인해 frater와 soror는 오직 '종교상의 형제(수사)와 자매(수녀)'의 의미만을 갖게 되었고, 생물학적 친족관계를 표현하기 위해서는 새로운 용어가 필요했다. 그리하여 frater 와 soror는 새로운 분류학적 친족, 즉 기독교의 친족과 관련되는 부류 명칭이 되었다. 그리스어도 마찬가지로 이 두 가지 유형의 친족관계를 구별하는 것이 필요했고, 그래서 phrátēr가 오직 분류학적 용어로서만 사용되면서 부계의 '형제'와 '자매'를 나타내기 위해서는 새로운 용어들을 만들어 내어야 했던 것이다.

이 신어新語 창조는 고대의 명칭을 전복시켰다. 그리스어에서 자매를 '형제'를 가리키는 용어(adelphós)의 여성형(adelphé)으로 지칭하게 되자 인도유럽어의 상태는 근본적으로 변화되었다. 고대로부터 내려오던 '형제'와 '자매'의 대립은 모든 형제가 동일한 부친에게서 비유적으로 태어난 씨족을 구성하느냐 그렇지 않느냐의 차이에 있었다. 그러나 여성의 '씨족'은 없었다. 하지만 친족관계에 대한 새로운 관념에서 부계의 혈족관계가 강조되었을 때——바로 이것이 역사 시기의 그리스어의 상황이었다——새로운 기초 용어가 필요해졌고, 형제와 자매를 가리키는 동일한 용어가 있어야만 했다. 그래서 새로이 생겨난 명칭은 성의 문법 표지(adelphós와 adelphé)로만 구별되었다. 이와 같은 사실에서 보듯이, 겉보기에는 미미한 사실이지만, 여기에서 그리스어의 친족어휘에 일어난 격심한 변화를 깨닫게 된다.

3장_외혼제의 원리와 적용

요약

교차交叉 사촌 사이의 혼인 규칙——이 규칙의 적용으로 동일 인물이 내 아버지의 아버지이자 내 어머니의 어머니 형제가 된다——만을 통해서 라틴어 auus(친할아버지)에서 파생된 auunculus가 '외삼촌'을 의미한다는 사실을 이해할 수 있다.

이와 관련하여 nepos, 즉 '조카'(외삼촌이 돌보지만 엄격한 patria postestas(부권父權)에 종속되어 있다)는 고대의 의미——무엇보다도 그리스어 anepsiós(사촌; 문자적 의미로는 '겹조카'(co-neveu)를 의미)로 확증된다——외에도 인도유럽사회의 부계 혈족체계가 점차 엄밀하게 부과되는 모든 곳에서 '손자'의 의미를 지닌다.

nepos와는 반대로 '아들'의 지칭——일반적으로 '후손'의 의미로서——은 인도유럽어에서 아주 다양한 모습을 보인다. 여기에서, 부자 관계가 외삼촌-조카의 관계에 의해서 점차 소멸된 친족관계의 구조의 흔적을 볼 수 있다.

대부분의 인도유럽어에 공통된 용어는 '할아버지'를 가리키는 용어이다. 이것은 라틴어 auus와 이에 대응하는 여러 형태로 나타난다. 그러난 어떤 언어에서 의미는 상당히 큰 변이를 보여 준다. 즉 그것은 더 이상 '할아버지'가 아니라 '삼촌'과, 특수하게 '외삼촌'을 가리킨다는 점이다.

우리는 이 형태를 간단한 것에서 점차 복잡한 것의 순서로 제시해 보려고 한다.

라틴어 auus와 같은 의미를 지니면서 대응하는 히타이트어 용어는 huhhaš이다. 이 비교는 형태가 아주 다르기 때문에 아주 놀라운 것으로 보인다. 이 비교는 인도유럽어의 고대 상태의 음성조직에서 정당화된다. 이 히타이트어 용어는 고대의 후음^{喉音} 음소(h로 표기)를 보존하는데, 이 음소는 다른 인도유럽어에는 상실되었으나 히타이트어에는 모음 음색의 변질이나 음량의 변화에 의해 간접적으로 드러난다. 이를 *H로 표기하자면, 공통 원형은 *HeuHos로 재구할 수 있다.

라틴어 auus와 히타이트어 huhhaš처럼 아르메니아어 haw(할아버지)는 접미사가 없는 단어임이 드러난다. 이 아르메니아어 단어의 어두 h는 히타이트어 h와는 아무 연관이 없다. 그것은 후기의 현상으로 생겨난 이차적 유기음화이다. 그래서 어원상으로 볼 때, 이 아르메니아어 형태는 고대의 어두모음을 가정하게 된다. 이와 동일한 비정상적 기음^{氣音}은 '할머니'를 가리키는 평행되는 아르메니아어 명사 han에도 생겨났다. 이 명사는 히타이트어 hannaš(할머니), 라틴어 anus(늙은 여자), 그리스어 annís('아버지나 어머니의 어머니'로 주석됨), 고대 고지 독일어 ana(할머니) 등과 비교할 수 있다.

히타이트어 huhhaš, 라틴어 auus 아르메니아어 haw(할아버지)와 대조해서 다른 언어의 형태는 몇몇 특정 어군으로 나뉘어진다. 우선 슬라브어와 발트어군이 있다. 고대 슬라브어 ujĭ, 고형 *auios, 발트어군의 고대 프러시아어 awis, 리투아니아어 avýnas와 같다. 그 의미를 살펴보면, 발트슬라브어 *auios가 '삼촌'을 뜻한다는 사실에 주목하자. 이차 단계에서 파생된 리투아니아어 avýnas는 어머니의 형제, 즉 외삼촌을 특정적으로 가리킨다.

켈트어군의 형태는 두 가지 별개의 의미발달을 보여 준다. 한편으로 고대 아일랜드어 aue, 중기 아일랜드어 ōa도 역시 *auios에 근거하지만, '손자'를 가리킨다. 다시 말해서 이는 우리가 기대하던 바와는 반대이며, '손자'를 가리키는 명칭과 더불어 연구해야 할 비정상적 사실이다. 다른 한편 게일어 ewythr, 브르타뉴어 eontr는 파생어 *awen-tro-를 가정하며, '삼촌'을 의미한다.

게르만어군에서는 접미사 -n을 지닌 일련의 파생어가 있고, 이들은 새로운 어간 *awen-을 형성한다. 고트어에서 *awen-은 우연히도 여성 awo(할머니; 여격·단수 awon)로만 나타난다. 그 대신 남성은 아일랜드어 afe(할아버지)로 확인된다. 어간 *awen-은 고대 고지 독일어 ōheim, 독일어 Oheim(삼촌)에 나타나는 것으로 추정되고, 이들의 재구형은 합성어 *awun-haimaz로 가정할 수 있다. 이 합성어의 둘째 요소를 어떻게 해석해야 될지는 아직 모른다. 그것은 거주명칭(독일어 Heim(집/고향)/영어 home 참조)의 파생어인 '할아버지의 주거지를 가진 자'(?)이든가 또는 어근 *kwei-의 명사형(그리스어 timé, τιμή, 할아버지에 대한 존경심을(?) 가진 자; 이 어근은 게르만어의 다른 형태에는 출현하지 않는다)일 수도 있다. 이 재구상의 모든 문제는 불확실하며, 따라서 의미분석에서는 매우 유감스러운 일이다. 어쨌든 고대 고지 독일어 oheim과 대응 형태인 고대 영어 ēam, 고대 프리슬란트어 ēm은 똑같이 '삼촌'을 의미하며, '할아버지'를 의미하지 않는다.

이와 같은 것이 형태의 분포에 따른 자료이다. 하지만 모든 언어들이 이 언어자료에 출현하는 것은 아니라는 점에 유의해야 한다. 예컨대 그리스어와 인도이란어가 빠져 있다. 이 두 방언군에는 새로운 용어가 있다. 그리스어에서 '할아버지'는 páppos(πάππος)인데, 이것은 호칭 명사이자 어린아이가 쓰는 용어이다. 따라서 그것은 호메로스 그리스어가 아니며, 산문 작가들과 비문에 알려진 유일한 용어이다. 산스크리트어는 '할아버지'를 pitāmaha-로 표현하며, 두 구성요소가 이상한 순서로 결합된 기술적記述的 합성어이다. 학자들은 이 용어를 강세 중복형의 합성어 mahāmaha(아주 큰/전능의)를 모방한 단어로 설명했다. 이 사실은 이 지칭이 후기에 생겨난 것임을 드러낸다. 또한 여기서 인도어는 이 단어와는 일치하지 않는다. 이란어는 이를 가리키는 별개의 단어가 있는데, 아베스타어와 고대 페르시아어 nyāka(할아버지), 페르시아어 niyā이다. 이들은 어원적 친족관계가 없는 용어이다.

현재 인도유럽어 *awos와 그 파생어 및 합성어의 의미발달이 제기하는 문제가 크다는 사실을 간파할 수 있다. 이 파생어가 접미사 -yo, -en으로 구성되었다는 사실은 아무것도 설명해 주지 못한다. 문제는 '할아버지'의 명칭에 기초해서 이것이 어떻게 '외삼촌'을 명명하게 되었는가 하는 것이다. 이 문제는 여러 방언군에만 제기되는 문제가 아니라 라틴어의 내부에도 제기되는 문제이다. 왜냐하면 auus 외에도 지소사指小詞 auunculus(작은 auus)가 '삼촌'의 명칭이기 때문이다. 이 문제는 고대 시기로부터 제기되었고, 번번히 논의된 주제이다. 페스투스Festus에서 이미 다음과 같은 글을 볼 수 있다. "auunculus, matris meae frater"(나의 어머니의 형제이지, 나의 아버지의 형제는 아니다). "traxit appellationem ab eo quod …… tertius a me, ut auus …… est"(왜냐하면 그는 할아버지처럼 나와 관련해서 삼촌의 지위를 가지기 때문이다). 또한 다른 설명도 볼 수 있다. "quod aui locum obtineat et proximitate tueatur sororis filiam"(⋯⋯왜냐하면 그는 할아버지의 자리를 차지하고 있으며, 자기 누이의 딸을 돌보는 책임을 맡고 있기 때문이다). 따라서 그것은 '모계의' 삼촌(외삼촌) 이외의 다른 것을 결코 지칭할 수 없다.

이제 한 가지 생각이 즉각 떠오른다. auunculus가 auus와 관련된다면, auus가 외할아버지를 가리키기 때문이 아닐까? 그렇다면 auunculus는 진정한 의미의 auus의 아들로 설명되어야 할 것이다. 델브뤽은 이 설명을 가정했고, 에두아르 헤르만Eduard Hermann도 이 설명을 지지했다.[1] 그러나 이 생각은 실제적으로나 이론적으로 받아들일 수 없다. 라틴어 『어휘 보고』Thesaurus에 수집된 auus의 예문을 다시 인용해 볼 수 있다. 그러나 그 어떤 예문도 '외할아버지'의 의미를 제시하지 않는다. 고대 주석가들이 제시하는 모든 정의는 auus를 부계와 관련짓고 있다. 이시도르 데 세빌레[2]의 『어원론』Origines에서 다음의 구절을 읽을 수 있다. "auus pater patris est; patris mei pater auus meus est"(auus란 아버지의 아버지이다. 나의 아버지의 아버지는 나의 auus이다). 조상을 열거할 때 항상 pater에서 시작하며, pater, auus, proauus 등으로 명명하고 있다. 외할아버지에 대해서는 auus maternus(어머니의 auus)로 구체적으로 지시한다. 히타이트어도 마찬가지로 huhhaš는 오직 친할아버지를 가리킨다. 부친, 선조, 조상을 가리키는 복

---

1) 『괴팅겐대 보고서』Göttinger Nachrichten, 1918, p.214 이하.
2) 이시도르 데 세빌레Isidore de Seville(570~636년): 중세 초기의 신학자이자 세빌레의 주교. 보에티우스와 더불어 고대와 중세를 잇는 가교 역할을 한 학자로 철학과 이교로부터 기독교를 옹호했다. 저서로 『연대기』Chronica, 『고트족의 역사』Historia Gothorum, 『어원론』Etymologiae Sive Origines 등이 있다. 이 마지막 저서는 그의 가장 중요한 업적으로서 문예, 의학, 지리, 법률 등의 주요 주제를 담고 있는 백과사전적 보고이다. 현대의 브리태니커 백과사전 같은 중세기의 가장 기본적인 저작에 속한다.—옮긴이

수형 huhhanteš에서 여기에 대한 부대적 증거를 찾을 수 있다. 선조의 반열에 둘 수 있는 것은 부계父系이다.

이와 같은 것은 사실상의 문제이다. 이제 이론상의 이유를 고찰해 보자. 분류학적 친족체계에서 어머니의 아버지는 각별한 중요성이 부여되지 않았다. 그러나 부계 친족의 가계에서 아버지, 아버지의 아버지는 중요하게 고려된다. 모계 친족의 가계에는 어머니의 형제가 고려된다. 그러나 아버지의 어머니(할머니)는 특별한 지위가 없다. 이로부터, 어머니의 아버지(외할아버지)로서 역할이 별로 특징이 없는 auus와 관련지어 외삼촌같이 중요한 인물을 auunculus로 지칭할 수는 없었을 것이라는 결론이 나온다.

문헌학만으로는 해결되지 않은 이 난점은 외촌外村의 친족관계 구조에서 그 해결책을 발견한다. EGO(나)의 상황을 나의 auus와 auunculus와 관련해서 표상해야 한다. 이 상황을 두 세대 이상의 친족관계를 나타내는 도식으로 형상화할 수 있다. 외혼제도의 원리에 따르면, 이성異性은 언제나 그 절반이 서로 다른 친족에 속한다. 그래서 대립하는 절반의 친족의 구성원들 사이에서만 혼인을 할 수 있다. 뒤랑Durand 1세는 EGO의 아버지의 아버지(할아버지)이다. 동시에 뒤랑 1세는 EGO의 어머니의 어머니(외할머니)의 형제이다. 따라서 auus는 아버지의 아버지이자 동시에 어머니의 어머니의 형제로서 동일 인물을 가리킨다. 다시 말해서 어머니의 외삼촌이다. 이 단일 인물과 EGO의 이중적 친족관계는 교차사촌의 혼인에서 자동적으로 생겨난 것이다. 뒤퐁Dupont 2세에서 출발해서 이와 동일한 도식이 다시 시작된다. 뒤퐁 1세의 아들은 자기 아버지의 자매(고모)의 딸, 즉 교차사촌 질녀와 결혼한다. 이처럼 auus는 언제나 부계의 할아버지이자 모계의 종조부이다. 요약하자면 뒤랑 1세는 EGO인 뒤랑 3세의 아버지의 아버지(또는 auus)이다. 그러나 뒤랑 1세는 동시에 뒤퐁 2세의 어머니의 형제이다. 그리고 뒤퐁 2세는 뒤랑 3세(EGO)의 어머니의 형제이다. EGO에게는 뒤랑 1세는 auus가 되고, 뒤퐁 2세는 auunculus가 될 것이다.

EGO에서 출발해서 그의 어머니의 형제, 즉 그의 auunculus는 자기 아버지의 아버지, 즉 auus의 자매의 아들이다. 언제나 이와 같은 방식의 친족관계이다. 이러한 외촌친족 체계에서 친족관계는 형제와 자매의 아들 사이에서, 즉 외삼촌과 조카 사이에서 성립되는 반면, 부계친족 가계에서는 아버지와 아들로 관계가 성립된다. 따라서 auus가 실제로 모계의 종조부를 가리킨다면, 외삼촌은 '작은 auus', 즉 auunculus로 불릴 수 있다. 이 해결책은 이 친족체계의 요건의 단순한 결과이다. 그 결과 우리는 auus가 '할아버지'를 의미하기 전에 '모계의 종조부'의 의미라는 것을 제시한다. 즉 한 사람이 동일 인물, 즉 어머니의 어머니 형제가 동시에 아버지의 아버지인 것이다. 그라네[3]는 고대 중국사회에 대한 방대한 저서에서 이와 같은 상응체계를 다시 발견했다. 그래서 부계 친족가계의 할아버지가 언제나 모계의 종조부라는 것이다. 이와 같은 규칙은 다른 사회에서도 역시 발견된다. 따라서 이 규칙은 필연 규칙의 전형적 성격을 띤다.

이처럼 재해석하면, 라틴어는 주요한 증거를 준다. 그러나 역사 시기에 라틴어는 auus가 '할아버지, 아버지의 아버지'로서 부계 친족가계의 의미만을 가르쳐 준다. auunculus와의 어원 관계는 다른 유형의 혈족을 함축하면서 또한 이것을 드러내 준다. 그것은 auunculus가 어머니의 형제라는 사실에서 그렇다.

---

3) 마르셀 그라네[Macel Granet, 『중국문명』*La civilisation chinoise*, 1929, p. 247.

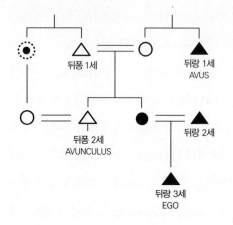

	남자	여자
뒤퐁	△	○
뒤랑	▲	●
그 외		⊙
혼인관계	══════	
혈통(친자)관계	───────	

교차사촌 간 결혼으로 생긴 친족관계 1

자크 베르탱Jacques Bertin이 작성한 도식이며, 그는 다음 용어들로 도식을 정의하고 있다.
"이 양쪽의 도식은 족보 관계를 서로 다른 방식으로 나타낸다. 이 두 경우에, 전달하는 정보는 동일하다. 즉 개인들과 이들의 관계를 알려 주는 것이다. 위의 도식(전통적인 족보 나무그림)에서 개인은 점으로 표시되고(성에 따라 다른 형태를 지니며, 가계에 따라 혹색 또는 흰색을 지닌다), 관계는 선으로 표시된다(이 관계의 성질에 따라, 즉 혈통 또는 혼인에 따라 서로 다른 그림이 된다)."

이러한 일반적 친족구조는 여기에 포괄된 여러 요소를 조건짓는다. 우리는 인도유럽사회의 친족관계와 이 친족어휘에 대해 구조적 견해를 갖게 되었다. 왜냐하면 친족 부류가 있고, 이 부류들 사이에 관계가 있기 때문이다. 이 사실 때문에 라틴어의 삼촌과 숙모를 지칭하는 용어가 왜 다양하고 불균형한지를 이해할 수 있다. 즉 '아버지의 형제'(친삼촌)는 patruus 이지만 '외삼촌'은 auunculus라는 것, 그리고 여성에서 matertera는 어머니의 자매로서 '어머니와 다름없는 여자, 이모'(presque mère)지만, amita는 '아버지의 자매, 고모'이다. 동일한 성sexe을 지닌 사람들 사이의 형제 관계는 이들을 동일 부류에 귀속시킨다. 아버지의 형제나 어머니의 자매는, 정의되는 인물과 동일한 성에 속하기 때문에 이들을 지칭하는 용어는 최초

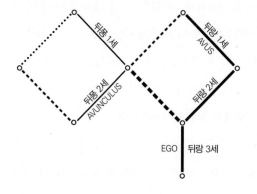

남자	여자
뒤퐁	
뒤랑	
그 외	
혼인과 혈통(친자)관계	
○	

교차사촌 간 결혼으로 생긴 친족관계 2

그리 고전적인 것은 아니지만 위의 도식은 분명 개작할 필요가 있다. 즉 여기에서 개인은 선으로 표시되고(성과 가계에 따라 다른 선으로), 관계는 점으로 표시된다(점만으로는 혼인과 혈통을 표시한다). 그러나 이 도식은 결과상으로 이 책에서 연구한 교차사촌의 특수관계를 보다 잘 드러낸다. 그 외에도 이차적 표상체계는 훨씬 복잡다기한 족보에 대한 정보를 분석해 주면서, 이 정보를 쉽게 읽을 수 있게 만드는 이점이 있다(그러나 첫 그림 표시에는 이 이점이 없다). 자크 베르탱, 『도식 기호학』*Sémiologie graphique*, Mouton-Gautier-Villars, Paris, 1967, pp. 269 이하에 나오는 망조직의 예를 참조.

용어에서 파생된 파생어이다. 그러나 어머니의 형제나 아버지의 자매는 서로 상반된 성이기 때문에 서로 다른 용어를 가진다. 이것이 외혼제 원리에 대한 예증이다.

일반적으로 현대의 서구어에는 이 구별이 없어졌다. 하지만 그리 과거로 거슬러 올라가지 않더라도 외삼촌이 차지하던 특권적 지위에 대한 여러 가지 징표를 찾아볼 수 있다.

고대 게르만 세계와 관련해서는, 타키투스의 『게르마니아』 20장 5절로 거슬러 올라간다. sororum filiis idem apud auunculum qui ad patrem honor; quidam sanctiorem artioremque hunc nexum sanguinis arbitrantur et in accipiendis obsidibus magis exigunt tanquam et animum firmius et domum et domum latius teneant(자매의 아들들은 그들의 아버지뿐 아니라 auunculus에게도 똑같이 귀여움을 받는다. 이 혈통관계(auunculus의 관계)가 더욱 안전하고 밀접하다고 생각하는 사람들도 있다. 이들은 볼모를 잡을 때 이것을 강력히 요구한다. 왜냐하면 이처럼 해서 이들은 그들의 마음을 훨씬 강하게 사로잡고, 그 가족을 광범위하게 붙들 수 있기 때문이다).

켈트족에게서도 이와 일치하는 증거를 찾을 수 있다. 서사시의 위대한 영웅은 그의 어머니의 명칭으로 명명된다. 쿠후리인Cuchulainn과 그의 어머니의 오빠 콘초바르Conchobar 사이의 관계[4]는 이 유형의 친족관계를 잘 보여 준다.

호메로스에게서 이 친족구조는 외삼촌의 지칭이 métrōs(μήτρως)로 혁신되었으나 여전히 그 관계는 인지할 수 있다. métrōs는 라틴어 patruus와 등가치적 의미를 지닌 pátrōs(πάτρως)에 근거해서 이차적으로 파생된 것이다. 고대의 명칭은 사라졌으나 고대의 관념은 살아 있다. 『일리아스』에서 métrōs란 용어가 나오는 유일한 두 예문은 특히 눈에 띈다.

① 변장한 아폴론이 헥토르에게 나타나서 그가 쇠잔해질 때 그의 힘을 돋구어 준다. 그는 더 큰 권위를 소유하기 위해 그의 '외삼촌'(métrōs)의 얼굴 모습을 가지고 있다(『일리아스』 16권 717행).

② 헤라클레스의 사생아인 틀레폴레모스가 헤라클레스의 '외삼촌'을 죽였다. 그래서 그는 헤라클레스의 아들과 손자들에게 추격을 받고 도망쳐야 했다. 그것은 그가 이 살해 때문에 자기의 모든 친족의 분노를 샀기 때문이다(『일리아스』 2권 661행 이하).

---

4) 쿠후리인은 아일랜드 신화의 영웅으로 신 루Lugh와 왕 콘츠바르의 여동생에게서 태어난 아들이다.—옮긴이

이 관계에 대한 또 다른 예문도 분명히 발견할 수 있으나 흔히 이를 간과하고 지나치는 경우가 많다. 단지 헤로도토스(『역사』 4권 80장)에 나오는 한 가지 예만 인용해 보자. 스키타이인의 왕인 옥타마사다스가 트라케의 왕인 시탈케스를 무찌르려고 채비를 갖추고 있을 때, 시탈케스가 그로 하여금 다음과 같이 말을 하게 한다. "왜 우리가 서로 싸워야 하는가? 당신이 나의 누이의 아들이기 때문에?"

아르메니아어의 어휘 사실은 이같은 의미를 증거한다. 즉 kʿeři(외삼촌)는 kʿoyr(자매)의 파생어라는 점이다. 이 형태론적 관계는 각 형태의 원형을 제시하면 분명히 드러난다. 즉 kʿoyr는 *swesōr로 재구되고, kʿeři는 *swesriyos로 재구된다. 따라서 외삼촌은 문자적으로는 EGO의 어머니인 외삼촌의 자매에 의거해 '자매에 속하는 사람'으로 지칭된다. 이것은 아르메니아어의 친족체계에서 외삼촌이 가진 특이성을 분명히 보여 주는 명시적인 용어로, 아마도 더 오래된 다른 용어를 대치한 것일 것이다.

이 모든 언어사실은 이처럼 그리고 인도유럽세계에서 오래전부터 이미 서로 달라진 언어와 사회로부터 나온 언어자료이기 때문에 그만큼 더욱 확실하게 '외삼촌'의 특수한 지위를 드러내며, auus와 auunculus의 형식적 관계를 더욱 밀접한 것으로 만든다.

이와 관련해서 거의 모든 인도유럽어에 나타나는 용어인 '조카'의 명칭은 때로는 '손자'의 의미로, 때로는 '조카'의 의미로 균형된 의미변동을 보여 준다.

우선 어원 관계가 있는 형태들을 제시해 보자. 산스크리트어 napāt, naptṛ, 여성 naptī; 아베스타어 napāt, 여성 napti; 고대 페르시아어 napā(주격); 라틴어 nepōs, 여성 neptis; 고대 리투아니아어 nepuotis, 여성 nepte 고대 영어 nefa, 고대 고지 독일어 nefo; 고대 슬라브어 netĭjĭ〈 *neptios; 켈트어군의 고대 아일랜드어 nia, 게일어 nei. 또한 그리스어 anepsiós(ἀνεψιός)를 인용해야 되지만, 그것은 별도로 제시해야 한다. 왜냐하면 그것은 '조카'가 아니라 '사촌'을 의미하기 때문이다.

언어에 따라서 *nepot-는 때로는 '손자'를 가리키고, 때로는 '조카'를 가리킨다. 때로는 이들을 함께 가리키기도 한다.

베다 산스크리트어에서 napāt는 '손자'이며, 더욱 막연한 의미로는 '후손'을 가리킨다. 이란어도 '손자'를 가리키고, 특히 고대 페르시아도 그렇다. 아케메네스 왕조의 족보에는 이 용어가 엄격히 규정되어 있다. 근대 페르시아어 nave처럼 근대 이란어의 형태는 여전히 '손자'를 가리킨다. 근대 페르시아어에서 '조카'는 친족관계를 기술하는 기술적記述的 합성어인 '형제의 아들'과 '자매의 아들'이 사용된다.

인도이란어와는 달리 서부의 언어들은 라틴어를 제외하고 '조카'의 의미를 갖는 용어는 *nepōt이다. 라틴어에서 nepos는 '조카', '손자', '후손'을 아무 구별 없이 사용하는 반면, 게르만어, 슬라브어, 켈트어는 그와 대응하는 용어로 '조카'를 염두에 두고 사용되며, 사실상 언제나 자매의 아들을 가리킨다. 어머니의 형제와 관련해서 생긴 후손에 대한 특별한 의미 한정은 라틴어 자체에서는 nepos의 몇몇 용법에서 유래한다.

브르타뉴 지방에서 출토된 라틴 비문에 나온 nepos의 의미를 연구한 조셉 로트Joseph Loth[5]는 이 용어가 언제나 자매의 아들을 가리킨다는 것을 증명해 주었다. 그래서 nepos는 자매의 아들을 가리키는 켈트어군의 대응어인 아일랜드어 nia, 게일어 nei와 동일한 의미를 갖는다. 반면 '형제의 아

---

5) 『비문학회 서평』*Comptes-rendus de l'Acad. des Inscr.*, 1922, p. 269 이하.

들'은 아일랜드어에서 기술적 용어인 mac brathor로 표현된다. 게다가 켈트족의 역사와 전승에는 부계 친족의 흔적이 남아 있다. 오감Ogam 문자[6]로 쓰인 비문에서 혈통은 어머니를 통해서 계승된다. 라틴 저자들에게서도 중요한 증거를 수집할 수 있다. 예컨대 티투스 리비우스(『로마사』 V, 34)에서 골의 암비가투스Ambigatus는 인구가 많이 흘러넘치는 자기 왕국을 줄이기 위해 자기 누이의 두 아들(sororis filios)에게 새 영토로 그의 족속 일부를 데려가도록 임무를 맡긴다. 이는 켈트사회만의 특징이 아니다. 헤로도토스(『역사』 4권 147장)가 보고하는 라케다이몬의 전통에 따르면, 스파르타의 왕권은 통치하기에는 아직 너무 어린 후계자들의 외삼촌——이 외삼촌은 이 후계자들의 후견인이다——인 테라스Theras에게 맡겨졌다.

그렇다면 nepos의 고전적 용법은 무엇인가? 어원학자들은 nepos의 두 가지 의미, 즉 '조카'와 '손자'에 대해, 다른 언어에서는 구별되는 까닭에 명확히 정의된 의미작용이 없는 모호한 용어라고 생각했다.

사실은 전혀 그렇지 않다. 모든 언어에서 이들 용어의 선사先史로 거슬러 올라가서 만날 수 있는 것은 이와 반대로 정확한 의미작용이며, 이 의미들이 그 후의 용법들로 확장된 것이다. 친족관계에서는 특히나 그렇다. 친족관계에서는 친족용어들이 서로를 한정하기 때문이다. nepos가 '조카'를 가리키기 때문에 그것은 흔히 감정적 의미가치를 지닌다. 그래서 조카는 버릇없고, 산만하고, 낭비하는 아이이다. 이 함축 의미는 조카와 자기 어머니의 형제와의 어떤 유형의 관계를 암암리에 전제한다. 사실상 민족지학자들은 외삼촌과 조카의 관계가 우세한 사회에서 이 관계는 아버지와

---

6) 고古아일랜드어를 기록한 문자로서 석판에 새겨져 있다. 약 300여 개의 비문에서 발견되었으며, 주로 장례와 관련된 인명들이다. 5~6세기경에 기록된 것으로 추정되고 있다.—옮긴이

아들을 연결하는 관계와 정반대되는 감정적 의미가치를 지닌다는 사실을 관찰했다. 예컨대 아버지와 아들의 관계가 엄격하고 가혹한 곳에서는 외삼촌과 조카의 관계는 친밀하고 너그럽고, 애정으로 가득 차 있다. 이와 반대로 아버지와 아들의 관계가 너그러운 곳에서는 조카와 외삼촌의 관계는 더욱 경직되어 있다. 그래서 외삼촌은 어린아이를 교육시키고, 행동 규범을 주입시키고, 제사에 입문시킨다. 이 두 가지 친족관계는 상관적이다. 그래서 이 두 친족관계는 결코 동일한 감정적 레지스터 내에서 성립되지 않는다. 그런데 라틴어에서는 아버지와 아들의 관계는 엄격함으로 특징지어진다는 사실은 잘 알려져 있다. 즉 아버지는 자기 아들에 대한 생사 여탈권을 가지며, 그는 이 권리를 가끔 행사하기도 한다. 고대의 로마사회에서 patria potestas父權는 상급심에 제소함이 없이 행사되었다. 가부장권은 다른 친족관계, 즉 삼촌과 조카의 관계에 의해 그것이 전제하는 친자관계의 유형 내에서 완화되었다.

'조카'와 '손자'의 이중적 의미에 대해 말하자면, 여기에 대한 설명은 '삼촌'의 명칭과 '할아버지'의 명칭 사이의 동형 관계에 의해서 제시된다. 부계의 가계에서 '어머니의 어머니 형제'인 auus가 '어머니의 형제'를 가리키기 위해서 지소사 auunculus를 만들어 낸 것과 마찬가지로 그리고 이와 상관적으로 손자의·명칭은 어머니 형제의 조카인 자의 명칭을 똑같이 지칭할 수 있다. 이 두 변화는 대칭적이다. 그래서 자매의 딸의 아들은 자매의 아들과 명칭이 동일하다. 그렇지만 인도유럽사회의 친족이 점차 엄밀하게 부계 중심이 되는 경향으로 인해 부계 혈통의 의미작용인 '아들의 아들'이 빈번히 우세하게 되었다.

이와 관련된 그리스 용어 anepsiós(〈 *a-nept-iyo-)는 현재 우리가 의미하는 바와 같은 '사촌'을 가리킨다. 이 형태 자체는 중요한 증거를 제시해 준다. 즉 그 문자적인 의미는 '겹조카co-neveux인 자들'로서, 이는 출발점에서 -nept-란 요소의 의미가 '손자'가 아니라 '조카'임을 상정한다. 따라서 형제와 자매의 '조카들'이 상호적으로 지칭되었다. 이는 '조카'의 의미가 우세한 것에 대한 간접 증거이다. 그렇지만 우리가 문학적 자료임에 틀림없는 헤시키우스의 다음 주석에 따라 판단해 보건대, '손자'의 의미가 원시 역사시기에 완전히 소멸된 것은 아니다. νεόπτραι· υἱῶν θυγατέρες(neóptrai, 아들들의 딸들)로, 그 여성형은 *νεπότραι(*nepótrai)로 재구될 수 있고, 이는 아들의 아들을 가리키던 *νεποτήρ(*nepotḗr)의 여성형이다.

그리스어에는 역사적 친족명칭 목록 가운데 '손자'를 가리키는 새로운 용어가 있는데, huios(아들)에서 파생된 huiōnós(υἱωνός)가 그것이다. 이와 관련해서 '조카'를 가리키는 기술적記述的 용어인 adelphdoûs (ἀδελφιδούς; 형제의 후손)가 있다.

'손자'의 명칭이 그리스어 huiōnós처럼 파생이나 프랑스어 petit-fils, 영어 grand-son처럼 합성으로 '아들'의 명칭과 결부된다는 사실은 아주 자연스럽게 보인다. '손자'가 '작은 할아버지'로 불리는 경우는 더욱 이상하고 관심을 끌 만한 것이라고 볼 수 있다. 이와 같은 경우가 아일랜드어 aue(손자)이다. 즉 이 명칭은 *auos(할아버지)에서 파생된 고대의 *auyos에서 나온 것이다. 마찬가지로 고대 고지 독일어 enencheli(근대 독일어 Enkel; 손자)는 어원적으로 ano(할아버지)의 지소사이다. 학자들은 이것을 고대 슬라브어 vŭnukŭ, 러시아어 vnuk(손자)와 비교했다. 이 러시아어는 리투아니아어 anukas와 비슷하지만, 리투아니아 단어 자체는 슬라브의 차용어가 아니다. 우리에게 보다 가까운 고대 프랑스어에서 손자는 ave, ève(할아버지)의 지소사인 avelet로 불렀다. 이 용어가 현대의 분석적 표현

petit-fils로 교체되었다. 이처럼 적어도 세 언어는 '손자'를 '작은 할아버지'로 표현한다.

이러한 명명이 다수의 별개의 언어사회에서 서로 독자적으로 생겨난 데에 대한 이유가 틀림없이 있다. 사실상 서로 평행 관계가 있는 전이 유형이 있는 것이다. 많은 친족체계에는 말하자면 한 쌍의 두 구성요소 사이에는 상호적 용어들이 포함되어 있다. 예컨대 어머니의 아버지와 딸의 아들은 서로 동일한 호칭을 가진다. 이러한 친족어휘의 특이성에는 또한 분류학적 이유도 있다. 새로이 태어난 한 인간은 수 세대를 지나서 다시 태어난 조상의 화신化身이라는 것은 많은 신화에서 통용되는 관념이다. 마찬가지로, 엄밀히 말해서 탄생이란 없는 것인데, 그것은 조상이 사라진 것이 아니라 단지 은폐되어 있을 뿐이기 때문이라는 것이다. 일반적으로 할아버지에게서 손자로 조상이 재출현한다. 즉 사람에게 아들이 태어나면, 재출현한 것은 이 어린아이의 할아버지이다. 여기에서 할아버지와 손자가 같은 명칭을 갖게 된 연유가 있다. 어린아이는 그가 화신으로 태어난 조상의 지소적 표상임이 드러난다. 그래서 한 세대를 건너뛰어 다시 태어나는 것은 바로 '작은 할아버지'(손자)인 것이다.

'아들'의 명칭과 더불어 우리들은 예기치 못한 문제에 봉착하게 된다. 이처럼 직접적 친족관계에 대해 인도유럽어는 아주 다양한 명칭을 제공하고 있다. 가장 공통적인 명칭은 *sūnu-이며, 다음과 같이 확인되고 있다. 산스크리트어 sūnu-, 아베스타어 hunu-, 고트어 sunus, 슬라브어 synŭ. 그리고 다른 접미사를 지닌 형태로서 그리스어 huiús(υἱύς), 토카리아어 A soyä, 토카리아어 B sä가 있다. 히타이트어는 고립 형태 uwa(주격 uwas)이다. 또한 고립 형태로서 루위어 titaimi, 리키아어 tideimi(아들; 엄밀한 의미로는 '젖먹이')가 있다. 라틴어 filius는 이 의미를 지닌 직접적 대응어가 없고, 켈트어 macc(〈 *makkos)도 형태가 다르다. '아들'을 가리키는 아르메니아어 ustr는 '딸'의 명칭인 dustr와 합치되었고, 이 후자는 그리스어 thugátēr(θυγάτηρ)와 대응한다. *sūnu-라는 형태는 *su-(아이를 낳다)에서 파생된 듯 보인다. 따라서 그것은 '자손'으로서의 아들을 의미할 것이다.

'아들'을 가리키는 용어들 사이의 이러한 불일치는 메이예의 논문[7]에서 강조되었고, 그는 이 문제를 해결하지는 못했으나 적어도 문제를 제기는 했다.

라틴어 용어 filius에서 출발해서 사태가 어떤 추이를 겪는지를 이해해 보자. filius는 라틴어에서 felo, fecundus 등으로 대표되는 어원족과 연관된다. 이들은 '젖을 먹여 기르다'란 개념을 함축한다(움브리아어 복수 대격 feliuf(lactentes, 젖먹이들)). 이 단어의 의미작용 자체는 분명하다. 그래서 이 단어가 친족명칭의 목록에 포함되는 것을 설명하기 위해 filius를 명사 기능을 가진 형용사로 생각해 보자. 그러면 consobrinus(모계의 사촌형제), partruelis(부계의 사촌형제) 같은 예로, 잘 알려져 있는 똑같은 사실을 문제시해야 한다. 이 언어사실에서는 형용사가 우선 명사와 나란히 배열되고, 나중에는 이 명사를 대치하기에 이른다. 예컨대 patruelis, consobrinus는 frater patruelis, frater consobrinus를 나타내는 것이다. filius는 가설적으로 *sunus filius로 가정하는 결합체로부터 생겨났다고 상정할 수 있다. 그래서 진정한 용어는 이 분석적 표현에서 생산되었고, 가장 표현적인 용어만이 살아남아 사용된 것으로 볼 수 있다. 이를 어떻게 해석해야 할까? 이러한 '아들'이란 불안정한 명칭은 '조카'라는 명칭의 일관성과 대조된다는

---

7) 메이예, 『파리 언어학회 논집』, p. 45.

사실에 유의하자. filius의 운명은 nepos의 운명과 관계가 있다. 즉 어떤 유형의 친족에서 중요한 후손은 아들이라기보다는 오히려 조카이다. 왜냐하면 유산이나 권력의 계승은 언제나 삼촌에서 조카로 이어지기 때문이다. 이 후손은 자기 아버지에 대해서는 단지 그의 '자손'일 따름이며, 이것을 *sunus란 용어가 나타낸다. 더욱이 아버지의 형제들은 아버지로 간주되고, 형제들의 아들은 그들 사이의 관계가 '형제들'이지 사촌은 아니라는 사실을 알고 있다. frater consobrinus는 frater germanus(친형제)와 구별된다는 점을 참조하라. 결국 두 형제의 아들들은 이들에게는 똑같이 '아들들'이다. 그래서 남자는 자기 형제의 자손을 '아들'로 불러야 한다. 그러나 자기 자신의 아들과 형제의 아들을 어떻게 구별하는가? 바로 여기에 filius(젖먹이)가 첨가되는 것이다. 그리고 외삼촌과 조카의 관계가 소멸되고, 또 '대가족'이 핵가족으로 분화되었을 때, 이 filius가 EGO의 후손만을 특정적으로 지칭하게 된 것이다.

*nepot-와 *sunu-의 흥망성쇠 역사를 통해서 우리는 인도유럽사회가 한 친족체계에서 다른 친족체계로 바뀌는 과정에서 항구적이고 법적으로 유일하게 인정받은 부계 친족체계를 표준화시키고, 또 과거의 친족구조로부터 물려받은 용어들을 알맞게 수정하거나 교체하기 위해서 얼마나 큰 어려움들을 겪었는가를 잘 파악할 수 있다. 이 친족용어의 의미작용은 고대의 친족관계와 새로운 친족관계 사이에서 그 역할을 행하며, 따라서 이 친족명칭 목록이 각 언어에서 어떻게 조직되고 변형되었는지 그 방식을 밝혀내기란 결코 쉬운 작업만은 아니다.[8]

---

8) 필자는 여기서 아주 복잡한 두 가지 문제를 다루지 아니했다. 즉 조상의 대('조부', '증조부', '고조부' 등)와 사촌 관계(라틴어 sobrinus/consobrinus)의 문제가 그것이다. 이 문제들은 『인간』*L'homme*, vol. V, 1965, pp. 5~10에서 자세히 다루었다.

4장_ '혼인'의 인도유럽어 표현[1]

요약

'혼인'을 가리키는 인도유럽어 명칭은 없다. 남자에 대해서는, 다른 남자가 그에게 '주는' 여자를 단지 (자기 집에) '데리고 온다'(라틴어 uxorem ducere와 nuptum dare)고 표현한다. 반면 여자에 대해서는, 그녀가 '부인의 신분'이 된다고 표현하며, 어떤 행위를 수행한다기보다는 어떤 기능을 부여받는 것(라틴어 ire in matrimonium)으로 표현한다. 그런데 이러한 표현들도 흔히는 특정 언어들에서 혁신된 형태로 나타난다.

우리가 인도유럽어의 친족어휘를 연구한 이후로 이 친족어휘는 부부관계에서 남자의 입장과 여자의 입장에 전혀 공통점이 없다는 사실을 알려 주었다. 이는 남녀의 각 친족을 가리키는 용어들이 서로 아주 달랐던 것과 마찬가지 이유다.

　바로 이러한 이유로 엄밀히 말해서 '혼인'을 가리키는 인도유럽어 용

---

1) 이 장은 『페드로 보시 김페라A Pedro Bosch-Gimpera 헌정 논집』, 1963, p. 49 이하에 미리 발표되었다.

어는 없다. 아리스토텔레스가 자신의 언어(그리스어)에 대해서 관찰했 듯이 '남자와 여자의 결합은 명칭이 없다'(ἀνώνυμος ἡ γυναικὸς καὶ ἀνδρὸς σύζευξις; 『정치학』 1권 3장 2행). 사실상 오늘날 우리가 볼 수 있는 표현은 프랑스어 mariage, 독일어 Ehe(원래는 '법'), 러시아어 brak(brat'sja(데리고 가다)의 파생어) 등처럼 어떤 언어가 문제시되든지 간에 모두 이차적으로 만 들어진 신조어新造語이다. 고대 언어에서 자료들은 더욱 특수하며, 따라서 다양한 이 자료들을 조사해 본다는 것은 흥미가 있다.

각 언어에서 독립된 지칭을 드러내 주는 어휘적 사실만이 다양한 것 은 아니다. 그 다양성은 또한 형태론적인 것이기도 하며, 이 형태론적 사실 은 그리 분명하게 드러난 것이 아니어서 관찰된 바가 없었다. 언어자료를 체계적으로 조직하기 위해서는 이를 밝혀야 한다. 남자가 문제시되느냐, 여자가 문제시되느냐에 따라서 용어가 다르지만, 이 용어들은 특히 다음 과 같은 점에서 크게 차이가 난다. 즉 이 용어들은 '남자'에게는 '동사적'이 고, '여자'에게는 '명사적'이라는 것이다.

남자가 '여자를 취한다'는 것을 표현하기 위해 인도유럽어는 동사 어 근 *wedh-(데리고 가다/(특수하게는) 여자를 집으로 데리고 가다)에서 나온 형 태를 사용한다. 이 특수한 의미는 대부분의 언어들 사이의 밀접한 대응에 서 유래한다. 즉 켈트어군의 게일어 dy-weddio, 슬라브어 vedǫ, 리투아니 아어 vedù, 아베스타어 vādayeiti, 인도이란어 파생어 vadhū-(결혼한 젊은 여자), 그리스어 héedna(ἕεδνα, 결혼 선물)이다.

바로 이와 같은 것이 가장 오래된 상태의 혼인 표현이며, 몇몇 언어 가 '데리고 오다'라는 개념을 혁신시켰을 때, 새로운 동사가 또한 '(여자 와) 혼인하다'의 의미가치를 갖게 되었다. 이와 같은 사태가 인도이란어에 도 일어났다.[2] 어근 *wedh-는 동사 vad-의 형태로 대부분의 이란어 지역에서 생존했다. 그러나 인도어에는 이것이 보존되지 않았다. 단지 명사 파생어 vadhū-(젊은 결혼한 여자)만이 보전되었다. 사라진 *vadh-대신에 nay-(데리고 오다/혼인하다)가 사용되었다. 이와 같이 nay-와 vad-가 교체된 것은 고대 페르시아어 시기 이후에 이란어의 방언 영역에도 일어났고, 그 결과 nay-와 vad-는 이란어의 영역에서 오랜 기간에 걸쳐서 경쟁적으로 사용되었다. 라틴어에도 '데리고 오다'라는 의미로 사용된 새로운 동사를 볼 수 있는데, 그것은 ducere이다. 이것 역시 uxorem ducere(여자를 데리고 오다)에서 '혼인하다'의 의미를 지닌다. 또 다른 동사는 그리스어에만 고유한데, gameîn(γαμεῖν)이다. 이 동사는 확실한 대응어가 없다.

남편의 역할을 가리키는 이들 동사 외에, 혼인에서 젊은 딸의 아버지가 갖는 기능을 가리키는 동사를 들어보자. 아버지나, 아버지가 없는 경우 그의 형제가 어린 딸을 남편에게 '주는' 권위가 있었다. 이는 고르튄 (Gortyne)의 법률[3] 제8조가 규정하는 바 πατρὸς δόντος ἒ ἀδελπίō(자매를 주는 아버지)와 같다. '주다'는 이 엄숙한 혼인 행위를 가리키는 항구적인 동사이다. 이 동사는 이런저런 여러 언어 등에서 볼 수 있다. 기껏해야 동사 접두사의 변이만 나타나고, 동사 자체는 모두 동일하다. 예컨대 그리스어 doûnai(δοῦναι), ekdoûnai(ἐκδοῦναι), 라틴어 dare, 고트어 fragiban, 슬라브어 otŭdati, 리투아니아어 išduoti, 산스크리트어 pradā- 같은 동사이다. 아베스타어에는 자기 아버지가 정상적으로 '주는' 젊은 딸과 그렇지 않은 딸을 paradātā와 aparadātā로 구별한다. 이러한 일관된 혼인 표현은 공통

---

2) 이 모든 어휘 과정은 본인의 연구, 『히타이트어와 인도유럽어』*Hittite et indo-européen*, Paris, 1962, p. 33 이하에 상세히 분석되어 있다.

3) 고르튄은 이다ᵈᵃ 산맥에 있는 고대 크레타의 도시. 돌에 새겨진 도리스 방언으로 기록된 이 법률 (6세기)은 구舊 크레타의 사회제도를 연구하는 데 아주 귀중한 자료이다.—옮긴이

의 과거에서 전해져 내려온 관습과, 동일한 가족구조에서 전승된 관습이 지속되었음을 예증한다. 이 관습에 따르면, 남편은 딸의 아버지가 그에게 '준' 젊은 딸을 자기 집에 '데려오는' 것이다.

이제 여자의 관점에서 '혼인'에 사용된 용어를 탐구해 보면, 여자에게는 혼인하는 행위를 가리키는, 위에 언급된 표현에 대응되는 동사가 없다는 사실을 확인하게 된다. 오직 라틴어 nubere(결혼하다)만이 인용될 수 있다. 그러나 nubere가 라틴어에 국한되긴 하지만, 그것은 엄밀하게는 혼인 자체가 아니라 결혼식의 의례로 면사포를 잡는 것에만 적용되거나 단지 함축적으로 혼인을 뜻하는 것이다. 사실상 이 동사는 특별한 상황 이외의 경우에는 좀처럼 사용되지 않는다. 그것은 예컨대 남자와 여자의 사회적 신분의 차이를 부각시키는 것을 목표로 한다. 예컨대 플라우투스(『아울루라리아』*Aul.*, 479 이하)에서 어떤 인물이 "부자들이 지참금 없는 가난한 시민들의 딸들과 혼인할 것"(opulentiores pauperiorum filias ut indotatas ducant uxores domum)을 제의한다. 그러나 그는 반대 견해를 예상한다. "그러면 부유하고 지참금을 지닌 딸들은 누구와 결혼하는가?"(Quo illae nubent diuites dotatae?). uxores ducere와 nubere의 대립은 의도적이다. 달리 말해서 이 동사는 특히 시적詩的이다. 분사 nupta와 성구 표현 nuptum dare((자기 딸을) 혼인에 내어주다)만이 일상적으로 사용된다. 다시 말해서 여자를 주체로서가 아니라 대상으로 제시하는 동사 형태가 일상적으로 사용된다. 더욱이 라틴어 동사 maritare는 후기에 와서도 이것이 표현하는 여자의 역할과 결부시킬 수 없다. 능동 동사로서 maritare는 '짝짓다', '결합시키다'를 의미하고, 자동사로서는 여자가 아니라 남자에 대해서 사용된다.

이 부정적否定的 어휘 상황, 즉 혼인을 가리키는 고유 동사가 없다는 것은 여자는 (남자와) 혼인하는 것이 아니라 혼인을 당하는 것이라는 사실을 가리킨다. 여자는 혼인 행위를 적극적으로 행하는 것이 아니라 신분이 (처녀에서 아내로) 바뀌는 것이다. 그런데 혼인한 여자의 신분을 가리키는 용어가 적극적인 방식으로 나타나는 것이 있다. 인도유럽어 영역의 양극 지방, 즉 인도이란어와 라틴어에서 출현하는, 오직 명사적으로만 사용되는 용어들이 그것이다.

이 용어들은 여자가 '혼인 신분이나 상태'에 들어간다는 것을 엄숙히 표현하는 성구 표현에서 용법이 드러난다. 베다 산스크리트어에 고정 형식의 문맥에서 사용되는 아주 유사한 형태의 두 추상명사 janitva janitvaná-(혼인한(jani-) 여자의 상태)가 있다. 즉 hastagrābhásya didhiṣós távedám pátyus janitvám abhí sám babhūtha((과부에게) 너는, 네 손을 잡고 너를 원하는 남편과 혼인(janitvam)을 맺었다;『리그베다』X, 18 8). janitvanya māmahe(그는 혼인을 위해 (두 젊은 여자를) 제공했다; VIII, 2, 42). 첫째 구절에서는 한편으로 janitvam과 다른 한편으로는 tagrābhásya patyus, 즉 의례적 제스처로서 젊은 여자의 손을 잡는 남편을 가리키는 관용적 용어가 연결되는 것을 볼 수 있다. 둘째 구절에서는 janitvaná-가 관용적으로 필요한 형태로 자기 남편에게 주어진 여자의 용도, 즉 '아내가 되기 위해서'를 가리킨다는 점을 알 수 있다. janitvá-와 등가치적 의미를 지닌 것은 이와 대칭적 용어 patitvá-, patitvaná-(남편의 신분/상태; X, 40 9)이다. 그래서 이 후자는 여자를 굴복시키는 권위의 힘을 가리킨다. 예컨대 patitvám jagmúṣī(남편의 권위의 힘 아래 온 (젊은 딸); I, 119, 5) 같은 것이다.

고대 이란어에서 이와 평행되는 사실이 확인된다는 것은 흥미롭다. 고대 이란어에서 이 개념이 동일한 접미사를 지닌 파생 추상명사, 예컨대 아베스타어 nāiriθwana-로 표현된다. 여기서 어간은 nāiri- = 베다 산스크리트어 nāri-(여자/아내)이고, 이 인도이란어 여성형은 전통적인 성구 표현에 나오는 nar-와 짝을 이룬다. 즉 베다 산스크리트어 nŕbhyo náribhyas(『리 그베다』 I, 43, 6; VIII, 77, 8) = 아베스타어 nərəbyasča nāiribhyasča(『야스나』 54, 1). 베다 산스크리트어 janitvaná-처럼 구성된 아베스타어 nāiriθwana 는 정확히 이와 동일한 의미인 '아내의 신분·상태'를 가리키며, 그것 은 고정 형식의 글에서도 나타난다. 예컨대 xvaŋha va duɣδa ······ va nərəbyō ašavabyō nāiriθwanāi upavādayaēta(누이나 딸은 혼인으로 경건 한 남자들에게 인도될 수 있다; 『비데브다트』 XIV, 15). 여기에서 법적 표 현 nāiriθwananāi vādaya-((젊은 딸을) 혼인으로 인도하다)가 생겨났고, 동 사 vad(aya)-가 생겨났다. 이 동사의 전문적 의미가치는 앞에서 살펴보았 다. 요컨대 우리가 '혼인'으로 번역할 수 있는 용어인 베다 산스크리트어 janitvana, 아베스타어 nāiriθwana-는 여자에게만 적용되며, 젊은 딸을 아 내의 법적 신분 상태를 갖게 하는 것을 의미한다.

우리들은 인도유럽사회의 대가족 구조와 관련된 오랜 고대의 특징 을 여기서 응당 살펴보아야 한다. 왜냐하면 이를 로마 사회에서도 재발 견할 수 있기 때문이다. 이 점에서 라틴어 용어 matrimonium은 아주 의 미심장하다. matrimonium은 문자적 의미로 볼 때, 모든 법률 용어가 갖 는 -monium으로 된 파생어(testimonium, vadimonium, mercimonium. 또 한 patrimonium도 포함된다)의 의미가치와 일치하며, 'mater의 법적 신 분 조건'을 의미한다. matrimonium이 생겨난 이유는 전혀 다른 개념인 partrimonium에 대한 유추 때문이 아니다. 그것은 관용 표현에서 기인하 며, 이 관용 표현에서 matrimonium은 완전한 의미를 획득한다. 즉 아버 지에게는 dare filiam in matrimonium(딸을 혼인에 내어주다)이고, 남편 에게는 alicuius filiam ducere in matrimonium(타인의 딸을 혼인으로 데려오다)이고, 마지막으로 젊은 여자 자신에게는 ire in matrimonium(혼인으로 들어가다)이다. 그래서 matrimonium은 젊은 딸이 가지는 신분 상태, 즉 'mater (familias)'(가족의 어머니)의 상태를 규정하는 것이다. 바로 이러한 것이 젊은 딸에게 의미하는 '혼인'의 의미이며, 그것은 행위가 아니라 용도, 목적이다. 그리하여 그녀는 in matrimonium(matrimonium을 목적으로)에 주어지고, 거기로 인도된다. 이는 인도이란어의 유사 용어 janitvaná-, nāiriθwana-도 의도의 여격datif d'intention 형태로 고정 표현에서 출현하면서 신부로 가기로 약속된 신분 상태를 가리킨다. 여기에서 후에 와서 matrimonia가 seruitia(노예(신분))처럼 '결혼한 여자들'의 의미가 생겨났다.

로망어들에 나타나는 라틴어 matrimonium의 현대 형태, 즉 에스파냐어와 이탈리아어 matrimonio는 '혼인'이라는 일반적 의미를 갖는다. 더욱 이 파생어 matrimonial은 오늘날 프랑스어에서 mariage(결혼)에 대응하는 형용사로 기능한다. 예컨대 régime matrimonial(혼인제도) 같은 것이다. 그리하여 사람들이 matrimonial을 mariage의 라틴어 파생어로서 쉽사리 간주할 수도 있는데, 이는 oculaire(눈의)를 oeil(눈眼)의 형용사로, paternel(아버지의)을 père(아버지)의 형용사로 간주하는 것과 같은 이치다. 그러나 이는 순진한 착각일 수 있다(이를 굳이 말할 필요가 있을까?) 왜냐하면 mariage는 marier(라틴어 maritare)의 파생명사로서 matrimonium과는 아무 공통성이 없다. 그러나 이 두 용어가 서로 연관되어 친근성이 있는 것처럼 보인다는 사실은, 그것이 고대의 의미가치와 얼마나 멀어져 있는가 하는 사실을 역설적으로 잘 보여 준다.

여기에서 인도유럽어 대응의 한 유형을 보는데, 전통적 비교문법은 여기에 관심을 갖지 않았다. 현재의 이 의미분석을 통해서 어원적으로는 다양하지만 그 내용에 의해 비교가 가능한 일련의 대응 계열을 구성하는 혼인 용어의 통일성을 밝혀 내었다. '혼인'의 개념에 이르게 된 명사형은 모두 일차적으로 아내가 될 여자의 신분 상태를 지시한다. '혼인'의 추상적 개념이 확고해지고, 결국에는 특수한 의미가 제거된 뒤에 비로소 그것은 남자와 여자의 합법적 결혼을 가리킬 수 있었던 것이다.

5장 _ 혼인에서 유래하는 친족(혼족)

요약

인도유럽어에는 남편과 아내를 가리키는 특정한 용어가 없는 듯이 보인다. 이들을 제외한다면, 이 분야에서 사용되는 용어는 일정한 형태와 명확한 의미가 있다. 하지만 이 용어들은 분석되지 않는다. 이들은 언제나 남성에 의해 맺어지는 친족관계를 가리킨다. 예컨대 남편의 어머니와 아버지, 남편의 형제의 아내 등이 그것이다.[1] 어떤 언어사실도 남편의 아버지를 가리키는 *swekuros가 아내의 아버지를 동시에 가리켰다는 사실, 즉 외혼제의 규칙에 따르면 어머니의 삼촌을 가리켰다는 사실을 확증하지 않는다.

인도유럽어에서는 부계의 친족명칭 목록과 혼인에서 유래하는 친족명칭 목록이 서로 대립한다. 이 구별은 고대 언어뿐만 아니라 현대 언어에서도

---

1) 이 책의 저자는 여기서 친족관계를 나타내는 표현의 엄밀성을 위해 그리고 언어마다 친족 표현이 다르므로 의도적으로 '아버지의 형제'와 '삼촌', '남편의 아버지'와 '시아버지'를 각각 구별해서 사용한다.—옮긴이

확인된다. 혼인에서 유래하는 친족관계는 여자가 속하는 가족 내에서 차지하는 여자의 지위에 의해 결정된다. 그렇지만 이 새로운 관계를 가리키는 용어들은 쉽게 변동한다. 현대의 언어 가운데서 적어도 어떤 언어는 부계 친족과 동일한 기본 용어를 혼인 친족의 명칭으로 사용하지만, 일정한 어휘적 절차에 의해서 이들 용어를 분화시킨다. 예컨대 프랑스어에서 혼인에 의한 친족의 분류사로 beau-를 사용한다. 즉 한편으로 친족용어로 père, mère, frère, sœur, fille, fils가 있고, 다른 한편으로 혼인 친족의 용어로 beau-père, belle-mère, beau-frère, belle-sœur, belle-fille, beau-fils가 있다. 이들 명칭은 계열 대 계열로 서로 대응한다. 영어에도 이 두 종류의 친족 명칭에 동일한 용어가 사용되고, 그들은 -in law가 추가되어 분화된다. 예컨대 father-in-law 같은 것이다. 이 두 가지 방식의 어휘 절차 각각은 나름의 역사적 근거가 있다. 고대 프랑스어에서 beau-는 '친절한'과 등가치적 의미를 지니는 예절 용어였다. 따라서 beau-père는 배우자의 아버지를 자신의 아버지와 동일시하는 경어법적 지칭이다. 영어 father-in-law는 더욱 '법적'이다. 즉 '아버지'는 '법'에 의해, 다시 말해서 교회법에 따라 규정된다. 사람들이 동일한 용어를 사용한 것은 두 친족의 감정적 동화 때문이 아니라 경제성과 어휘적 대칭성 때문이다. 그래서 혼인에 의한 친족은 친자관계(아버지·어머니/아들·딸)와 우애관계(형제/자매)의 명칭 목록을 사용하는 것이다. 자신의 근친 중의 한 사람과 혼인으로 맺어진 자와의 개별적 관계를 규정하는 것은 특정한 부류의 분류학적 친족이다.

그러나 이들은 근대에 와서 발전된 것이다. 이와 반대로 고대 인도유럽어에는 이 두 계열의 친족이 구별되었다. 부계 혈통에 의한 친족과 똑같이 혼인에 의한 친족은 각기 고유한 명칭법이 있다.

출발점으로 '남편'과 '아내'의 명칭을 볼 수 있는데, 이를 지칭하는 라틴어 표현 marītus와 uxor부터 고찰해 보자.

marītus는 라틴어에만 고유하게 나타난다. 더욱이 '남편'을 의미하는 인도유럽어 단어는 없다. 경우에 따라 부부 관계를 특별히 지시하는 것 없이 '주인'이라고 표현하기도 하는데, 산스크리트어 pati, 그리스어 pósis(πόσις)와 같은 것이다. 또 때로는 '남자'로 표현하기도 한다. 라틴어 uir, 그리스어 anér(ἀνήρ)가 그것이다. marītus는 남편을 가리키되 법률적 신분 상태를 말한다.

marītus에 대한 어원적 분석은 별도의 두 가지 문제를 야기시킨다. 즉 파생어 구성의 문제와 어기의 의미 문제이다.

라틴어 파생어로서 marītus를 고찰해 보면, 이것은 별 어려움 없이 해석된다. 이것은 -ītus로 구성된 파생어로 구성되는 명확히 확립된 부류이며, 파생어는 -ātus, -ūtus로 구성된 파생어와 유사하다. 다시 말해서 접미사 -to-가 -ī-, -ā-, -ū-로 된 어간에 첨가되어 구성된 이차적 형태 부류이다. 예컨대 armātus(무장한), cornūtus(뿔이 있는), aurītus(긴 귀를 가진) 같은 것이다. 이 형태 구성으로 인해 marītus는 'mar-가 갖추어진', 'mar-를 소유하고 있는'을 의미한다.

어기의 의미를 확정하는 일이 남아 있다. 여기에서 학자들은 오래전부터, 어떤 경우에는 젊은 여자에게 적용되고, 어떤 경우에는 젊은 남자에게 적용되는, 고대 초기 이래 형태 변동이 있는 일군의 용어를 비교했다. 특히 그리스어 meîrax(μεῖραξ, (젊은) 여자), 이차적으로는 meirákion (μειρά-κιον, 소년)이다. 일찍부터 언어에 따라 이 두 의미 중 어느 하나가 우세하게 사용되었다. 라틴어에서 *mari-는 혼인 적령기의 여자를 가리켰음에 틀림없고, 따라서 marītus는 '젊은 여자를 소유하고 있는'을 의미했을 것이다.

인도이란어의 대응어 marya는 젊은 남자를 가리키지만, 그는 특수한 지위에 있는 젊은 남자이다. 즉 구혼자로서, 애인(Indra)으로서, 특히 연애 관계에 있는 젊은 남자이다. 요컨대 혼인 적령기의 젊은이를 가리킨다. 이 의미가 인도어의 일상적 의미이다. 이란어에서 marya는 불쾌한 의미를 지닌 단어이다. 즉 그것은 지나치게 대담한 젊은이, 혈기 넘치는 파괴적 젊은이이며, 때로는 불한당을 의미하기도 한다. 사실상 이 뜻은 아베스타 문헌에만 국한되어 나타난다. 다른 증거들은 이란어에서조차 고대의 의미가 그대로 지속되는 것을 보여 준다. 특히 펠레비어 mērak은 '젊은 남편'을 가리킨다. mērak은 젊은 아내를 가리키는 대응 용어 ziyānak와 더불어 친밀한 애정 용어이다.

우리들은 먼 옛날에 사용된 이 용어와 결부된 제도적 의미가치, 즉 젊은 전사 계급의 의미가치를 엿볼 수 있다. 이 용어는 아주 오래된 단어인데, 그것은 전사 계급을 가리키는 maryanni가 기원전 14세기의 미타니[2] 문헌에서 볼 수 있는 인도이란어 용어이기 때문이다. 이 미타니 문헌에는 또한 인드라(Indra), 미트라(Mitra), 나사티야(Nāsatya) 같은 신의 명칭도 나온다.

이와 반대로 라틴어와 그리스어에서는 '젊은 (혼인 적령기의) 여자'의 의미로 이 용어의 의미가 전문적으로 분화되었다. 이것은 라틴어에서 marītus란 신어新語를 만들어 내었다. 이는 문자적 의미로는 '*marī-가 갖추어져 있는'을 의미하는데, 이에 대응하는 단어는 알려진 것이 없다.

marītus에 대응하는 것은 uxor(부인)이며, 오래된 단어이고, 의미가

---

2) 기원전 15~14세기의 근동 지방(아르메니아, 시리아, 아시리아)을 지배한 제국. 농업에 종사한 백성들은 지배계층인 전사 귀족계급이 다스렸다. 아시리아에 의해 정복되었다가 기원전 14세기 초엽에 히타이트 제국에 합병되었다.—옮긴이

고정되고 라틴어에만 국한되어 나타난다. uxor의 어원은 투명하지 않다. 그래서 학자들은 이것을 *uk-sor로 분석하고, 둘째 항인 -sor를 *swe-sor (자매)에서 나타나는 '여자'의 명칭으로 해석할 것을 제안했다. '부인'이 란 명칭만 아니라 '자매'란 명칭에도 확인할 수 있을 것으로 생각되는 이 *sor란 명칭에 분류학적 의미가치를 부여한다는 것은 그럴듯하다. *uk-sor의 첫째 항인 *uk-을 살펴보자. 이 분석은 어근 *euk-(배우다/~에 익숙하다)에 근거를 두고 있다. 이 어근은 산스크리트어 uc-, 슬라브어 ukŭ(교육)와 특히 아르메니아어 동사 usanim(나는 배운다/나는 무엇에 익숙하다)을 나타낸다. 그런데 동사 usanim은 아르메니아어 용어 amusin(부부; 남편/아내)과 비교되었다. 이 용어는 접미사 am-(함께)이 첨가되어 문자적으로는 '공동의 생활을 하는 배우자'를 의미한다. amusin이란 형태 구성은 uxor에 나타나는 *uk-의 의미를 밝혀 줄 수도 있다. 그 결과 uxor를 *uk-sor로 분석하면, 그것은 '친밀하게 습관이 든 여자', '어떤 자가 잘 알게 된 여성'을 의미할 것이다. '아내'에 대한 이 명칭이 자연스럽지 않다는 점에 동의해야 할 것이다. 더욱이 어근 *euk-에서 파생된 어떤 파생어도 인간관계나 사회관계를 지시하지 않는다. *euk-가 의미하는 것은 지적知的인 차원에 속한다. 즉 '반복된 사용으로부터 무엇을 획득하다'란 뜻이므로, 이것은 '배우다', '학습/학식'을 의미하기에 이른다. 예컨대 고트어 bi-ūhts(습관이 든 자), 슬라브어 vyknǫti(배우다), 아르메니아어 usanim(배우다)과 같다. 따라서 amusin(배우자; 남편 또는 아내)을 usanim과 비교하는 것은 불확실하다. amusin에 포함된 듯이 보이는 -us-(혼인의 관계)는 기원이 다를 수 있다. 아르메니아어조차 이 두 형태를 분리하면, uxor와의 평행 관계는 사라진다.

　　uxor의 어원에 대한 또 다른 해석은 이를 친족어휘 내에 고정시키고,

이를 발트어에서 특별히 아내와 관련되는 용어와 비교하는 것이다. 즉 리투아니아어 uošvis(아내의 아버지; 리투아니아어 uošve(시어머니)는 이차적인 여성형이다), 라트비아어 uôsvis 같은 용어이다. 이 발트어 형태는 -vyas로 된 파생어로서 산스크리트어 bhrāt-vya(아버지의 형제의 아들), 라틴어 patruus, 그리스어 patrōós(πατρωός)의 유형에 속한다. 따라서 문제의 이 접미사는 친족명칭을 구성하는 요소이다. 리투아니아어 uošvis의 원형은 *ouk(s)-vya-이다. 이 용어가 '아내의 아버지'를 가리키는 데 사용되었다는 사실은 어기 *ouk(s)-가 이미 방언으로 분화되기 이전 상태에서 '아내'의 명칭을 의미했다고 가정하면 쉽게 이해가 간다. 그렇다면 라틴어 형태 uksor에서 '부인', '아내'의 의미는 이미 어기 *uks-에 주어져 있기 때문에 단지 접미사 -or만이 남게 된다. 이 설명 역시 가설적이다. 그것은 지금까지 밝혀진 제3의 언어의 확증이 없기 때문이다. 학자들이 제시했듯이 오세티아어 ūs-(아내)를 증거로 제시해서는 안 된다. 왜냐하면 방언형 vosae는 어두음 *w-가 있어서 기원이 다르다는 것을 보여 주기 때문이다. 그러므로 아직 해석이 불확실한 라틴어 명칭 uxor가 특수성을 지니고 있음을 인정해야만 한다. 혼인에서 유래하는 친족명칭이 한편으로는 형태와 정확한 의미가 확실한 반면, 다른 한편으로는 그들이 아주 오랜 것이기 때문에 분석이 어렵다는 이중성이 있음을 알 수 있다.

남편의 아버지와 어머니는 각기 *swekuros와 *swekrūs(여성)로 지칭된다. 남성형 *swekuros는 산스크리트어 śváśura, 아베스타어 xʷasura, 아르메니아어 skesr-ayr, 라틴어 socer, 그리스어 hekurós(ἑκυρός), 고트어 swaihra, 고대 슬라브어 svekrŭ, 그리고 약간 변질된 형태 리투아니아어 sesuras, 게일어 chwegrwn으로 나타난다. 여성 *swekrū는 산스크리트어 śvaśrū, 아르메니아어 skesur, 라틴어 socrus, 그리스어 hekurá(ἑκυρά), 고트어 svaihro, 고대 슬라브어 swekry로 나타난다. 이 대응은 단지 몇몇 변이형으로 흐트러진, 산스크리트어에 이차적인 동화의 결과 *svaś- 대신에 불규칙적으로 나타나는 śvaś-가 있는데, 어두의 치찰음은 이란어 xʷa-(〈 *swe)에 의해 확인된다. 마찬가지로 리투아니아어도 *seš- 대신에 šeš-가 나타난다. 아르메니아어 skesrayr(남편의 아버지)는 합성어(skesr-ayr)로서, 시어머니의 남자(-ayr = 그리스어 anér), 즉 남편을 가리킨다. 따라서 skesur (시어머니)는 일차적 단어이다. 이와 반대로 그리스어 용어는 대칭적이다. 즉 여성형이 남성형에 기초해서 다시 파생되었다. 고트어도 재구성되었다. 그래서 남성 swaihra와 여성 swaihro는 한 형태가 다른 형태에 일치해서 바뀌었다. 이와 반대로 라틴어는 남성과 여성이 과거의 관계를 그대로 유지한다. 즉 socer/socrus(〈 *swekuros/*swekrūs)로서, 이는 산스크리트어 śvaśura-/śvaśrū-의 관계와 같다.

인도유럽어의 모든 주요 언어가 나타내는 이 어휘 대응에서 남성 *swekuros가 여성 *swekrūs와 짝을 이룬다는 사실을 인정해야 한다. 이 점이 다른 예에는 볼 수 없는 형태론적 특이성이다. *-kuro-/ -krū- 같은 교체형과 더불어 이중적 변칙형을 갖는 남성/여성의 대립은 알려진 바가 없다. -o-형의 남성에 기초해서 구성되는 -ū-형의 여성은 없다. 정상적으로는 -ā-형이나 -ī-형의 여성이 기대되기 때문이다. 더욱이 성의 차이가 *-kuro-와 *-krū- 사이의 음절수 변동을 일으키지도 않거니와 또 이 현상을 설명할 수도 없다.

그렇지만 이 여성형 자체만 고찰해 보자. *swekrūs가 남성형에 기초해서 형성된 것이라면, 그것은 비정상적 형태일 수도 있다. 그러나 그것을 독자적 형태로도 인정할 수 있다. 왜냐하면 ū 유형의 여성이 있기 때문이다. 베다 산스크리트어 vadhū-(혼인한 젊은 여자)에서 볼 수 있다. 이 사실로, 일차적 용어가 여성 *swekrū-이고, 남성 *swekuros는 이차적 용어가 아니겠는가라고 자문하게 된다. 이 가정으로 다수의 언어에서 생긴 변이형을 설명할 수 있다. 우리는 *swekrū가 과거로부터 전승된 형태로 가정하는데, 그 이유는 일차적으로 이 여성형이 인도이란어, 라틴어, 슬라브어, 아르메니아어의 대응에 의해 확인되기 때문이고, 이차적으로는 여성이 남성에 기초해서 구성될 수 없기 ──그러한 모델이 다른 언어에도 존재하지 않기 때문에 ──때문이다. 이와 반대로 몇 가지 표시로 '시아버지'라는 명칭이 재구성을 겪었다는 사실을 가정한다. 우리가 살펴보았듯이 아르메니아어의 경우가 그런데, 이 언어에서 '(아내의) 시아버지'는 skesr-ayr(시어머니의 남편)로 표현되기 때문이다. 슬라브어에서 남성 svekrŭ(시아버지)는 여성에 기초해서 구성된 이차 형태이다. 고트어 형태 swaihra(시아버지)도 역시 고대의 *swekr-에 기초해서 구성된 것으로서, 따라서 *swekur-가 아니라 여성 어간에 기초해서 구성된 것임에 틀림없다.

그러나 우리가 여성 *swekrū-(남편의 어머니)를 일차적인 것으로 가정하여 역사적 진실에 접근할 수 있는 것으로 생각할 수 있지만, 그렇다고 해서 이 용어를 성공적으로 설명할 수 있을 것으로 기대할 수 없다. 남성 *swekuro-에서 출발해야 한다면 설명은 더욱 불가능하다. 사실상 *swekuros 자체만 보면, 그것을 합성어로 생각할 수 있다. 즉 그 첫째 항은 *swe-인데, 이는 자매의 명칭에서 나타나는 바와 동일하다. 둘째 항에서 그리스어 kúrios(κύριος), 산스크리트어 śūra(주인/권위를 지닌 사람)와 유사한 형태를 인지할 수 있다. 그렇다면 시아버지는 가족의 주인으로 간주되고, 그렇게 불릴 수 있다. 이 가설에는 단지 여성 *-krū만이 설명이 불가능하다. 이 설명을 뒷받침할 수 있는 유일한 여성은 그리스어 -kura이지만, 이것은 이차적 형태이다. 이러한 이유만으로는 이 분석은 진실이 아닐 수 있다. 우리가 *swekrū-를 원초적 형태로 간주한다면 더더욱 그렇다. '시어머니'를 가리키는 용어의 이러한 우위성은 한편으로는 이해가 가능하다. 즉 그것은 남편의 아버지보다 더욱 중요하다는 점이다. 그래서 시어머니는 집안의 중심 인물이다. 그러나 이러한 해석은 이들 용어의 관계를 해명하지 못한다. 따라서 *swekuro-와 *swekrū-사이의 형식적 관계는 미해결로 남는다.

'시숙'(남편의 형제)을 가리키는 인도유럽어 명칭은 *daiwer로 가정되는데, 이는 다음 형태의 비교에 따라 재구된 것이다. 즉 산스크리트어 devar, 아르메니아어 taygr, 그리스어 dāér(δαήρ), 라틴어 lēuir(l-은 아마도 d-의 방언형일 것이다), 고대 슬라브어 děverǔ, 리투아니아어 dieverìs, 고대 고지 독일어 zeihhur이다. 이 용어가 오래된 것이라는 사실은 분명하지만, 그것의 원래 의미를 알지 못한다. *daiwer-란 형태는 어떠한 분석도 불가능하다. 비록 이 용어를 다른 많은 친족명칭과 비교하는 -r-의 구성을 보여 줄지라도, 이것을 파생시킬 수 있는 인도유럽어 어근을 알 수는 없다.

'시누이'(남편의 누이)를 지칭하는 상관적 용어는 그렇게 많이 나타나지 않는다. 그리스어 galóōs(γαλόως), 라틴어 glōs, 고대 슬라브어 zǔlǔva, 프리기아어 gélaros(γέλαρος, gélawos(γέλαωος))가 그러하며, ἀδελφοῦ γυνή('형제의 아내'로 주석된다)이 있다. 이 마지막 증거에 의해 이것은 남편의 누이와 형제의 아내를 가리키는 상호적 용어일 것으로 추정된다. 여기에 또한 아르메니아 단어 tal(남편의 누이)도 분명히 추가해야 한다. 이 단어에서 t-는 taygr(남편의 형제)의 영향으로 고대의 c-(ts-)를 대체한 것이다. 여기서 인도이란어 형태는 나타나지 않는다. 그렇지만 그리스어, 라틴어, 슬라브어, 프리기아어, 아마도 아르메니아어의 대응은 아주 놀랄 만큼 잘 일치한다.

마지막으로, 혼인에 의한 친족용어는 '형제들의 아내들' 사이의 친족 관계를 규정한다. 이는 부계사회의 규칙에 따라서 함께 사는 자기 남편의 형제의 부인들에게 아내가 주는 명칭이다. 이 용어는 모든 언어에서 흔적이 남아 있다. 예컨대 산스크리트어 yāt-이다. 이 단어의 대응 형태 *yāθr-는 파슈토어 yōr에 의거해 재구해야만 한다. 프리기아어 ianater-(ιανατερ-), 그리스어 einatéres(εἰνατέρες), 라틴어 ianitrīces, 고대 슬라브어 jętry, 리투아니아어 intè.

따라서 *yenoter-, *yn̥ter-를 재구할 수 있다. 여기에서 -ter의 형태는 인지할 수 있지만, 여기는 해석할 수단이 없다.

*　*　*

모든 언어에서 규칙적 대응을 하지만 어원적 의미는 알 수 없는 고정 명칭들을 볼 수 있다. 이 용어들 가운데 다수는 일찍부터 더욱 명확하고 분석적 용어인 '남편의 형제', '아내의 자매' 등으로 교체되었다.

이 용어들과 이들이 표현하는 개념을 지금까지 고찰한 용어와 개념들과 서로 비교해 보면 이상한 상황이 나타난다.

분류학적 친족을 이용하는 경우, 이론상으로는 동일한 친족관계가 이중의 명칭을 요구한다는 결과가 나온다. 한 남자가 자기 어머니의 형제의 딸과 혼인하면 그의 외삼촌은 자기의 장인이 된다. 이 상황 자체가 용어법에서 확인되는가? 그렇지 않은 것 같다. *swekuros가 '시아버지', 즉 남편의 아버지와, 또한 아마도 산스크리트어나 라틴어 같은 언어에는 아내의 아버지 이외의 사람을 지칭했다는 증거가 전혀 없다. 그러나 그리스어는 이를 pentherós로 표현하는데, 이것은 접미사가 다르기는 하지만, 산스크리트어 bandhu-(친족의)와 대응한다. 아르메니아어는 aner(아내의 아버지)와 zokʿancʿ(아내의 어머니)로 표현한다. 이 두 용어는 어원이 없다. 한 마디로 말해서 아내의 양친(장인/장모)을 가리키는 인도유럽어 명칭은 없다. 이와 관련해서 고유한 의미의 외삼촌을 지칭하는 공통 인도유럽어 명칭도 없다는 사실을 기억해야 한다. 우리가 살펴보았듯이 외삼촌은 라틴어에서는 할아버지의 명칭에서 파생된 파생어로 지칭된다. 다른 언어에서는 형태들이 다르다.

우리는 두 가지 해석이 가능하다고 생각해 볼 수 있다. 우선 엄밀히 이론적인 측면에서 추론하여 *swekuros가 선사 시대에 외삼촌, 즉 어머니의 형제를 가리켰고, *swekrū가 아버지의 자매를 가리켰다는 점을 가정하고, 역사적인 의미는 의미전이에서 유래하는 것으로 상정할 수 있다. 아니면 이 용어들이 의미하는 바 이외의 의미를 뜻한 적이 없다고 결정하는 것이다. 그리하여 이 용어들이 아내가 가족에 편입되면서 만들어 내는 친족에게만 언제나 엄밀히 적용된다는 것이다. 그렇다면 혼인에 의한 친족에는 가부장적 체계가 애초에 우세하여 그 체계만이 부과되어 사용되었고, 분류학적 친족에서 모든 인척이 차지하던 이중적 지위의 흔적을 이 일련의 용어에서 모두 제거한 것으로 가정해야 한다.

이 두 가지 가설 가운데 둘째 가정이 받아들일 수 있는 것으로 생각된다. 어쨌든 부계친족의 명칭 목록에 모계의 혈통관계에 대한 꽤 많은 증거가 있어 후속 증거들이 이 해석의 원리 자체를 의문시할 수는 없을 것이다.

6장_친족용어의 구성과 접미사법

요약

형태론적 관점에서 볼 때, 인도유럽어 친족어휘가 보여 주는 거의 한결같은 통일성은 *-ter(또는 *-er) 부류의 접미사가 존재하는 데서 연유한다. 이 접미사 부류는 가장 오래된 많은 용어(*pəter 등)를 특징지을 뿐만 아니라 또한 신조어나 더욱 후기의 재구형에도 계속해서 출현한다.

사회단위 ——씨족, 포족, 부족——를 지칭하는 용어는 언어에 따라 다르지만, 이들은 흔히 출신 공동체를 나타내는 어기에 기초해서 구성된다. 예컨대 그리스어 génos, phrátra, phulé, 라틴어 gens, tribus 등이다.

*-ter만큼 그리 특수하지 않지만 ——따라서 그만큼 연구된 것도 아니다 —— 접미사 *-w(o)-/-wyo-는 기원상으로 볼 때, 동일 차원에서 '인접'한다는 의미가치를 지닌 듯이 보인다. 예컨대 *pəter-(그리스어 patrō(u)s, 산스크리트어 pitvya-(아버지의 형제)) 같은 것이다. 또 그리스어 patruiós-(아버지의 형제), 산스크리트어 bhātvya-(형제의 아들; 그 후 '사촌'에서 '적'의 의미로 전이)가 보여 주는 비정상적 형태는 이 접미사의 고대 의미가치를 문제시할 것이 아니라 각 경우에 이 형태가 속하는 특정

체계를 참조하여 이 의미가치가 겪은 의미 편차를 해석하도록 해야 한다.

친족의 일반적 조직을 재구할 수 있도록 하는 이 친족용어를 조사한 후에, 이 용어들의 의미가치와 관련해서 이들 형태와 관련되는 몇 가지 문제를 조사하는 것이 유익하다. 사실상 이 용어 전체에 고유하면서 이들을 아주 통일된 어근으로 만드는 형태론적 특성이 있다. 이 접미사들이 친족명칭에서만 나타나든 아니면 친족명칭에 특수한 의미가치를 가지든 친족명칭의 특징적 접미사를 특히 지적해 보고자 한다.

접미사 가운데 우선 친족관계를 나타내는 접미사인 -ter 또는 -er를 살펴보자. 이 접미사는 이 계열에 속하는 가장 오래된 몇몇 친족용어의 구성에 사용될 뿐만 아니라 방언으로 분리된 이후에도 그 의미가치를 지니면서 생산적인 것으로 남아 있다. 이 부류의 접미사의 최초 상태는 네 가지 기본 지칭 ——이들은 더 이상 분석되지 않는다—— 에 공통된 어말^{語末}에서 제시된다. 즉 *pəter, *mātēr, *dhugh(ə)ter, *bhrāter가 그것이다. 그 외에 혼인에 의한 친족명칭 *yen(ə)ter(남편의 형제의 아내)에도 나타난다.

이들은 더 분석되지 않는 일차 단어로서, 어말이 일정하기 때문에 이들에서 그 고유한 의미가치를 지닌 어말이 추출되었다. 그리고 인도유럽어의 적어도 일부 영역에서는 새로운 친족명칭에까지 이 어말이 확대되었다. 예컨대 *nepōt-(조카/손자)는 이차적 형태 *nepter를 가지며, 이 이차 형태가 인도이란어의 napāt-의 굴절에도 도입되었다. 그 증거로는 산스크리트어 대격 naptāram과 아베스타어 사격 어간 nafəδr(이것은 *naptr-에 기초한다)를 들 수 있다.

'사위'는 산스크리트어 jāmātar, 아베스타어 zāmātar-이다. 다른 언어들의 그 대응형에서 비록 어간은 다양하게 변형되었지만, 어말 -r은 여전히 남아 있다. 예컨대 라틴어 gener, 그리스어 gambrós이다. 이들 형태의 특수한 역사가 어떤 것이든 이들은 모두 접미사 -er 또는 -ter가 첨가되어 확장된 어기에서 유래한다. 그리고 아베스타어 명칭 목록에 zāmāter-(사위) 외에도 zāmaoya(= *zāmavya)를 뜻하는 '사위의 형제'(이 형태는 오늘날 파슈토어에서 zūm(사위)으로 계승되고 있다)가 포함되어 있다는 사실 때문에 -r-가 이차적인 것이라는 것을 알 수 있다.

라틴어 auus, auunculus와 관련 있는 용어는 켈트어군에서는 '외삼촌'을 가리킨다. 예컨대 게일어 ewythr, 브르타뉴어 eontr는 *awontro-에서 유래한다. 여기에서 어간 형태로 된 동일한 접미사 -ter를 인지할 수 있다.

마지막으로, *daiwer(남편의 형제), 라틴어 leuir를 기억하자. 모든 언어에서 -er가 나타난다.

-ter 또는 -er로 구성된 형태가 기원으로부터 많은 친족명칭에 결부되어 있음을 알 수 있다. 이 어형이 계속 생존하여 인도유럽어의 역사를 통해서 친족어휘 부류로 확산되었다. 이 확산의 가장 확실한 예들 가운데 하나를 이란어군의 중기 페르시아어와 근대 페르시아어가 제공한다. 이들 언어에서 이 접미사는 어말의 탈락으로 제거되었으나 이차적으로 복구되었다. 고대의 계열 pitar-(아버지), mātar(어머니), brātar(형제), duxtar-(딸)는 음성적으로 pit, māt, brāt, duxt로 귀착되지만, 특징적 어말 -ar는 복구되었다. 그 결과 지금 사용하는 현대 페르시아어 형태 pidar, mādar, brādar, duxtar가 생겨났다. 그리고 여기에 유추하여 pusar(아들; pus 대신에)가 생겨났다. 이 형태론적 재구성의 경향은 중기 페르시아어로부터 시작되었다. 그러나 거의 모든 접미사들이 이와 같은 생명력을 가진 것은 아니다.

이 형태 구성이 오래되었다는 것에 대한 또 다른 증거가 있다. 이 증거는 이 접미사를 가진 가장 오래된 용어 가운데 하나인 '딸'의 명칭에 나타나며, 또한 인도유럽어적 특성이 이제 확실한 루위히타이트어군에 속하는 언어에도 나타난다. 이 언어는 리키아어로서, 여기서 딸의 명칭은 cbatru(단수 대격)로 나타난다. 재구형의 세부적 음성사실은 전적으로 확실한 것은 아니다. 하지만 리키아어의 어두 자음군 cb-는 '2'를 의미하는 단어와의 비교나 합성어의 구성요소와의 비교에 의거해서 고대의 *dw-에서 유래하는 것으로 가정할 수 있다. 즉 리키아어 cbi 〈 *dwi이다. 이처럼 해서 원시 리키아어 *dwatr를 재구할 수 있고, 이 원시형은 모음 사이의 후음이 축소된 형태로 그리스어 thugátēr와 대응한다. *duga- 〈 *duwa-. 어떤 방식으로든지 우리들은 다른 언어에서도 동일한 어말 -er, -ter를 확인할 수 있다.

접미사 -ter를 가진 친족명칭은 더욱이 몇몇 파생어의 성질과 그 중요성 때문에 특징이 있다.

앞에서 포족胞族을 논하면서, 이 용어가 '혈연의 형제'와 '분류의 형제'를 관련짓는 관계를 이미 논의했다. 포족은 사회적 하위 집단을 표시하는 일련의 그리스어 용어에서 고유의 지위가 있는 집단이다. 여기에는 세 집단이 있는데, 중요성에 따라 배열하면 다음과 같다(뒤로 갈수록 중요하다). génos(γένος), phrátra(φράτρα), phulé(φυλή). 이들은 고대 그리스 사회의 대 하위집단으로서 동심원同心圓적 구성을 하는 조직이다.

로마사회에도 역시 삼분三分의 집단이 있지만, 정확하게 말해서 그리스의 이 집단 구분과 동일하지 않다. 즉 우선 gens가 있고, 다음으로 cūria가, 마지막으로 tribus가 있다. 이 삼중 조직에서 첫째 층위의 용어는 비교가 가능하지만 다른 층위의 용어는 차이가 있다. 그러나 그 실제는 이 두

사회에서 동일하다. 이들은 사회구성의 단위로서, 이 단위는 씨족, 포족, 부족의 계열로 표현할 수 있다.

사실상 그리스어 génos와 라틴어 gens는 일치하지 않지만, 서로 대응된다. 그러나 접미사 구성에 차이가 있다. 즉 중성 génos의 형태론적 대응어는 라틴어 중성 genus이지만, gens는 -ti형의 여성이다. 따라서 그리스어와 라틴어의 형태론적 관계는 *genes-/*genti-로 규정된다. 이 구성 때문에 라틴어 genti-는 산스크리트어 jāti(출생)와 대응한다. -ti로 된 추상명사는 '출생'을 가리키며, 동시에 '출생'에 의해 결속하는 사람들의 부류(계급)를 가리킨다. 그것은 이 출생이 사회집단을 규정하는 데 사용되는 충분 조건이기 때문이다. 이와 동일한 단어족에 속하는 것으로 아베스타어 용어 zantu-가 있다. 이 용어는 접미사 -ti를 지닌 점에서 차이가 나며, 이란 사회에서도 역시 '출생'에 의해 분화된 대사회집단을 가리킨다. 이러한 접미사의 변동을 제외한다면, 고대의 주요 언어는 동일한 '출생'에 의한 귀속을 사회집단의 기초로 한결같이 제시한다.[1]

이차적으로 분화된 집단을 살펴보면, 라틴어 용어 curia는 그리스어 phratría와 등가치적 의미를 지니지만, 이와는 전혀 의미가 다르다. 즉 curia는 그리스어에서도 그 외의 언어에서도 대응어가 없다. 그렇지만 이탈리크어 자체에서 curia란 형태를 *co-uiria(uiri의 집단)로 설명할 수 있는데, 그 증거는 같은 의미를 지닌 볼스키어volsque co-vehriu이다. 이것은 집회 장소를 의미하는 동시에 로마인의 대사회집단을 가리킨다. 그리스어 phratría와는 반대로, curia란 명칭은 이 사회단위의 구성원들 사이의 친족 관계를 드러내 주지 않는다.

---

1) génos, gens, zantu-의 세 용어의 자세한 의미는 본서의 387쪽 이하에서 논의될 것이다.

더욱 설정하기 어려운 관계는 그리스어 phulé와 라틴어 tribus이다. 이 문제는 tribus의 어원적 구성 때문이다. 각 친족용어의 발달 과정에서 이 두 용어 사이에 유추가 있었던 것으로 추정된다. 벌써 고대의 주석가들은 tribus를 세 집단으로 구성된 전체 사회단위로 간주했다. 따라서 그것은 일차 용어에 -tri가 첨가된 합성어일 것이다. 사실상 인도유럽사회의 역사적 전통에서, 특히 그리스인에게서 이 삼중三重의 집단은 잘 알려져 있다. 호메로스 그리스어의 부가어(형용사)에서 고대의 도리스 부족에 대한 증거를 볼 수 있다. 즉 Δωριέες τριχαί(w)ικες(세 wik-로 나뉜 도리스인들)이 그것이다(그리스어 (w)οῖκος; (w)οῖκος 참조). 고대에 도리스인이 거주하던 그리스 영토에서 엘리스 지방[2]은 Triphulía(Τριφυλία)로 불렸는데, 이것은 분명히 최초의 거주민이 '세 부족'으로 구분되었음을 증거해 준다. 그래서 라틴어 tribus가 '(영토의) 삼분의 일'을 의미한다면, 이 그리스 지역 명칭은 라틴어와 거의 일치하는 대응짝이다. 사실상 tribus는 그 유일한 대응어인 움브리아어 trífu와 더불어 명사형 *bhu-를 포함하며, 이 명사형은 그리스어 phulé의 phu-와 정확히 중첩될 수 있다는 것이 불가능하지 않기 때문이다. 그렇지만 이 용어가 갖는 이 일차적 의미작용을 뒷받침하는 역사적 증거를 찾을 수 없다. 일찍부터 tribus는 tribunus와 그 후의 tribunal 같은 중요한 파생어와 동사 tríbuno를 제공했으나 수사 '3'과의 관계는 나타나지 않는다.

친족명칭에 고유한 단어구성의 유형 가운데서 -ter와 -er 외에도 *-w-와 *-wyo-로 된 다수의 이차적 파생어를 지적해야겠다. 이들은 특이한 기

---

2) 펠로폰네소스 반도의 북서부의 고대 그리스 지방으로, 엘레이아 지방이라고도 한다.─옮긴이

능이 있고, 또 별로 연구된 것이 아닌 까닭에 더욱 큰 관심을 끈다. 이 유형은 라틴어 patruus(아버지의 형제), '친삼촌'으로 대표된다. 그리스어 pátrōs(πάτρως, 아버지의 형제; 〈 *patrōw-)와 대칭인 여성 métrōs(μήτρως, 어머니의 형제)를 참조. patruus와 이와 같은 의미를 지닌 명사인 산스크리트어 pitṛvya와 아베스타어 tūirya 〈 *(p)tṛwya-를 비교해야 한다. 현대 페르시아어 afdar와 파슈토어 trə(아버지의 형제), 또한 고대 고지 독일어 fatureo(독일어 Vetter; 〈 *faðurwyo)와 고대 슬라브어 stryj(삼촌)도 참조.

이러한 유형의 파생은 의미가 많이 다르지만, 그리스어에도 나타난다. 예컨대 patruiós(πατρυιός)는 '의부'를 의미하고, métruiá(μητρυιά)는 '의붓어머니'를 의미한다. 아르메니아어 yawray(의부)와 mawru(〈 *mātruvyā, 의붓어머니)도 마찬가지다.

형제의 명칭에서 출발해서 동일한 절차를 적용해서 산스크리트어 bhrātṛvya-, 아베스타어 brātūirya가 구성되었다. 이들 용어의 의미는 논의를 많이 거쳤으나 예들이 거의 없어서 이들은 결정적인 사실이 되지 못했다. 이것은 **'형제의 아들'**인가 아니면 '아버지의 형제의 아들'인가? 이것이 '조카'인가 '사촌'인가? 산스크리트어 bhrātṛvya-의 의미에 기초해서 다음과 같은 간략한 정의를 제시하는 파니니[3]에게서 형식적 표지를 발견할 수 있다. 그것은 bhrātur vyac ca이다. 다시 말해서 bhrāt(형제)에서 파생된 이 파생어는 후손을 지시하며, 역시 -vya-로 구성되어 있다. 그래서 '누구에게서 내려오는', '누구의 후손인'을 뜻하는 -iya-로 된 명사 파생어 외에도 동일한 의미를 가진 -vya-로 된 단어구성도 있다. 여기에서 bhrātṛvya-가 후

---

3) 파니니Pāṇini: 기원전 4~5세기에 카슈미르 근처의 살라투라에서 태어난 인도 문법가. 산스크리트어를 언어학적으로 엄밀히 기술한 학자로 종교의식의 수트라와 빠다빠타하의 구전에 근거하여 산스크리트어를 분석적으로 기술한 것으로 유명하다. ―옮긴이

세의 저자들이 제시하는 바처럼, '형제의 아들'을 가리키는 것이지 '아버지의 형제의 아들'이 아니라는 결론이 나온다. 아베스타어 brātūirya(변이형 brātruyā, 즉 brātr̥vya-, 여성형 brātruyā-)도 또한 '형제의 아들'로 해석해야 한다는 것은 의심의 여지가 없다. 왜냐하면 '아버지의 형제의 아들'은 분석적인 명칭 tūiryya-puθra(tūirya의 아들), 즉 친삼촌의 아들을 분명히 이용하기 때문이다. 이에 대한 확증은 또한 근대 이란어의 아프카니스탄 지방의 파슈토 방언에도 나타난다. 이 언어에서 wrārə(< *brāθr(v)ya-)는 '조카'를 의미한다. 따라서 그것은 물론 '형제의 아들'을 의미한다.

지금까지의 언어사실은 아무 이의를 제기하지 않는 듯이 보인다. 그러나 산스크리트어 bhrātr̥vya-에는 '조카'라는 의미 외에도 잘 확인되는 '경쟁자', '적'이란 의미가 있다. 이 점 때문에 바케르나겔[4]의 뒤를 이어 어원학자들은 이란어의 대응어들이 일치됨에도 불구하고 '형제의 아들'이란 의미가 bhrātr̥vya-의 일차적 의미라는 사실을 인정하기를 주저한다. 그들의 견해에 따르면, bhrātr̥vya-의 일차적 의미는 오히려 '사촌'(아버지의 형제의 아들)이라는 것인데, 그 이유는 '조카'가 '경쟁자'로 처신하는 것은 생각하기 어렵고, 반면 사촌들 사이에서는 경쟁관계가 잘 이해되기 때문이라는 것이다. 아랍 사회에서 사촌은 경쟁자, 적과 동일시된다. 사실을 말하자면 이 관념은 인도유럽 세계에서는 없는 이질적인 것이다. 즉 호메로스 시대의 그리스 사회의 anepsioí 사이에 사촌관계는 경쟁관계를 만들어 내기보다는 친밀한 우정관계이다. 그래서 바케르나겔은 선사 시기에 '사촌'에서 '조카'로 의미분화가 일어났을 것으로 생각한다. 이 의미전이

---

4) 야콥 바케르나겔Jacob Wackernagel(1852~1938년). 바젤대학 고전어(그리스어, 라틴어, 산스크리트어) 교수. 특히 문헌학적 관점에서 언어를 연구했다.—옮긴이

는 에스파냐어에도 상응된 것이 있다. 즉 에스파냐어에서 어원적으로는 '사촌'인 sobrino가 오늘날 '조카'의 명칭이 되었다.

이 모든 것이 고대 상태의 재구나 의미의 역사적 연대기에서 논란의 여지는 있는 듯이 생각된다. 확실한 자료에만 국한해서, 인도이란어 bhrātvya-가 '형제의 아들'만을 의미하며, 그 이상의 어떤 것도 지칭하지 않는다는 점을 인정해야 한다. '경쟁자', '적'의 의미는 산스크리트어에만 국한된다는 점에 유의하자. 이란어는 그 나름으로 이 두 개념의 관계를 밝혀 준다. 파슈토어(아프카니스탄)에서 친족용어 tərbur(사촌)을 발견할 수 있다. 이는 tər(친삼촌)와 *pūr(아들)로 분석해야 하며, *ptərvya-putra-(아버지의 형제의 아들)로 거슬러 올라간다. 그런데 이 단어는 '사촌'을 가리킬 뿐만 아니라 '경쟁자', '적'도 의미한다. 따라서 '적'의 의미가 '친삼촌의 아들'이라는 분석적 표현과 관련되는 반면, '조카'는 wrārə (〈 *brāθr(v)ya)로 표현되는데, 이는 고대 아베스타어 brāturya-처럼 경쟁의 의미를 함축하지 않은 용어이다. 이 사실은 산스크리트어 bhrātṛvya-의 의미가 '형제의 아들', '조카'이지 '사촌'이 아니라는 파니니의 증거를 명백히 확증해 준다. 산스크리트어에서 pitṛvyà-와 bhrtṛvya-의 최초의 관계는 여기에서 생겨났다. 즉 pitṛvyá-가 '아버지의 형제'를 의미하기 때문에 bhrātṛvya는 '형제의 아들'을 의미한다는 것이다. 이러한 것이 또한 이란어의 대응 용어의 상황이다. 따라서 그 형태와 의미는 인도이란어로 거슬러 올라가야만 한다. 가능한 한 인도유럽어 상태에서 이 용어들의 관계를 재구하려면 이러한 사실을 확인하는 것으로부터 출발해야 한다. 이 형태 구성은 물론 인도유럽어 시기에서 유래한다. 이 형태 구성이 실제로 인도이란어 외에 우리가 살펴보았듯이 그리스어, 라틴어, 게르만어에 고대의 표현형이 나타나기 때문이다. 이는 단일한 것으로 추정될 수 있는 어휘 범주이지만, 지역적인 불일치형이 나타나는 범주이다.

　이를 설명하려면 여기에 두 가지 이론적인 고찰을 해야 하는데, 그 하나는 친족명칭 목록과 관련된 고찰이고, 다른 하나는 이 친족용어의 형태론에 관한 고찰이다.

　특히 친족의 촌수에 명칭을 적용시키는 데서 일어났던 역사적 변화를 규명하기 위해 동일 세대에 속한 구성원들 사이의 관계——이를 우리는 '동질적 층위'(= 같은 층위의)라고 부른다——와 서로 다른 세대에 속한 구성원들 사이의 관계——이를 우리는 '이질적 층위'(= 다른 층위의)라고 부른다——를 구별할 필요가 있다고 생각된다.[5] 형제의 관계는 동질적 층위이고, 조상/자손의 관계는 이질적 층위이다.

　친족용어의 구성 자체에서 접미사가 별도의 의미가치를 가질 때에——현재의 예가 여기에 해당된다——는 이 접미사의 성질에 주목해야 한다. 인도유럽어 형태 *-wo-, *-wyo-는 지금 문제시되는 용어의 이차 파생어를 형성하므로 기저 용어와의 관계를 제시해야 한다. 이 관계의 성질은 일차 명사 파생어의 부류에서 이 접미사가 갖는 기능을 고찰하면 자세히 규명할 수 있다. 이들은 공간적 위치를 가리키는 형용사이다. 예컨대 베다 산스크리트어 púrva-, 이란어 parva-(앞쪽의/맨 앞의), 그리스어 deksi-wós, 고트어 taihswa(오른쪽의), 그리스어 lai(w)ós, 라틴어 laeuus, 고대 슬라브어 levŭ(왼쪽의); 베다 산스크리트어 viśva-(전체의), sarva-(온전한/흠이 없는), 라틴어 saluus; 베다 산스크리트어 ṛṣvá-(우뚝 선/높은), 아베스타어 ərəšva-(우뚝 선/높은) 등이다. 유추에 의해 우리들은 친족명칭에서 생긴 -w-로 된 파생어가 친족용어와의 친소의 위치, 즉 기저 명칭과 맺는 아

5) 이 용어들은 『인간』L'Homme V, 1965, p.15에 제안해서 사용되었다.

주 밀접하고도 어떤 면에서 동질적인 관계를 지시해 줄 것으로 추론할 수 있다.

친족을 가리키는 *-w-로 된 이 파생어 부류는 인도어에는 pitṛvya-와 bhrātṛvya-로 나타난다. 그러나 이들이 인도어에서 거의 동일한 어휘상의 지위를 가지고 있지만, 이 두 용어는 인도유럽어의 분포로 볼 때 아주 차이가 난다. 즉 첫째 용어는 광범한 영역에서 대부분 확인되지만, 둘째 용어는 인도이란어에만 국한되어 나타난다. 첫째 용어가 원초적 용어라는 것, 그리고 둘째 용어는 이차적 동화에 의해서 첫째 용어가 사용되는 광범한 지역의 일부에서만 이 용어에 일치하여 변형되었다고 생각할 만한 근거가 있다.

다른 증거들도 이 상대적 연대를 확증해 준다. 서부 인도유럽어에서 산스크리트어 pitṛvya-에 대응하는 형태는 말하자면, 접미사의 기능과 심지어 이 접미사 형태의 기저를 보여 준다. 이를 특히 고대 그리스어에서 볼 수 있는데, 고대 그리스어에는 다수의 파생어가 이처럼 -w-로 구성된 것을 볼 수 있다. 우선 pátrōs(아버지의 형제; 헤로도토스와 핀다로스 이후에 출현)와 mḗtrōs(어머니의 형제; 호메로스, 헤로도토스, 핀다로스)가 있는데, 이들은 patḗr와 mḗtēr에서 파생된 *-ōu- 파생어이다. 따라서 이 형태 구성은 일반적으로 동일한 세대에 속하는 가장 가까운 친족(따라서 친자관계를 벗어나 있다)을 가리킨다. 여기에서 기본 용어와 동질적 층위의 관계가 있다. 결론적으로 '아버지의 형제'(또는 어머니의 형제)는 이 접미사에 의한 지칭이 적합한 친족의 촌수이다. 이 접미사에 의한 지칭은 때로 아버지나 어머니의 가장 가까운 친족 전체로 확장되는 것으로 드러나는데, 특히 복수형이 그렇다. 이 접미사는 *-wo-로 어간화되어, 라틴어 patruus(아버지의 형제)에서 동일한 기능을 가지고 사용된 것을 목격할 수 있다. 라틴어에는 다른 언어처럼 그리스어 métrōs(어머니의 형제)를 가리키는 대응어가 없다. 이 친족어를 라틴어는 auunculus로 표현하고, 산스크리트어는 mātula-로 표현한다. 이 명칭의 다양성은 이들 명칭이 유래하는 시기가 서로 다르다는 것을 보여 준다. 라틴어 auunculus는 고대의 관계(이 관계는 다른 언어들에서도 그대로 반복되어 나타난다)에 의해서 auus와 연관되는 반면(본서 274쪽 참조), 그리스어와 인도어의 용어는 이차적이다. 즉 그리스어 métrōs는 pátrōs를 분명 모사模寫한 것이고, 산스크리트어 mātula-(*mātura 대신에)는 단지 인도어에서만 구성된 형태다. 이들은 인도유럽어 명칭을 후기에 대체한 명칭이다. 어머니의 형제가 아버지에 비해 특권적인 지위를 더이상 갖지 못하게 되었을 때 이 인도유럽어 명칭이 사라졌다.

또 다른 이유로 역시 이 인도유럽어 명칭이 사라졌다. 그 이유를 고대 그리스어의 두 접미사 형태 사이에 일어난 꽤 복잡한 경쟁적 과정에서 찾아볼 수 있다. 산스크리트어 pitṛvyá-와 의미로는 정확히 대응되나 형태상으로는 정확히 대응되지 않는 pátrōs 외에도, 그리스어에는 산스크리트어 pitṛvyá-와 형태상으로 대응되지만 의미가 다른 용어 patruiós가 있다. patruiós는 '의붓아버지'를 가리킨다. 그런데 산스크리트어에서 pitṛvyā-(아버지의 형제)는 여성의 동형 명칭이 없는(*mātvyā는 존재하지 않으며 분명히 존재할 수도 없었다) 반면에, 그리스어 patruiós(의붓아버지)는 여성 명칭 mētruiá(의붓어머니/아버지의 둘째 부인)가 있다. 사실상 그리스어의 어휘사에서 일차 용어는 mētruiá이며, 이는 호메로스 이래로 모든 방언에서 확인된다. 그리고 후기에 희귀하게 나타나는 patruiós ——이것은 오직 기술적인 용어이며, mētruiá에 대한 유추형이 분명하다——와는 달리 감정적인 함축의미와 은유적 용법(의붓어머니/마음씨가 나쁜 어머니)의 특징이 있다. 이 사실로부터 산스크리트어 pitṛvyá-와 그리스어 patruios의 형태 대응은 잘못된 것이라는 점을 결론지어야 한다. 즉 그것은 독자적으로 서로 다른 시기에 생겨난 단순한 수렴현상이다. 고려해야 할 유일한 용어는 인도어 남성 pitṛvyá-(아버지의 형제)이고, 그리스어 여성 mētruiá '의붓어머니'이다. *-w(i)yo-의 구성은 인도어와 그리스어에서 똑같은 방식은 아니지만 유사하게 이용되었다. 즉 인도어 pitṛvyà-는 아버지의 가장 가까운 친척, 즉 실제로는 형제를 가리켰다. 그리고 pátrōs가 이러한 의미를 지녔던 그리스어에서 이 접미사는 mḗtēr에 기초해서 파생어 mētruiá를 만드는데 이용되었고, 이 파생어는 '계모', '의붓어머니'를 가리켰다.

고대의 자료가 없어서 그 외의 인도유럽어에서 -w(o) 또는 *-wyo-로 구성된 형태의 운명이 어떻게 되었는지는 잘 알 수 없다. 고대 슬라브어 stryjĭ(아버지의 형제; 이는 러시아어를 제외하면, 범슬라브적이다)가 세부적으로는 불명확한 음성변화가 있지만, 산스크리트어 pitṛvyà-처럼 동일한 원시형을 계승했을 가능성이 아주 크다. 이 유형은 게르만어군의 고대 고지 독일어 fetiro(아버지의 형제)로 나타난다. 이것은 fetiro는 ōheim(어버니의 형제)과 구별되는데, 마치 라틴어 patruus가 auunculus와 구별되는 것과 같다. 고지 독일어의 역사에서 fetiro는 '아버지의 형제'의 의미에서 '아버지의 형제의 아들'의 의미로 바뀌었다. 여기에서 근대 독일어 Vetter(사촌)가 유래한다. 그러나 이것은 예외적인 의미발달이다. 다른 모든 언어에서 이 용어나 이와 등가치적 의미를 지닌 여성 용어는 동일 층위의 의미가치를 그대로 지니고 있다.

이제 같은 접미사를 지닌 둘째 친족용어, 즉 산스크리트어 bhrātṛvya-, 아베스타어 brātūirya-(앞의 논의를 참조)를 고찰해 보자. 우리가 살펴보았듯이 이 용어는 인도이란어에만 국한되어 있다. 이는 이미 이 용어가 pitṛvyà-보다는 오래된 것이 아니라는 사실을 생각하도록 하는 이유가 된다. 게다가 현재 우리들은 이 두 용어가 동형이 아니라는 사실에 주목한다. 즉 동질적 층위의 pitṛvyà-(아버지의 형제)와는 달리 bhrātṛvya-(형제의 아들)는 이질적 층위의 관계이다. 형태론적 일치와 의미의 불일치, 이 두 가지 특성은 서로 연관이 있다. 그래서 이들은 함께 설명해야 한다. 그 이유를 이 명칭목록의 일반적 구조에서 찾아야 한다.

인도이란어 bhrātṛvya-는 pitṛvyà-와 동질적 층위의 친족관계에 적용되지 않은 것은 기본 친족용어의 위치가 그렇게 요구하는 까닭이다. 그 접미사의 의미가치가 있어서 만일 pit-(아버지)에서 파생된 파생어 pitṛvyà-가 '아버지의 형제'에 적용되는 것이라면, 같은 형태 구성을 하는 bhrātṛvya-는 엄밀하게는 '형제의 형제'만을 지칭했어야 할 것이다. 그러나 이것은 모든 형제가 서로 동일한 관계를 맺고 있는 인도유럽어에는 적어도 의미가 통하지 않는다. 따라서 그것은 다른 촌수의 인척에 적용되었다. 즉 '형제의 아들'에 적용되었다. 이것은 한 세대의 차이로 인해 이중적 유용성을 지녔다. 첫째, 그것은 '형제의 아들'과 '자매의 아들'을 분화시키는 데 이용되었고, 그래서 '형제의 아들'은 전혀 달리 명명되었다(*nepōt-/인도이란어 napāt-). 둘째, 파니니에 의하면 그것은 역시 '형제의 **아들**'의 의미를 지니지만 이중적 용법으로 소실되었던 다른 파생어 bhrātṛvya-보다는 이 개념을 훨씬 분명히 지시한다. 그러나 napāt-가 형제의 아들 또는 자매의 아들로 구별 없이 사용되었을 때 이용된 산스크리트어 bhrātṛvya-는 때로는 '**아버지의** 형제의 아들'로 해석되기도 하고, 때로는 '형제나 진배없는 사람'(presque frère)으로 해석되기도 했는데, 이는 사실상 동일한 인물로 귀착되어 '사촌'을 지칭했다. 그리하여 EGO와의 관계는 다시 동질적 층위가 되었다. 그 후 인도에만 고유한 것처럼 생각되는 사회적 조건에서 사촌의 친족관계가 경쟁 행위와 연관되었다. 바로 여기에서 고전 산스크리트어 bhrātṛvya-의 이중적인 뜻, 즉 '사촌'과 '경쟁자'가 생겨났다.

이 모든 의미진화는 인도어의 영역에서 전개되었다. 이란어에는 이 흔적을 볼 수 없다. 이란어에서 brātṛvya-(아베스타어 brātūirya- 등)는 최초의 의미인 '형제의 아들'에서 결코 벗어난 적이 없는 듯이 보인다. 그러나 '조카'와 '사촌'을 지칭하는 용어들의 충돌은 로망어군의 근대 단계인 이베로로망어에서 다시 나타난다. 즉 여기에서 라틴어 nepos, sobrinus, consobrinus는 결국 새로운 체계를 재구성하기에 이르렀다.[6]

이처럼 매번 고려해야 할 용어는 단 하나의 용어가 아니라 용어들의 전체 관계이다. 바로 이러한 것이 각 용어의 개별 역사를 조건 짓는다. 인도유럽어 친족관계의 일반적 구조 외에도 각 언어의 일정 시기에는 그 고유의 용어 내에서 해석해야 할 특정 구조가 있다. 우리는 인도 전통에서 주어진 '형제의 아들'이란 의미를 지닌 bhrātṛvya-에서 출발해서 '사촌'의 의미로, 그리고 그 후 고전 산스크리트어에 사용되던 '경쟁자'의 의미로 의미 전환이 된 조건을 복원할 수 있었다. 다른 어떤 어휘장보다도 친족용어는 더욱 동일한 방법론적 요구조건을 가진 다음의 두 절차를 그대로 유지시키면서 서로 결합하도록 만든다. 즉 명칭목록 전체에 대한 구조적 고찰과 각 언어와 각 사회의 수준에 대한 고찰이 그것이다.

---

6) 앞에 인용한(본서 290쪽 각주 8번) 『인간』*L'Homme*을 참조.

7장_친족용어에서 파생된 단어들

요약

그리스어는 여기에서 일군의 새로운 명칭들을 제공한다. 즉 huiōnós(손자들), páppos(할아버지)와 adelphidoûs(조카)가 그것이다. 이 명칭들은 phrátēr를 대체한 adelphós와 더불어 분류학적 친족 체계가 기술적記述的 친족 체계로 전이된 것임을 확증해 준다.

라틴어에는 pater에서 파생된 세 형용사가 있다. 그 중 한 형용사만이 인도유럽어이다. 그것은 patrius로서, 이것은 사실상 가장 오래된 분류학적 의미(patria potertas)로서 *pəter를 가리킨다. 여기에 대응하는 용어 *matrius ——이 용어는 존재할 수 없기 때문에—— 가 없다는 것은 주지의 사실이다. 이와 반대로 paternus는 maternus와 대응하며, 이와 동일한 차원, 즉 개인적 차원에 위치한다. 예컨대 amicus paternus는 '나의 아버지의 친구'이다. patricus를 살펴보면, 이것은 공직公職을 가리키는 파생어들이 갖는 특징인 라틴어 접미사(tribunicius 등을 참조)를 보여 주며, 따라서 이것은 pater가 아니라 patres(원로원)와 연관된다.

그리스어 pátrios와 patrṓïos(호메로스, 헤로도토스), patrikós(아티카 그리스어)의 대립은 라틴어 patrius : paternus의 대립과 정확히 대응하며, 그리스어에서 '아버지' 개념의 발달이 라틴어와 동일함을 보여 준다 (mōtróïos는 métēr에 기초해서 직접 파생된 것이 아니라 métrōs(외삼촌)에 기초해서 구성된 형태이며, 이 단어에 어머니의 형제가 지녔던 고대의 역할에 대한 추억이 간직되어 있다).

인도유럽어 친족의 역사는 확인된 용어들뿐만 아니라 또한 몇몇 친족명칭의 파생어들을 지시해 주는 지표들처럼 그리 직접적인 것은 아니지만 때로는 아주 유익한 지표들도 이용해야만 한다.

앞에서 열거한 '손자'의 명칭들(본서 284쪽 참조)에서, *nepōt에 대해서 그리스어에는 다른 언어에서 사용된 용어들과는 전혀 대응되지 않는 새로운 파생어 huiōnós(υἱωνός)가 있다는 사실을 길게 논의하지 않고 간단하게 지적만 했다. huiós(아들)에서 파생된 용어 huiōnós는 호메로스 이래로 사용되었고, 아무런 의미 변화가 없다. 선험적으로 볼 때 이 용어와 같은 파생어는 문제를 제기한다. -ōno-(-ωνο-)로 구성된 이 이차적 형태는 거의 나타나지 않으며, 이것이 나타나더라도 모호한 단어들로 나타나고 있으며, 또한 왜 이 접미사——여기서 아무 필연적인 요구도 없는——를 이용해서 huiós의 파생어를 만들었는지 우리들은 그 이유를 알지 못하기 때문이다.

하지만 우리들에게 그 형태 구성을 다소 알려 주는 용어가 두 세 개 있다. 그것은 특히 oiōnós(οἰωνός)와 korṓnē(κορώνη)로서 둘 다 새의 명칭이다. oiōnós는 아마도 라틴어 auis와 관련되는 단어로, 맹금류의 명칭, 비행飛行을 통해 전조를 알려 주는 큰 새의 명칭이다. korṓnē(작은 까마귀)는 라틴어 coruus(까마귀)와 비교되며, 역시 동일한 형태 구성을 보여 준다. 여기에 또한 khélus(χέλυς)와 쌍립어를 구성하는 khelónē(χελώνη, 거북이)를 추가할 수도 있다.

이 두 가지 사례 아니면 아마도 세 사례에 대해, 접미사 -onos가 어기 명사에 첨가되어 확대擴大의 의미가치를 지닌 쌍립어를 만들어 낸 것으로 결론지을 수 있다. 이와 반대로 우선 겉보기에는 huiōnós에 오히려 지소적指小的 의미가치를 부여할 수도 있을 것이다. 그러나 우리에게 '손자'petit-fils로 친숙하게 알려져 있는 개념을 부당하게 일반화시키면 이러한 의미 대립이 생겨난다. petit-fils라기 보다는 'grand fils'로 말하는 것이 훨씬 타당성이 있어 보인다. grand(큰), petit(작은)로 지칭하는 것은 전통적인 것이지만 그것은 자의적이다. '손자'의 프랑스어는 'petit-fils'이지만, 영어는 grand-father(할아버지)처럼 grand-son이다. 이 두 용어는 각기 화자 자신의 아버지나 자신의 아들보다도 한 촌수가 더 먼 촌수를 가리킨다. 아마 huiōnós도 이와 같은 방식으로 이해해야 할 것이다. 그러면 그것은 EGO와 관련하여 '손자'가 될 것이다. 그리하여 huiōnós의 의미와 이와 동일한 형태 구성을 하는 다른 단어들의 의미를 조화시킬 수 있다. 더욱 '손자'를 가리키는 또 다른 별도의 용어가 있다. huiōnós는 이오니아어이지만, 이 용어는 아티카어에서 사용된 것이다. 그것은 huidoûs(υἱδούς, 아들의 아들 (플라톤, 크세노폰))로서 adelphidoûs(ἀδελφιδούς, 형제의 아들)의 모델에 근거해서 구성된 형태이다.

따라서 이는 중요한 사실이다. 그것은 '손자'를 가리키는 그리스어의 새로운 명칭이기 때문이다. 이 명칭은 그리스어에서 일어난 일반적 친족 구조의 변화에 의해 조건화된 결과이다.

우리가 그리스어 친족체계 전체를 고찰하면, 가장 눈에 띄는 변화 가운데 한 가지는 형제를 가리키는 새로운 용어가 출현했다는 사실이다. 즉

phrátēr가 분류학적 가치를 지녔기 때문에 그것이 adelphós로 교체되었다는 것이다(본서 261쪽 참조). 이와 동시에 '할아버지'라는 의미의 인도유럽어 명칭 *awos가 소멸되었다. 이 고대의 용어는 파생 형태를 매개로 하여 '외삼촌'의 명칭과 결부되어 있었기 때문이었다. 그 어느 용어도 그리스어에는 흔적도 남아 있지 않다. 이와 관련해서 '손자'의 명칭도 사라졌다. *awos가 이중의 의미가치를 가지고서 부계냐 모계냐의 관점에 따라 서로 달리 사용되는 관계를 나타내는 것처럼, 이 용어와 짝을 이루던 용어 *nepōt-도 '조카'(자매의 아들)의 의미와 '손자'(아들의 아들)의 의미로 혼용되었다.

이 그리스어 친족체계는 한 유형의 지칭이 다른 유형의 지칭으로 바뀐 전이를 명확히 보여 준다. 즉 모든 친족용어들은 오직 **기술적**descriptif이고, 단 하나의 의미작용만으로 고정화되는 경향을 보여 준다. 바로 이러한 이유로 '형제'의 명칭이 '같은 자궁'에서 태어난 자로 교체되었다. 마찬가지로 '할아버지'를 가리키는 다양한 용어들, 즉 '나의 아버지의 아버지'(『일리아스』 14권 118행), '어머니의 아버지'(『오디세이아』 24권 334행) 같은 분석적 표현이나 기술적 의미의 합성어 mētropátōr(μητροπάτωρ), patropátōr(πατροπάτωρ; 호메로스, 핀다로스) 또는 부계나 모계의 조상의 구별없이 선조를 가리키는 감정적 친밀 호칭어 páppos(πάππος) 같은 용어들도 역시 설명된다. 그러나 이러한 새로운 명칭 목록에서 '조카'와 '손자'는 별도의 친족이 되고, 그래서 '조카'의 명칭이 '형제의 아들', 즉 adelphidoûs로 재구성됨에 따라서 '손자'의 명칭 역시 '아들의 아들', 즉 huidoûs로 재구성되었다. '할아버지'와 '손자'의 옛 명칭의 소실과 또 한편 '형제'와 '자매'의 옛 명칭의 소실로 인해서 결국 그리스어의 친족명칭 목록에서 재구성된 명칭이 생겨나게 된 것이다.

이처럼 여성의 친족명칭이 오래된 것임에도 불구하고, 그리스어 친족 어휘는 우리들에게 후기의 체계를 제공하고 있음을 알 수 있다. 분류학적 친족을 폐기하면서부터 기술적인 친족명칭에 의존해야만 되었던 것이다.

이와 반대로 라틴어 친족어휘는 그것이 지닌 태고성太古性을 잘 드러내 준다. 로마 사회에서 친족 관계는 아버지의 선조에 의해 지배되었으며, 이로 인해 친족 관계는 '가부장적' 모습을 띤다. 친족어휘는 안정된 채로 있었다. 그래서 라틴어 용어들의 형태 자체가 그리스어 용어들의 형태보다도 훨씬 오래된 선사先史에 대한 정보를 우리에게 제공한다. 라틴어의 이와 같은 보수성은 또한 형태론과 어휘의 특징을 보여 준다. 물론 다른 영역에서처럼 이 친족어휘영역에서도 라틴어는 고대의 요소로써 새로운 체계를 만들었다. 그러나 라틴어 체계를 별도로 분석하게 되면, 우리들은 이 친족 체계의 요소들을 이용해서 재구할 수 있는 훨씬 오래된 체계의 요소들을 쉽사리 발견할 수 있다.

이제 '아버지'라는 명칭의 파생어들을 조사해 보면, 다수의 언어에서 동일한 형태로 존재하면서 그 기원이 공통어 시기까지 거슬러 올라가는 한 파생어가 나타난다. 그것은 라틴어 형용사 patrius, 산스크리트어 pitrya-, 그리스어 pátrios(πάτριος)이다.

우리들은 앞에서 이미 '어머니'란 명칭에서 파생된 대응 형용사가 없다는 점을 지적했다. 이 차이는 아버지와 어머니의 각자의 지위로써 설명된다. 아버지에 속한 것, 그의 관할 영역에 속하는 것을 가리키는 형용사는 고대 사회에서는 오직 '아버지'만이 소유가 가능했다는 사실에서 정당화된다. 고대 인도의 법률은 이 점을 명백히 보여 준다. 즉 어머니, 아내, 노예는 아무것도 소유할 수 없다는 것이다. 이들이 지니는 모든 소유물은 그 자신들도 역시 속해 있는 주인의 것이다. 바로 이것이 남자와 여자 각각의 항구적 신분조건이다. 그리하여 왜 모든 언어에 *mātrius가 나타나지 않는지를 이해할 수 있다.

그렇지만 라틴어에는 어머니의 명칭에서 파생된 특수한 형용사 maternus가 있다. maternus란 형태 자체는 이미 많은 정보를 지니고 있다. 가장 오래된 문헌에서부터 확인되면서 또한 음성적으로도 *māterinus에서 파생된 이 형태는 접미사 -ino-로 특징지어진다. 이 접미사는 인도유럽어와 라틴어에 일정한 용법이 있다. 즉 그것은 소재素材를 가리킨다. 예컨대 그리스어 phēgós에서 파생된 phéginos(너도밤나무로 된), lâas에서 파생된 láinos(돌로 된), anthós에서 파생된 anthinós(꽃으로 된), 리투아니아어 aukas(금)에서 파생된 auksinas(금으로 된)과 같은 것이다. 또 라틴어는 ebur에서 파생된 eburnus(상아로 된) 같은 단어이다.

그 기원에서부터 maternus와 patrius는 짝을 이루었는데, 이 사실로 인해서 다음과 같은 용법이 생겨났다. 즉 non patrio sed materno nomine (아버지가 아니라 어머니의 이름으로)이다. 형태 구성의 불일치로 인해서 유추에 의한 창조가 일어났고, 그리하여 일찍부터 maternus에 근거해서 새로운 형용사 paternus가 만들어졌다. 역사를 통해서 paternus는 우선 patrius와 공존했고, 그 후 그것은 점차 확장되어 마침내 patrius를 소멸시켰다. 그리하여 로망어에는 paternus만이 남았다.[1] paternus가 승리하게 된 것이 maternus에 대한 유추라는 단 한 가지 이유 때문일까라고 자문해 볼

---

1) 친족용어의 파생어에 대한 자세한 지적을 하는 이 역사는 바케르나겔의 논문 『케기 기념논집』 *Festgabe Kaegi*, 1916, p. 40 이하에 연구된 주제이며, 그의 『소논문집』 *Kleine Schriften* I, p. 468 이하에 재수록되었다.

수 있다. 왜냐하면 바케르나겔이 지적했듯이 paternus는 그 기원으로부터 몇몇 통합체에만 특유하게 사용되었기 때문이다. 특히 그것은 amicus(친구), hospes(주인/손님), seruus(노예) 같은 몇몇 단어의 부가어로 사용되었다. 이 경우에 patrius란 단어는 결코 찾아볼 수 없다. 바케르나겔은 "이러한 용법에 대한 이유는 명백하지 않다"고만 말을 덧붙이고, 더 이상의 논의를 하지 않는다. 그리스어도 이와 유사한 과정 ——이것을 논의할 것이다—— 에 의해 만들어진 새로운 파생어 patrikós(πατρικός)를 사용하는데, 그것은 오직 '친구', '동료' 등과 같은 용어들과 함께 사용된다는 점에 유의하자.

전승된 patrius와 유추형 paternus가 함께 사용되면서 이들의 의미는 다소 분화되는 경향이 있었다. 그래서 patrius는 오직 patria potestas(부권父權) 같은 관용표현에만 사용되었다. patria potestas는 아버지 일반에 속한 권한이며, 아버지로서의 자격 때문에 지니는 권한이다. 그러나 amicus paternus에서 그 관계는 전혀 다르다. 그것은 '나의 아버지의 친구'이다. 사실상 hospes, amicus, seruus와 사용된 paternus는 인간 대 인간의 개인적 관계를 가리키며, 따라서 일정한 개인으로서의 아버지를 말한다. 이러한 patrius와 paternus의 차이는 따라서 **총칭** 형용사와 **특수** 형용사의 차이로 정의할 수 있다. 예컨대 티투스 리비우스(『로마사』 II, 58, 5)의 odisse plebem plus quam paterno odio(그는 **자기 자신의** 아버지가 그러는 것보다 더욱 평민들을 증오했다) 같은 것이 그러하다. 우리는 여기에서 paternus라는 신조어가 생겨난 이유를 알 수 있다. paternus가 maternus에 기초해서 재구성된 것이라면 그것은 인도유럽어 *patrios가 생물학적 아버지를 가리키는 것이 아니라 분류학적 친족으로서의 아버지, 즉 dyauṣpitā와 Iupiter처럼 간구하는 *pəter를 가리키는 것이다. 이와 반대로 maternus

는 생물학적 소속 관계를 가리킨다. 즉 그것은 접미사의 문자적인 의미 그대로 '어머니와 같은 소재로 된'이다. maternus의 모델에 근거해서 patrius의 쌍립어로 paternus가 생겨난 것은 화자나 제3자와 생물학적 아버지와의 관계, 개인의 부친과의 관계를 특정화하기 위한 것이었다.

patrius와 paternus 외에도 라틴어에는 아버지란 명사에서 파생된 제3의 형용사가 있다. 즉 그것은 patricus(귀족의), 즉 '귀족', '자유민인 아버지에게서 출생한'이다. 라틴어에만 고유한 -icus로 된 형태 구성은 공직을 가리키는 명칭에서 파생된 형용사들로서, 예컨대 aedilicius(토목 담당관), tribunicus(호민관), praetoricius(집정관) 같은 것이다.

이처럼 각 형용사는 서로 다른 개념을 가리킨다. 즉 patrius는 분류학적이고 개념적인 개념인 반면, paternus는 기술적이고 개인적인 개념이고, patricus는 사회 계층을 가리킨다.

그리스어에서 '어머니의', '아버지의'라는 형용사, 즉 mētrôios(μητρῷ-ος)와 patrôios(πατρῷος)는 특이한 형태 구성을 하고 있다. 그 고유한 용법 외에도 합성어 patroûkhos(πατρούχος)에서도 patrôios를 볼 수 있다. 이 합성어는 patrôio-okhos(πατρωιο-οχος)에 근거하여 구성된 것으로 '상속자의 딸', '상속녀'를 가리키며, 법률상의 신분으로는 épíklēros(ἐπίκληρος)로 불린다. 딸이 유일한 후손으로 판명되는 경우, 그리스 법에 의해서는 상속자가 될 수 없으므로 그 건件은 유산이 그 가족에게 상속되도록 하기 위해 고르튄Gortyne 법[2]에 기록된 수많은 법규의 심의 대상이 된다. 그래서

---

2) 지중해 크레타 섬의 소도시 고르튄 벽에 새겨진 가장 오래된 고대 그리스의 시민법이다.—옮긴이

patroûkhos는 문자적으로는 '아버지의 재산을 소유한'을 뜻한다.

바케르나겔은 이미 앞에서 인용한 논문에서 métrôios(어머니의)는 métēr(어머니)에서 파생한 것이 아니라 métrōs(어머니의 형제)에서 파생한 것이라는 점을 지적했다. 형용사 métroîos를 만들어 낸 métrōs의 모델에 따라서 pātrōs(아버지의 형제)에 기초해서 형용사 patrôios가 구성되었다는 것이다. 바케르나겔은 이 지적을 별도로 강조한 바는 없다. 하지만 그리스어 형용사 '어머니의'가 문자 그대로 '어머니의'를 의미하는 것이 아니라 '어머니의 인척의'를 의미한다는 것은 이상하다. 이것은 어머니란 개념을 나타내는 가장 자연스러운 표현이 아니다. 이 때문에 그 용법을 검증해 볼 필요가 있다. 호메로스는 단 한번 métrôios를 사용한다(호메로스의 시에서는 어머니보다는 아버지가 흔히 문제시된다). 그러나 이 예는 유익하다. 아우톨리코스는 자기 딸과 사위를 향해서 그들의 갓난애에 대해 오디세우스라는 이름을 지었다고 말한다. 그것은 ὁπότ'ἂν ἡβήσας μητρώϊον ἐς μέγα δῶμα ἔλθῃ(그가 성장한 뒤에 자기 어머니의 큰 집으로 돌아올 것이기; 『오디세이아』 19권 410행) 때문이다. 아우톨리코스의 입으로 말하는 '어머니의 집'은 반드시 어머니의 형제와 그의 아버지의 집, 즉 원래의 자기 가족이 살던 집이다. 이와 같은 métrôios의 용법은 특히 이 형용사가 어머니의 소유물들——사실상 그녀의 인척에게만 속하는 소유물들——과 관련되는 경우에는 métrōs가 '어머니 쪽의 인척'을 지시한다는 것이 이해된다.

이제 호메로스에 많이 나타나는 patrôïos가 이것과 똑같이 오래되었지만 호메로스에게는 나타나지 않는 pátrios와 함께 어떻게 사용되었는지를 살펴보아야 한다. 호메로스에 나타나는 patrôïos의 용법은 그것이 지닌 특수한 의미가치를 잘 보여 준다. 이를 다음과 같은 표현에서 볼 수 있다. skêptron patrôïon(『일리아스』 2권 46행 등), témenos patrôïon(『일리아스』20권 391행). 여기에서 그것은 홀, 영지를 수식한다. 그것은 mêla와 함께 사용되어 양들의 무리를 수식한다(『오디세이아』 12권 136행). 마지막으로 흔히는 '손님들'(xeînoi(patróïoi); 『일리아스』 6권 231행 등), '동료들'(hetaîroi(patróïoi); 『오디세이아』 2권 254행 등)을 수식한다. 그리하여 한편으로는 소유 재산을 가리키는 대상의 명칭들(skptron/témenos/mla)과 사용되고, 다른 한편으로는 사회 관계를 지시하는 명칭들과 사용된다. 특히 유익한 예는 patróïon ménos(『일리아스』 5권 125행)로서 이것이 사용된 문맥에서 '그대 아버지의 전쟁에 대한 열정'을 의미한다. 헤로도토스에게서는 pátrios와 patróïos가 공존하고 있다. 즉 pátrioi theoí(신들; 『역사』 1권 172장), nómoi(법/관례; 『역사』 2권 79장/투키디데스, 『펠로폰네소스 전쟁사』 4권 118장 참조), thesmoí(법)로 나타나는 한편, pátróïa khrémata(아버지의 재물; 『역사』 1권 92장), patróïoi dôuloi(아버지의 노예; 2권 1장) 등으로 나타난다. 그래서 이 차이가 라틴어 patrius와 paternus의 차이와 정확하게 상응하는 것을 알 수 있다. 그리하여 pátrios란 수식은 '아버지들', '선조'를 의미하며, 옛부터 조상들에 의해 늘 용인되어 왔던 가계의 신神들과 법에 적용되었다. 그러나 patróïos는 개인으로서 아버지에게 속한 것, 예컨대 재산, 노예 등을 가리켰다. 그리하여 필연적으로 의미가 확장되어 비록 일시적이기는 하지만 patróïos는 때때로 아버지보다는 더욱 나이 먹은 인물에게도 적용되었다. 그러나 이 경우에도 여전히 개인으로서의 조상을 가리켰다. 예컨대 헤로도토스의 patróïos táphos(『역사』 2권 136장; 4권 127장; 가족묘/조상묘) 같은 것이다.

　　세번째 형용사 patrikós(πατρικός)는 아티카 그리스어에서 생겨난 신어新語로서 역사적 과정에서 이오니아 그리스어의 시적 용어 patróïos를 교체했다. 사실상 phílos patrikós(라틴어 amicus paternus와 똑같다), xénos patrikós, hetaîros patrikós는 '**나의** 아버지의 친구(손님/동료)'를 의미한다.

요컨대 라틴어 paternus/maternus와 그리스어 patróïos/mētróïos의 형용사 쌍은 복잡한 역사를 가지고 있다. 두 용어들은 대칭이 아니며, 그럴 수도 없다. 라틴어에서 가장 오래된 형용사 maternus는 어머니에게 생물학적으로, 질료적으로 귀속됨을 나타낸다. 반면 남성 paternus는 법적 pater와 개인적 pater를 구별하기 위해 생겨났다. 그리스어에서 mētróïos (어머니의)는 métrōs에 기초하여 구성된 것이다. 왜냐하면 어머니에 고유한 것은 소유 재산이 아니라 관계이기 때문이다. 어머니 쪽에서 보면, 가장 중요한 인척은 외삼촌이다. 이처럼 파생 관계와 특색 있는 친족 사이의 긴밀한 연관성을 확인할 수 있다는 것은 흥미로운 일이다.

따라서 patrius는 단지 분류학적 유형의 친족만을 가리키는 것 같다. 개인적인 친족 관계의 개념이 우세해졌을 때, 이 개념을 새로운 형용사로 특징지어야만 되었다. 그러나 이 형용사는 각 언어에서 독자적으로 만들어졌고, 그래서 언어에 따라서 일치하지 않는다. 이와 관련해서 형용사 metróïos란 형태는 외삼촌의 중요성을 간접적으로 드러내 준다. 이러한 특성들을 통해서 볼 때, 이 파생어들의 역사는 그 용어들 자체가 필요로 하는 결론과도 부합된다.

* * *

이들 친족용어는 어원적 의미작용이나 그들의 관계에서 볼 때 아주 시사적이다. 인도유럽어의 친족어휘는 다수의 계기적 관계를 보여 주며, 인도유럽사회가 겪은 변화를 거의 대부분 반영하고 있기 때문이다.

계속 주장하지만, 인도유럽사회는 분명히 가부장적 사회이다. 그러나 세계의 다른 많은 곳에서처럼 여기에서도 여러 가지 지표들이 중첩된 체계와, 특히 외삼촌이 우세한 친족 관계의 흔적을 보여 준다.

역사적 자료들은 이 두 유형의 친족 사이의 타협점을 드러내 준다. 즉 부계의 친족 체계가 일찍부터 분명하게 우세했다는 점이다. 그러나 외삼촌에게 속한 역할에 대한 명백한 흔적도 남아 있다. 자매의 아들과 어머니의 형제의 관계는 부계 친자의 관계와 다수의 사회에서 공존하고 있다.

친족명칭 목록의 차원에서만 본다면, 두 계열의 지칭을 구별해야 한다. 그 한 가지는 분류학적 지칭이고, 다른 하나는 기술적 지칭이다.

공통 인도유럽어의 상태가 보존된 곳에서는 분류학적 친족용어가 특징이지만, 이는 점차 소멸되어 기술적인 용어가 도입되는 경향을 보인다. 언어에 따라 이러한 변화는 다소 급속하고도, 완벽하게 이루어진다. 어휘가 이에 대한 증거를 보여 주는데, 특히 그리스어가 그렇다. 그리스어의 상황은 복잡한데, 한편으로는 daér(남편의 형제)나 gálōs(남편의 누이) 같은 오래된 용어가 남아 있기 때문이고, 또 다른 한편으로 '형제'를 가리키는 별개의 두 단어 phrátēr와 adelphós가 공존함으로써 한 유형(분류학적)의 지칭이 다른 유형(기술적)의 지칭으로 전이되는 것을 확연히 보여 주기 때문이다. 동일한 명칭 목록에서 인도유럽어적 전승과 그리스어적 혁신――기술적 유형의 용어에 이르게 된 변화의 증거이다――이 중첩되어 나타난다.

하지만 사회에서 일어난 변화들과 명칭 목록에서 나타나는 변화와의 상관 관계나 이와 반대로 어휘의 안정성과 사회의 안정성 사이의 상관 관계의 설정을 너무 엄밀하게 설정하지 않도록 유의해야 한다. 새로운 용어로부터 사회 제도의 혁신을 즉각 결론짓거나 지칭의 연속성에 기초해서 친족 관계의 항정성을 즉각 결론지을 수는 없을 것이다. 그리하여 세 가지

고려사항을 배려해야 한다. ① 친족명칭은 존속할 수는 있지만 그 일차적 위치를 조건 짓던 어원적 의미는 상실된다는 점. 예컨대 라틴어 auunculus 는 과거부터 auus와 분리되어 프랑스어 oncle에 그대로 계승되고 있다. ② 옛날의 명칭은 지칭 대상의 지위가 바뀌지 않고서도 더욱 명백한 용어로 교체될 수 있다는 점. 예컨대 고대 프랑스어 avelet는 petit-fils(손자)의 도 래로 상실되었고, 오늘날에 와서 bru는 belle-fille(며느리)에 밀려났다. ③ 이 변화는 우리의 의식을 흔히 벗어나는 지역적인 작용에서 기인할 수도 있다는 점. 예컨대 알려진 대응들이 전혀 없는 아르메니아어의 많은 친족 용어가 이 경우에 속한다. 학자들은 이 용어들을 '기층어'substrat로 귀속시 키는데, 이 기층어는 나중에 인도유럽어를 채택해서 사용한 고대 민족들 이 사용하던 언어이다. 이 가설 자체는 그럴듯하지만, 지금까지 증명이 되 지 않고 있다. 언어들의 과거에서 이 기층어의 요인으로 아마도 많은 변질 과 혁신이 일어났을 것이다. 이러한 사실에 놀랄 필요는 없다. 놀라운 점은 오히려 수많은 흥망성쇠에도 불구하고, 수세기에 걸친 독자적인 삶을 통 해서 인도유럽어들은 친족어휘를 보존했다는 점이며, 또 보존된 이 친족 어휘는 그 자체만으로도 발생론적인 단일성을 증명하기에 충분하며, 또한 오늘날까지도 그 기원의 흔적을 그대로 간직하고 있다는 사실이다.

3편

사회 지위

1장_기능(직능)의 삼분화

요약

흔히 그 어원은 명백하지만 언어에 따라서 달리 나타나는 일련의 용어들이 보여 주는 평행성에 의해 이란어, 인도어[산스크리트어—옮긴이], 그리스어, 이탈리크어가 인도유럽족의 공동 유산을 계승한다는 사실이 입증된다. 이들의 공동 유산은 기본적인 세 기능, 즉 사제, 전사, 농부의 기능에 따라 사회가 구조화되고 계층화되었다는 것이다.

인도이란 전통에 따르면 사회는 구성원들이 영위하는 활동에 따라 세 계급으로 조직된다. 사제司祭, 전사戰士, 농부農夫가 그것이다. 베다 시기의 인도에서 이 세 계급은 '색채들', 즉 varṇa로 불렸다. 이란에서 이 세 계급의 명칭은 pištra(직업)였는데, 이 명칭의 어원도 역시 색채의 의미이다. 이 단어를 글자 그대로의 의미로 받아들여야 한다. 이들 계급은 정말 색채들이다. 이란에서 세 계급은 그들이 입고 다니는 옷 색깔로 서로 구별되었다. 즉 사제는 흰색 옷, 전사는 붉은색의 옷, 농부는 청색의 옷을 각각 입었다. 이것은 수많은 고대의 우주론에서 나오는 색채 분류에서 유래하는 심오한 상징으로 생겨났으며, 기본적으로 사람들이 영위하던 활동과 색채와 관련된다. 그리고 색채 자체는 기본 네 방위方位와 연관된다.

계급 자체와 이 계급의 구성원의 명칭은 인도와 이란이 서로 다르다. 이들의 각 명칭을 보면 다음과 같다.

인도	이란
1. brahmán(brāhmaṇa-)	1. āθravan
2. kṣattriya (rājanya)	2. raθaēštā
3. vaiśya	3. vāstryō fšuyant
(4. śūdrá)	(4. hūiti)

이 명칭들은 서로 대응하지는 않지만, 명칭의 조직은 동일하며, 분류 절차는 동일한 구별 기준에 근거를 두고 있다. 이제 이 용어들이 인도유럽 사회 체제에서 맺는 관계뿐만 아니라 고유한 의미작용도 조사해야 한다.

이 두 계열의 명칭들의 어휘적 의미작용을 간략히 살펴보면 다음과 같다.

인도 : brahmán : 사제, 종교에서 신성한 것에 대한 임무를 맡은 사람

kṣattriya : 전사로서의 힘을 지닌(rāj의 힘을 지닌)

vaiśya : viś(종족)의 사람. '하층민의 사람'과 등가치적 의미

이란 : āθravan : 사제(어원이 불명확)

raθaēštā : 전사. 원래 의미는 전차 위에 서 있는 자, 전차를 타고 싸우는 군인

vāstryō fšuyant : 잠정적 번역으로 '목초지의 사람'과 '가축일을 돌보는 사람'

인도와 이란에서 이 명칭들은 서로 다르지만, 동일한 방식으로 구성되고, 또 동일한 활동과 연관된 것을 알 수 있다. 이 사회구조는 인도보다 이란에서 더욱 오래 지속되었다.

이 용어법은 인도유럽사회의 모든 조직을 지배하는 문제의 기초이다. • 이 두 용어군의 어휘적 성질은 서로 다르지만, 이들의 사회적 지칭은 일치한다. 이들이 표현하는 사회의 삼분三分 구분은 우리가 아는 한 가장 오래된 것이다. 이 삼분구조는 특히 인도사회에서 역사적으로 오랫동안 지속되었지만, 그것을 언제나 명확히 인지할 수 있는 것은 아니었다. 인도의 카스트 제도는 내부적 규례로 설명해서는 안 되지만, 실제로는 카스트 제도는 인도에서 계승되지만, 인도 땅에서 발생하지 않은 훨씬 더 오래된 사회구분을 그대로 답습한 것이라는 점을 증명한 것은 에밀 세나르[1]의 공헌이었다. 다시 말해서 인도의 카스트 제도는 어쨌든 인도이란어의 시기로 거슬러 올라가며, 아마도 인도유럽사회로까지 거슬러 올라갈 수도 있을 사회구분을 아주 확고하게 체계화한 제도이다. 문제는 우선 인도와 이란에서 이 카스트 제도를 구분 짓는 명칭을 조사하는 것이다. 그다음으로 인도유럽족의 다른 사회에서도 이와 유사한 체제를 인지할 수 있는지를 알아보는 것이다.

우리가 여러 계급 명칭을 조사해 보면, 대부분의 명칭들이 바로 해석

---

1) 에밀 세나르Emile Senart(1849~1928): 인도 고대 문헌학자이자 불교사상 연구자이다. 『인도의 카스트제도』*Les Castes dans l'Inde*(1896) 등 수많은 저술을 남겼다.—옮긴이

되며, 이해가능한 의미작용이라는 것을 확인할 수 있다. 이 명칭을 차례로 들어서 이 사실을 증명할 수 있다.

'사제'를 나타내는 이란어 용어인 아베스타어 āθravan의 대응어는 베다 산스크리트어 형태 atharvan이다. 하지만 사실을 말하자면 이 형태는 우리가 기대하던 형태는 전혀 아니다. 그러나 이 두 단어는 큰 난점 없이 비교할 수 있는데, 그것은 이란어 -θr-와 인도어 -thar-의 차이가 비교에 큰 장애가 아니기 때문이다. 이 두 언어의 파생어들도 역시 대칭을 이룬다. 즉 사제 기능을 나타내는 아베스타어 aθaurauna-와 베다 산스크리트어 ātharvaṇá(atharvan과 관련되는)이다. 그리고 그 세부구조에서도 최초의 의미작용이 서로 일치되는 것이 확인된다. 그리하여 단지 이 명칭에 대한 어원적 분석만이 불확실한 것으로 남는다.

오래전부터 학자들은 āθravan과 atharvan-을 이란어에서 '불'의 명칭을 나타내는 āthar로 설명하려고 생각했다. 만일 형태적인 관점에서 이 비교를 가능한 것으로 고려한다면, 그 개념 자체는 심각한 난관에 부딪힌다. 다시 말해서 āθravan이 과연 불의 사제인지 아닌지가 전적으로 불확실하다는 것이다. 이란의 마즈다교에서는 사제는 종교의식을 맡고 있다. 인도에서는 atharvan은 마법적 힘을 가지고 있다. 이러한 관념이 정확하게 『아타르바 베다』*Atharva-Veda*로 명명된 마법적인 찬송가집에서 전개되어 있다. 따라서 사제라는 인물의 기능은 다음과 같이 나뉘어진다. 즉 이란에서는 오직 종교적인 측면으로만 나타나고, 인도에서는 마법적인 모습으로 나타난다. 그러나 그의 역할이 특별히 불을 상기시키는 것이라는 점은 전혀 찾아볼 수 없다. āthar와 āθravan의 어원적 친근관계가 이란어에서는 전혀 없다. 둘째 난점은 불의 명칭인 아베스타어 āthar가 인도에는 전혀 없다는 것이다. 인도에서 물질적 개념과 사회적인 형상으로서 불의 명칭은 agni이며, 이것은 라틴어 ignis 및 고대 슬라브어 ognjĭ와 대응하는 용어이다. 따라서 ātar-와 '사제'의 명칭 āθravan과의 관계를 확실한 것으로 생각할 수 없다.

그렇지만 고립된 것처럼 보이는 이 용어는 아주 오랜 고대 시기로 소급된다. 그것이 인도이란어에만 국한되어 있다는 사실만으로는 후기에 생성된 용어라는 것을 증명하지 못한다. 더욱이 이 용어를 인도이란어로 제시한다는 것은 문제를 단순화시키는 것이다. 왜냐하면 인도이란어 자체 내에서도 우리가 살펴본 바대로 그 형태들이 정확히 서로 일치하지 않기 때문이다. 아마도 이들의 관계는 서로 유사하게 계승되었을 수도 있는 공통 형태의 관계는 아닐 것이다. 형태론적 세부 사실은 또 다른 더욱 엄밀한 관계를 암시해 준다. 베다 산스크리트어 átharvan-에 대해 아베스타어의 어기語基는 굴절 변이를 보여 준다. 즉 강격(주격/대격)에서는 āθravan-, 약격(속격 등)에서는 aθaurun-(즉 aθarun-)의 변이가 있다. 이란어에서 최초의 굴절을 aθarvan-(ātar-의 영향으로 āθravan-으로 변화), 속격 aθarunō 등으로 설정한다면, 규칙적인 변이구조를 얻을 수 있다. 반면 베다 산스크리트어의 굴절 átharvan-, átharvanaḥ는 그렇지 못하며, 따라서 이는 재구성된 것이다. 따라서 베다 산스크리트어 형태 átharvan-이 이란어 aθarvan-에 대응하는 인도어 형태라기보다는 이란어에서 차용된 차용어일 가능성이 있다. 그래서 『리그베다』에서, brahman-과 비교해 볼 때 átharvan-이 상대적으로 드물게 나타나는 현상이 설명될 수 있고, 마법과 탄원기도의 의식儀式이 행해지는 세계에서 그 의미가 전문적으로 분화된 것을 설명할 수 있다. 반면 이란어에서 이 용어는 사회계급의 명칭으로서 그 고대의 의미가치를 그대로 지녔던 것이다.

인도에서 사제의 기능과 계급을 지칭하는 용인된 용어는 brahmán이다. 이 용어는 훨씬 더 어려운 문제를 야기시킨다. 이 단어의 정확한 의미 작용과 기원은 많은 논란을 야기시켰고, 그 논의가 아직도 종식된 것이 아니다.

사실상 이 용어는 악센트의 위치, 성, 의미작용에 따라서 분화되는 두 가지 형태가 있다. 그것은 bráhman(중성)과 brahmán(남성)으로, 전자는 사물을 가리키고, 후자는 사람을 가리킨다. 인도유럽어의 성조聲調가 변별적이고 음운론적 기능이 있다는 점에서 볼 때, 여기에서 접미사로 이동하는 악센트 변동은 행위 명사와 행위자 명사를 대립시키는 분포적인 원리이다.

이처럼 잘 알려진 용어 bráhman은 무엇을 의미하는가? 이를 정확하고 일관되게 정의한다는 것은 거의 불가능하다. 『찬가』에서는 놀랄만큼 다양한 번역들이 허용되고 있다. 그것은 신비한 영기, 영혼의 힘, 주술적이고 신비한 마력을 가리킨다. 하지만 그것은 또한 찬송, 종교적 행사, 주술 등을 가리키기도 한다. 결국 남성의 brahmán(파생어 brāhmaṇa로도 지칭하기도 한다), 다시 말해서 'bráhman을 가진 인물'을 어떤 방식으로 더 정확하게 정의할 수 있을까?

그 형태나 개념을 재구할 수 있는 것이 인도 전통에는 전혀 없다. 다양한 용법을 연관지을 수 있는 구체적 의미가 우리에게 없기 때문이다. 인도어 자체는 여기에 대한 확고한 표지를 제공하지 않는다. bráhman은 신비주의적 특성을 지닌 의미작용에 깊이 잠겨 있다. 이는 인도적 사변에 가장 먼저 영향을 받은 개념들 가운데 하나이며, 이 영향으로 그 출발점이 상실되어 버렸다. 그 형태에 대한 분석도 의견이 일치되지 않는다. 그래서 bráhman의 기원은 인도유럽어 어원론의 가장 논란이 심한 문젯거리 가운데 하나가 되었다. 아주 다양한 비교들이 거의 한 세기 이상 계속해서 이루어지면서 논란이 야기되었다. bráhman의 유동적 의미가 어떤 해석의 가능성도 거부하지 않기 때문에 베다에 나오는 용법들에 대한 문헌적 주해는 여러 어원학적 시도들을 차례로 반영하고 있다. 간략히 주요한 시도들을 살펴보기로 하자.

학자들은 bráhman을 인도이란의 종교의식 용어군과 비교하려고 노력했다. 이 용어들 중 주요한 것은 베다 산스크리트어 barhiṣ-(희생제사에서 뿌리는 산화散花), 아베스타어 barəziš-(쿠션), 특히 아베스타어 barəsman-(희생제사 때 사제가 손에 드는 나무가지 묶음)이다. 심지어 학자들은 베다어 bráhman = 아베스타어 barəsman-이라는 어원 등식을 의도적으로 제시하기도 했다. 그렇지만 여기 음절의 구조적 차이 ─이는 중요하지 않은 것은 아니지만─ 를 강조하지 않더라도 베다 산스크리트어 자체에서조차 '희생제사의 산화'(barhiṣ-)의 개념과 bráhman의 개념이 갖는 의미편차가 아주 크기 때문에 이 두 개념을 조화시키려는 것은 헛된 일이다. 베다 산스크리트어 barhiṣ-와 아베스타어 barəsman-이 속하는 봉납 기법이 추상적·종교적·철학적 의미 ─이 의미는 오직 bráhman이 갖는 의미이다─ 로 계승된 바가 없다. 실제 barəsman은 아베스타어에서 종교적 함축의미가 없는 의식儀式 용어에 지나지 않으며, 예배에서 다른 보조기구들과 함께 사용법이 잘 묘사된 도구이다. 동사 star-(뿌리다) ─이 동사와 베다의 성구 표현 barhiṣaḥ star-(산화를 뿌리다)가 정확히 서로 대응한다─ 와 barəsman-의 특징적인 연관성으로, 이들 용어가 처음부터 물질적이고, 엄밀히 전문적인 의미로만 사용되었고, 또 이 의미로만 의미가 한정되었다는 것을 알 수 있다. 따라서 이들은 bráhman과는 공통점이 전혀 없다.

베다 산스크리트어 bráhman-과 라틴어 flāmen의 비교는 과거에 한때

유행했던 해묵은 것으로 성질이 전혀 다르다. 이 대응의 일치가 인도어와 라틴어에 공통으로 보존된 사실에 대한 증거로 생각되었다. 그래서 동일한 접미사 베다 산스크리트어-man, 라틴어 -men을 이용해서 형성된 고대의 중성 형태가 두 언어에서 똑같이 예배를 맡은 외근外勤 사제를 가리키는 지칭이었을 것으로 추정한다. brāhmaṇa와 flāmen의 기능에서 각각 나타나는 특이한 상관관계도 여기에 추가될 수 있다고 한다. 그러나 이 비교는 많은 반론에 부딪친다. 이 단어 형태의 본질적 요소, 즉 인도어 어기 brah-와 라틴어 flā-의 비교는 심각한 난점이다. 이 경우에는 라틴어 *flags-men-을 가정해야 하는데, 이는 정당화하기 어려운 형태이며, 더욱이 이 형태로부터 이탈리크어나 인도유럽어가 가진 어떤 명확한 의미도 생겨날 수 없다. 이러한 이유로 이 비교는 더 이상 지지할 수 없다.

다른 시도들도 즉각 언급할 수도 있겠지만, 유용한 결과가 없다. 오늘날 새로운 자료가 나타나서 이러한 논의들이 종식되어야 한다고 생각한다. 현재로서 bráhman의 일차 의미를 결정하기 위해서 한 가지 증거를 이용해 보자. 이 일차 의미를 제공하는 것은 이란어의 대응 용어인 고대 페르시아어 brazman-으로, 비문을 통해 우리에게 알려진 것이다. 이것은 베다어 bráhman와 정확히 대응한다. 고대 페르시아어 brazman-의 의미는 헨닝(W. B. Henning)[2]이 확정했다. 그는 brazman이 중기 파르티아어와 중기 페르시아어에서 brahm이 되었다는 점과 이 brahm이 '형태', '(단정한) 외관'을 의미하며, 따라서 의복이나 태도, 행위 등에 적용된다는 사실을 증명해 보였다.

사실상 고대 페르시아어에서 brazman은 제사와 관련되며, 이 제사에

---

2) 『문헌학회지』*Transactions of Philological Society*, 1944, p. 108 이하.

요구되는 '합당한 형식', '제례의식'을 가리키는 것 같다. 바로 이 의미가 베다 산스크리트어의 bráhman의 의미이기도 하다. 그래서 제사드리는 자의 행위와 희생제사의 절차에서 볼 수 있는 '의례적 형식'의 개념이 이 용어의 모든 용법에 공통적으로 나온다. bráhman이란 용어의 고유한 의미를 이렇게 정의할 수 있으며, 그 후에 와서 이 용어는 신비주의적이고 사변적인 의미가치를 갖게 된 것이다.

결국 인도의 brahmán(또는 brāhmaṇa-)은 규정된 형식으로 제사를 확실하게 수행할 수 있도록 보증하는 자이다. 이 용어에 대한 분석의 결론으로, 이 정의에 의해 기본적 용어인 베다 산스크리트어 bráhman, 고대 페르시아어 brazman의 명확한 의미와 이 브라흐만이라는 인물의 기능이 서로 부합된다. 이 용어의 어근이 다른 언어에는 나타나지 않는 것 같지만, 그 개념적 기반은 인도이란어에서 이처럼 설정될 수 있다.

우리들은 아직 아케메네스 왕조의 페르시아 종교에 대해서는 아는 정보가 너무 적어서 제사에서 brazman이 하는 역할을 정확히 평가할 수 없다. 고대 이란어에서 이 추상명사가, 제사의식을 알고 있으면서 그것을 수행하는 자를 가리키는 베다 산스크리트어 brahmán과 상응하는 행위자 명사를 만들었는지에 대한 증거는 없다. 바로 이러한 이유로 brahmán은 가장 순수한 인도어로서, 이란에서는 이와 동일한 의미가치를 지닌 다른 용어인 『아베스타』의 āθravan이 사용된 것으로 믿는다.

다른 두 계급의 명칭은 파생어이거나 합성어이며, 쉽게 해석된다. 이들은 사제의 문제처럼 복잡한 문제를 야기하지 않는다. 그러나 이들 각 명칭은 한 가지 중요한 개념과 결부되어 있다. 이러한 이유로 이들을 잠시 논의할 가치가 있다.

인도에서 전사戰士 계급은 산스크리트어 kṣattriya, rājanya로 지칭된다. 첫 명칭은 kṣattara(권력)에서 파생된 파생어이며, 이란 세계 내에서 더욱 자세하게 연구해야 할 개념이다.[3] 둘째 명칭 rājan(i)ya-(왕가 출신의)는 '왕'의 명칭 rāj(ah)에서 파생된 명사이다. 이 두 명칭은 고위층이 아닌 어떤 계급의 구성원들에게 적용되며, 그들의 신분과 관련된 특권으로서 이들을 지칭하고 있다. 이들 명칭은 전사의 직업을 가리키는 것이 아니다. 각 명칭은 권력, 왕권의 개념을 환기시킨다. 이처럼 의미가 명확한 이들 용어에서, 인도에서 '전사들'의 지칭이 어떤 위치를 갖는지 그 방식을 간파할수 있다. '전사'와 '권력'이 관계가 있다면, 그것은 일시적 군사력만이 rāj의 필수 속성이 아니기 때문이다.

실제로 고대의 로마와 인도에서 정의되는 rēx의 개념을 자세히 조사해 보면, '왕'은 현실적인 권력을 가지지 않았다는 사실을 알 수 있다.[4] 여기서 kṣattriya와 rājanya라는 명칭이 우리들에게 가르쳐 주는 바는 kṣattra와 rāj(ah-)로 규정되는 권력이 전사의 직업과 관계가 있다는 사실이다.

이란 사회에서 kṣattriya와 등가치적 의미를 지닌 용어는 아베스타어 형태 raθaēštā-이다. 더욱 일상적으로 접할 수 있는 형태는 raθaēštar-로서 -tar로 된 행위자 명사(그리스어 -τωρ, -τήρ와 라틴어 -tor의 대응 유형)에 대한 이차적 유추형이다. 왜냐하면 stā-의 행위자 명사로 *-star-란 형태는 불가능하기 때문이다. *stā-(서 있다)와 같이 자동사적 의미의 어근은 행위자 명사를 만들지 못한다. raθaē-šta-는 합성어의 구성이다. 그 의미는 '전차戰車 위에 서 있는 자'이며, 위대한 전쟁의 신神 인드라Indra의 수식어로 사용되는 베다 산스크리트어 대응형 rathesthā와 동일하다. 이 의

---

3) 본서의 2권 1편 2장 참조.
4) 본서의 2권 1편 1장 참조.

미표상은, 이상적理想的인 전사가 칭송을 받고, 자기 전차 위에서 전투에 뛰어드는 젊은 투사를 환호하던 영웅적 시기로 거슬러 올라간다. 이것이 인도유럽족이 가진 귀족 전사에 대한 이미지이다. 인도유럽족의 전사는 도보로 가거나 말을 타고 전쟁에 나가지 않는다. 말은 또한 전차에 매어 놓고 전차를 끄는 동물이다. 말이 사람이 타고 다니는 승용말이 되고, 그로 인해 전투 형태가 바뀌기까지는 오랜 역사가 걸렸고, 많은 도구의 발명이 필요했다. 그러나 기술상의 혁명과 기마 전사의 출현이라는 새로운 문화가 혁신된 지 오랜 세월이 지난 후에 승마보다 전차가 우세했다는 사실이 어휘에서 증명된다. 예컨대 '말을 타고 가다'를 나타내는 라틴어 표현 equo uebi에서 여전히 동사 vehere(마차로 나르다)가 사용된다. 전차戰車 기술을 가리키던 고대의 동사는 말을 승용마로 새로이 이용하는 마술馬術에 맞게 바뀌었다. 호메로스에 나오는 eph' hippōn baíno(ἐφ'ἵππων βαίνω)는 '말을 타다'를 의미하는 것이 아니라 언제나 '전차를 타다'를 의미한다. 말은 단지 전차에 매는 데만 이용되었다. 인도유럽어 시기의 전사가 말을 타는 것은 고전 시대의 사람들이 소를 타는 것만큼이나 상상할 수 없는 것이었을 것이다. 따라서 이란에서 '전사'를 '전차를 탄 투사'라는 용어로 지칭함으로써 이란은 인도보다 훨씬 더 인도유럽사회의 전사 계급의 이데올로기에 충실했던 것이다.

제3계급을 가리키는 인도 명칭은 vaiśya로서 문자적으로는 'viś의 사람'을 의미하며, '서민에 속한 사람'의 의미와 거의 같다. 이 마지막 계급과 viś로 칭하는 사회집단의 귀속 관계는 이와 같이 설정된다.

그러나 이란에서는 사정이 전혀 다르다. 언제나 쉽게 이해되지 않는 복잡한 이 지칭은 동일 인물을 가리키는 관련된 두 단어로 구성된다. 즉 vāstryō fšuyant이 그것이다.

이 두 용어의 첫 용어는 vāstra(목초지)의 파생어이다. vāstar(목동)를 참조. 이 두 용어 vāstra, vāstar는 『아베스타』에 아주 빈번히 나타나며, 각별한 중요성이 있다. 우리는 다른 곳[5]에서 그 어원을 분석하고, 목축 생활뿐만 아니라 이란의 종교적 이데올로기에서 지니는 그 의미를 연구한 바 있다. 이들은 조로아스트교의 설법에 나오는 가장 의미심장한 용어이다. 둘째 단어 fšuyant는 어근 fšu-(가축을 기르다)의 현재분사이다. 따라서 이 계급은 두 단어를 결합시켜서 분석적으로 명명하는데, 한 단어는 '목초지'를 가리키고, 다른 한 단어는 '사육'을 가리킨다.

이 용어와 같은 이중적 표현은 dvandva라는 명칭으로 알려져 있는 합성어의 범주에 속한다. 즉 두 구성요소 각각이 복수나 흔히 쌍수이면서 접속사가 생략된 채로 두 요소가 단순히 병치된 복합어이다. 그래서 밀접하게 연관된 두 용어가 하나의 개념 단위를 구성한다. 이러한 유형의 용어 구성은 베다 산스크리트어 Mitra Varunā(미트라와 바루나 신)에서 예시된다. 이 표현은 병치된 두 신을 한 개체로 나타내고 있다. 예컨대 dyāvā pṛthivī(dyaus/pṛthivī, 하늘-대지), mātā-pitarā(u)(양친/부와 모) 같은 것이다. dvandva는 두 종류의 별개의 사람을 단일 개념으로 포함한다. 이것은 또한 더욱 느슨한 형태로 두 명칭을 연결할 수도 있다. 예컨대 라틴어 patres conscripti(원로원 위원들)는 병치된 두 명사, 즉 patres(아버지들)와 conscripti(명부에 등록된 자들)를 인지하는 한에서 의미가 있다. 다시 말해서 출신이 다른 두 집단의 사람들이 모여서 이들이 함께 원로원을 구성한다. 지금 여기 이란어에서도 이와 동일한 유형의 표현이 문제시된다. 즉 vāstryō와 fšuyant는 서로 다른 두 종류의 사람들이다. 즉 한 부류의 사람

---

5) 『히타이트어와 인도유럽어』*Hittite et indo-européen*, Paris, 1962, p. 98 이하.

들은 목초지를 맡고, 다른 한 부류의 사람들은 가축을 돌본다. 이 두 종류의 사람들이 단일 계급을 구성하기 때문에 단일 용어, 즉 vāstryō fšuyant를 사용하여 이들을 지칭한다. 이러한 이란 계급은 단순히 부족에의 귀속을 가리키는 인도 용어 vaiśya와는 대조적으로 그 명칭이 기능적이고 명시적이다.

완전을 기하기 위해서 더욱 후기의 명칭 목록에 나오는 제4의 계급을 언급해야겠다. 인도에서 제4의 신분은 śūdrá로 불린다. 우리는 이 어원의 의미 역시 알고 있다. 그것은 종족이 뒤섞인 최하층의 부류에 속하는 사람들에게 적용된다. 이들은 명확한 직업도 없고, 분명한 기능도 없는 사람들이다.

이란에서도 역시 전통적인 세 계급 다음에 문헌상으로 hūiti라는 계급이 언급되는데, 이 용어는 '하는 일', '직업'을 의미하는 것 같고, 장인匠人들에게 적용된다. 장인 집단이 별도의 계급을 형성한 새로운 사회 분화가 어느 시기부터 일어났는지는 알 수 없다.

이 삼분의 분류가 지닌 중요성을 가늠하려면 이 분류가 인간집단에만 적용되는 것이 아니라는 사실을 지적해야겠다. 이 분류는 계급과 관련된 개념 전체로 확대, 적용된다. 이를 첫눈에 금방 알아볼 수 없다. 외관상으로 볼 때는 큰 의미가 없는 표현이지만, 고유한 의미의 사회적 관념과 비교하면 그 의미를 찾아낼 수 있는 표현에서 간접적으로 드러난다. 한 가지예가 이를 실증해 줄 것이다. 다리우스 왕의 아케메네스 왕조의 옛 비문에서, 이 나라에서 세 가지 재앙을 피하기 위해 비는 기도 표현을 읽어 볼 수 있다. 이 세 재앙은 dušiyārā(흉작), hainā(적군), draugā(거짓말; 다시 말해서 도덕적이고 종교적인 차원의 부패)이다. 그러나 이것은 우연히 만들어진 표현형식이 아니다 이 세 재앙은 필연적인 질서와 일치한다. 즉 첫째 재앙 '흉작'은 농부를 황폐화시키고, 둘째 재앙 '적군의 공격'은 전사를 망하게 하고, 셋째 재앙 '거짓말'은 사제에게 피해를 입힌다. 우리가 세 계급의 대표자의 명칭에서 확인했던 세 부류의 계층이 세 종류의 재앙으로 전위된 것을 볼 수 있다. 이러한 삼층의 질서하에서만 사회가 상정되고, 우주가 규정된다.

인간 전체를 포괄하는 이 삼분 구분이 인도이란 사회에만 국한된 것인가? 이 삼분 구분은 아주 오래되었고, 그것이 인도유럽족 시대로 소급되는 것으로 생각할 수 있다. 이는 사실상 다른 곳에서도 그 흔적을 남겨 놓고 있다. 우리는 특히 그리스 이오니아에서 생긴 최초의 사회조직에 대한 전설 전승을 지적하고자 한다. 이 종족의 시조 명칭인 이온[6]의 아들들과 관련된 신화에 그 흔적이 반영되어 있다. 한 전설(스트라본[7], 『지리학』 383의 이야기)은 사회가 네 계급으로 구분된 것이 이온에게서 기인하는 것으로 얘기하고 있다.

(1) geōrgoí	(2) dēmiourgoí	(3) hieropoioí	(4) phýlakes
(γεωργοί)	(δημιουργοί)	(ἱεροποιοί)	(φύλακες)
농부들	장인들	사제들	파수꾼들

---

6) 이온Ion: 아폴론과 크레우싸의 아들로서 이오니아인의 시조 영웅. 그 후손들은 펠로폰네소스 반도의 북부에서 소멸되었고, 그 자신은 자기가 통치하던 아테네를 수호한다.—옮긴이
7) 스트라본Strabon (기원전 58?~521/25년): 그리스의 지리학자. 그의 『역사기』는 거의 상실되었으나 『지리서』Geographia는 대부분 보존되어 있다. 이 저서에서 그는 민족들의 기원과 이동, 왕국의 건설 등을 논의하면서 인간과 자연 환경의 관계를 연구했다.—옮긴이

플라톤의 『크리티아스』[8]에도 이와 같은 언급이 있는데, 계급은 다음과 같이 나열되고 있다.

hiereîs	dēmiourgoí	geōrgoi	mákhimoi
(ἱερεῖς)	(δημιουργοί)	(γεωργοι)	(μάχιμοι)
사제들	장인들	농부들	전사들

다른 한편 이온의 네 아들의 보호 아래 있는 네 대부족大部族의 명칭이 있다. 이 네 고유명사는 네 사회계급과 연관시켜야 한다. 불행히도 이들은 작가들에 따라 서로 다른 순서로 인용되고 있어서 비교가 혼란스럽고, 각 명칭을 네 사회기능과 곧장 대응시키는 것이 어렵다.

헤로도토스 『역사』 5권 66장:

Geléōn	Aigikorées	Argádēs	Hóplēs
(Γελέων)	(Αἰγικορέες)	(Ἀργάδης)	(῞Οπλης)

에우리피데스, 『이온』 *Ion* 1579~1580:

Geléōn	Hóplētes	Argadês	Aigikorês

플루타르코스, 『솔론』 *Solon* 23:

Hoplîtai	Egrands	Gedéontes	Aigikors

---

8) 『크리티아스』*Critias*: 플라톤의 미완성 대화편. 『티마이오스』의 후속편으로 아테네와, 아틀란티스의 왕들의 투쟁에 대한 이야기를 담고 있다.—옮긴이

이 명칭들의 전통은 개작ﷺ되어 해석되었다. 예컨대 플루타르코스는 전사, 장인, 농부, 염소 목동을 지시하려고 한 것이 분명하다. 그러나 이 명칭 목록은 분명 4계급을 대강 포괄한다. 이들 사이에 상관관계를 설정하려고 시도할 수도 있겠으나 플루타르코스의 해석에서 우선 벗어나야 한다. 그 의미들이 너무 명약관화한 것이어서 지금은 더 이상 이해되지 않는 용어들을 후기에 개작한 것에 다름 아니기 때문이다.

Hóplētes(hóplēs)는 다수의 비문에서 알려진 것이다. 예컨대 밀레토스 (5세기)에서 발굴된 비문에 나오는 hopléthōn(ὁπλήθων; 복수 속격으로 표기법의 변이가 있다)과 또 다키아의 비문의 phylê hopleítōn(φυλὴ ὁπλείτων) 을 볼 수 있다. 이 명칭은 분명히 단수 hóplon, 복수 hópla와 비교해야 한다. 후자 단어는 파생 의미인 '무기'가 아니라 원래의 고유 의미인 '도구', '기구'이다.

Argádēs(키지코스[9])와 에페소스에서 발굴된 비명에 의해 천 명 단위의 사람 집단인 khiliostús를 가리키는 명칭으로 확인됨)는 Argos란 명칭을 회상시키는데, 이 명칭의 의미는 익히 잘 알려져 있다. 즉 스트라본에 의하면, Argos는 마케도니아인과 테살로니아인의 언어로는 τὸ πεδίον(땅/흙/평야) 를 의미한다. 따라서 Agrádēs는 땅과 관련되는 '농부들'을 가리킨 것이다. 바로 이것이 다소 확실하게 확인할 수 있는 둘째 명칭이다.

Gelĕōn과 Aigikoreús는 그 당시에 귀족의 직능에 해당하는 계급으로서 헤로도토스의 목록에 나오는 것처럼 이들이 맨 첫 위치에 자리하는 것으로 당연히 기대할 수 있다. Aigikoreús를 살펴보면, 이 합성어가 aigís,

---

9) 키지코스Kuzikos: 프로폰티스 해海에 있는 소아시아의 고대 도시. 기원전 8세기 중엽 밀레토스의 정복자들이 건설했으며, 상업 중심지가 된다.—옮긴이

즉 아테나 여신의 '방패'와 유사함에 놀라게 된다. 이 네 계급이 각기 제우스, 아테나, 포세이돈, 헤라이스토스의 각 신神과 관계가 있다는 사실을 알아야 한다. 마지막 두 계급은 방금 언급한 뒤의 두 신과 결부시킬 수 있다. 즉 '장인'匠人으로서 Hóplēs는 헤라이스토스와 결부시키고, '농부'로서 Argádēs는 포세이돈과 결부시킬 수 있다. 포세이돈은 그가 가진 여러 직권 가운데 농업을 관장하는 특권이 있다. 제우스와 아테나 신에게 귀속되는 두 계급이 남아 있다. 아테나 여신과는 Aigikoreús가 관련이 있다. Geléōn 은 Zeùs Geléōn으로 언급하는 비문(『그리스 비문집』*I. G.* II², 1072)에 의거해 볼 때, 이 계급은 제우스의 관할 아래 있었다고 생각할 수 있다.

확실히 이들은 잔존 흔적으로서 이 전승이 수집되고 가설적으로 해석된 시기에는 더 이상 이해될 수 없었다. 그렇지만 사람들이 사회활동을 분류하는 방식은 인도와 이란의 명시적 전통과 일치한다. 이란처럼 제4의 활동은 장인의 활동이다. 마지막으로 이 계급의 분포는 신의 명령에 의해 규제받는다. 따라서 여기에서 옛 사회구분이 전설적인 모습으로 잔존해 있다는 것, 그리고 이러한 이유로 이 사회분화를 인도이란적인 것으로만 설정할 것이 아니라 인도유럽적인 것으로 설정해야 할 근거가 있다고 생각한다.

이 분석은 이탈리크 세계, 특히 『이구위나이 청동판』에서도 확증된다. 이것은 움브리아의 이구위움Iguvium (Gubbio)의 아티에두스 사제단이 사용한 움브리아어로 작성된 예배의식이다. 이 청동판은 사제들이 도시(영토) 주위를 돌면서 성수聖水를 뿌리면서 거행하는 연례행사를 묘사하고 있다. 이 행렬은 도시의 각 성문城門에서 멈추면서 중단되곤 하는데, 이들이 멈출 때마다 봉헌식을 헌납하고 기도문을 낭송한다. 그런데 연속기도 형식으로 반복되는 기도문에 어떤 표현들이 계속 나오는데, 이를 분석해 볼 필요가 있다. 이 표현들은 생물이나 사물에 대해 신의 보호를 요청하는 내용이다. 이 생물이나 사물의 여섯 명칭은 연속으로 나열되고, 이름이 둘씩 세 군으로 나뉘어져 있다.

nerf arsmo ueiro pequo castruo frif

첫 용어 ner-f(ner의 복수 대격)는 산스크리트어 nar, 그리스어 anér(ἀνήρ)와 대응한다. 이것은 전사들, 우두머리들을 가리킨다. arsmo는 제례의식, 성사聖事를 가리키는 용어이다. 그리고 ueiro = 라틴어 uiros(남자들), pequo = 라틴어 pecus(가축)이다. castruo는 라틴어 castra와 대응하며 경작된 영토, 밭을 가리킨다. 그리고 fri-f = 라틴어 fructus이다. 따라서 이 표현은 다음과 같다. 우두머리들, 사제들, 남자들, 가축떼, 밭들, 땅의 소산물. 그리하여 이들은 두 단어로 이루어진 세 단어군이다. 다시 말해서 세 dvandva가 연속으로 제시되어 있다. 이 세 dvandva 가운데서 첫번째 쌍인 ueiro pequo(남자들-가축떼)는 이란어의 『아베스타』에서 pasu vīra(가축-남자들)의 형태로 다시 나타난다. 오래전부터 지적된 이 대응은 이 의식儀式과 『이구위나이 청동판』의 작성 자체가 오래된 것임을 보여 준다.

이 세 단어군 각각은 각기 사회생활의 일정 영역과 관련된다. 우선 사제들과 우두머리들, 다음으로 남자와 가축들, 마지막으로 땅과 소산물이 그것이다.

이 구분이 약간 다른 방식으로 분포되기는 하지만, 다소 확장된 형태로 고대의 도식과 일치한다. 인간사회뿐만 아니라 또한 땅의 소산물도 언급된다. 이러한 추가사항을 제시하면, 그 분류원리는 동일하다. 즉 사제, 전사, 농부(남자들과 가축들)가 그것이다.

우리는 인도유럽사회의 조직구성을 보여 주는 증거들을 열거하는 것으로 그치려고 하는데, 그것은 이 증거들이 구체적 용어나 명칭 자료로 되어 있기 때문이다. 종교나 사회에 대한 연구로부터 끌어낼 수 있는 다른 표지들은 우리 연구 목적을 벗어난다. 더욱이 그것은 뒤메질[10]이 기본적으로 연구한 영역이기도 하다. 이 연구는 너무 유명해서 여기서 언급할 필요는 없을 것이다.[11]

---

10) 조르주 뒤메질Georges Dumézil(1898~1986년). 프랑스의 사회학자, 종교학자, 인류학자. 주요 저서로 각주에 언급된 저서 외에 『신화와 서사시』Mythe et Epopée I, II, III, 『로마인의 관념들』Idées romaines, 『인도유럽족의 혼인』Mariages indo-européens 등이 있다. 그의 학문활동은 인도유럽족의 신화가 이데올로기의 삼분구조에 의해 지배된다는 것, 즉 인도유럽족의 세계에 중심된 관념인 법률, 종교적 통치, 전사의 힘(전투력), 물질적 번영은 이 세 가지 기능으로 지배된다는 것을 증명한 것으로 요약된다.—옮긴이

11) 특히 『인도유럽족의 삼분 이데올로기』L'idéologie tripartie des Indo-Européens(Bruxelles, 1958)와 『고대 로마의 종교』La religion romaine archaïque(Paris, 1966) 참조. 여기에는 과거의 저작을 다시 손질했는데, 그 중 하나가 『유피테르, 마르스, 퀴리누스』Jupiter, Mars, Quirinus(Paris, 1941)이다.

2장_사회 귀속의 네 집단

요약

제1장에서 연구한 인도유럽사회의 삼분구조는 기능적 특성이 있어서 귀족집단, 즉 이 사회의 전체 범위에 영향을 미치는 정치적 구분과는 전혀 혼동되지 않는다. 여기 고대 이란에서는 '가족', '씨족', '부족', '국가'를 지칭하는 네 용어가 보존되었다. 그러나 비교언어학자들은 이들 용어의 고대 인도유럽어적 가치를 정확히 확증하는 데 흔히 많은 애로를 느낀다.

어근 *dem- ——여기에서 사회적 실체로서의 '집'(라틴어 domus/호메로스 그리스어 δῶ)이라는 소단위(이란어 dam-)의 명칭이 유래한다——을 세밀히 조사해 보면, 보통 사전에서 이 어근을 어근 *dem(ə)(건축하다), *dom(ə)(길들이다)과 연관 짓고 있으나 그것은 이들 어근과 구별된다. '집-가정/가족'의 의미에서 '집-가옥'의 의미에 이르기까지 여러 언어에서 관찰되는 의미변화를 살펴보면, 이 의미변화는 사회변화를 그대로 반영한다. 즉 대가족의 세분화가 일어나 족보에 따라 구조화된 사회가 점차 지리적 구분에 따른 사회로 바뀐다.

따라서 그리스어 dómos(건물/가옥)와 라틴어 domus를 구별해야 한다. 즉 건물을 가리키는 것이 아니라 dominus가 지배하는 사회적 실체로서의 '자기집'을 가리키는 라틴어 domus를 이 그리스어와는 구별해야 한다. 그 결과 domus는 다른 용어들과 대조되는 용어쌍을 구성하였고, 이 쌍에서 둘째 용어는 집안에서 벗어난 것을 가리키게 되었다. 예컨대 domi militiaeque(집과 군대에서), domi : peregre(집에서 : 국외에서), domesticus : rusticus(집의 : 시골의, 야생의), domi : foris(자기 집에 : 집 밖에)의 쌍은 집 안에서 바라본, 집 안과 집 밖의 경계를 가리키는 '문'을 가리키는 명사 *dhwer-를 출현시켰다.

이란어 용어들과 대비해서 볼 때, '가족', '씨족', '부족'을 가리키는 호메로스 그리스어의 단어들, 즉 génos, phrḗtrē, phûlon은 어휘 혁신과 정치적 보수성을 동시에 보여 준다.

마지막으로 '나라'를 가리키는 이란어 명사 dahyu가 산스크리트어의 '이방 노예'를 뜻하는 명사 dasyu와 대응하는 것은, 이를 이란인이 자국의 관점에서 보기 때문에 daha(사람)의 파생어로 지칭하는 것이 자연스러운 반면, 인도인에게는 동일한 dahyu를 타국의 관점에서 보이기 때문에 '이방-노예'의 의미로 나타날 수밖에 없는 것이다. 이처럼 안과 밖의 대립의 중요성을 다시 보게 된다.

방금 기술한 삼분조직은 인도유럽사회에서 기능 분화에 따른 계급을 설정한다. 그리고 이 조직은 제1계급인 사제 계급이 권력의 위계를 결정한다는 사실을 제외하고는 정치적 특성을 띠지는 않는다. 엄밀한 의미의 인도유럽사회의 조직은 완전히 다른 분류에 근거를 두고 있다. 즉 사회는 계급의 성질과 위계로 고찰되는 것이 아니라 사회를 포괄하는 귀속집단에 따라서, 말하자면 국가적인 확장 범위의 관점에서 고찰된다.

이 사회구조가 가장 분명하게 나타나는 곳은 고대 이란이다. 이란의 사회구조는 4개의 동심원同心圓 형태의 집단으로 구성된다. 즉 가장 작은 단위로부터 점차 확대되어 전체 공동체를 포괄하는 네 가지의 사회적, 영토적 집단이 있다. 이들을 지칭하는 용어는 다음과 같다.

① dam-, dəmāna-, nmāna-(텍스트의 연수에 따라 분포하는 등가치적 의미를 지닌 형태이다). '가족/가정'과 '집'. 둘째 형태 dəmāna-는 첫째 형태 dam-이 접미사법으로 파생된 형태이다. 그리고 dəmāna-는 음성변화로 nmāna가 된다.

② 이 위에 vīs(씨족)가 있고, 이는 다수의 가족을 집단적으로 묶는 단위이다.

③ 이 위에 zantu(부족)가 있다. 원래의 의미는 '동일한 태생의 사람들이 모인 집합'이다.

④ 마지막으로 dahyu가 있는데, 이것은 '나라'로 번역될 수 있다.

이 각각의 이란 용어에 산스크리트어 용어를 대응시킬 수 있다. 즉 dam(집; 아베스타어 dam-), viś(공동체/민중/민족; 아베스타어 vīs-), jantu-(피조물/인간; 아베스타어 zantu-)가 그것이다. 넷째 용어 ——아베스타어로는 dahyu ——에는 베다 산스크리트어 dasyu가 대응하는데, 이것은 우리가 자세히 살펴볼 문맥에서 '적대적인 야만인들'의 의미를 지닌다. 그러나 인도에서는 이 네 명칭 사이에 유기적 관계를 찾아볼 수 없다. 이 명칭들은 이제 더 이상 서로 결부되지 않는다. 고대의 도식이 이미 변질되기 때문이었다. 반면에 이란 사회는 훨씬 보수적이다.

이와 동일한 관찰이 고전어에도 해당된다. 실질적으로 첫 세 용어에 대응하는 용어들이 있다. 즉 그리스어 dómos(δόμος), 라틴어 domus : 그리스어 woîkos(woîκος), 라틴어 uīcus : 그리스어 génos(γένος; -s로 된 중성), 라틴어 gens(-tis로 된 여성, 따라서 라틴어는 *genti-로서 이란어 용어의 원형인 *gentu-와 대응된다)가 그것이다. 그러나 인도처럼 고전 세계에서도 이들 용어는 유기적 계열을 구성하지 못한다. 이 대응은 단지 어원 대응에 지나지 않는다. 그리스어와 라틴어에서 전승된 이 어휘들은 이란어처럼 변별적으로 구별되지 않는다. 그리스어와 라틴어에서 이들은 더 이상 서로 일치하지 않는다. 그리스어 dómos와 (w)oîkos는 별개의 두 사회집단을 구성하는 것이 아니라 실제 동일한 것, 즉 '집'을 의미한다. 이 두 용어 중 어느 한 용어만 출현하는 것은 시기, 방언, 문체적인 이유 때문이다. 라틴어에서도 이란의 사회구조를 더 이상 발견할 수 없다. uīcus는 domus의 상위 부류가 아니다. 그것은 이란 vīs와 다른 별개의 단위이며, 그리스어 (w)oîkos와도 역시 다른 별도의 것이다.

더욱이 그리스와 로마에는 이 고대의 계열에 속하는 용어들 외에 인도이란어에는 없던 이질적인 새 단어들이 추가되는데, 그리스어 phulé(φυλή)와 라틴어 tribus이다.

그렇지만 사회집단을 가리키는 이란어의 명칭 목록이 인도유럽어 시기로부터 전해 내려온다는 것은 확실한 것으로 생각할 수 있다. 고대 이란어에서 인용된 위의 네 용어는 각 집단의 '우두머리'(pati)를 지칭하는 합성어로 구성된다. 즉 domāna-paiti, vis-paiti, zantu-paiti, dahyu-paiti가 그것이다. 이 위계는 유일한 것이기 때문에 아주 깊이 뿌리를 내리고 있다. 이 위계는 어휘와 언어진화에도 불구하고 중기 이란어에서도 동일한 순서로 그대로 존속하고 있다. 즉 mānbed, visbed, zandbed, dehbed가 그것이다. 그 이유는 이 위계가 아주 옛날로 소급되기 때문이다. 이들 중 두 용어는 이란어의 과거 상태에서도 역시 합성어의 형태로 찾아볼 수 있다. 아베스타어 dəmāna-pati-는 베다 산스크리트어 dam-pati-(집의 주인)와 그리스어 despótēs(δεσπότης)에서 나란히 나타나고, 아베스타어 vīs-pati-(씨족의 우두머리/족장)는 베다 산스크리트어 viś-pati-와 리투아니아어 vě̃š-pats(씨족의 우두머리/족장; 여기에서 '주군'主君이 나왔다)에서 그 대응어가 나타난다.

이 명칭군은 이들이 어떻게 배열되는지를 보여 준다. 이제 이들을 차례대로 고찰하여 각기 그 특성을 규명해 보자.

맨 먼저 나오는 '집'의 명칭은 인도유럽어 어휘에서 가장 잘 알려진 어휘이다. 더욱이 그 의미는 즉각 이해할 수 있고, 동사 단어군과 만족스럽게 결합한다. 이란어 형태 dam-은 사실 라틴어 domus의 단어족과 결부된다. 라틴어 domus(여성)가 -u- 어간이면, 라틴어 자체의 간접 증거를 통해서 그것이 고대의 -o- 어간과 공존했다는 사실을 알 수 있다. 왜냐하면 파생어 dominus로 가정되는 형태는 *domo-이기 때문이다. 그리스어 형태 dómos가 이를 확증한다. 그리스어에는 dómos(집) 외에 여성 domé(δομή, 건물)와 접미사에 악센트가 있는 *domós(*δομός)——이것은 합성어 oiko-dómos(οικο-δόμος, 집을 짓는 사람)에서 발견된다——가 있다. 이 어간 형태는 베다 산스크리트어 dama-(집)에서도 나타난다. 라틴어 domu-와 고대 슬라브어 domŭ 외에 -u- 어간으로서 간주할 수 있는 단어는 베다 산스크리트어 파생 형용사 damū-naḥ(가정의/집의 (보호자))와 아르메니아어 합성어 tanu-(tēr)(집(의 주인))이다.

또한 *domo-와 *domu-는 고대의 어근 명사에서 파생되었고, 이 어근 명사는 *dem-, *dom-, *dm-,* dṃ-의 형태이다. 이것은 자율형이나 합성형태로 산스크리트어 patir dan, dam-patiḥ, 아베스타어 dəng paitiš(집의 주인; 여기에서 dəng은 *dams의 표현형이다) 같은 표현에서 나타나며, 이 표현은 그리스어 despótes와 déspoina(δέσποινα)와 대응한다. 이 두 그리스어의 합성어는 역사 시기에 와서는 더 이상 분석될 수 없지만, 그 구성요소는 각기 분리되어 전체를 구성하는 것으로 인지되었다. 즉 -pótēs(-πότης)와 -poina(-ποινα)는 각각 고대의 남성 *poti(주인)와 고대의 여성 고형古形 *potnya(여주인)을 나타낸다. 합성어 des-poina의 대응어는 베다 산스크리트어 dam-patnī(집의 여주인)이다.

그리스어에서 이 어근 명사 *dem에 대한 또 다른 증거들이 있다. 예컨대 호메로스의 표현 hēméteron dô(ἡμέτερον δῶ, 우리들의 집)인데, 이 표현은 원래 *dōm(아르메니아어 tun(집)처럼)이며, 이것이 후대에 와서 dôma로 확장되었다. dámar(δάμαρ, 합법적 아내)가 이와 동일한 단어족에 속한다는 사실은 일반적으로 인정되고 있고, 이는 dam-(집)과 -ar로 분석된다. 이 -ar는 ἀραρίσκω(정돈하다/배열하다)의 어근에서 유래한다. 따라서 그 의미는 '집안을 관리하는 자'이다. *dem-의 영계제, 즉 *dm-은 호메로스 그리스어 mesó-dmē(μεσόδμη), 아티카 그리스어 mesómnē(μεσόμνη)에서 나타나며, 집안의 두 지주支柱, 기둥을 연결하는 중앙 대들보를 가리킨다. 이외에도 집에 속한 남자나 여자를 가리키는 dmós(δμώς, 하인), 속격 dmōós(δμωός), 여성 dmōḗ(δμωή, 여종)에서도 *dm-oū가 나타난다.

이 모든 명사형 전체는 전통적으로는 동사 어근 *dem-(집을 짓다)과 결부된다. *dem-에서 파생된 형태는 소위 이음절 어근으로 불리는 것, 즉 *dem-ə-와 *dmā를 확인해 준다. 예컨대 그리스어 démō(δέμω), 수동 완료형 dédmētai(δέδμηται)이다. neódmātos = νεόδματος(최근에 신축된), démas(δέμας, 형태/신체적 외관), 원래의 의미는 '구조' 참조.

이 어근에서 나온 어간들로부터 다수의 명사형이 파생된다. 특히 접미사 -ana-가 첨가된 인도이란어의 파생어, 예컨대 아베스타어 dəmāna-, 고대 페르시아어 *māna-, 베다 산스크리트어 māna-(*dmāna-에서 파생)와, 접미사 -ro-가 있는 파생어, 예컨대 게르만어 *dem-ro-, 앵글로색슨어 (그리고 영어) timber(건축용 나무/재목), 독일어 Zimmer(골조; 그 후 '방'의 의미로 변함)와 고대의 명사 파생 동사 고트어 timrjan(재목을 다듬다/건축하다) 등이 그러하다.

마지막으로 동일 어근 *dem-(건축하다)은 '집'이란 명사 외에도 이 명사에서 파생된, '(짐승을) 길들이다'를 뜻하는 동사도 만들어 내었다. 이 동사는 라틴어 domare, 그리스어 damáō로 나타난다. 그 의미관계는 '(짐승을) 집에 메어 두다', '가축으로 길들이다'일 것이다.

이 모든 어원 사항은 최근에 나온 어원사전에는 동일 항목 *dem-에 수록되었고, '건축하다'라는 개념에 근거해서 배열되어 있다. 그렇지만 메이예는 *dem-(건축하다)과 dem-(집)의 형태론적 관계에 다소 유보적인 입장을 표명한다.

언뜻 보기에는 인도유럽어족의 모든 언어에서 발췌한 아주 많은 형태들이 관여되는 이처럼 방대한 어원 재구再構는 심각한 난점을 전혀 보여 주지 않는 것 같다. 개념들 사이의 추정 관계도 적어도 신빙성이 있다. '집'을 지시하는 거의 모든 언어에 공통된 명사가 '건축하다'를 의미하는 똑같이 오래된 동사 어근에서 유래한다는 것이 자연스럽게까지 생각된다. 그 결과, 일차 사회단위인 '집' 또는 '가족'의 명칭은 실제의 건축술에서 연유한다는 결론이 나온다.

이를 증명하려면 이 증명이 진실에 거의 위배되지 않는다는 것으로는 불충분하다. 그처럼 연관된 어휘군에 속하는 각 어휘가 연구 및 조사를 통해서 더 이상 환원될 수 없는 기원으로 보이는 형태와 의미의 특성을 보여 주고, 또 이를 밝힌 후에 이 어휘들을 대조시켜야 한다. 사전事前에 이러한 분석을 해야만 형태들의 발생론적 연관 관계를 판단할 수 있다. 여기에서 우리 연구의 전체 범위에 걸쳐서 비교방법을 시험해야 된다. 따라서 우리들은 어휘 비교의 자료의 고유 특성을 기술하려면 근본으로부터 이 자료들을 재검토해야 한다.

'집'의 명칭을 조사해 본다면, 라틴어 domus와 그리스어 dómos ——이들은 어간의 형태론적 차이(라틴어 -u-/그리스어 -o-)를 제외하면 완전히 서로 일치한다——가 많은 어휘 용법에서 서로 차이가 있다는 점을 금방 관찰할 수 있다. 호메로스에게서 dómos는 서술적 부가어와 같이 사용된다. 집은 '크고, 높고, 잘 지어지고, 넓다'. 그리고 집은 건축물의 특성을 가지고 있다. dómos는 pródomos(dómos의 앞부분)로 불리는 현관이 있다. 라틴어에서는 이같은 것이 전혀 없다. 라틴어 domus는 실질적인 수식이 전혀 없으며, 결코 건물을 지칭하지 않는다. 이와 반대로 domus는 언제나 '가정', '가족'으로서의 '집'을 의미하며, 이 의미는 그리스어 dómos에는 완전히 이질적인 의미이다. 더욱이 라틴어 domus의 어떤 격형태는 부사적 기능으로 고정되어 있다. 예컨대 domi(집에), domum(집으로), domo(집에서부터)이다. 그리스어에서 dómos, doma로는 부사적 용법이 불가능하다. 부사적 용법은 물론 존재하지만 그것은 oîkos로 표현된다. 라틴어 domi, domum, domo에 대해 그리스어는 각각 oíkoi(οἴκοι), oíkade 또는 oíkónde(οἴκάδε/οἴκόνδε), oíkothen(οἴκοθεν)이 대응한다.

이와 동일한 사고방식을 따라서 domi, domum, domo가 이동이 있건 없건, 도착지이든 출발지이든 단지 '자기 집'을 의미한다는 것을 관찰할 수 있다. 이 부사들은 '자기 집'을 (집) 밖(foras/foris)이나 외국(peregre)과 대립시키거나 일상적인 일과 평화 시의 일을 가리키는 domi를 전쟁을 가리키는 militiae와 대립시킨다. 이와 같은 의미표상은 '집'을 만약 '건물'의 의미로 간주한다면, '집'의 명칭과는 결코 양립될 수 없다. 그러므로 이 부사적 용법들은 domus의 물질적인 의미작용이 아니라 정신적인 의미작용을 상정하는 것이 분명하다.

이제 domus와 어근 *dem-(건축하다) 사이에 일반적으로 받아들이는 관계를 고찰해 보자. '집'이 단순히 '건물'이라면, 라틴어에서는 *dem-이란 동사가 있을 것으로 기대할 수 있다. 그러나 그리스어 동사 démo(건축하다)에 대응하는 단어는 라틴어 어휘에는 없다. 따라서 이 점 때문에 라틴어 domus와 그리스어 dómos는 의미적 거리가 더욱 멀어진다. 이 두 언어의 차이와 두 개념 사이의 거리는 '(집을) 건축하다'를 나타내는 표현을 비교해 보면 완연히 드러난다. 그리스어에는 동사 oiko-domeîn이 있는데, 이는 파생어 oiko-dómos(집 짓는 사람들)의 명사 파생동사이다. 여기에서 *dem-이란 행위자 명사의 피지배어(목적어)는 oîkos이지 dómos가 아니다. oîkodomeîn과 의미가치가 같은 라틴어 단어는 무엇인가? 그것은 합성동사 aedificare이다. 그래서 그리스어 -domeîn에는 라틴어 facio(만들다)가 대응하며, 이는 동일 어근에서 파생된 동사가 아니다. 그리고 oiko-에는 domus가 대응하는 것이 아니라 aedes(집)가 대응한다. 따라서 aedificare의 구성은, domus의 고유한 의미가치는 aedes의 의미가치와는 아무 상관이 없다는 것, 따라서 domus는 건축 용어가 될 수 없다는 점에 대한 명확한 증거가 된다. 이를 확증할 필요가 있다면, 이를 라틴어와 그리스어 이외의 언어에서 이와 동일한 의미를 지닌 제3의 합성동사에서 찾아볼 수 있다. 예컨대 오스카어의 '건축하다'를 뜻하는 tríbarakavúm(-um 형의 부정법) 같은 것이다. 이 동사는 tríib-(= trêb-, 집)와 ark-(가두다/진지를 구축하다; 라틴어 arceo(둘러싸다) 참조)로 구성되어 있다. 이는 분명 그리스 문명의 영향으로 오스크어에 차용된 domeîn를 모사模寫한 단어이다. 그러나 오스크어에도 물질적 '집'을 가리키는 특정 명칭 *trēb이 있다.

따라서 이 세 언어에서 '집'의 명칭과 함께 합성어를 구성하는, 실제적인 건축을 의미하는 동사가 있다. 그런데 이 명사는 결코 *dem(건축하다)에서 파생된 것이 아니다. 이 점은 domus의 재구 의미와 실제로 확인된 의미의 차이를 나타내는 새로운 표지이다.

이제 이 문제는 라틴어에서 보다 명확해진다. 라틴어의 두 명사 aedes와 domus는 둘 다 '집'으로 똑같이 번역된다. 그러나 이들의 의미가치는 동일하지 않다. 이들은 파생이 아주 다르다. 건축물로서 aedes(집/신전)는 파생어 aedilis를 만들어 내며, 이는 가옥과 더욱 특정하게는 신전을 감시하는 관리라는 의미이다. domus는 이에 비견할 파생어가 없다. *domilis란 형태는 존재하지 않는다. 이와 반대로 domus에서는 두 파생어가 특수하게 나타난다. ① 첫째는 domicilium이다. 이 파생어의 둘째 요소 자체는 agricola에서 나타나는 것처럼 고대의 -cola에서 파생된 것이다. 그런데 domicilium(domus의 자리)는 건물이 아니라 주거지로서의 '집'을 가리킨다. ② 둘째는 dominus이다. 이는 사회적 용어이다. 현대인에게는 domus와 dominus는 서로 다른 별개의 단어이다. 그러나 라틴인은 이들을 밀접하게 연관된 것으로 느꼈다. 예컨대 고대 라틴시민이 좋아했던 어원 말놀이 가운데서 O *domus* antiqua, heu quam dispari *dominare domino*(옛 **집**이여, 어찌하여 **다른 주인**이 다스리는고)가 있고, 또 키케로의 *domus* erat non *domino* magis ornamento quam ciuitati(**집**이란 국가보다 **주인**을 더 위하는 시설이 아니다)와, 심지어 성 제롬도 in naui unus gubernator, in *domo* unus *dominus*(배에는 한 명의 선장이, **집**에는 한 명의 **주인**이 있다)고 했다. 그래서 dominus는 집의 건축과는 전혀 관계가 없다.

마지막으로, 라틴어의 domus의 용법 자체도 건물에 대한 언급을 모두 배제한다. 소유자와 함께 빈번히 사용되는 domus mea(내 집), apud me domi(내 집에)는 언제나 '자기 집'을 가리킨다. 여기에서 aliquid est mihi domi(나는 내 집에 무엇을 가지고 있다)란 표현은 '나는 소유하고 있다'와 등가치적 의미를 지니게 되었다. 예컨대 플라우투스에 나오는 cui argentum domi est((자기 집에) 돈을 가지고 있는 자) 같은 것이다. 이 모든 특징이 domus의 의미를 가족적, 사회적, 정신적 개념으로 특징짓고 있으며, 결코 물질적으로 규정하는 것은 아니다.

카토의 작품에서 밭을 정화시키는 행사 때, 마르스 신에게 드리는 고대의 기도를 읽을 수 있다. 이 기도는 수세대를 걸쳐 전해 내려온 고대의 기도형식을 문자 그대로 재생시켜 반복하고 있다. 이 정화의식을 거행한 후에 헌납자는 다음과 같이 신의 보호를 요청한다. mihi, domo familiaeque nostrae(저를 위해서/집과 제 가족을 위해서). 이처럼 domus는 제사드리는 자의 인격 자체와 자신의 familia 사이에 자리 잡고 있다.

베르길리우스의 작품에서, 아이네이아스[1]는 배에서 내리면서 다음과 같이 소리친다. Hic domus, hic patria est(여기가 집이다/여기가 조국이다). 그는 domus와 patria를 사회적, 정신적인 개념 영역에 공통된 귀속 집단으로 결합시킨다.

정의해야 할 가장 중요한 용어는 파생어 dominus이다. 그것은 이 용어가 자체가 domus를 정의하기 때문이다. 이 용어의 특수한 단어구성은

---

1) 아이네이아스Aineias: 라틴어 명칭은 Aeneas이다. 트로이의 왕자로 아프로디테와 앙키세스의 아들이다. 로마의 트로이 기원에 대한 전설의 주인공이다. 베르길리우스는 그의 서사시 『아에네이드』Aeneid에서 이를 작품화하고 있다.—옮긴이

자세히 살펴볼 가치가 있다. 어간은 domo-이지 domu-가 아니다. 그 단어 구성은 특이하다. 그것은 이차적 접미사법에 의해 -no-가 첨가된 것, 다시 말해서 라틴어에 이미 존재하는 명사에 이 접미사가 첨가된 것이다. 이러한 조어법은 그리 일반적인 것이 아니다. 이 접미사는 다음의 소수 단어에서도 볼 수 있는데, 그 의미작용은 아주 시사적이다. 우선 tribunus인데, 이것과 tribus의 관계는 dominus(*domo-no-에서 파생)와 domus의 관계와 동일하다. 더욱이 이 조어법은 몇몇 고유 명사, 특히 신의 명칭을 구성한다. Portunus는 항구와 이곳에 쌓이는 부富를 보호하는 임무를 맡은 신이다. 그를 봉사하기 위한 제관祭官으로 flamen portunalis가 있고, Portunalia 라는 축제가 그에게 헌납된다. 그 명칭 때문에 그는 portus의 신이 되었다. portus의 원래 의미는 하구河口이며, 또한 하천의 운항을 의미하기도 한다. Neptunus[2]는 라틴어 자체에서는 더 이상 분석되지 않는다. 그러나 어휘 비교를 통해서 명사 *neptu-(-u형 어간)를 재구할 수 있다. 이것이 가리키는 의미는 분명 '물기', '물의 원소'이다.

Fortuna의 형태 구성은 설명이 필요하다. 불분명하나 전통적인 표현에서 forte fortuna(우연히)를 볼 수 있는데, fors와 fortuna가 단일 성구 표현을 구성하는 것은 알 수 있지만, 우선 이 두 단어가 어떤 방식으로 접속되는지는 파악할 수 없다. fors는 고대의 *forti-이며, 이것은 *bhr̥-ti-의 표현형으로서 fero(나르다)의 어근으로 구성된 행위자 명사이다. 그리고 어근 *bhr-는 단순히 '나르다'를 의미하는 것이 아니라 '함께 가져가다'와 '가지고 가다', '빼앗다'를 의미한다. 그래서 fors는 '함께 가져가는 행위'와 '운명이 가져가는 것'을 의미한다. 한편 Fortuna는 Fors의 단순한 쌍립어雙立語

---

2) 넵투누스: 로마의 바다의 신으로 그리스의 포세이돈과 같다. 유피테르의 형제이다.—옮긴이

가 아니다. 이것은 Fors를 수식하는 형용사이며, 동시에 이것을 자세하게 한정한다. Fors Fortuna는 *Fortu-의 (신격화된) Fors이다. 그리고 이 *fortu 라는 형태는 형용사 fortuitus(우연히 일어나는)로 확증된다. 여성 인격체 로서의 Fortuna와 *fortu의 관계는 Portunus와 portus의 관계와 동일하다.

마지막으로, 고대 로마 신화의 인물로 Tiberinus가 있다. 고대의 기 도문은 Pater Tiberinus(아버지 티베리누스)에게 빈다. 이 신의 명칭은 Tiberis, 즉 티베리스 강江에서 파생되었다. 따라서 -nus로 된 이 이차적 형 태는 원소元素나 세력을 지배하는 소수의 신의 명칭이며, 따라서 사회적 기 능을 지칭하는 두 용어, 즉 dominus와 tribunus에 해당된다.

이러한 어휘적 특성은 라틴어 이외의 언어에서도 이 접미사가 동일한 상황에서 사용되는 것을 확인하면 완전한 의미가치가 드러난다. 고대 게 르만어에서 이처럼 접미사화된 일군의 단어들이 있는데, 이들은 라틴어 와 똑같이 한 계열은 사회기능을 지칭하는 명칭이고, 다른 계열은 고유명 사이다. 예컨대 왕의 명칭을 가리키는 고트어 þiudans는 고대의 *teuta-nos 를 나타내는데, 이 단어는 '*teuta의 우두머리', 즉 부족, 공동체의 우두머리 를 의미한다. 고트어 kindins(씨족의 우두머리)는 *genti-nos에서 나왔는데, 이는 gens(씨족)의 우두머리를 의미한다. 게르만어에 속하는 다른 언어들 의 증거를 종합해 보면, 또한 *druxti-nos란 형태를 얻을 수 있고, 이는 고 대 아이슬란드어 drottinn(군대의 우두머리)에서 나타난다. 앵글로색슨어 dryhten 참조. 그래서 그 기저가 되는 용어는 고대 아이슬란드어 drott(부 대/무리)이다. 이와 같은 유형의 조어법이 오딘Odin 신의 별칭인 아이슬란 드어 Herjan에서도 다시 나타나는데, 이것은 herr(군대)에 기초해서 형성 된 명칭이다. 그 원형은 *koryo-nos로서 그리스어 koíranos(우두머리)를 상기시킨다. 이들 명칭 가운데 어떤 것은 게르만어 이외의 언어들에서 인

명사名으로 이입되었다. 예컨대 골어 Toutonos, 일리리아어 Teutana, 골어 Coriono-totae 같은 것이다.

그러나 이 계열에 속하는 훨씬 더 유명한 명칭이 있는데, 게르만 신화의 위대한 신의 명칭 Wodan(Wotan/Odin)이다. 이 단어 형태는 *wōδa-란 용어──이는 독일어 Wut(분노)의 고형이다──에 기초하여 구성된 게르만어 Wōda-naz(*-nos로 된 파생어)를 전제로 한다. 단지 문제는 이 명칭을 어떻게 해석하느냐이다. 접미사 -nos로 된 이차 파생어에서 이 어기의 용어는 일반적으로 집단, 즉 사회적 분할집단을 가리킨다. *wōδa 같은 추상적 개념이 이 위치에 오려면, 이 추상 개념을 집단 개념으로 전위시켜야 하며, wōδa는 '분노에 사로잡힌 사람들'로 해석해야 한다. 이 해석은 언어는 아니지만 적어도 고대 신화의 개념에서 이를 뒷받침하는 근거가 있다. 그 개념은 중세 문학에서 잘 알려져 있는 '기사騎士들의 악령 사냥'*Chasse sauvage* 의 개념이다. 매년 한 번씩 사자死者들의 무리가 그 우두머리에 이끌려 신자들 가운데를 한 바퀴 돌아보면서 그 행로상에 있는 모든 것을 황폐화시킨다. 그리고 갈 길을 계속 가다가 마침내 저승으로 사라진다. Wotan-Odin 은 이 사자들 무리의 우두머리이다. 이는 신빙성이 있는 가정이다. 더욱이 그것은 인용된 Wodan의 별칭, 즉 고대 아이슬란드어 Herjan(원래는 '군대의 수장'; 고트어 harjis(군대) 참조), 독일어 Heer와도 일치한다는 점에 유의해야 한다.[3]

-no-로 된 파생어의 기능을 예시하는 상당히 많은 유효한 언어사실 자료가 있지만, 거기에서는 이와 똑같은 우두머리의 개념을 재발견할 수 없다. 몇몇 사실은 이 번역이 잘 부합된다. 예컨대 라틴어 Portunus는 사

---

3) 본서 136~137쪽 참조.

실상 항구港口의 주인이었고, 따라서 고트어 þiudans는 민족의 주인이다. 이와 같은 방식으로 Neptu-nus란 명칭을 해석한다는 것은 더욱 어렵다. Neptunus와 물의 원소의 관계는 그대로 사회영역에 전위될 수 없다. 여기서는 사실상 권위의 행사가 문제가 아니라 어떤 형상으로 구현(육화)되는가 하는 것이 문제시된다. 즉 Neptunus는 물의 원소를 구현하며, 이것을 표상한다. 이와 마찬가지로 þiudans도 자기 민족을 구현한 것으로 말할 수 있다. 사회제도의 성질 자체에서 기인하는 이 언어사실을 잘 이해해야 한다. 여기에서 '구현(육화)하다'고 표현하는데, 이는 중부와 서부 유럽의 인도유럽 민족이 왕을 지칭하던 방식과 관련이 있다. 태어나면서 왕이 있는 것이 아니라 선출에 의해 왕이 존재했던 것이다. 타키투스는 왕은 그 민족 가운데서 뽑힌 자라고 말했다. 마찬가지로 인도의 어떤 계급에서는 집회 참석자들이 그 계급을 대표하는 자를 선택해야만 했다. 이와 같은 대표성의 측면에서, 기본 개념을 '구현'(육화)의 측면에서 본다면, 접미사 -nos로 형성된 두 개념을 가리키는 단어는 서로 접근된다. 이 목록을 더욱 확장할 수 있다. 다른 언어에서도 -no로 된 이차 파생어가 있다. 예컨대 그리스어 sélas((달)빛)에서 파생된 '달'의 명칭 Selénē(Σελήνη ⟨ *σελασ-νᾱ)는 라틴어 tribunus나 고트어 þiudans와 동일한 방식으로 형성된 명사이다. Selénē에서 유별나게 빛나는 달빛의 구현(육화)을 볼 수 있다. 이처럼 원리적인 측면에서 이와 같은 파생이 나란히 통일되고, 그 후 이 파생이 전문적으로 의미가 분화되었고, 여기에서 사회의 분할집단의 우두머리 명칭이 유래한 것이다.

이로써 dominus의 형태 구성에 다시 이르게 된다. dominus로 불리는 인물은 자기 domus에 권위를 가진다. 그는 그것을 대표하며 구현한다. 그래서 우리는 다시 한번 domus의 의미에 대한 결론에 이른다. 그것은 물질적 건축물로서의 집을 가리키는 것이 아니다. domus와 dominus가 각기 타당한 설명의 이유를 찾고, 이들의 관계를 밝힐 수 있는 곳은 인간집단으로서의 domus가 갖는 개념, 즉 오직 사회적이고 정신적인 개념으로서의 집이다.

이 사실은 다른 파생어인 domesticus의 의미로도 뒷받침되는데, 이 단어 형태는 *rowers-ticus(>rūsticus)를 모사한 것은 아니지만 이것과 평행하기 때문이다. 형용사 domesticus는 집에 속한 것을 수식하며, 집 밖에 있는 것과 대립된다. 따라서 그것은 집의 물질적 형태와는 아무 상관이 없다.

그러면 라틴어가 전수받아서 라틴어 domu의 기저를 구성하는 물질적 의미작용을 사회적 개념으로 변형시킨 것으로 가정해야만 될까? 이러한 의미변화가 일어났더라도 그 의미는 완전히 변화할 수는 없었을 것이다. 그것은 로마 세계 자체에 흔적을 남겼을 것으로 생각할 수도 있다. 그러나 우리는 이를 가정할 하등의 이유를 알지 못한다. 단지 이 단어의 인도유럽어적 의미와 라틴어 domus의 의미 사이에 단절없는 연속성이 있다고 생각할 뿐이다.

산스크리트어 dam patiḥ, 그리스어 despótēs(집의 주인)의 대응을 인도유럽어 시기까지 소급시킬 수 있다. 사실을 말하면, 그리스어에는 '집의 주인'의 의미가 사라졌거나 최소한 약화되었다. 그리스어 despótēs는 일찍부터 '주인' 일반을 의미했기 때문이다. 결국 『신약성서』의 그리스어에서는 '집의 주인'을 표현하기 위해 oiko-despótēs를 만들어 내야만 했다. 그것은 despótēs가 '집'의 명칭을 더 이상 나타내지 않기 때문이었다. 아티카 산문에서 벌써 οἴκου 또는 οἰκίας δεσπότης(oíkos, iokía의 despótēs)를 찾아볼 수 있는데, 이 시기에는 주인의 권한이 행사되었던 곳이 집이었기 때문이다. 그런데 고대의 합성어 *dem(s)-poti-(집의 주인)에서 첫 요소는 '집-가정', '가족'을 가리키며, '집-건물', '가옥'을 가리키는 것이 아니다. 여기에 대한 확증을 dam-patiḥ(또는 patir dan)와 평행하는 표현, 즉 베다 산스크리트어 śiśur dan(집의 아들) ——여기에서 친족명칭 śiśus는 가족적·사회적 실체로서의 '집'을 상징한다—— 에서 찾아볼 수 있다.

이 연구조사의 끝부분에 가서, 인도유럽어나 라틴어에서 *dem-(*domo-, 집)은 오직 사회적 의미가치를 갖는 것으로 드러난다. 다른 많은 지표들로도 '집'의 개념과 '짓다'의 개념은 관계가 전혀 없다는 것을 확증할 수 있다. 인도유럽어 시기의 많은 흔적을 없애 버린 언어(예컨대 아르메니아어)조차 tanu-tēr(집의 주인)란 용어는 가장家長에 적용된다. 마찬가지로 산스크리트어 형용사 damū-na는 가족(가정)에게 귀중한 역할을 하는 신을 수식한다.

또한 사회위계에서 domus의 직접 상위계급의 용어와 비교해서 domus와 그 단어족과의 관계를 드러낼 수도 있다. 문제의 이 표현은 귀족 가문의 상속자(아들)를 가리키는 아베스타어 vīsō puθra((문자적으로는) vīs 의 아들)이다. 이 명칭에 의하면, 그는 *weik-의 아들, 즉 라틴어 uīcus, 그리스어 (w)oíkos에 대응하는 사회집단의 아들이다. 이 명칭은 vīs가 사회집단이나 가족집단(그리스어 οἶκος의 광범한 의미에서)을 의미하는 경우에만 이해할 수 있고, 집합적인 가옥을 의미하면 이해할 수 없다. vīsō puθra-로 지칭하는 존재는 이처럼 한 단계 높은 차원에서 베다 산스크리트어 śiśur dan(집의 아들)의 명칭과 평행하게 대응한다. 이 두 명칭은 서로를 확증하고 있다.

이와 같이 증거들이 서로 일치한다는 것을 확인한 후에 그리스어 자료를 검토해야 한다. 어떤 언어자료는 즉각 우리 결론을 뒷받침한다. despótēs뿐만 아니라 dámar도 그렇다. 후자 용어는 그리스어 자체에서는 분석될 수 없지만, 그것은 '집안을 관리하는 여자'를 가리킨다. 그리고 dmós는 하인, 노예를 의미하고, dmoế는 여자 하인을 가리킨다. 즉 라틴어 famuli처럼 '집에 속한 자들'을 가리킨다. 마지막으로 호메로스에게서 가끔 ἡμέτερον δῶ(때로는 ὑμέτερον δῶ, 나의 집에서/나의 집에/너의 집에)에 나오는 형태 dô가 있고, 이는 '내부'의 개념을 가리키는 라틴어 domi, domum의 대칭 용어이다. 이들이 우리가 이미 확인했던 인도유럽어 *dem-, *dom-의 의미를 명백히 계승하는 고대 그리스어 어휘 계열이다.

그러나 이 단어군에 대해서도 그리스어 자체 내에서 다른 단어족에 속하면서 별개 형태로 인정해야 하는 일군의 형태를 제시할 수 있다. 그것은 우선 명사 dómos로서, 건물에 적용되는 단어이다. 이것은 예컨대 집, 신전과 방, 때로는 둥지를 가리키기도 한다. 헤로도토스는 벽이나 집의 건축에 사용되는 '돌이나 벽돌의 줄'의 의미로 사용한다. 이것은 또한 건물의 mesōdomē(큰 대들보)를 의미하는 구조물만 가리키기도 한다. 건축물의 기본 용어는 oikodómos와 파생동사 oikodomeîn(건축하다)이다. 이 동사는 라틴어 aedificare의 모델이 되었다. 또한 호메로스의 표현 busso-domeúein(βυσσο-δομεύειν, 깊은 곳에 세우다/모의하다/비밀리에 음모를 꾸미다)도 인용할 수 있다. 라틴어는 이 그리스어의 문자적 직역임에 틀림없는 상응 단어를 보여 주는데, 그 형태는 endo-struos, 고전 라틴어 industrius((문자적인 의미는) 내부에 보이지 않게 건축하다)이다. 이 형태 구성의 평행성은 그리스어 -domeúein과 라틴어 struere의 의미가 똑같다는 것을 설명해 준다. 마지막으로, 일차 동사 démō(건축하다)가 있다. 이것은 teîkhos(벽)나 oîkos(집) 같은 보어를 지배하며, 결국에는 합성어 oikodómos를 만들어 내었다. 또한 보어로 (h)amaxitós(길)를 지배하기도 한다. 예컨대 헤로도토스의 ἀμαξιτός … δέδμηται(도로가 …… 건설되었다;

『역사』 7권 200장)이다. 또한 명사 démas(체형/신장/외관)를 추가할 수도 있다. 이것은 부사형이 되어 '무엇과 같은 방식으로', '무엇처럼'을 의미하는데, 원래 의미는 '무엇의 외관 또는 형태를 따라서'를 가리킨다.

동사 démō의 주위를 둘러싸는 형태들은 그리스어에서 만들어진 신조어가 아니다. 이것들은 게르만어에 정확한 대응어가 있다. 예컨대 고트어 ga-timan, 독일어 geziemen(동의하다/일치하다; 원래는 '같은 방식으로 건축된'의 의미)이 그러하다. 명사 파생어로 *dem-ro-가 있고, 앵글로색슨어, 근대 영어 timber(건축용 목재)가 있다. 이 명사 어간 *dem-ro-로부터 고트어 동사 timrjan(나무로 틀을 짜다; 독일어 zimmern)와 추상명사 ga-timrjo(건축)가 파생되었다. 용어의 비교를 통해 볼 때 이들은 어근 *dem-을 가정하며, 이 어근은 기술技術 종류에 따라 석조공사에는 '열을 맞추어 건축하다'라는 의미를 갖기도 하고, 목공일에는 '조립으로 건축하다'의 의미를 갖기도 한다.

또한 전혀 다른 단어군과도 구별해야 한다. 이들은 '길들이다'를 의미하는 어근의 동사형과 명사형으로서 라틴어 domāre, 그리스어 damáō, a-dámatos(길들일 수 없는)이다. 이 의미는 '집'의 개념과 결부될 수 없고, 전혀 다른 개념과 훨씬 만족스러운 연관 관계를 통해 결부시켜야 한다. 히타이트어는 현재형 damaš-(폭력을 행사하다/구속을 가하다/복종시키다)를 보여 준다. 이 의미로부터 '길들이다'란 전문적 의미가 분화되어 나왔다. 그래서 그리스어 동사 damáō가 최초에는 기마騎馬 민족이 실시하던 말을 길들이는 것을 의미했다. 이것은 전문기술적인 의미로 의미가 발달한 것이며, 최초에는 방어권에만 국한되었고, 따라서 인도유럽어 상태로는 소급될 수 없다.

요컨대 어원사전들에서 *dem-(짓다 ; 집)의 항목에 포함된 복합 어휘들을 환원 불가능한 별도의 세 단위로 분할해야 한다.

① *domā-(폭력을 행사하다/길들이다; 라틴어 domāre/그리스어 damáō/ 산스크리트어 damayati/고트어 gatamjan 등)

② *dem(ə)(건축하다; 그리스어 démō와 파생어/고트어 timrjan)

③ *dem-(집/가족/가정)

따라서 공통 인도유럽어 상태에서 *dem-(가정)이란 용어를 관련되는 모든 동사와 분리해야 한다. dem-(가정)과 *dem(ə)-(짓다)의 관계는 동음이의어 이외의 다름 아니다. 그러나 이 두 어근에서 파생된 형태들 사이에 의미가 뒤섞인 것이 분명하다. 예컨대 호메로스 그리스어에서 dôm(집-가정)와 dómos(집/가옥)의 의미가 뒤섞인 것이 그것이다. 이러한 의미의 혼합은 또한 이 계열에 속한 모든 용어에서 사회집단과 물질적 주거의 의미를 동일시하려는 경향이 있었기 때문이다.[4]

* * *

이와 동일한 사태가 인도유럽사회의 상위 계층에서도 반복해서 나타나는데, 다수의 가족들로 구성된 사회단위를 가리키는 명사 어간 *weik-, *woiko-의 여러 형태에서 나타난다. 이 형태들은 켈트어를 제외한 인도유

---

4) '길들이다', '건축하다', '집', '가정', '가족'을 가리키는 동음어적 어근에 대해서는 본인의 논문 「인도유럽어의 어기 동음어들」Homophones radicales en indo-européen, *Bulletin de la Société de Linguistique de Paris*, t. 51(1955), pp. 14~41 참조.

럽어의 전체 영역에 걸쳐 분포한다. 그 사회적 의미는 인도이란어 viś-(씨족; 앞의 베다 산스크리트어 viś-pati 참조)와 리투아니아어 vēš-pats(주군主君)의 일치로 잘 확립되었다. 그러나 그 사회적 의미는 '가옥들의 집단', '촌락', '부락'이라는 물질적인 의미로 바뀌었다. 예컨대 라틴어 uīcus(부락/(도시의) 구역), 고대 슬라브어 vĭsĭ(마을), 고트어 weihs(마을/영지) 같은 것이다. 그리스어 (w)oîkos는 중간 위치를 차지한다. 우선 가장家長의 모든 후손들이 함께 사는 '(대)저택'을 의미했고, 위에서 보았듯이 그 후에는 dómos의 대치어로 사용되었다. 그래서 그것은 oiko-dómos(건축가/집 짓는 자)와 많은 파생어와 합성어에서 '집', '건물'을 뜻하게 되었다. 그리하여 사회집단의 명칭이 이 집단의 경계를 구분하는 실질적 주거의 의미로 변했다. 그래서 동일한 주거의 의미를 포괄하는 용어들 사이에 새로운 의미관계가 생겨났다. 이 관계는 라틴어 uīcus와 파생어 uicinus((같은) uīcus에 속하는; 여기에서 voisin(이웃)이 생겨났다)의 의미관계에서 드러난다. 언어에 따라서 고대의 *weik-의 표현형은 특정한 계열에 포함되었고, 각각 그 계열에서 차지하는 위치에 합당한 의미를 가졌다. 그러나 역사 시기에 와서도 이 용어가 공통 인도유럽어 시기에 이 사회의 귀속집단을 지시했음을 분명히 알 수 있다.

그래서 인도유럽어의 지칭 용어들이 의미가 아주 심하게 변화한 것으로 드러난다. 이 의미변화를 통해서 우리는 위대한 문명 현상, 즉 어휘가 간접적으로 보여 주는 사회제도 자체에 일어난 변화를 밝혀낼 수 있다.

인도유럽사회의 조직에서 *dem-과 *weik-가 각각 의미하던 것, 다시 말해서 사회를 구성하는 집단의 분할집단이 역사적으로 확인된 언어들의 차원에서 볼 때, 서부 인도유럽어 영역에서 *genti-나 *teutā 같은 새 용어로 지칭되었음이 드러난다. 라틴어에서는 uīcus가 '구역', '마을'의 명칭이 되었기 때문에 그 대신 새로운 지칭이 생겨났는데, tribus(부족)와 ciuitas(도시), '국가'가 그것이다.

그리스어에서 일어난 이러한 의미변화는 꽤 심했지만 다른 모습을 띠었다. 대사회 집단은 genos라는 단위였는데, 이는 로마의 gens보다는 훨씬 큰 집단이며, 따라서 원래의 고대 그리스 집단인 phratría(포족)와는 혼동되지 않는다. 그리고 이 phratríai는 다시 phulaí(부족)라는 더 큰 집단을 구성한다.

두 가지 중요한 사회변화가 일어났다.

① 대가족이 개별 가족으로 분할되었다. 고대 시기는 대가족으로 특징지어지는데, 이 대가족제에서는 모든 아들은 결혼해서 함께 동거하고, 또 여기서 자신의 처자식을 먹여살리고, 때로는 딸들도 남편을 같이 데리고 산다. 이 단계에서는 가정의 모든 영역에 걸쳐서 재산은 서로 구분되지 않기 때문에 개인적 소유재산은 없었다. 대가족 자체가 소유주로 계속 남기 때문에 어떤 경우에도 재산권이 정지되지 않으므로 엄밀히 말해서 상속이란 존재하지 않는다. 그 후 이 대가족이 분열되었다. 경제적인 이유로 아들들이 일찌감치 핵가족으로 떨어져 나갔다. 그리하여 이 '대가족'을 함축하는 용어의 용법은 점차 드물어진다. 이 '대가족' 개념 자체가 대가족 제도의 현실과는 더 이상 일치되지 않았다. 그리하여 후손들 자신도 새로운 가정을 꾸리게 되면서 대가족은 더욱 작은 집단으로 분열되었다.

② 둘째 변화는 pólis(πόλις), 즉 공동체 도시에 세운 아카이아 전사 집단이다. 이 진보로 인해 과거의 사회집단은 점차 붕괴되었고, 새로운 사회

집단, 즉 영토적 집단이 생겨났다. 그리하여 혈통에 의한 친족제에 근거하는 고대의 사회집단이 점차 공동의 주거집단으로 대체되었다.

이 주거지는 출생이 동일한 자들이 갖는 특권이 더 이상 아니다. pólis 나 kómē(κώμη)에서, 여기에 함께 거주하면서 사는 것은 우연히 그렇게 되었거나 전쟁 혹은 그 외의 이유 때문이다. 아리스토텔레스는 『정치학』의 서두에서 '공동체'(κοινωνία)로서의 사회 구성요소의 특징들을 규정하면서 기존의 사회상황을 규범화하는 것으로 그친다. 그는 가장 오래된 사회의 단위로서 oîkos(라틴인은 domus라고 할 것이다)를 제시하고 있다. 그에게 oîkos는 그 당시에 존재했던 사회집단 가운데서 가장 작은 분할집단이면서 가장 최초의 집단 형태였다. 그래서 그는 이를 남편과 아내의 공동체, 주인과 노예의 공동체로 규정했다. 이는 로마의 familia에 해당하는 개념이다. oîkos는 매일 나누는 음식물과 축제로 구성된다. 아리스토텔레스는 여기에서 출발해서 마을(kómē)로, 그 후에는 도시(pólis)로 발전한다고 생각했다.

오늘날은 이들을 이와 같이 표상할 수는 없다. 재구再構를 사회 소단위에서 출발하여 점차 집단이 커지는 순서로 진행하는데, 그것은 잘못이다. '처음부터' 존재했던 것은 사회이며, 전체 사회가 존재한 것이며, 가족이 먼저 있고, 그 후 씨족이 생겨났고, 그 후에 도시가 존재하는 순서가 아니다. 사회는 그 기원에서 서로를 포괄하는 단위로 분할되어 있었다. 가족집단은 보다 큰 단위 내에서 서로 연결되었고, 나머지 두 집단도 마찬가지였다. 그러나 아리스토텔레스는 자신이 속한 사회가 자기에게 보여 주는 바 그대로의 모습을 보편적 조건으로 그리고 철학적인 필요에 따라 바꾼 것이다. 그래서 그는 역사적 상태(상황)를 절대적인 상태로 투영시키고 있다.

어휘가 반영하는 것은 바로 이 대변화 과정이다. dómos처럼 oîkos도 차후에 주거지의 명칭이 되었다. 그리스어 선사先史에서 우리가 살펴보았듯이 '집'은 건축된 집이 아니었다. 마찬가지로 trikhaí-wikes(세 tribus로 분할된 자들)와 같이 도리스인을 지칭하는 호메로스의 표현에서 (w)oîkos와 관련 있는 wik-는 사회집단이라는 일차적 의미를 그대로 지닌다. 그러나 일찍부터 oîkos는 고대의 *dem-(집)의 지위를 차지하였고, 그 후에 건축물로서 '집'의 의미가치를 갖게 되었다. 사회에서 일어난 변화가 ① 그 용어들을 물질적 의미로 전이시켰고, ② 한 용어에서 다른 용어로 **위계를 바꾸었다**. 즉 그리스어에서는 *dem-의 의미가 oîkos로 이전되었다. 여기에서 처격 oîkoi가 생겨났고(이는 라틴어 domi에 대응한다), 그 의미는 '내 집에', '너의 집에'를 가리켰다. 그리하여 oîkos는 *dem-이 지녔던 고대의 모든 의미가치를 포괄하였다. 요약하자면, 우리들은 인도유럽사회구조의 붕괴와 새로운 용어의 발흥을 목격하고 있다. 고대의 혈통에 의한 명칭이 제도적, 사회적 의미를 버리고, 영토상의 구분 집단의 명칭이 되었다. 그리하여 각 언어도 용어법을 새로이 정비하였다. 이러한 의미변화가 여러 언어에서 어떻게 일어났는지 그 방식에는 많은 시사점이 있다. 왜냐하면 이 언어들이 동일한 방식으로 의미가 분화되어 인도유럽어가 된 것이 아니기 때문이다. 라틴어는 고대의 관습과 사회제도의 어휘를 충실하게 따르면서 인도유럽어에 귀속되었다. 비록 이 어휘가 새로운 현실을 포괄하지만 말이다. 반대로 그리스어는 새로운 계열의 지칭을 조직하는 원시 모델을 그대로 지속시키면서 인도유럽어에 귀속되었다.

'집'의 명칭이 인도유럽어적 의미가치를 갖는 의미 범주는 또한 다른 측면에서 이 개념을 결정짓는다. domus의 용법 가운데 여기서는 부사형 domi를 고찰하고, 그 기원부터 라틴어의 관용이 확립한 domi(자기 집에)와 foris((집) 밖에)의 대립과, 이동의 의미가 있는 domum(집으로)과 foras(밖으로)의 대립을 고찰해야 한다.

이를 더욱 자세히 고찰하면, 미리 예견할 수 없었던 두 용어를 대조시키는 대립을 관찰하게 된다. 이 두 용어는 성질상 대립되는 것은 아닌데, 그것은 하나는 '집'의 명칭이고, 다른 하나는 '문'(fores)의 명칭이기 때문이다. 새로운 개념이 이 어휘의 의미작용에 개입하는데, 그것은 '문'의 개념이다.

여러 인도유럽어에는 문의 명칭이 여럿 있다. 그리고 그 분포는 일정하지 않다. 어떤 명칭은 단지 한 어족에만 국한되어 나타난다. 예컨대 이탈리크어의 방언인 오스카어 ueru(portam), 움브리아어 uerofe(in portas; 후치사 -e와 함께 사용) 같은 것이다. 이 단어는 고대의 중성 *werom(폐쇄)에 기초하며, 이 중성 형태는 어근 *wer-(산스크리트어 vṛṇóti(그는 가둔다/그는 닫는다)/ 독일어 Wehr)에서 파생되었다. 이 용어는 국지적으로 나타나며, 오스카어와 움브리아어 이외의 언어에서는 오직 슬라브어와 발트어에만 대응어가 나타난다. 이와 반대로 다른 언어에는 용어들이 다수 있어서 주의를 요한다. 라틴어에는 네 용어가 있다. fores, porta, ianua, ostium이 그것이다. 고전 작가들에게서 이들이 서로 구별없이 사용되는 듯이 보이지만, 고대에 이들의 의미작용이 동일하지 않았다는 것은 주지의 사실이다.

이 모든 명칭 가운데서 라틴어 fores가 표상하는 명칭의 외연이 가장 크다. 이것은 거의 다른 모든 언어에서도 확인된다. 인도유럽어 형태는 *dhwer-(약계제 *dhur-)이다. 그리스어는 thúra(θύρα)이며, 일반적으로 복수로 사용된다. 그것은 문이 여러 요소로 구성된 것으로, 즉 장치의 집합으로 간주되었기 때문인 것으로 생각된다.

그러나 *dhwer ——이는 동사 어근과도 결부지을 수 없기 때문에 그 자체는 더 이상 분석이 불가능하며, 어원의 의미작용도 알 수 없다──에서 물질적 대상, 즉 문이 수행하는 기능인 폐쇄閉鎖로 명명한 이 물질적 대상의 명칭을 볼 수 있지 않을까?

강조할 가치가 있는 중요한 것은 라틴어와 다른 언어에 나타나는 *dhwer-의 부사적 용법들이 서로 일치한다는 점이다. 어떤 언어는 실제로 라틴어 fores(문), foras((문)밖에)의 용법과 정확히 일치하는 용법을 보여 준다. 예컨대 그리스어 thúra(문), thúra-ze(θύρα-ζε, (문)밖에), 아르메니아어 durkʿ(문), durs(복수 대격; (문)밖에)이며, 또한 고트어에도 합성어 faura-dauri((문자적인 의미로는) 문의 바깥에)가 있는데, 이는 그리스어 πλατεία(길)를 번역한 것이다.

이것은 아주 이른 시기에 고정되어 독립적이 된 부사형이다. 물론 thúraze가 호메로스 이전 시기부터 thúra(문; 집의 문)와의 관계를 상실 했기에 ἁλὸς θύραζε(바다의 밖에서;『오디세이아』5권 410행;『일리아스』16권 408행 참조)로 표현할 수도 있지만 말이다. 슬라브어에서 이 두 용어의 관계는 아직도 남아 있다. 한편으로 dviřĭ(문)와 근대의 모든 슬라브어, 예컨대 러시아어 na dvorĕ, 세르비아어 nadvor(밖에; 원래는 '문에'라는 의미) 등에서 나타난다. 이 상관관계는──그 고대적 성격이 분명하기 때문에──의미의 성질을 밝혀 준다. '문', 즉 *dhwer-는 집의 내부의 관점에서 본 것이다. 그래서 '문에'가 '(문)밖에'를 의미하게 된 것은 오직 집 안에 있는 자의 관점이다. '문'의 모든 현상은 이 형식적 관계에서 유래한다. 집의 내부에 사는 자에게 *dhwer-는 (집) 내부의 관점에서 생각한 집의 경계를 가리킨다. 그래서 집의 내부를 집 밖의 위협으로부터 보호한다. 이는 인도유럽어에 아주 깊이 지속적으로 뿌리를 내린 개념이어서 현대 프랑스어에서도 mettre qch à la porte(문간에 무엇을 두다)는 la mettre dehors(그것을 밖에 두다)를 의미하며, ouvrir ou fermer la porte à qn(누구에게 문을 열어주다/잠그다)은 l'admettre ou non chez soi(자기 집에 받아들이다/들어오는 것을 거부하다)를 의미한다.

라틴어 foris는 domi의 반대어라는 것이 잘 이해된다. 즉 '밖'은 '문에서' 시작되며, 따라서 자기 집에(domi) 있는 자에게는 foris로 표현되는 것이다. 이 문이 닫혀 있느냐 열려 있느냐에 따라 문은 한 세계와 다른 세계의 단절과 소통을 나타내는 상징이 된다. 이 문을 통해서 점유의 공간, 안전을 보장하는 폐쇄된 장소로서의 집 ——이는 dominus의 권한이 미치는 한계 영역을 나타내기에 ——은 때로는 적대적인 외부 세계를 향해 열리는 것이다. 또한 domi/militiae(평화시/전시)의 대립을 참조. 문을 통과하는 의식儀式이나 문에 얽힌 신화는 이 의미표상에 종교적 상징성을 불어넣어 준다.

문의 명칭에서 파생된 형용사가 문 자체와 관련된 것을 가리키는 것이 아니라 문 바깥에 있는 것, 외부 세계에 속한 것을 가리킨다는 것은 의미심장하다. 이 의미가 그리스어 thúra(문)의 형용사 thuraîos(θυραῖος, 외국의)의 의미이다. 마찬가지로 후기 라틴어는 foris, foras에서 파생어 foranus, foresticus, forestis가 파생되었는데, 이들 파생어는 모두 바깥에 있는 것, 이국적인 것을 가리킨다. 이 의미관계가 아주 생생했던 것임에 틀림없다. 그래서 이 관계는 '문'의 옛 명칭이 다른 새 용어로 대치된 이후에도 그대로 계속해서 이어졌다. 예컨대 로망어의 경우가 그렇다. 이탈리아어 forestiere(이국의) 같은 파생 형용사는 이렇게 해서 생겨났다. 고대 프랑스어에서, 특히 노르망디어에서 horsain은 '이국의', '밖에 있는', '특정 장소에 거주하지 않는'을 의미하며, 또한 근대 프랑스어 forain은 '바깥에서 도착하는'(라틴어 foranus)을 의미한다. 프랑스어 부사 hors도 안에 있는 주체를 반드시 함축한다. mettre qn. hors la loi(어떤 자를 법 밖에 두다)는 것은 on est dans la loi(말하는 화자는 법 안에 있다)를 의미한다. '문'의 개념이 여러 로망어에서 고대의 fores에서 파생된 형태로 더 이상 표현되지는 않지만, 그것은 보이지 않는 경계로서 (집) 안의 공간과 (집) 밖의 공간을 계속 분리시키고 있다.

다른 한편 *dhwer-의 물질적 의미는 고대의 몇몇 파생어에 반영되는데, 이들은 그리스어 pró-thuron(πρό-θυρον, 현관; 문자적 의미로는 '문 앞에 있는 것'을 의미한다)이나 고대 슬라브어 dvorŭ((집의) 뜰)같이 건축물과 관련이 있다.

domi/foris의 대립은 foris가 전혀 다른 부사로 대치된 대립의 변이형도 있다. 여기에서 domi와 대립하는 용어는 ager(들판; ‹ *agros)에서 파생된 부사형 peregri, peregre로서, 이 부사에서 파생어 peregrinus(이방인)가 생겨났다. 여기에서도 이 용어들의 역사적 의미작용과 조화되기 어려운 것으로 생각되는 두 개념이 대립한다.

그런데 이 라틴어의 현상은 고립된 것은 아니다. 다른 인도유럽어에서도 '들판'의 명칭이 부사 형태로 '밖'의 개념과 결부되어 있다. 그리스어 agri는 특히 '도시'와는 대립되는 '시골에'를 의미하지만, 다른 언어에서는 '들판에'가 '바깥에'만을 의미하는 것을 확인할 수 있다. 예컨대 아르메니아어 artakʰs(밖에)는 art(들판)에서 파생된 것이다. 발트어군의 리투아니아어 laũkas(들판; 라틴어 lūcus)의 부사형은 laukễ(밖에)이다. 아일랜드어는 immach(바깥에)라고 하며, *in mag(들판에)에서 파생된 것이다.

서로 다르지만 평행하는 이 용어들로부터 다음과 같은 고대의 의미관계에 대한 동일한 이미지가 생겨난다. 즉 개간되지 아니한 들판과 황무지는 사람이 거주하는 장소와 대립된다는 것이다. 가족이나 부족의 주거지가 있는 물질적인 공동체 밖에 황야가 널려 있다. 여기서 이국異國이 시작되고, 이국은 필연적으로 적대적인 나라이다. agrós(들판)에서 파생된 그리스어 형용사는 ágrios로서 '야만의'를 의미하며, 이는 라틴어로 domesticus로 표현되는 의미 —— 여기에서 domus로 연결된다 ——와는 정반대의 의미이다. 따라서 domi/foris와 같은 대립이든, 더욱 광범위한 '들판'의 개념과의 대립, 즉 domi/peregre의 대립이든 언제나 '집'은 사회적이고 정신적 특성으로 규정되며, 건물의 명칭으로 특징이 규정되는 것은 아니다.

domus와 이와 관련된 형태들에서, 인도유럽어에서 가장 오래된 명칭에 속하는 한 명칭의 풍부성과 특이성을 평가할 수 있었다. 인도유럽사회의 정치구조에 속하는 다른 용어들은 보다 광범한 전체 사회현상에 적용되는 한에서 그리 많은 언어에서 널리 확인되지는 않는다. 이 용어들의 방언적 확장과 이 개념들의 일반성은 반비례하는 것 같다.

우리들은 아베스타어 계열 dam, vīs-, zant, (dahyu)에서 출발했다는 점을 상기하자. 그런데 언어자료는 두번째의 사회구분의 집단(vīs-)보다 첫번째 집단(dam)이 훨씬 풍부하다. 이 두 구분집단은 주거지라는 물질적 의미가치를 갖는 공통된 경향이 있다.

셋째 용어인 zantu는 라틴어 gens, 그리스어 génos와 동일한 어원족에 속하지만, 형태 구성이 두 언어와 다르다. 라틴어 gens와의 차이는 그것이 라틴어 용어의 접미사 -ti 대신에 -tu가 있다는 점이다. 이 두 접미사와 그 의미관계에 대한 연구는 긴 설명이 필요하며, 이미 다른 곳에서 제시한 바 있다.[5] 이 두 접미사는 추상명사를 구성하는 능력이 있다. 그리고 -ti는 합성어에서 발달되었고, -tu는 단일어에서 발달했다. 그렇지만 -ti로 된 단일어도 있는데, 그 중 하나가 gens이다.

형태론적 관점에서 볼 때, 라틴어 gens는 아베스타어 파생어 fra-zanti-(후손)와 고트어 kindins(〈 *genti-nos(=hēgemón, 통치자), 본서 371쪽에서 분석했다)에서 그 대응어를 볼 수 있다. 그러나 아베스타어 지칭 zantu-는 인도이란어에만 국한되어 나타난다. 또한 이것과 대응하는 베다 산스크리트어 jantu-(살아 있다/사람들의 집단·인종)는 아베스타어 zantu-에 고유한 제도적 의미가 없다. 그리하여 zantu-의 상황은 gens의 조건과는 다르며, 이들 용어의 유사성에도 불구하고 이들이 동일 시기에 속하는 용어라는 것을 증명하는 것은 아무것도 없다.

중요한 사실은 그리스어 중성 génos에 대해서는 소위 생물성生物性, 즉 남성-여성의 단어가 있다는 점이다. 이들 용어의 의미는 서로 *gen-의 의미에 밀접하게 의존한다. 이 어근은 생물학적인 출생뿐만 아니라 사회현상으로서의 출생도 의미한다. 다수의 명사 파생어가 이를 밝혀 준다. 계급으로 규정된 사회조직 내에서 출생은 개인의 자격 조건이다. 이 출생을 명명하면서 그것을 합법적인 것으로 규정해 줄 용어들이 필요한데, 그것은 출생이 합법적인 것으로 인지된 자들에게 출생으로 부여받는 권리 때문에 그렇다. 더욱이 이 합법성은 우선 남자에게 해당된다. 어근 *gen-에서 파생된 집합명사 파생어가 적용되는 것은 남자이며, 그래서 남성 가계에서 조상을 공통인 것으로 인지하는 자들을 가리킨다. 이 조건, 즉 자유인으로 합법적으로 출생하고, 남성의 혈통을 지녀야 한다는 것이 이 개념의 본질이다. 이 조건은 기원이 동일한 평행 용어 아베스타어 zantu, 라틴어 gens, 그

---

5) 『인도유럽어의 행위자 명사와 행위 명사』*Nom d'agent et nom d'action en indo-européen*, Paris, 1948, 2부.

리스어 génos를 정의하는 데 도움을 준다.

그러나 이 용어들 각각이 지칭하는 집단의 크기는 사회에 따라 다를 수 있다. 그리고 이들이 사회적, 영토적 구분집단의 명칭목록에서 차지하는 위치도 다르다. 이란어 계열에서 zantu가 제3의 사회집단의 범위를 갖는다면, 이와 반대로 génos는 그리스어 계열에서 출발점이 되는 일차 집단이다. 우리들은 여기에서, 그리스어에서 고대 사회의 도식을 새롭게 조직하는 큰 변화가 일어난 것을 목격한다. 아테네의 고대 사회에서 génos(씨족)가 모여 포족이 되고, 포족이 모여 phulé가 된다. 아테네 헌법에 따르면, phratría(포족)가 형성되려면 30개의 génē(génos의 복수형)가 필요하고, phulé(부족)를 구성하려면 세 포족(phratriaí)이 필요하다. 따라서 이들은 새로운 사회집단 전체에 적용되는 특수 용어이다. 그러나 이 단어들 자체는 인도유럽어의 옛 형태를 지니고 있고, 그 개념들도 인도유럽사회의 오래된 목록에 속한다.

최종적으로 kốmē와 pólis에 이르게 된 고대 사회구조의 변화는 외부적 사건과 연관될 수 없고, 단지 헬라스인들이 그들의 역사적 영토에 정착하고, 이 주거지의 새로운 환경에 안착함으로써 생겨났을 것이다. 거기에는 외국의 영향을 전혀 볼 수 없다. 이들 제도가 보여 주는 사회뿐만 아니라 어휘 등, 모든 사실이 헬라스의 공통 기반에서 유래하는 듯이 생각된다.

génos에서 출발해서 포족으로 가게 되면, 공통의 출생에 근거하는 집단에서 '형제들'의 집합으로 구성되는 집단으로 옮겨간다. 이들은 혈통상 형제가 아니라 같은 조상에서 공통으로 유래하는 것으로 인지하는 자들로 구성된 형제들이다. 그래서 이 신비한 친족성은 철저히 인도유럽적 개념이 된다. 예컨대 그리스어는 다른 어떤 언어보다도 phrátēr의 고유 의미를

잘 간직하고 있다. 그리스어에서 (그리고 부분적으로는 라틴어에서) 이와 상관되는 용어 patér에 대해서도 마찬가지 지적을 할 수 있다.[6]

이 보수성은 또한 서사시에 기술된 많은 사회관습에서도 드러난다. 이들이 우리에게 얘기해 주는 영웅시대는 역사시대이다. 어떤 점에서 몇몇 단어의 호메로스적 용법에서 나타나는 바대로 여러 인간집단의 관계에서 공통 인도유럽사회의 현상임이 분명한 현상──시민생활과 전쟁──의 이미지를 볼 수 있다. 가족, 부족이 회합을 하고, 우두머리가 말하고 행위하는 방식은 인도유럽사회의 전사계급의 행태를 상당히 정확히 반영하는 것 같다. 다음 두 구절만 읽어 보자. 『일리아스』 9권 63행 이하.

ἀφρήτωρ ἀθέμιστος ἀνέστιός ἐστιν ἐκεῖνος

ὅς πολέμου ἔραται ἐπιδημίου.

(무시무시한 내전을 좋아하는 자야말로 친족도 없고,

법률도 없고, 가정도 없는 자입니다).

동일한 démos 내에서 자신과 같은 시민들에게 πόλεμος ἐπιδήμιος, 즉 (시민)전쟁을 기도하는 자는 처단을 받는다.[7] 그러한 사람은 포족도 없고, thémis(법)도 없고, hestía(가정)도 없다. 포족과 hestía의 개념은 상관이 있다. 이 둘 사이에 있는 thémis는 가족을 지배하는 관습법이다.[8] 이들 개념의 성질과 특히 그들의 관계는 위에서 다른 관점에서 연구한 바를 그대로 재현하고 있다.

---

6) 본서 262쪽 참조.
7) demos에 대해서는 본서 2권 1편 9장 참조.
8) thémis에 대해서는 본서 2권 2편 1장 참조.

그래서 이들이 역전된 순서로 출현하는 것을 알 수 있다. hestía(가정), 즉 domus, 다음으로 thémis(법을 규정하는 관습), 끝으로 포족의 순서이다. 사회집단의 첫 두 집단만이 여기서 명명되거나 함축되는데, 그것은 개인적 범죄가 문제시되기 때문이다. 그러나 전쟁에서는 대사회집단이 개입되는 것으로 나타나며, 이들은 이를 통해 자신들의 연대감을 느낀다. 전투에 임해서 이러한 연대감은 동일한 씨족, 동일한 부족의 구성원들 사이에서는 더욱 공고해진다. 이러한 조건에 따라 군대 배치와 전투 계획을 짜야한다.

네스토르는 이를 아가멤논에게 말한다. 『일리아스』 2권 362~363행:

κρῖν᾽ ἄνδρας κατὰ φῦλα κατὰ φρήτρας, Ἀγάμεμνον,
ὡς φρήτρη φρήτρηφιν ἀρήγῃι, φῦλα δὲ φύλοις.
(남자들을 phûlon과 phrétrē로 나누어라. 그리하여 phrétrē가 phrétrē를 구하고, phûla가 phûla를 구하게 하라).

모든 사람의 생사가 달린 이 전투가 갖는 크나큰 시련에서 승리하려면 군대조직이 사회구조와 일치해야 한다. 그렇게 해야만 군대는 가장 효율적 조직이 된다.

인도와 이란의 고대 문헌에서도 이와 유사한 권고사항을 볼 수 있다. '친구'가 '친구'와 싸움을 한다. 전체 사회가 전투에 개입되는 모든 경우에 각 사회집단은 통일된 조직을 유지하거나 재구성한다. 이 원리는 호메로스처럼 그렇게 분명하게 부각되지는 않는다. 그렇지만 그것은 각 계급 제도의 기능작용에 내재해 있다.

이 계열의 마지막 용어를 고찰하는 일만이 남았다. 이 용어는 다른 두 용어들과는 달리 이란어에만 국한되어 나타난다. '나라'를 나타내는 아베스타어 단어 dahyu(고형 dasyu)는 산스크리트어 대응형으로 dasyu가 있다. 형태적으로 완전한 동일함에도 불구하고, 어떤 학자들은 의미상의 차이 때문에 이 비교를 의심한다. 아베스타어와 고대 페르시아어에서 dahyu는 '나라'를 의미한다. 베다 산스크리트어 dasyu는 이국異國의 노예를 가리킨다. 그러나 이 의미 차이는 더욱 오래된 고상태에서 사용된 이들 개념으로부터 해석된다.

인도 쪽에서 보면, dasyu는 인종적인 의미로 해석해야 한다. dasyu는 아리안족이 투쟁해야 했던 민족이다. 이들은 야만족이며, 노예들이었다. 그러나 이란 쪽에서 보면, dahyu는 용인된 공식 어휘에 속한다. 다리우스 왕은 자신을 '나라들(dahyu)의 왕'으로 선포한다. 그래서 이 용어는 '나라들' 하나하나를 가리켰다. 즉 페르시아, 메디아, 아르메니아, 이집트 등의 나라이다. 이들의 연합체가 아케메네스 왕국을 구성했다. 이 용어는 이란에서 기나긴 역사를 가지고 있음에 틀림없다. 이 용어는 이란 사회 자체 내에서 생겨났다. 오늘날 그 형태 구성을 분석할 수 있다. 동부 이란 방언인 코탄어에는 daha(사람/남자)란 단어가 있다. 또한 이란 세계에는 라틴 작가들이 자랑하듯이 Dahae라는 민족도 있었다는 사실도 알고 있다. 이 민족은 다른 많은 민족처럼 단지 '사람들, 남자들'로 지칭되었다. 이 비교 덕택에 dahyu의 의미는 더욱 분명하게 된다. 즉 이것은 어근 das —지금 우리들로서는 그 정체를 잘 확인할 수 없다—에서 파생된 사람들의 집합체, 즉 부족 차원에서 가장 큰 집단을 가리키는 파생어이며, 따라서 여기에서 영토상의 영역을 가리키게 되었다.

이제 산스크리트어 dasyu가 가리키는 아주 특이한 의미를 이해할 수 있다. 이 단어가 우선 이란 사회를 지칭하는 것은 이 명칭 ——적대 민족이 자신을 집합적 집단으로 지칭하던 명칭 ——에 적대적인 함축의미가 있었고, 그래서 인도아리안족에게는 열등한 야만 민족과 동의어였다. 그리하여 dahyu/dasyu의 의미관계는 인도 민족과 이란 민족 간의 분쟁을 반영하는 용어였던 것이다.[9]

---

9) 본서 1권 3편 2장 참조.

3장_자유인

요약

'자유인-노예'의 대립은 모든 인도유럽 민족에 공통된 것이지만, '자유'의 개념에 대한 공통된 지칭은 알려져 있지 않다. 두 어군의 언어들에서 이 지칭이 형성되는 과정들이 평행하게 나타나는 것은 단지 이 개념이 지닌 특정 내용만을 부각시킬 따름이다.

라틴어와 그리스어에서 자유인 *(e)leudheros는 '성장', '근본 뿌리'에의 귀속으로 적극적으로 정의된다. 그 증거로 라틴어에서 잘 태어난 '어린아이'를 liberi로 지칭하는 것에서 볼 수 있다. 즉, 좋은 가문에서 태어나고 자유로운 것, 그것이 liberi이다.

게르만어, 예컨대 독일어 frei(자유로운)와 Freund(친구) 사이의 아직도 현저히 눈에 띠는 관계에서 서로를 '친구'로 부르는 자들로 구성되는 폐쇄 집단에의 귀속으로서 자유에 대한 최초의 개념을 재구할 수 있다.

성장의 집단이나 친구 집단에 귀속하는 덕택에 개인은 자유로울 뿐만 아니라 또한 '자신'이 되기도 한다. *swe란 용어의 파생어, 즉 그리스어 idiótēs(특정의), 라틴어 suus(그의 것)뿐만 아니라 그리스어 étēs, hetaîros(동맹/동료), 라틴어 sodalis(동료/친우)는 원초적인 *swe에서 나타나는 사회 단위의 명칭을 엿보게 한다. 이 사회집단 내에서 각 구성원은 '자기들-사이'entre-soi에서만 '자기 자신'을 발견한다.

인도유럽사회의 일반적인 틀, 즉 이 사회에 포함된 대집단은 이미 제도화된 집단이다. 우리의 연구계획을 분명하게 표명하면서 이제 이 제도의 구조를 조직화하는 기본적인 개념을 연구하고자 한다.

각 인도유럽사회에서 집단의 구별은 사람들이 자유신분이냐 노예신분이냐의 신분 조건에 기반을 두고 있다. 사람들은 자유인으로 태어나기도 하고, 노예로 태어나기도 한다. 로마에서 이것은 liberi와 serui로 구분되었다. 그리스에서는 자유인, 즉 eleútheros(ἐλεύθερος)는 doûlos(δοῦλος)와 대립된다.

타키투스에 따르면, 게르만 사회에는 nobiles, ingenui, liberti, serui가 있었다. 귀족신분과 고귀한 출생으로 구별되는 nobiles와 ingenui는 liberi와 동등한 지위를 가진 것이 분명하다. 다른 면으로 serui는 과거에 serui였던 liberti와 더불어 별도의 집단을 구성했다. 그래서 이 네 용어들을 통해서 보면, 게르만 사회의 집단구분이 로마와 아주 동일하다. 인도에서도 역시 ārya(인도이란인들이 지칭하던 명칭)와 dāsa(노예와 이방인)가 서로 대립한다.

의미가 혁신된 용어를 통해서도 이와 동일한 제도가 그대로 유지된다. 그러나 우리에게는 두 언어나 그 이상의 언어에 공통된 용어가 최소한 한 가지 있는데, 라틴어 liberi와 그리스어 eleútheros이다. 그 대응은 직접적이며, 이 두 용어는 서로 중첩되고, 고대의 형태 *(e)leudheros로 소급된다. 이 고대의 형태는 제3의 언어인 베네치아어에서 발견된다.

사실상 베네치아어에는 Louzera로 불리는 여신이 있었다. 이 명칭의 형태와 등가치를 지닌 라틴어는 Libera이며, 리베르Liber 신神의 여성 배우자이다. 리베르 신은 바쿠스 신[1]과 동일한 신이다. 더욱이 격형태 louzeroφos가 있는데, 이는 liberibus(자유인들로부터)로 해석된다. 이 격형태의 어기의 이중모음 -ou-는 모음교체 e/o로 설명된다. 예컨대 *(e)leudheros와 라틴어 līber에 대응해서 팔리스카어 형태 loferta(= līberta)와 오스카어 단수, 속격형 Luvfreis(= Līberī)에서 보는 바와 같다.

어원 분석은 liber의 복잡한 관계들 전체를 밝혀 준다. 우선 하나의 liber인지 여러 개의 liber인지를 아는 것이 문제다. 형용사 liber는 신의 명칭 Liber와 동일한 단어인가? 또한 liberi(어린아이들)가 있는데, 이는 분명 다른 것이다. 이 문제를 또 다른 방식으로 더욱 복잡하게 만드는 것은 다음 사실이다. 즉 liber와 eleútheros가 파생된 어기, 즉 *leudh-에서 슬라브어군의 고대 슬라브어 ljudŭ(민족), ljudĭje(종족)가 생겨났고, 게르만어군의 고대 고지 독일어 liut, 고대 독일어 leod, 근대 독일어 Leute(사람들)가 생겨났다. 마지막으로, 이 형용사와 명사들 외에 이 동사 어근에서 고트어 liudan(성장하다), 인도이란어군의 산스크리트어 rudh-, 아베스타어 rud-(성장하다/발달하다)가 파생되었다는 점이다.

이 형태들의 연관관계는 쉽게 설정될 수 있으나 다양한 의미작용은 어떻게 말할 수 있는가? 이 의미작용들이 아주 특이해서 첫눈에는 이 의미들을 서로 조화시키는 것이 불가능한 것으로 판단된다. 어근 *leudh-(성장하다/발달하다)로 집합명사 '민족', '사람들'을 어떻게 설명하며, 또한 형

---

1) 라틴의 바쿠스Bacchus 신은 그리스 명칭 디오니소스 신의 별칭으로, 기원전 5세기부터 포도나무와 포도주의 신이었다. 로마에서는 라틴 신 Liber pater로 불린다. —옮긴이

용사 '자유로운'과 지역적으로 나타나는 라틴어 신의 명칭 Liber와 명사 liberi(어린아이들)를 어떻게 설명할 수 있을까?

이것은 우리가 연구해야 할 관계들을 빈번히 보여 주는 한 가지 모델이다. 다시 말해서 의미관계 연쇄의 한쪽 지점(여기서는 로마의 경우)에서 이 용어는 제도와 관련되는 반면, 다른 언어에서는 또 다른 연쇄에 속하면서 다른 실체들을 가리킨다는 것이다.

가장 단순한 형태인 동사형부터 조사해 보자. 고트어 liudan은 '성장하다', '자라다'를 의미하며, 성장하는 식물을 표현한다. 실제로 동사 liudan은 또한 laudi(외형/모습)와 -lauþs를 파생시킨다. 이 후자 형태는 jugga-lauþ((문자적으로는) 어린 신장^{身長}의), sama-lauþs(같은 성장을 보이는/똑같은) 같은 합성어에서 나타난다. 마찬가지로 인도이란어군에서 동사는 산스크리트어 rudh-, 아베스타어 rud-, raod-(성장하다)이고, 명사는 아베스타어 raodah-(성장/키/외형/모습)이다.

그리하여 사람의 신장과, 외형상 성숙에 이른 이미지가 한편으로는 '기반', '기원', '성장집단' 같은 집합적 개념을 만들어 내며, 태어나서 함께 같이 성장한 자들의 집합체, 인종적 분할집단을 가리켰다고 생각할 수 있다. *leudho- 같은 명사의 사회적 의미가치는 '민족'의 의미로(예컨대 고대 슬라브어 ljudǐje(민족)/게르만어 leod(민족)) 의미를 전이시켰을 수도 있다. 그리고 명사 *leudho-(또는 *leudhes-)로부터 *(e)leudhero-가 쉽게 파생되어 종족적 기반의 귀속, 즉 '자유인'의 상태를 가리킬 수 있다.

그래서 '자유' 개념은 '성장'이 사회화된 개념, 즉 사회 범주의 성장, 공동체의 발달이라는 개념에서 출발해서 형성된 것임이 드러난다. 같은 '기반', '뿌리'(stock)에서 나온 모든 자들은 *(e)leudheros라는 특질을 가진다.

이제 liber로 되돌아가서 몇 가지 개념을 서로 연결하는 관계를 밝힐

수 있다. 신 Liber와 형용사 liber는 신의 명칭을 이 형용사에 적용한 것이
아니기에 공존이 가능하다. 베네치아어 Louzera처럼 liber는 성장의 신이
며, 후에는 포도 재배 영역에서 의미가 전문화되어 식물 생장生長의 신을 가
리킨다.

eleútheros, liberi의 쌍은 이제 '자유'의 개념의 기원을 분명히 제시
해 준다. 그리스어와 라틴어의 최초의 문헌들로부터 우리가 '자유로운'의
의미로 사용하는 모든 뜻이 출현한다. 도시국가의 자유인뿐만 아니라 질
병과 고통(속격 사용)으로부터 자유로운 것도 가리킨다. 호메로스에게서
eleútheron êmar(ἐλεύθερον ἤμαρ, 자유의 날)는 자유인의 날, 자유인의 신분
을 지닌 자의 날을 가리키며, 따라서 doúlion êmar(δούλιον ἤμαρ, 예속의 날)
와 상반된다.

우리들은 '자유로운'의 개념에 대한 사회적 기원을 파악할 수 있다. 그
일차 의미는 사람들이 흔히 생각하는 바처럼 '어떤 것으로부터 벗어남'이
아니다. 그것은 식물의 생장에 대한 은유로 지칭되는 인종적 기반에의 귀
속이라는 의미이다. 이 성장에 의한 귀속은 이방인과 노예는 결코 가질 수
없는 특권을 부여받는다.

마지막으로, liberi(어린아이들)라는 용어를 고찰해 보자. 그것은 두 가
지 특성을 보여 준다. 우선 이것은 복수로만 사용되고, 다음으로는 특히 그
것은 어린아이들을 사회적 신분조건이 아니라 나이로 지칭한다는 점이다.
그렇지만 liberi(어린아이들)는 형용사 liber의 복수형에 지나지 않는다. 이
것은 결혼 축하에서 함께 사용되던 아주 오래된 옛 관용표현으로 설명된
다. 이 관용표현은 법률문헌이나 플라우투스에게서 찾아볼 수 있다. 그것
은 결혼에 목표를 부여한다. 자기 딸을 결혼시키는 자는 장래의 남편을 향
해서 liber(or)um quaesundum causa(또는 gratia)(합법적인 어린아이들을 얻

기 위해서)라고 말했다. 이 관용표현은 그리스어에 다시 출현하며, 아티카의 웅변가들의 암시와 메난드로스[2]의 인용문, 그리고 여러 법률 문헌에서 잘 확립된 표현이다. 그 문장은 문자 그대로 라틴어와 동일하다. ἐπὶ παίδων γνησίων σπορᾷ(**합법적인** 어린아이들 위해서). liber의 본래적 의미에 일치해서 위의 라틴어 표현을 'libres(합법적 존재들)를 얻기 위해서'로 문자적으로 번역할 수 있다. 그래서 결혼의 목적은 태어날 어린아이들에게 그들의 출생을 합법화하면서 자유인의 신분조건을 부여하는 것이다. liber가 '어린아이들'의 의미를 갖는 것은 이 표현에서 quaerere(얻다)의 피지배어(목적어)로 사용된 함축의미 때문에 가능하다. 복수 liberi 단독으로는 그리스어 관용표현 paîdes gnésioi(παίδες γνήσιοι)와 등가치적 의미이다. 법률가들이 사용하는 언어가 이러한 의미편차의 기원이 되었다. 라틴어에서 공통 어휘로 이관된 법률 용어들이 많다. 예컨대 liber는 gnésios(합법적/출생의)와 정확히 대응하며, 독립된 별개의 용어, 즉 liberi(어린아이들)란 용어를 만들어 내기에 이르렀다. 이와 같은 것이 '자유' 개념의 기반이며, 첫눈에는 양립이 불가능하게 보이는 언어자료를 결합시켜 깊이 파묻힌 개념적 이미지를 소생시키면서 비로소 이 개념을 재구할 수 있었다.[3]

이 용어의 역사는, '자유인'의 개념이 *leudh-의 파생형, 예컨대 그리스어 eleútheros 같은 단어에 의해 표현되는 언어에서 이 개념이 최초의 어떤

---

2) 메난드로스Menandros(기원전 342~292년): 그리스의 신희극 시인. 상당히 많은 그의 작품들 가운데서 단지 『중재』*Epitrepartes*, 『단발 머리의 미인』*Perikeiromenè*, 『사모스인들』*Hè Samia*만이 남아 있다. 로마시대의 플라우투스의 테렌티우스가 이 작가를 모방했다고 한다.—옮긴이
3) 필자의 논문, 「자유로운과 어린아이들」*Liber et liberi*, 『라틴어 연구지』*Revue des etudes latines*, XIV, 1936, pp. 51~58.

관념으로부터 생겨났는지를 보여 줌으로써 '자유인'의 개념의 형성에 빛을 던져 준다.

그러나 그 발생과정은 인도유럽어 영역의 다른 지방에서는 다르게 나타난다. 여기에서는 서로 다른 용어들이 우세했기에 그것들은 생존했다. 가장 관심을 끌 만한 가치가 있는 용어는 게르만어 frei(독일어 frei(자유로운)/영어 free)이다. 우리들은 여기에서도 비교의 유리한 조건들 덕택에 그리스어 eleútheros의 동의어가 되었으나 다른 방식으로 실현되어 결과적으로 사회와 관련된 것이 아니라 개인과 관련된 개념들을 연루시키는 명칭의 발생과정을 기술할 수 있다.

이 명칭의 경우에, 형태들의 방언 분포는 *(e)leudheros의 분포와 상보적인데, 그것은 그리스어나 라틴어에는 frei의 대응 어원이 없다는 의미에서 그렇다. 이와 반대로 게르만어와 frei란 어휘를 공유하는 언어들은 *leudh-의 파생어가 '자유로운'이란 의미를 갖지 않았다. 그리하여 방언들 사이에 어휘 분포가 생겨났고, 이 분포로 인해 출발점은 다르나 결국 접근하는 별개의 두 발달 과정을 비교할 수 있다.

게르만어에서 frei(자유로운)를 발달시킨 진화과정은 동사 어근에서 유래하는 것이 아니라 *priyos로 재구되는 인도유럽어 형용사에서 유래한다. 이는 그것만으로도 고찰할 가치가 있다. 인도유럽어 시기로부터 이 모든 사실이 명사 형태와 수식어에서 유래하며, 또한 이 형태가 인도이란어, 슬라브어, 게르만어, 켈트어에서도 확인될 뿐만 아니라 생산적이었다는 점이다. 특기할 만한 두번째 사실은 *priyos의 의미이다. 이 수식어는 감정적 특성이 있는 개념이며, 인도이란어에 분명히 나타난다. 예컨대 산스크리트어 priya-, 아베스타어 frya-는 '사랑하는', '친애하는'을 의미한다. 이 형용사는 실제로 우리가 '사랑하는', '친애하는'에 부과하는 정서적 의미가치를 포함하며, 애정을 느끼는 사람을 수식하는 형용사이다. 그러나 몇몇 관용적 용법에서 이것은 전적으로 개인의 소유물과 심지어는 개인의 신체 부위를 지칭하기도 한다. 이것이 그 일차 의미라는 사실을 증명할 수 있다. 즉 *priyos는 '자신'에 대한 법률적 관계가 아니라 감정적 관계를 함축하면서 감정적 색채를 언제나 쉽게 수용하는 개인의 귀속과 관련된 형용사이다. 그래서 그것은 때로는 '(자기 자신에) 고유한'으로 번역되기도 하고, '친애하는', '사랑하는'으로 번역되기도 한다. 가장 현저하고 가장 빈번하게 드러나는 것은 이 개념의 감정적인 측면이다. 예컨대 베다 산스크리트어에서 priya-는 사람들과 밀접하게 연관되고, 감정상 사람과 가장 '가까운' 인물을 수식한다. 그래서 여성 priyā(사랑하는)는 명사가 되어 '아내'를 가리키는 명칭이 되었다. 이 개인 영역의 범위 내에 경우에 따라 인간과 신과의 관계도 포함되어 일종의 상호 '귀속'을 실현시킨다. 이리하여 베다 산스크리트어 priya-, 아베스타어 frya-는 종교 용어에 속하게 되었다.

이 고대의 형용사에 근거해서 슬라브어는 명사 파생 동사의 현재형 prijajq(러시아어 prijaju, 호의를 보이다/애정을 표시하다)이 파생되었고, 여기에서 모든 슬라브어에 나타나는 행위자 명사 prijatel(친구)가 생겨났다.

게르만어에서도 감정적인 의미가치가 고트어 시기 이래로 동사 frijon(사랑하다; 그리스어 agapân/phileîn을 번역한 단어)과 추상명사 friaþ-wa(사랑)에서 나타난다. 분사 frijonds(친구), 고대 고지 독일어 friunt(독일어 Freund, 친구)는 이 의미를 오늘날까지 그대로 계승하고 있다.

그러나 고트어에는 또한 형용사 freis(자유로운, eleútheros)와 추상명사 frijei(자유, eleuthería)도 있다. 다시 말해서 고대의 *priyos에 정확히 대응되는 용어가 있지만 그 의미는 전혀 다르다. 즉 '자유로운'의 의미이다. 이는 게일어 rhydd(자유로운)와 비교되는데, 이 단어 역시 *priyos로 소급된다. 따라서 고트어에서는 frijon(사랑하다)과 freis(자유로운)가 분열된 것이다. 이러한 특수한 어휘 상황으로 인해 고트어에서 freis가 '자유로운'의 의미로 의미가 바뀌게 된 것은 켈트어의 영향으로 생각할 수 있다. 그것은 켈트어에서 *priyos가 오직 '자유로운'만을 의미하기 때문이다. 게르만어에 다수의 문화용어가 차용되었듯이 말이다. 아마도 고트어에 켈트어가 직접 차용된 것일 수도 있다. 이러한 전문적 의미분화는 켈트어와 게르만어 이외의 다른 어떤 언어에서도 확인되지 않는다.

인도유럽어적 의미 '개인적인', '사랑하는'으로부터 켈트어와 고트어에 나타나는 '자유로운'의 의미로 변한 이 의미발달은 사회계급의 배타성으로 설명해야 한다. 감정적 차원에서 개인적 수식어였던 것이 '출생이 좋은 자들'로 구성된 계급 구성원들이 주고받는 상호 인정의 표시가 된 것이다. 어떤 계급에 속한 자들이 동일 집단에 귀속되어 있다는 내밀한 감정을 가지고서 별도의 어휘를 사용하는 것은 폐쇄 계급의 속성이다. 애초에 사람들 사이의 감정적 관계를 표현하던 용어인 *priyos가 제도적 의미를 갖게 된 것은, 그것이 오직 계급적 상호성을 나타내는 호칭이 되고, 그 결과로 사회신분의 명칭, 즉 '자유로운' 사람의 명칭이 되었을 때이다.[4]

'자유로운'을 나타내는 마지막 호칭은 고대 이란어 āzāta(근대 페르시아어 āzād)란 명칭이다. 이 명칭은 원래는 '가계(혈통)에서 태어난'을 의미하며, a-는 현시점을 향해서 지금까지 이어져 내려오는 후손을 가리킨다. '자유로운' 인간의 신분조건을 보장해 주는 것은 세대를 통해 계승되어 내려오는 출생이다.

---

4) 이 문제에 대해 아주 다른 해석을 하는 최근의 문헌은 메츠거F. Metzger, 『비교 언어 연구지』*Zeischrift für vergleichende Sprachforschung* 79, 1965, p. 32 이하에 제시되어 있다.—옮긴이

이 용어들의 역사를 통해서 다음과 같은 결론을 확실히 내릴 수 있다. 즉 사회신분과 계급 명칭이 흔히는 '출생'의 개념과 같은 개인적인 개념과 관련되거나 폐쇄집단의 구성원을 지배하는 용어처럼 '우정'을 표시하는 용어와 연관된다는 점이다. 이 호칭은 이들을 이방인과 노예와 분리시키고, 또한 일반적으로 '출생이 좋지 않은 자들'과 구별한다.

학자들은 사회유형과 개인 신분 내에서 개인을 규정하는 다양한 차원의 용어들을 결합시키는 의미관계가 얼마나 밀접한가에 주목하지 않았다.

여러 가지 방식으로 연관된 일련의 단어군 전체는 이 관계들을 또한 보여 준다. 이 중 어떤 단어들은 이 관계를 직접 보여 주기도 하고, 다른 단어들은 훨씬 간접적으로 보여 주기도 한다. 먼저 그리스어 형용사 ídios(ἴδιος)를 고찰해 보자. 이것은 '사적인', '어떤 사람에게 고유하게 속한'이란 개념과 관련이 있으며, 공공의 것 또는 모든 사람에 공통된 것과는 대립되는 개념이다. 이 용어의 기원은 많은 논란을 불러일으켰다. 학자들이 아르고스 비문(도리스어 지역에서 나온)에서 whediestas(whεδιεστας)란 단어를 발견하고, 이 단어가 고전 용어 idiótēs(ἰδιώτης)의 지역적 형태로 인지되면서 비로소 그 기원이 확정되었다. whediestas란 형태는 고대의 어두표기 *sw-로 소급되는 표기 wh-와 첫 음절의 모음 e 때문에 큰 관심거리였다. 이 형태는 ídios의 어두음 i-가 고대의 e가 단어 내의 i-에 동화된 음색이라는 사실을 알려 준다. 더욱이 whediestas의 형태 구성이 idiótēs의 형태 구성과 정확히 일치하지 않는다. 이 아르고스 비문의 용어는 -estās(이오니아어와 아티카어에서는 -estēs)로 된 사회용어의 범주에 속하는데, 예컨대 그리스어 penéstēs(외국 용병/고용인; 테살로니아에서 사용) 같은 단어이다. 그러나 아르고스 방언 whediestas와 그리스어 idiótēs의 어기는 동일하다. 그래서 그것은 오늘날 *swed-로 재구된다. 두 형태가 약간 다르지만 이들은 '사인'私人, '민간인'이라는 그리스어 명칭을 가리키며, 공권력을 가지고 책무를 행사하는 자와 대립된다. 아주 빈번하게 인도유럽어는 전승된 어기를 각기 개별적으로 발달시켰고, 그리하여 각기 이 어기를 독특한 형태로 구성하였다. 이 경우가 이 문제의 그리스어 용어이며, 다른 어떤 언어에도 그 대응어가 없다.

그렇지만 라틴어 형용사 sodālis에 이와 유사한 형태가 나타난다. 이 라틴어 형용사는 *swed-로 소급되는 어간 sod-에 -ālis가 첨가되어 파생된 형태이다. sodālis(동료 동업자/친구; 특수하게는 '종교적 결사의 성원')와 그리스어 whediestas 사이에 제도상의 차이가 있지만 공통된 특징이 있다. 그것은 '사적인 개인'을 중심으로 한 폐쇄집단이거나 특정 규약으로 사회의 나머지 사람들과 구별되는 특정화된 편협한 직업집단이다. 이 특징이 사회적 성격을 지니다가 계급과 직능의 명칭에 자리 잡은 것이다. -estās로 구성된 그리스어 형태와 -ālis로 된 라틴어 형태가 이를 잘 보여 준다.

이제 어기 *swed- 자체를 고찰해 보자. 이는 기저 용어 *swe로 소급되는 확장형이다. *swe는 다양한 어휘들로 구성된 많은 계열체에서 확인되며, 인도유럽어 어휘 중 아주 중요한 용어이다. 그 고유의 의미가치는 일정한 형태론적 범주에서 단절된 것으로 나타난다. 어말 -e는 고정되고, 일정하며, 모음 교체가 없다. 따라서 이것은 굴절하는 용어의 어말은 아니므로 고대 상태의 흔적이다. 또한 *swe는 합성이나 파생에서도 형태가 변하지 않고 고정되어 있다.

어말 -e는 다른 소수의 단어군에도 다시 나타나는데, 이들도 역시 아주 오래된 언어 상태에 대한 증거이다. 이 단어들은 -e의 형태로 다양한 영역의 어휘에 남아 있다. 예컨대 연결 첨사 *kʷe(그리스어 τε, 라틴어 -que, 산스크리트어 -ca)나, 다른 모음을 지닌 어기가 의문 관계사의 어간 *kʷo-, 그리스어 po-(πο-; πότερος/πόσος)에 나타나고, 또한 *kʷi(그리스어 τι/τις)에 나타난다. 그러나 어말의 고정된 e를 지닌 *kʷe는 형용사 굴절이나 모음교체가 없기 때문에 철자의 형태와 기능을 그대로 가지고 있다.

이 어말을 보여 주는 또 다른 단어는 수▨ 명사이다. 즉 *penkʷe(수사 5), 그리스어 πέντε, 라틴어 quinque, 산스크리트어 pañca이다. 이들의 어말 -te, -que, -ca는 연결 첨사의 형태인 그리스어 te, 라틴어 -que, 산스크리트어 ca를 그대로 복제하고 있다.

단어 *swe는 고유한 귀속을 가리키는 형용사를 탄생시켰다. 즉 산스크리트어 sva-, 라틴어 suus, 그리스어 *swós(*σwός)이다. 유의해야 할 점은 *swos가 인도유럽어에서 단수 3인칭의 대명사가 아니라는 점이다. 이는 라틴어 소유사 suus가 meus, tuus와 함께 시사하는 것으로 생각된다. 학자들은 무의식적으로 suus를 소유 계열의 셋째 항으로 간주했다. 즉 동사 굴절에서 je, te, il과 moi, toi, lui를 설정하거나, mon, ton, son을 설정하는 것이 정상적인 것처럼 보인다. 그러나 인도유럽어에서는 이들 형태의 관계는 전혀 다르다. 즉 *swos의 용법은 인칭의 뜻이 될 수 없고, 3인칭과 연관될 수 없다. *swos는 재귀·소유 대명사이며, 모든 인칭에 똑같이 적용된다.

이와 같은 사실을 슬라브어에서 관찰할 수 있다. 즉 근대 러시아어는 '나/너/그/우리들/너희들/그들(의) 자신의'를 나타내기 위해 svoj를 사용한다. 또 고트어 swes(자신의 개인적인/사적인)는 어떤 인칭이라도 쉽게 수식할 수 있다. 산스크리트어 sva-도 마찬가지인데, 이것은 프랑스어 mien, tien이 사용되는 곳에서 아무 구별 없이 사용된다. 이와 같이 인칭을 원래 전혀 구별하지 않는 특성이 이 단어의 기본 의미이다.[5]

본서 263쪽에서 이미 *swe가 고대 합성어 *swe-sor(자매)뿐만 아니라 *swekrū(시어머니/빙모), 그리고 *swekuro-(시아버지/빙부)에도 나타난다는 것을 지적한 바 있다.

여기서는 슬라브어, 발트어와 부분적으로 게르만어에서 *swe에 근거해 형성된 친족용어의 괄목할 만한 특성을 지적해 보자. 친족용어 영역에서 *swe에서 파생된 용어들은 부계 혈통에 의한 친족이 아니라 혼인에 의한 친족과 관련이 있다는 점이다. 이것이 일련의 친족명칭 전체의 공통된 특징이다. 예컨대 러시아 svat((결혼의) 구혼자), '혼인에 의한 인척'(예컨대 남편의 아버지와 신부의 아버지의 관계), svojak(동서/처남/매부; svoj(자신의/고유한)에서 파생), svest(여성/아내의 자매); 리투아니아어 sváinis (아내의 남자 형제/자매의 남편), 여성 svainé(아내의 자매/형제의 아내); 고대 고지 독일어 swîo, geswîo(매부/매형/자매의 남편)이다. 이 파생어에 고대 인도유럽어 어휘 상태가 보존된 것을 안다면, 이들은 모든 인도유럽어에 공통된 기본 명칭의 파생어를 해석하는 데 필요한 대상이라는 것을 알수 있다. 이 명칭들은 *swe와 함께 합성어를 잘 구성하는 듯 보인다. 예컨대 '자매'(*swesor-)와 '시부모'(*swekrū- 등) 같은 용어가 그러하다. 이 명칭은 그것을 지닌 자들과 외혼 친족에 속하는 다른 '절반'의 사람들을 결부시킨다. 사실상 '자매'는 거기에서 잠재적으로 출현하고, '장모', '시어머니'는 실제적으로 나타난다. 이 논의에 근거해 인도유럽사회의 친족관계를 재분석하는 이론가들은 의미심장한 의미를 더 잘 이해할 수 있을 것이다. 친족관계의 의미는 바로 이 관찰에 기인하는 것으로 봐야 할 것이기 때문이다.

*swe는 또한 그리스어 단어 étēs(ἕτης, 인척/친척)와 hetaîros(ἑταῖρος, 동

---

5) 교체 어간 *swe와 *se 사이의 형태론적 관계를 여기서 논의할 입장은 아니다. 이 형태의 더욱 오랜 옛상태를 재구하기 위해서는 『파리 언어학회 논집』*Bulletin de la Société de Linguistique de Paris*, t.50, 1954, p. 36을 참고하라. 어간 *sw-는 지금 연구하는 파생어의 단어구성과 관련되는 유일한 어간이다.

료)의 어간이기도 하다. 호메로스 시대로부터 경쟁적으로 사용된 이 두 단어는 접미사법이 다르지만 의미는 비슷하다. 이들의 의미 경계를 명확히 한정하려면, 이 두 단어가 출현하는 모든 구절을 연구해야 한다. 그렇지만 hetaîros는 더욱 명확한 의미작용이 있는 것 같다. 그것은 임무 수행이나 전투에서 나타나는, 고유한 의미의 친족이 아닌 '동료', '친구'를 가리키는 반면, étēs는 '인척' 일반을 가리킨다는 점이다.

étēs(인척)와, 방언에도 나타나는 '동료', '시민', '서민'의 어기 *swe는 whediestas(사인/민간인)와 비교할 수 있다. 이 두 단어에서 동일한 기본 개념이 분명히 나타난다. 이 개념은 그리스어의 다른 의미족, 예컨대 완료형 éiōtha(ἔιωθα, 무엇에 익숙하다)와 명사 éthos(ἔθος, 습관)에서도 인지할 수 있다. 이 동사형과 명사형은 변별적 특성과 개인적 존재 양태로서의 '습관'의 개념을 특화시킨다.

따라서 그리스어는 다수의 형태군에서 *swe를 확인할 수 있으며, 이는 서로 다른 접사로 분화된다.

îdios에서는	*swe-d
étēs에서는	*swe-t
éthos에서는	*swe-dh-

이 예들을 통해서 어기 *swe가 의미하는 관념과, 사회적·친족적·감정적 특성을 지닌 모든 유대細帶, 예컨대 동지, 혼인, 우정의 유대 관계를 함축하는 일군의 파생어를 서로 연결하는 의미관계가 밝혀진다.

이제 어간 *swe에 기초한 파생어 전체를 포괄하면, 이 파생어들이 두 방향의 개념으로 나뉘는 것을 관찰할 수 있다. 한편으로 *swe는 '자기 자신의 고유한' 집단에 대한 귀속을 함축하고, 다른 한편으로는 '자신'을 개체로 특화한다. 이 개념은 일반언어학의 관점에서뿐만 아니라 철학의 관점에서도 분명히 흥미가 있다. 여기에서 '자신', '자아', '재귀'의 개념이 생겨나기 때문이다. 이것은 사람이 자신을 개체로 한정하고, '자기 자신'을 지시하기 위해서 사용하는 표현이다. 그러나 이와 동시에 주관성主觀性은 귀속으로 표현된다. *swe의 개념은 인간 자체에만 의미가 한정된 것이 아니라 원래는 자신을 에워싼 폐쇄된 소집단을 가리킨다.

*swe에 속하는 모든 것은 *swos, 라틴어 suus(자기 것; 위에서 지적한 바와 같이 절대적 의미에서임)가 되었고, 소유 자체는 *swe의 범위에 포함된 집단 내에서만 정의될 수 있다. 그래서 그리스어 용어를 다시 살펴보자면, *swe는 ídios(자기 자신에 고유한)와 연령별 집단이나 직업집단과의 유대를 함축하는 hetaîros를 동시에 설명해 준다. 이 비교를 통해 재구된 상황은 인도유럽어 *swe에 고유한 의미를 재생시킨다. 이 인도유럽어 *swe는 자신을 나머지 모든 사람과 구별하고, 자기에 대한 차단을 함축하며, 자신을 *swe가 아닌 모든 사람과 분리시키려는 노력이자 또한 이처럼 형성된 차별적 폐쇄 집단 내에서 이 집단의 모든 사람과 맺는 밀접한 유대를 의미한다. 바로 여기에서 다음 두 가지 유산이 생겨났다. 즉 자기 자신에게 국한된 사회적 존재로서의 idiótēs와 동시에 긴밀한 결사단체의 회원으로서의 sodális가 생겨난 것이다.

어원이 드러내는 이 이원적 의미는 이제 라틴어에서 독립된 두 형태 se에 남아 있다. 그래서 재귀의 se는 '자기 자신'을 가리키고, 분리의 se-, sed(그러나)는 구별과 대립을 표현한다.

따라서 여기에서도 ('자유'에서처럼) 표면상 가장 개인적 개념을 제공하는 것은 사회와 사회제도라는 사실을 알 수 있다. 용어 *swe에서 유래하는 수많은 하위 단위로 구성되는 대어휘군에서, 제도의 의미가치와 자기 자신을 지칭하는 개인——이것은 고차원의 추상화 단계에서는 문법적 인칭을 예비한다——의 의미가치가 동시에 서로 만난다.

이 이중 관계는 역사적 언어자료에 등재되어 있다. 산스크리트어 sva-는 '자기의 것'을 의미하나 개인 소유의 단계를 초월하는 전문적인 의미가치가 있다. 사람과 동일한 집단에 속하는 자는 sva-로 불린다. 이 용어는 재산권, 상속, 자격과 명예의 취득과 관련된 법규에 중요한 역할을 한다. 『12동판법』에 상속에 대한 규정이 있다. "남자가 유언 없이 죽는 경우(heres suus nec escit(=non sit)), 그리고 그가 suus가 되는 상속자가 없는 경우……." 여기에서 heres suus(자기 자신의 상속자)도 고어법이다. 왜냐하면 suus가 소유만을 의미한다면 필요 없기 때문이다. suus가 되는 heres, 바로 이것이 이 규정이 의도하는 바이다. sui, 즉 직계 후손의 친밀한 집단 밖에서는 재산의 양도가 이루어지지 않는다. 재산의 양도는 방계 친족의 내부에서 이루어진다.

이러한 관계에 근거해서 시작된 모든 종류의 의미발달을 알 수 있다. 법적 친족관계, 자기 자신에 대한 의식(자의식), 동맹결사와 고유한 의미의 개체성과의 관계 때문에 이들은 각기 그만큼 많은 자율적 개념을 구성하였고, 새로운 용어군이 발달했다. 이 어휘들이 속한 단어족의 비교와 분석을 통해서 최초의 통일성이 드러나고, '자기·주체'soi와 '(타인들) 사이의 자기·(타인) 간 주체'entre-soi의 사회적 기반이 무엇인가가 밝혀진다.

4장_phílos

요약

라틴어 ciuis(공동체 시민), 고트어 heiwa-(가족집단), 산스크리트어 śeva-(우정의) 등의 단어들이 가진 특정 의미가치는, 이들을 통해 재구되는 인도유럽어 *keiwo-가 사회적 개념과 감정의 의미가치가 교차되는 의미작용이 있다는 것을 상정한다.

그리스어 phílos와 그 파생어에 대한 호메로스의 그리스어 용법은 특히, 적어도 이 어휘들이 지닌 완전한 의미가치를 파악하게 되면 이를 증거한다. 이 의미가치는 일차적으로는 사회적 의미이며, 특히 환대와 관계 있지만——손님은 phílos이며, phileîn(hospiter)으로 지칭되는 각별한 접대를 받는다——그것은 또한 다른 형태의 주고받는 감사, 약속과 관련된다. 즉 phileîn, philótēs는 서약의 교환을 함축하며, phílēma는 phíloi 사이에 주고받는 인사나 환영의 관례적 표현형식으로 '입맞춤'을 가리킨다. 감정적 의미가 가족집단의 관계를 수식하는 용법에도 나타나는데, phílos(사랑하는), philótēs(사랑/애정)가 그것이다.

이와 같은 것이 phílos의 항구적 의미가치이며, phílos로 수식하는 대상이 출현하는 구절을 면밀하게 분석하면, phílos가 단순히 소유사와 의미가치가 같다는 착각——이는 호메로스 문헌학만큼이나 오래된 것이다——을 올바로 교정할 수 있다.

'친구'를 의미하는 용어와, 유동적이지만 소유를 나타내는 다른 용어의 관계는 아주 중요하다. 이 용어들의 용법은 인도유럽어에서 사회적 개념과 감정적 의미가치의 관계가 밀접하다는 것을 보여 준다. 그렇지만 이 관계가 첫눈에 그리 명확히 드러나는 것은 아니다.

라틴어 cīuis(시민)라는 용어를 고찰해 보자. 이 용어에서 추상명사 cīuitās가 파생되었다. 이것은 원래 시민의 자격을 가리켰으며, 집합적 의미로는 시민 전체, 도시(국가) 자체를 가리킨다. cīuis는 라틴어 어휘에만 고유하게 나타나며, 이탈리크어에는 거의 나타나지 않는다. 이것은 '시민', '도시'를 가리키기 때문에 다른 언어에는 대응어가 없다. 그렇지만 학자들은 이것을 산스크리트어와 게르만어 용어와 비교하는데, 이들은 형태상으로는 잘 일치되지만 의미는 아주 다르다는 것을 보여 준다. 이들은 산스크리트어 śeva(우정의), 고트어 heiwafrauja(이것은 그리스어 oikodespótēs (가족의 우두머리)를 번역한 것이다)이다. 고트어 형태 heiwa-는 산스크리트어와 라틴어의 형태와 정확히 일치한다. 이 세 형태는 모두 고대 형태 *keiwo-s를 가정하며, 라틴어에서는 -i- 어간이 되었다.

논의 중인 이 용어는 세 언어군에 공통되고, 분명히 오래된 용어지만, 의미는 각 언어에서 독자적으로 발달했다. 이 분화된 의미로 인해 어원학자들은 이들을 비교하는 데 정당성이 있는지 의심하면서 비교를 거부했다. 그러나 이 반론은 고찰 중인 형태들이 나타나는 적절한 문맥에서 더욱 면밀히 조사하면 드러나는 관계들은 고려하지 않았다.

게르만어에서 이 개념은 가족과 혼인과 관련된 것으로 정의해야 한다. 고트어 합성어 heiwa-frauja(frauja(주인)와 함께 구성됨)는 「마가복음」 14장 14절의 그리스어 oiko-despótēs를 번역한 것이며, 이 구절에서 의미는 '(자신의 환대 의무를 행하는) 가족의 우두머리'이다. 노예와 대립해서 그리스어 oiko-despótēs(집의 주인)를 지칭하는 또 다른 구절에서, 고트어는 다른 용어인 garda-waldans를 사용한다. 이 선택은 매우 유익하다. 동일한 그리스어 호칭을 번역하기 위해 번역자는 두 개념을 구별한다. 즉 '집의 주인'은 경우에 따라 garda-waldans(집의 울타리 안에서 권한(waldan)을 지닌 자), 따라서 하인들을 부리는 자로 번역하거나 heiwa-frauja(가족집단 (heiwa-)의 주인(frauja)인 자)로, 즉 지나가는 손님을 자기 지붕 아래로 맞아들이는 자로 번역한다. 고트어는 거주지로서 '집'과, 가족집단과 개인적 인간관계의 범위로서 '집'──heiwa로 명명된다──의 폐쇄 영역(gards)을 구별한다. 다른 게르만어에도 이 의미가 분명히 확인된다. 예컨대 고대 고지 독일어 hīwo(남성/남편), hiwa(여성/아내), hīun(고대 아이슬란드어 hjōn/hjū, 혼인 부부), hī-rat(독일어 Heirat, 혼인), 고대 아이슬란드어 hy-ske(가족) 등이다. 이 모든 사실은 *keiwo-(*kiwo-)가 고대 게르만어에서 혼인관계로 결합되는 부부의 신분과 가족집단과 결부된다는 것을 보여 준다.

이 제도적 개념은 산스크리트어 단어 śeva, śiva-에도 또한 나타나는데, 이를 '유리한', '인자한', '우정의', '사랑하는'으로 번역할 수 있다. 이들은 집단 사이의 관계에 대한 감정적인 측면을 반영한다. 이 현상은 특히 베다 찬가의 고정어법에서 śeva-, śiva와 sakhā(동무; 라틴어 socius와 비교하라)가 아주 빈번히 결합되기 때문에 나타나며, 혼인의 배우자에 대한 우호적 행동 유형을 함축한다.

마지막으로, 라틴어 cīuis 자체도 거주 공동체와 정치적 권리를 함축하는 집단 유대를 나타내는 용어이다. cīuis의 정확한 참된 의미는 전통적 관습대로 '시민'이 아니라 '공동(체) 시민'이다. 고대의 용법은 cīuis에 내재한 상호성의 의미가치를 보여 주며, 이 가치만이 집합적 개념으로서의 cīuitās를 설명해 준다. 원래는 '이방인'의 여러 변종인 hostes, peregrini, aduenae와 대립해서 토착 시민권을 소지한 집단의 성원이 주고받는 명칭이 cīuis라는 것을 알아야 한다. 인도유럽어 *keiwos(〉*keiwis)가 강력한 제도적 의미가치를 가지게 된 것은 라틴어 시기이다. 베다 산스크리트어 śeva-가 나타내는 고대의 '우정' 관계로부터, 게르만어 heiwa-의 '혼인 집단'이라는 더욱 공고한 관계를 거쳐, 마지막으로 라틴어 cīuis가 표현하는 '정치적 권리의 공유자'의 개념에 이르기까지 소집단에서 도시(국가)에 이르는 세 단계의 진보 과정이 있다.

이와 같이 '집', 즉 가족 집단(고트어 heiwa)과 거기에 소속된 사람을 cīuis로 부르는 집단의 관계가 재정립된다. 이 긴밀한 연관이 우정 관계를 만들어 낸다. 예컨대 산스크리트어 śeva(사랑스러운)는 공동체의 감정을 애정 용어로 표현하는 수식어 가운데 하나이다.

이 비교는 전혀 결점이 없을 뿐 아니라 소위 인도유럽사회의 옛 단계에서 나타나는 '우정'의 본래적 성질을 잘 예시한다. 이 시기의 인도유럽사회에서는 친밀 감정은 집단 의식, 계급 의식과 확연히 분리되지 않았다.

이와 같은 범주에 속하는 더욱 복잡한 다른 용어가 있는데, 그것은 단지 하나의 언어, 즉 그리스어에만 고유한 역사가 있다. 겉보기에 이 용어는 오직 감정적인 의미작용만 있으며, 첫눈에는 고유한 의미의 사회적인 개념을 함축하지 않는 것으로 보인다. 문제의 이 용어는 그리스어 형용사 phílos(φίλος, 친구)이다.

외면상으로 phílos(친구)와, philótēs, philía(우정)의 관계는 아주 간단한 것으로 보인다. 그러나 호메로스에게서 phílos는 두 가지 의미가 있다는 잘 알려진 사실에 주목하자. 즉 phílos는 '친구'의 의미 외에도 소유사의 의미가치가 있다. 예컨대 φίλα γούνατα, φίλος υίός는 우정이 아니라 소유, 즉 '그의 무릎', '그의 아들'을 가리킨다. 소유사를 지칭하는 단어로서의 phílos는 인칭의 의미 없이 사용되며, 그래서 1인칭, 2인칭이나 3인칭과 구별없이 관계를 맺는다. 이것은 우정 관계를 전혀 함축하지 않은 소유 표지이다. 이와 같은 것이 phílos의 두 가지 의미의 대립이다.

학자들은 이 문제에 대해 많은 논란을 벌였다. 그래서 가장 최근에 제시된 설명을 환기하는 것으로 충분하다. 사실상 phílos와 만족할 만한 직접적 비교는 없다. 1923년에 뢰베Loewe[1]가 게르만어 인명의 첫 항(이름)을 phílos와 비교하려고 생각했다. 예컨대 고대 고지 독일어 Bil(i)-frid, Bil-trud, Bili-gard와 같은 명칭이다. 나아가서 앵글로색슨어 형용사 bilewit(동정하는)와도 비교했다. 그는 이 모든 용어를 '호의적인', '친밀한', '우정의'라는 최초의 의미로 환원시키고, 그다음에는 이 앵글로색슨어 형용사의 어간을 그리스어 phílos의 어간과 비교했다. 이에 대해 다음의 반론을 제기할 수 있다. 우선 공통 게르만어에 전혀 속하지 않는 고유명사를 임의로 해석했으며, 또한 이 앵글로색슨어 용어는 '우정의'를 적극 의미하지 않는다는 것이다. 마지막으로, 형용사 용법으로 확실히 제시할 수 있는 고대 게르만어 형태는 현재로는 없다는 점이다.

그런데 어쨌든 phílos가 지닌 소유의 의미가치를 설명해야 한다. 이점이 크레츠머Kretschmer가 생각했던 바이며, 그는 전혀 다른 방도로 그것

---

1) 『비교 언어연구지』*Zeitschrift für vergleichende Sprachforschung* 51, p. 187 이하.

을 설명했다.[2] 다른 언어학자들처럼 그도 phílos의 두 의미관계를 역전시켜 소유의 의미로부터 출발했다. 그래서 그는 phílos의 일차적 의미가 '그의 것'이라고 생각했다. 여기에서 '친구'의 의미로 의미가 전이될 수 있으며, 이 의미발달은 라틴어 suus에 대한 유추로 정당화될 수 있다고 한다. 소유사 suus가 sui(자기 사람들)와 aliquem suum reddere(어떤 사람을 친구로 만들다)와 같은 표현을 생기게 했다는 사실에서, 크레츠머는 소유관계에서 우정관계의 개념으로 의미가 쉽게 전이된다는 결론을 내렸다. 이로 인해 phílos의 어원이 '사랑하는'이 아니라 고대의 소유사로 모색하게 되었다. 그런데 인도유럽어에 속하는 고전어의 범위 내에서 이 어기나 -l-로 구성된 형태의 대응어는 소유사로 나타나지 않는다. 크레츠머는 리디아어에서 '그의 것'을 의미하는 것이 상당히 확실한 bilis란 단어를 찾았고, 이를 phílos와 관계지었다.

이 증명은 상당히 임의적이다. 다시 말해서 의미와 형태의 조건이 똑같이 자의적인 듯이 생각된다. 리디아어처럼 잘 알려지지 않은 언어와 비교하는 것이 정당한가에 대한 논의는 그만두고라도, 모든 증명 구성이 크레츠머가 출발점으로 삼은 소유의 의미가치에만 근거를 두고 있다는 점을 지적해야 할 것이다. 사실 응당 그렇게 기대하듯이 이것은 순수히 소유사가 아니다. 인도유럽어 소유사의 예들은 호메로스에 없지는 않다. 특히 hós(ὅς) ⟨ *swos 같은 형태가 나타난다. 더욱이 중요한 사실은 phílos는 특별한 방식의 제한 요건이 따르는 소유를 가리킨다는 점이다. 이제 이 점을 설명하려고 한다.

phílos가 보여 주는 소유 개념은 한정되고 제한되기 때문에, 출발점에

---

2) 『인도유럽어 연구』*Indogermanische Forschung* 45, 1927, p. 267.

서 체계적인 방법으로 phílos의 다른 의미, 즉 '친구'의 의미를 포괄할 수 있는 관계를 찾아내야 한다. 이제 크레츠머의 설명이 이 문제의 진정한 핵심을 포착하지 못한 것을 알게 될 것이다.[3]

마지막으로, 제3의 자료가 있다. 그것은 동사 phileîn(φιλεῖν)으로, 이것은 '사랑하다', '우정을 느끼다'를 의미할 뿐만 아니라 가장 오래된 문헌에서 '입맞춤'을 의미한다. 파생어 phílēma(φίλημα)는 '입맞추다' 이외의 다른 의미가 없다. 그런데 amor나 amicus, suus 그 어느 것도 이 명확한 의미와는 관련이 없다. 그러므로 이 설명이 유효하려면, 이 '세 가지' 의미의 관계를 설명해야 한다.

이 복잡한 역사를 이해하기 위해서, 호메로스에게서 정신적 용어에 속하는 모든 어휘는 개인 의미가치가 아니라 관계적 의미가치가 강하다는 사실을 기억해야 한다. 심리적·감정적·도덕적 용어법으로 간주되는 의미는 사실상 개인과 그가 속한 집단의 구성원으로서의 관계를 가리킨다. 그래서 이 정신적 용어들의 밀접한 관계는 최초의 의미작용을 밝히는 데 적합하다.

그리하여 호메로스 그리스어에서 phílos와 aidós(αἰδώς)의 개념은 서로 일정한 관계가 있다. 이 후자 용어는 아주 흥미가 있어서 각별히 고찰해야 한다. phílos te aidoîós te(φίλος τε αἰδοίός τε), aidós kaî philótēs(αἰδώς καὶ φιλότης), aideîsthai kaî phileîn(αἰδεῖσθαι καὶ φιλεῖν) 같은 표현은 이 두 용어의 연관성이 밀접하다는 것을 명백히 보여 준다. 기존의 정의에 만족

---

3) 이와 동일한 지적을 이 문제를 다룬 최근의 연구에 적용할 수 있다. 로젠H. B. Rosén, 『호메로스 이해를 위한 구조 문법적 연구』*Strukturalgrammatische Beiträge zum Verständnis Homers*, Amsterdam, 1967, p. 12 이하. 로젠은 문맥의 다양성과 phileîn, philótēs, phílēma의 정확한 의미를 도외시한 채 phílos의 모든 예들을 소유의 의미가치로 귀착시키고 있다.

하더라도 자신의 자의식에 대해 그리고 같은 가족의 구성원에 대해 가진 aidós(존경/경외심) ──phílos와 관계가 있다──는 이 두 개념이 똑같이 제도적이며, 또한 소집단의 구성원들에게만 고유한 감정을 가리킨다는 점을 보여 준다.

따라서 일정한 집단의 구성원이 공격을 받으나 모욕을 받으면 aidós로 인해 그의 친족 가운데 누가 나서서 그를 보호한다. 더욱 일반적으로 말해서, 일정한 집단 내에서 사람은 aidós에 의해 다른 사람의 의무를 떠맡는다. 또한 이는 자신이 관계를 맺은 사람에 대해 가진 경의의 감정이다. 전사가 전의戰意를 상실한 자기 동료에게 aidós라고 소리지르면, 그는 집단 의식에 대한 감정과 그 연대를 강화시켜 자기에 대한 존경심을 이들에게 불러일으킨다.

더 큰 공동체 내에서 aidós는 하급자에 대한 상급자의 감정(경의/연민/자비/불운에 대한 배려)을 가리킬 뿐만 아니라 명예, 충성심, 집단 예절, 행동이나 행위의 금지도 규정한다. 여기에서, 결과적으로 '수치심', '치욕'의 의미가 생겨났다.

aidós는 phílos의 고유 의미에 빛을 던져 준다. 왜냐하면 이 두 단어가 동일 인물에 적용되기 때문이다. 이 두 단어는 요컨대 동일한 유형의 관계를 가리킨다. 친족, 혼족, 하인, 친구 등 이 모든 자는 aidós에 의해 상호적 의무로 유대를 맺은 자들로서, phíloi로 불린다.

이제 phílos를 고유하게 특징짓는 것, 즉 philótēs의 관계가 지닌 특징을 분석하는 일이 남았다. 이 추상명사는 형용사보다 더 적절한 정보를 많이 제공한다. philótēs는 무엇인가?

이 개념을 정의하기 위해 호메로스 그리스어의 관용표현이 제공하는 귀중한 지표를 이용할 생각이다. 그것은 phílos와 xénos, phileîn과 xenízein

의 관계이다. 많은 용법에서 이 관계가 가르쳐 주는 바를 즉각 요약해 보자. phílos의 개념은 xénos, 즉 이방의 '손님'에 대한 공동체 구성원의 의무 행동을 가리킨다. 바로 이 정의가 우리가 제시하려는 것이다.

이 관계는 호메로스 시대의 사회 현실이나 이와 관련되는 용어에서 기본적이다. 이를 완벽하게 이해하기 위해 어느 나라를 방문한 xénos의 입장, 즉 '손님'의 입장을 표상해 보자. 이방인으로서 그는 아무 권리도 없고, 보호 장치도 생존 수단도 전혀 없다. 그는 오직 그와 philótēs의 관계를 맺은 자의 집에서만 영접을 받고, 잠자리와 안전을 보장받는다. 이 관계는 súmbolon, 즉 감사 표시로 물질로 표현하는데, 반지를 잘라서 상대방은 서로 짝을 이루는 반쪽 반지를 간직한다. philótēs라는 명칭으로 맺어진 맹약盟約은 계약 당사자를 phíloi로 만든다. 그래서 이들은 이후 '환대'를 구성하는 상호 급부에 구속되는 것이다.

이러한 이유로 동사 phileîn은 조상의 관습에 따라 자기 집안에 xénos를 맞아들이고, 그를 대접하는 자의 강제적 행위를 가리키게 되었다. 호메로스의 영웅들은 이 관계를 수없이 강조한다. "안테노르가, 오디세우스와 메넬라오스가 그를 방문한 것을 상기시키면서 말하기를, 그들을 묵게 하고(exeínissa), 그들을 내 집에서 '환대한'(philēsa) 것은 바로 나요"(『일리아스』 3권 207행). 사실을 말하자면, 아직도 흔히 오해하는 의미를 제대로 번역하려면 위험을 무릅쓰고라도 신조어 'hospiter'를 사용해야 한다. 그리하면 다음 예문을 완벽히 이해할 수 있다. "그는 부유한 사람이었다. 그는 사람들에게 phílos였다. 왜냐하면 그의 집이 길가에 있어서 모든 사람을 환대했기(philéesken) 때문이다"(『일리아스』 6권 15행). 행위에 대한 감정의 관계, 다시 말해서 phileîn에 대한 phílos의 관계가 여기서 잘 드러난다. 『오디세이아』에서 오디세우스는 라오다마스의 집에서 환대를 받고서(xeînos)

시합에서 재주를 보여 주도록 요청받는다. 그는 이를 수락한다. 그는 말하길, 나는 어떤 경쟁자도 거부하지 않겠소. 라오다마스만 제외하고 말이오. "왜냐하면 그는 나의 xénos이기 때문이오. 자기 환대자(philéonti)에게 누가 싸움을 걸 수 있겠소?"(『오디세이아』 8권 208행). 또 다른 곳에서, 신이 메넬라오스에게 낯선 방문객(xeínō) 두 사람이 집 앞에 와 있다고 알린다. "그들의 말들을 멍에에서 풀어 줄까요 아니면 그들을 환대해 줄 다른 집으로 안내해야 할까요?(hós ke philésēi)"(『오디세이아』 4권 29행). 또 다른 곳에서, 칼립소는 난파에서 살아난 사람이 바닷가에 쓰러져 있다고 얘기한다. "나는 그를 환대하고(phíleon), 그에게 음식을 먹이고, 그를 죽지 않게 하겠다고 약속했소"(『오디세이아』 5권 135행). xénos와 phílos의 밀접한 관계를 호메로스 그리스어의 합성어 philóxenos(xénos가 동시에 phílos가 되는 관계를 맺은 자(『오디세이아』 6권 121행); theoudés(신들을 경외하는)와 함께 사용된 수식어다)가 잘 보여 준다. 이는 phílo-가, 사람을 가리키는 용어와 결합해서 구성된 유일한 합성어이다.

신들은 흔히 죽을 수밖에 없는 인간을 phileîn한다고 말한다. 다시 말해서 신들은 인간에게 phíloi로서 갖는 경의와 호의를 표시한다. 이러한 이유로, 이에 대한 반대 급부로 인간은 phílos theoîsin(신들에게 phílos(사랑받는다))이라고 말한다. 더욱 구체적으로, diíphilos, arēíphilos(제우스에게, 아레스에게 phílos(사랑받는다))라고 말한다.

이것이 그리스 사회에서 phílos의 개념이 갖는 제도적 기반이며, 이 개인 관계가 내포하는 모든 함축된 의미이다. 특히 philótēs는 예외적 상황에서 잘 실현되는데, 심지어는 일반적 의미로 '우정'의 감정이 개입되지 않는, 엄숙한 의례적 협약으로서 전사들 사이에서도 맺어진다.

이에 대한 교훈적인 예가 『일리아스』(3권 94행)에 나온다. 헥토르는 메넬라오스와 파리스가 헬레네를 소유하려면 서로 싸움을 벌여야 한다고 제의한다. 그래서 이들은 일대일로 맞붙어 싸워서 승리하는 자가 그녀와 온 재산을 자기 집으로 가져가기로 한다⋯⋯οἱ δ' ἄλλοι φιλότητα καὶ ὅρκια πιστὰ τμωμεν(남은 우리들은 philótēs와 맹약을 맺기로 하자). philótēs는 hórkia(맹약)와 동일한 차원에 있는데, 이는 공식적 행위로 공인받은 집단들 사이의 관계이다. 이 어휘는 희생제사로 조인되는 맹약을 체결하기 위해 사용되는 어휘이다. philótēs는 명확히 규정된 유형의 '우정'으로 나타나는데, 서약과 희생제사로 사람들을 결속시키며, 상호 간의 약속을 포함하는 '우정'인 까닭이다.

『일리아스』(7권 302행)의 또 다른 구절에서, 아이아스와 헥토르의 결투가 계속된다. 이들은 오랫동안 싸웠고, 밤이 되었다. 사람들이 그들을 떼어놓으려고 애쓴다. 헥토르가 말하기를, "우리들 두 사람이 서로 선물을 주고받자. 그래서 아카이아인과 트로이인이 이렇게 말하도록 하자. 그들은 일대일로 서로 대결했고, ἠδ' αὖτ' ἐν φιλότητι διέτμαγεν ἀρθμήσαντε(그 후 그들이 서로 philótēs로 결속되었기에 헤어졌다)." 서로 맺은 이 philótēs를 증거해 보이기 위해 이 두 투사는 가장 귀중한 무기들을 징표로 서로 교환한다. 헥토르는 가장 멋진 활을 주고, 아이아스는 훌륭한 허리띠를 준다. 이 행동은 약속의 의례적 표현인 만큼, 서로 적이면서 앞으로도 계속 적대 관계에 있을 전사들 사이에 개입된 philótēs의 구속력을 잘 보여 준다. 이 경우는 상호 동의로 일시적 휴전을 하고, 더욱 좋은 기회에 다시 개전하기 위한 협약이다. philótēs란 단어가 표현하는 것은 이 협약이다. 즉 두 상대방을 서로 결속하는(ἀρθμήσαντε) 엄숙한 행위이다. 그렇지만 이 약속은 공인된 형식을 취한다는 것을 알 수 있다. 즉 무기와 선물의 교환이다. 이것이 성대한 의식으로 맹약을 맺는 잘 알려진 유형의 교환 시나리오이다.[4]

또 다른 예도 있다. 헥토르와 아킬레우스가 최후의 결전을 위해 맞붙으려고 할 때, 헥토르는 패배자의 신체를 동물들에게 내어주지 않기로 동의를 구한다. 아킬레우스가 대답한다. "나에게 협약을 제의하지 마시오. 사자들과 인간들 사이에는 확고한 맹약(hórkia pistá)이 없소. 또 늑대와 양들은 서로 이해하려는 마음이 없고, 서로 파멸을 저주하오. ἐμὲ καὶ σὲ φιλήμεναι, οὐδέ τι νώϊν ὅρκια ἔσσονται(하물며 그대와 나 사이에 우리가 philótēs가 된다는 것도 불가능하오. 우리 사이에는 hórkia(맹약)도 없을 것이요 (우리 둘 중 어느 한 사람이 쓰러지기까지는))"(『일리아스』 22권 261~266행). 여기서도 구속의 성질을 지니는 상호 약속이 문제시되는 것이다. 이들은 phileîn의 사용 영역이 어느 곳까지 확대되는가를 보여 주는 세 가지 예들이다. phileîn이 가리키는 행동은 언제나 강제적인 특성이 있으며, 언제나 상호성을 함축하고 있다. 이는 상호 환대의 맹약이 함축하는 적극적인 행위의 수행을 가리킨다.

이러한 제도적 문맥에서 또한 '입맞추다'(근대 그리스어 philô(입맞추다))의 의미로서 동사 phileîn이 갖는 의미가 밝혀지는데, 이 동사는 파생어 phílēma(입맞춤)의 유일한 의미를 결정한다. 여기서도 역시 단지 애정을 표시하는 듯이 보이는 이 용어들을 그 최초의 의미와 연관지어야 한다. '입맞춤하는' 행위는 phíloi 사이에 '우정'의 행동으로, 감사의 표시로서 자리매김하고 있다. 이 관습은 그리스에만 고유한 것이 아니다. 헤로도토스는 페르시아인에게도 이와 같은 관습이 있음을 지적하고 묘사하면서 phileîn을 이 관습을 가리키는 자연스러운 표현으로 사용한다. 다음 텍스트는 이를 잘 드러내 주는 글이다.

---

4) 마르셀 모스의 『증여론』*Essai sur le don* 참조. ―옮긴이

페르시아인들이 길에서 서로 만나면 이 표시를 통해 서로 다가오는 사람들이 똑같은 계층에 속해 있는지의 여부를 알아차릴 수 있다. 말로써 서로 인사를 주고받는 대신에 그들은 입맞춤을 한다(philéousi). 이 두 사람 중 어느 한 사람이 다소 낮은 신분이면, 그들은 뺨에 입맞춤을 한다(philéousi). 어느 한 사람이 훨씬 비천한 출생에 속하는 자이면, 그는 무릎을 꿇고 상대방 앞에 넙죽 엎드린다.(『역사』 1권 134장, 르그랑Legrand의 번역본)

이와 동일한 관습을 크세노폰도 얘기한다.

키루스가 떠날 즈음에 그의 친척들(sungeneîs)은 그의 입에 입마춤을 하면서(philoûntas) 그에게 작별 인사를 한다. 이는 오늘날도 아직 페르시아인에게 남아 있는 관습에 따른 것이다.(『퀴루파이데이아』*Cyropédie* I, 4, 27)

기독교 시대에 예수와 제자들 사이에, 그리고 그 후 최초의 기독교 공동체에 속한 신자들이 주고받는 감사의 징표로서 '입맞춤'(phílēmo, 라틴어 osculum)을 상기해야 할까? 더욱 최근에는 입맞춤은 기사騎士 서임식에서 기사를 공인하는 제스처였고, 오늘날에 와서도 그것은 작위 수여식에서 고위 인사가 기사단에 편입하는 것을 나타내는 표지이다.

이러한 다양한 현상에서 우리들은 환대하는 자와 환대받는 자, 신과 인간, 주인과 하인, 집안의 주인과 가족 사이에 이루어지는 고대와 동일한 호혜 관계를 발견할 수 있다. 이는 사람들 사이에 확립되는, '우정'으로써 개인적인 관계를 만드는 밀접한 연대이다. 이 상호 관계는 어떤 형태의 감정을 내포하거나 유발시키고, 이 감정은 philótēs의 당사자들 사이에는 의

무적이다. 이 관계의 표시로는 자기 phílos의 가정에 phílos를 영접하는 행위, 선물의 교환, 당사자들의 선조들 사이에 맺어진 이와 유사한 유대의 징표 그리고 때로는 방문하거나 방문을 받는 경우에 맺는 혼인 등이다.

모든 것이 phíloi 사이의 관계를 감정으로 물들이고, 흔히 일어나는 것처럼 감정적 태도가 제도의 차원을 넘어선다. 그래서 phílos란 명칭은 집안의 주인과 동일한 가정에 사는 친인척에게까지 확장되는데, 일차적으로는 아내이며, 그 가정에 들어 온 여자에게 적용되는 것이다. 호메로스에게서 phílē라는 수식어가 álokhos, ákoitis(아내/부인)와 병치되어 흔히 사용되는 것은 바로 여기에서 유래한다. 어떤 용법은 이 관계의 성질과 이 관계가 고대의 규범과 결부되는 것을 보여 준다. 예컨대 『일리아스』의 다음 구절(9권 146~147행)을 보자.

아가멤논이 말하기를, 나는 내 거처에 세 딸이 있다. 아킬레우스의 집에서 phílē로 원하는 딸을 데려가도록 하되 내게는 선물을 선사하지 않더라도 좋다.

여자를 일정한 요건에 따르는 형식을 거쳐 집으로 들여온다는 사실로부터, 그녀의 아버지가 자기 딸을 주고, 젊은 신랑이 자신의 집에 맞아들인 젊은 신부로 인해 사회관계뿐만 아니라 감정관계에 의해도 가족집단이 서로 유대를 맺게 되는 것이다. 그래서 부친이 딸을 주는 조건은 이 딸이 두 남자 사이에 맺은 philótēs에 대한 일종의 담보로 역할하게 하면서 동시에 그녀가 새로운 가정에 정착하고, phíle ákoitis의 지위, 즉 부인의 지위를 획득하게 만드는 것이다(『일리아스』 9권 397행 참조).

감정적 의미가치가 phílos와 결부되며, phílos는 어떤 친인척이든지 집안에 사는 자를 수식하는 부가어나 호칭이다. 예컨대 아버지, 어머니, 아내, 어린아이나 또는 집안과 가까이 지내는 사람들, 예컨대 나이 먹은 유모(maîa)인 에우리클레이아 같은 여자에게도 적용된다. 이것은 애정 용어로 사용되어 이 성질이 호메로스 이후에 philótes와 별도로 추상명사 philía(우정)로 고유하게 표현되고, 또한 동사 phileîn(사랑하다; 육체적 사랑의 의미)의 일상적인 의미 ──이미 호메로스 시기에 나타난다── 로 표현된 것이다.

여기에서 이 의미의 역사가 갖는 가장 특이한 발달 과정이 드러난다. 이 발달 과정은 호메로스의 언어와 문체를 고유하게 특징짓는 특성이다. phílos는 인간관계의 범위를 넘어서서 아주 다양한 성질을 지닌 대상에까지 확장되어 이런 것을 모두 '사랑하는'이란 수식어로 공통되고 일관되게 수식할 수 없을 지경이다. phílos는 분명 소유관계 이상의 어떤 것도 지시하지 않는다. 그래서 그것은 단순한 소유사와 등가치어가 되어 학자들이 이를 소유사로 번역하는 것이다. 그러나 이 해석에는 동의할 수 없다.

이 소유사의 적용 범위를 한정하는 것으로 논의를 시작해야 한다. 우선 그 적용 범위를 세 가지 용법군으로 나눌 수 있다. 우선 phílos는 흔히 사람과 가장 밀접한 관계를 맺고 있는 개념과 함께 출현한다. 예컨대 영혼, 마음, 생명, 기※ 또한 신체부위, 예컨대 사지, 무릎, 가슴, 눈꺼풀과 일반적으로 반사기능 등이다. 그리고 사랑하는 것으로 생각되는 장소를 가리키는 용어, 특히 '조국'(phílēn es patrída gaîan(사랑하는 조국 땅에서)은 빈번히 사용되는 구이다)이나 '귀향'(nóstos) 같은 용어와 함께 사용된다. 마지막으로, 애정의 의미가치를 내포하는 것으로 생각되지 않는 일련의 소수 용어들, 예컨대 사물, 집, 의복, 침상 등과 단순한 소지품에 속하는 것들이다.

일상적으로 부가어 phílos를 갖는 사람들, 다시 말해서 우리가 살펴본 바대로 xenía의 관계에 의해 결합되는 자들, 예컨대 가족의 구성원인 아버지, 어머니, 부인, 아이와 관련해서 이 개념을 어떻게 분류할 수 있는가? 그리고 이 용법들——이 중 몇몇 용법의 예는 많다——과 제도와 관련되는 용법 사이의 의미전이의 관계를 어떻게 설정할 수 있을까?

어떤 학자들은 예컨대 êtor(마음)와 병치된 phílos의 소유 의미는 친족용어와 함께 사용된 phílos의 뜻에서 유래하는 것으로 생각했다. 프랑스인들이 자기 가족을 '나의 것들/그의 것들'les miens/les siens라고 말하듯이 phílos는 소유의 기능으로 용법이 국한된다는 것이다. 그러나 이 추론은 근본부터 틀렸다. 즉 '나의 부모'를 가리키는 '나의 것들'이란 표현에서는 소유사에서 친족 관계로 의미가 전이되는 역전 과정이다.

또 다른 학자들은 이와 반대로 소유 용법에서 예시되듯이 '그의 것'이란 일차 의미를 phílos에 부여하고, 여기에서 '사랑스러운'이란 개념이 나왔을 것으로 생각한다. 이 문제는 이처럼 최소의 노력으로 간단히 해결될 수도 있다. 그러나 이 해결책도 한 난점을 다른 난점으로 교체한 것에 불과하다. 즉 단순히 소유 형용사가 그처럼 다양한 의미를 만들어 내고, 그처럼 중요한 개념을 획득했는가? 이 같은 사실은 유례가 없다. 마지막으로, 앞에서 증명한 바처럼 phílos는 사회의 가장 오래된 옛 제도에 뿌리박고 있으며, 특정한 유형의 인간관계를 지시한다. 이것은 벌써 이 의미적 관계를 배제하는 충분한 이유가 된다.

결국 이 두 가지 해결책이 모두 별로 만족할 만한 것이 아니라는 입장이다. '사랑하는' 또는 '친구'의 개념에서 '개인적'의 의미를 거쳐 '자기의 것'의 의미에 이른다고 생각한다는 것은 헛된 환상에 지나지 않는다. 일차적 의미가 그처럼 급격하게 약화되어 가는 의미진화는 좀처럼 생각할 수 없다. 그러나 이들 관계를 역전시켜 소유사 '자기의 것'을 기원으로 설정하여 점차 '친구'나 '사랑하는'의 의미를 획득했을 것이라고 하는 것은 증거와는 배치된다.

이와 같은 상황이 이 문제의 현 상태이다. 우리들은 뾰족한 해결 방도가 없는 선택에 처해 있다. 이러한 조건은 그 특이성으로 볼 때, 이 딜레마가 해석이 부정확했기 때문에 생겨났을 수도 있다는 것을 암시한다. 따라서 이 문제를 근본에서 재론해야 한다. 결정적인 사항은 '정의적'情意的 의미와 '소유'의 의미관계이다. 이미 우리들은 기본적인 두 가지 자료 가운데 한 자료인 '친구'라는 개념을 '환대'의 관계틀 내에서 재해석해야 한다는 사실을 살펴보았다. 그렇다면 다른 자료, 즉 '소유사'로서 phílos의 개념은 어떤가? 여기서도 역시 조사를 반드시 새로이 할 필요가 있다. 따라서 우리는 호메로스의 예들, 다시 말해서 모두 단순히 소유를 의미하는 것으로 등재된 예들을 살펴보려고 하는데, 이들 예에서 phílos는 사람이 아니라 사물을 수식하고 있다. 우리들은 여기에서 연관관계를 하나씩 열거하여 주요한 인용문을 간략히 논평하고자 한다. 이와 같은 문제에서 문맥은 언제나 중요한 것이기 때문이다.

ôdron(선물/증여)과 같이 사용된 phílos. phíla dôra(『오디세이아』 8권 545행)라는 문맥은 우리가 바라는 바대로 명백하다. 이 상황은 환대를 받는 자(xeînos)에 대한 환대하는 자(xeinodókos)의 입장이다. 알키노스는 자기에게 부과되는 의무들을 상기시킨다. 즉 사람들이 그를 배웅하고(pompé), 앞에서 지적한 phílos와 xénos의 관계 때문에 그에게 phíla dôra(사랑의 선물)를 선사한다. 이 표현은 오디세우스를 자기 집에 묶게 한 알키노스에 대해 오디세우스가 하는 감사의 말에도 다시 나온다. 즉 pompè kaì phíla dôra(배웅과 사랑의 선물; 『오디세이아』 13권 41행)가 그것이다. 다른 곳에서(『일리아스』 24권 68행), 헥토르의 phíla dôra는 그가 제

우스에게 선사한 선물이며, 그래서 제우스는 그 대신에 헥토르를 자신과 모든 신에 대한 phíltatos(아주 사랑을 받는 자)로 간주하는 것이다. 이 용어는 여기에서 신과 인간의 관계, 서로 phíloi인 관계를 예시한다. 따라서 환대의 표지로 선물을 선사하는 사람들에게 고유한 수식어를 '선물'에 적용시킨 것이다. 그래서 phílos는 소유사가 결코 아니다.

dóma(집)와 같이 사용된 phílos(『오디세이아』 18권 421행). 이것으로도 우리는 동일한 상황에 이른다. "암피노모스가 말하기를, 이 손님(xeînos)을 텔레마코스의 세심한 배려에 맡기자. 이 손님은 그의 **환대하는 집**(toû gàr *phílon* híketo *dôma*)을 찾아온 까닭에." 여기서 인지해야 하는 것은 분명 phílos-xénos의 유대이다. 따라서 phílon doma는 phílos로서 처신하는 자의 집이다.

démnion(침상)과 같이 사용된 phílos(『오디세이아』 8권 277행). phíla démnia는 자기 아내에게 속은 헤파이스토스의 이야기에 나오는 '부부 침상'을 가리킨다. 앞에서 phílos는 ákoitis, álokhos, 즉 아내와 가정을 빈번히 수식하는 부가어를 가리킨다는 사실을 살펴보았다. 헤라이스토스의 불운은 여기서 이 형용사의 의미가치를 부각시킨다. 즉 침상은 '부부의'의 의미로 사용되었기에 phílos로 불리는 것인데, 그것은 기만欺瞞의 장소였고, 또한 복수復讐의 자리가 될 것이다.

이리하여 phílo는 거주 장소의 용어와 병치된 용법들에 이르게 된다.

oikíon(거처/집)과 함께 사용되면, phíla oikía는 새가 자기 새끼들을 찾아오는 둥지이다(『일리아스』 12권 221행). 고향을 가리키는 phíle gaîa란 짧은 표현 형식이 아주 빈번하게 나타난다. 그것은 추방자, 유랑자, 원정 나간 자들이 돌아가는 곳이기 때문이다. 특히 이들이 고향에 돌아가기를 원하는 소원을 피력할 때, phílēn es patrída gaîan(phílē한 조국 땅에)라는 성구 표현은 감정적 표현을 가득 지닌다. 따라서 phílos가 nóstos(가정으로의 귀환; 『일리아스』 16권 82행)와 나란히 사용된 것에 결코 놀라지 않을 것이다. phílos가 같은 가정에 사는 사람들을 연상시킬 때, 그것이 암시하는 모든 의미가 여기서는 가정을 보호하고, '땅'(조국 또는 고향)과 사람들이 바라는 '귀향'으로 전이되고 있다. 이 모든 것을 소유사로 단순히 환원시킨다는 것은 phílos의 진정한 의미를 박탈하는 것이다.

또한 phílos와 heímata(의복)를 함께 해석하려면(『일리아스』 2권 261행) 이 형용사의 모든 구성요소를 재구해야 한다.

> (오디세우스가 테르시테스에게 말을 던진다. 무례한 언동을 계속하는 경우 조심하라.) 너로부터 너의 남성 치부(aidô)를 가리고 있는 phíla heímata, 즉 망토, 튜닉을 빼앗고, 치욕스럽게 너를 내쫓기 전에 사정없이 때릴 것이다.

여기서 phílos와 aidós(본서 416쪽 참조)를 특별한 뜻으로 서로 연결짓는 관계에 대한 표지가 있다. 즉 의복은 이것을 입는 자(치부를 보호하는 것은 의복이다)와 친밀한 관계에 있는 동시에 사회에 대해서는 예의의 관계를 맺고 있다. '너에게 phíla한 의복'은 여기서 또한 사람에게 적용된 phílos의 의미가 전위된 것이다.

이제 다른 개념군, 즉 phílos로 특징지어지는 사지四肢와 신체부위로 넘어가자.

몇몇 예들은 phílos의 완전한 의미에 의심의 여지가 전혀 없다. 프리아모스가 헥토르에게 phílē한 자기 생명(『일리아스』 22권 58행)을 전투에 내놓지 말라고 간청할 때, 그는 애정으로 전율하는 아버지로서 말하는 것이다. 아킬레우스가 'phílē한 머리의 파괴자'인 헥토르를 만나러 간다고 선언할 때(『일리아스』 18권 114행), 그것은 파트로클로스의 머리가 그에게는 phílē였다는 것, 즉 phílos의 머리였다는 것을 의미하는 것으로 이해해야 한다. 문맥에 위치시키는 경우 다소 의미가 미묘하지만 완전히 이해가 가능한 것은 우선 laimós(목구멍)와 함께 사용된 놀라운 용법이다(『일리아스』 19권 209행). 그러나 전체 구절을 읽어 보라. 아킬레우스는 파트로클로스를 복수하기 전에는 싸움을 미루는 것을 거부한다.

> 어떤 음식도 마실 것도 나의 phílos한 목구멍에 넘어갈 수 없을 것이오. 내 전우(hetaîros)가 죽었고, 비통해 하는 전우들에게 둘러싸여 누워 있기 때문이오.

이러한 아킬레우스의 고통은 phílos의 고통이며, 자기 hetaîros를 잃었다는 감정이 그로 하여금 음식에 대한 생각을 버리게 한 것이다. 나중에 가서 나이먹은 자들이 다시 그에게 식사를 강권하자 아킬레우스는 이번에는 '목구멍'을 '심장'(마음)으로 바꾸면서 이 부가어를 의미심장하게 반복하면서 외친다.

> 안 되오, 심한 비탄이 나를 사로잡을 때 음식과 마실 것으로 나의 phílon tor를 채우려고 하지 마시오.(『일리아스』 19권 305~307행)

모든 것이 아킬레우스에게 잃어버린 자기 친구를 상기시키는 상황에서, étor(심장)나 laimós(목구멍)와 함께 사용된 phílos의 의미는 제도와 감정이 허용하는 의미이다. 신체부위를 사람에게 적용되는 수식어와 결부짓는 것은 단지 전위轉位에 지나지 않으며, laimós(이것이 유일한 예이다)와 결부시킨 것은 독창적이고 과감한 전위이고, ễtor와 결합시킨 것은 빈번히 나타나는 전위이다.

kheîres(손들)와 함께 사용된 phílos는 다수의 구절에서 고유의 기능을 지닌다. 즉 신을 향해서 phílas kheîras(『일리아스』7권 130행)를 드는 것은 신들과 philótēs의 관계를 맺는 자들에게 어울리는 행위이다. 이노Ino가 khersî phílēsi로 난파로 인해 기진맥진한 오디세우스를 맞아들일 때(『오디세이아』 5권 462행) 이 부가어는 환대와 보호하려는 의도와 잘 부합된다. 마찬가지로 태양의 섬에 좌초한 뱃사람들이 음식을 먹기 위해 새들이나 물고기, phílas hó ti kheîras híkoito(그들의 phílas한 손에 잡히는 모든 것;『오디세이아』 12권 331행)를 잡는다. 여기에서도 앞으로 내밀어 무엇을 즉각 받을 수 있는 손의 행위는 선물을 받는 phíloi의 행위와 같다. 이 부가어는 환영의 손짓을 모방하는 행위를 가리키기 때문이다.

또한 『일리아스』의 한 구절(18권 27행)의 의미도 이와 같다. 여기서 아킬레우스는 파트로클로스의 죽음을 비통해 하면서 phílēsi khersí로 자기 얼굴을 할퀸다. phílos의 고통이 이 고통을 표현하는 손에 전위된 것이다.

goúntana(무릎들)와 함께 사용된 phílos 역시 원래의 의미로 복원해야 한다. 자기 딸이 낳은 새 손자를 아우톨리코스의 무릎(phíla goûtana)에 놓는 에우리클레이아의 행위(『오디세이아』 19권 401행)는 무엇을 의미하는가? 그것은 감사의 의식으로서 아버지나 조상의 phíla goûtana는 신생아를 받아서 가족의 일원으로 맞아들여 그를 합법화시키는 것이다. 친족 유대와 phíla goûnata란 표현의 이와 같은 관계는 『오디세이아』(21권 55행)의 다른 구절에도 빛을 던져 준다. 즉 페넬로페가 그녀의 phíla goúnata에, 어디가고 없는 오디세우스의 활을 잡고서 눈물에 젖어드는 상황이다. 전사의 무릎에 phílos가 사용된 것은 다른 방식이지만 아주 의미심장하다. 예컨대 전쟁의 시련에서 헥토르가 자기 방패로 두 무릎(phíla goûnata)을 부딪히는 경우(『일리아스』 7권 271행)나 운명에 직면하여 "아킬레우스가 말하자 아가멤논이 다시 반복해서 말하기를, 숨이 내 가슴에 남아 있는 한, 내 phíla goúnata가 움직이는 한"(9권 610행)이다. 바로 이 순간에, 제우스의 운명에 의해 선택된 이 영웅이 지독한 시련을 맞고, 자기 힘이 다할 때까지 싸워야만 되는 때에 그는 자신의 phíla goúnata에 대해 말한다. "자기 무릎이 끝까지 그를 버텨줄 것이며, 결코 그 힘이 약해지지 않을 것이다." 그래서 바로 이 점에서 이 무릎이 phíla로서 모습을 드러낼 것이다. 이 문맥은 그와 같은 상황에서 이러한 성질이 표상하는 바가 무엇인지를 이해시켜 준다.

phílos와 guîa(사지)의 관계도 의미상으로는 이와 매우 유사하다. 즉 전사의 phíla guîa는 전투에서 풀려지고, 지친다. phíla guîa에서 phaídima guîa(빛나는 사지) 같은 의미심장한 표현을 간파해야 한다.

마지막으로, phílos가 '심장/마음'의 명칭이 수반되는 예들——그 수효는 매우 많다——을 보기로 하자. phílon êtor(또는 kêr)는 아주 빈번히 출현하는 고정 표현이어서 phílos의 '소유' 용법의 유형 자체로 간주된다. 이와 정반대로 이 형용사는 여기에서도 그 의미 효력을 온전히 지니고 있으며, 이를 관찰하기 위해서는 문맥을 참조하는 것으로 충분하다고 생각한다. 그래서 몇몇 예들로 만족하고자 한다.

『오디세이아』의 첫 노래에서 6개 정도의 예가 있다. 아테나 여신은 오디세우스를 위해 자기 아버지 제우스의 마음을 달래려고 한다. "그러면 당신의 phílon한 마음은 누그러지지 않나요?"(60행). 그러고는 그가 과거에 오디세우스의 헌납물에 기뻐했음을 그에게 상기시킨다. 그래서 그녀는 제우스가 오디세우스에게 phílos가 되기를 바라는 것이다. 그녀는 계속 말한다(82행). "오디세우스가 자기 집으로 다시 올 수 있다면 그는 신들에게 phílon하게 된다면⋯⋯." 가족 관계에서: 텔레마코스가 자기 아버지를 기억 속에서 재회했을 때 그는 (phílon한) 마음속으로 고통스러워한다(114행). 그리고 음유시인의 노래가 그녀에게 그의 죽음을 회상시키자 페넬로페의 마음(phílon kêr)은 괴로워진다(341행). 환대의 관계에서: 텔레마코스는 xéons를 영접하고, 그를 붙들어 두고 싶어 한다. 그래서 그는 목욕을 하고, 선물을 잔뜩 받고, 그의 phílon한 마음이 흡족해서 돌아갈 것이라는 확신을 그에게 준다(310행). 그러나 이 xénos(사실은 변장한 아테나 여신이다)는 더 머무를 수 없다고 변명한다. 그래서 그의 phílon한 마음이 텔레마코스를 부추겨 그에게 주기로 한 선물을 가지러 다시 올 것이라고 한다(316행). 이것은 phílótēs의 용어법이며, 이 부가어는 단지 환대자에게서 그의 마음으로 전위된 것에 불과하다.

또한 다음을 읽어 보라. 메넬라오스의 phílon한 마음은 자기 동생이 살해되었다는 것을 알자 산산이 부서진다(『오디세이아』 4권 538행). 페넬로페의 phílon한 마음은 자기 아들에 대한 두려움으로 고통을 받는다(804행). 때로 동일한 표현을 두 가지 의미로 이용하기도 한다. 메넬라오스는 프로테우스에 대해, 그가 자기 집으로 되돌아가서 자기 phíloi, 자기 가족을 만나기 전에 아이귑토스의 강가로 되돌아가야 한다는 사실을 알자(475행), 그의 phílon한 마음은 탄식한다(481행). 여기서 두 용법이 서로 상응한다. 그러나 메넬라오스가 오디세우스의 용기를 회상시키고, 자기 마음에 필적하는 phílon한 마음을 가진 영웅을 결코 본 적이 없노라고 말하면서(270행) 그는 텔레마코스의 불만을 반항으로 환기시킨다. "그의 가슴 속에 철심장(kradíē sidéréē)을 가진 것이 그에게 무슨 소용이 있는가?"(293행).

여기에서도 phíla goûnata처럼 문제는 완화되지 않는 성질, 한결같이 완고한 성질이다.

소위 '소유'를 가리키는 phílos의 모든 예문을 열거하고 아주 세심하게 분석하려면 많은 장이 소요될 것이다. 하지만 우리는 이들 중에서 가장 눈에 띄는 예문들을 해석했다고 생각된다. 이 증명은 호메로스의 주석만큼이나 역사가 오래되고, 또 수세대에 걸쳐 전해 내려온 해묵은 오류를 밝혀 드러내려면 필요한 것이다. phílos의 문제는 완전히 재론해야 한다. 이 용어에 즉각 적용된 은유적 의미전위를 완전히 이해하려면, 이 용어 내에서 복잡한 연계망을 드러내 줄 용법들과 문맥에서 출발해야 한다. 이 연관 관계들 중에 어떤 것은 환대제도와 관련이 있고, 또 어떤 것은 가정의 관습과 관련이 있고, 또 다른 것은 간접적인 행동과 관련이 있다. phílos를 우정이라는 막연한 개념으로나 소유 형용사라는 잘못된 개념으로 귀결시킨 이후로, 이 개념의 풍부성이 모두 매몰되고, 우리 시선에서 벗어났다. 호메로스의 독해법을 다시 배워야 할 적절한 기회이다.

phílos란 어원은 이 주제를 개진한 해설 중 어떤 설명도 더 이상 근거가 없다는 것이 이제 명백하다. 이제 우리들은 이 단어의 원시 역사는 가장 오랜 옛 그리스어에 속한다는 점을 알게 되었다.[5] 즉 미케네어는 이미 phílos로 구성된 고유명사 합성어가 있었다는 점이다. 예컨대 pi-ro-pa-ta-ra(= Philopatra), pi-ro-we-ko(= Philowergos) 등이다. 따라서 그 기원을 논의하는 일은 아직 끝나지 않았다. 그것이 무엇을 의미하는지를 밝히는 일부터 착수하는 것이 매우 중요하다고 하겠다.

---

5) 여기에서 제시한 phílos의 해석은, 1936년 12월 파리언어학회에서 발표하고, 『파리 언어학회 논집』 38, 1937(구두 발표문, p.X)에 요약된 해석을 넘어서 그것을 보완한 것이다.

5장_노예와 이방인

요약

자유인은 집단 내에서 태어나기 때문에 이방인(그리스어 xénos), 즉 적(라틴어 hostis)과 대립된다. 이방인은 내 손님(그리스어 xénos/라틴어 hospes)이 되든가 또는 전쟁에서 내가 사로잡으면 내 노예(그리스어 aikhmálōtos/라틴어 captiuus)가 된다.

노예는 필연적으로 이방인일 수밖에 없고, 그래서 인도유럽어와 심지어는 근대의 인도유럽어에서도 외래어 명칭(그리스어 doûlos/라틴어 seruus)을 가지거나 이국민의 명칭(esclave 〈 Slave)을 가진다.

노예의 개념은 단일한 명칭이 없다. 그것은 인도유럽어 전체에서도 그렇고, 다수의 방언군에서도 그렇다.

고대 문명권에서 노예 신분은 노예를 공동체 밖에 위치시켰다. 이 부정적 ^{否定的} 정의에서 노예의 명칭이 나타난다.

시민권을 지닌 시민으로서 노예인 자는 없다. 노예는 언제나 전쟁 포로로 사로잡힌 자들이며, 우선 도시(국가)에 들여온 공동체 밖의 사람들이다. 고대의 비인도유럽사회(예컨대 수메르아카디아 사회)처럼 인도유럽사회에서 노예는 법적 권리가 없는 자이며, 전쟁에 관한 법에 의해 이 신분 조건에 종속된다.

그 후에, 노예는 구매에 의해 획득할 수 있었다. 소아시아의 대시장에서는 각 지역에서 들여온 노예들이 흘러넘쳤다. 그러나 이들의 신분 상태는 결국은 전쟁 포로나 약탈자들이 탈취한 사람의 신분으로 소급된다. 소아시아는 프리기아인, 리키아인, 리디아인, 사모스인 등의 흔히 **종족** 명칭으로 된 노예의 별칭으로 미루어 판단하건대, 이 노예를 대량으로 공급하는 곳이었다.

이러한 정황에서 노예는 이방인과 동일시되었고, 또 특정한 지역 명칭을 지니는 것을 이해할 수 있다. 더욱이 몇몇 수식어는 노예를 사로잡힌 자나 구매된 자로 정의한다. 따라서 때로 서로 일치하는 두 계열의 명칭이 존재하는데, 즉 전쟁 포로로서의 지칭과 고유한 의미의 노예의 지칭이 그것이다.

먼저 '전쟁 포로'부터 고찰해 보자. 이 신분 조건은 흔히 '사로잡힌', '포로가 된'을 의미하는 다양한 단어로 표현된다. 다음의 예들이 그것이다. 라틴어 captus, captiuus, 그리스어 aikhmálōtos(αἰχμάλωτος), 호메로스 그리스어 douríktētos(δουρίκτητος), 고트어 frahunþans, 고대 슬라브어 plěnĭnikŭ(러시아어 plennyj). 그리스어 aikhmálōtos는 더 자세히 고찰해야 되는데, 그것은 문자적 의미인 '창끝에 사로잡힌'이 모호하기 때문만은 아니다. 이 단어의 구성은 그리스인 자신들에게는 명확한 것이었다. 그 증거는 창의 명칭(dóru)을 첫 요소로 사용하여 만든 쌍립어 douríktētos이다. 그러나 aikhmálōtos는 겉으로 보는 것처럼 즉각적으로 해석할 수 없다. -alōtos는 단지 '사로잡힌'만을 의미하는 것이 아니기 때문이다. 그것은 다소 간략한 번역어이다. halískomai(ἁλίσκομαι)의 어기에는 도시건 사람이건 스스로를 방어할 능력 없이 '갑자기 포획된', '즉석에서 사로잡힌'이라는 관념이 포함되어 있다. 여기에서 완료형 hélōka(ἥλωκα, 나는 패배했다)의 의미가 생겨나는데, 이 형태는 halískomai와 관련되는, 아주 불규칙한 다른 형태이다. 저항 능력을 상실시키는 급작스러움이라는 개념은 capio(손으로 잡다)에서 파생된 captus, captiuus와는 전혀 다른 표현을 만들어 내었다.

명사 aikhmḗ(αἰχμή)도 역시 고찰해야 한다. 이것은 '창끝'을 가리킨다. 그리고 의미가 확장되어 뾰족한 쇠가 달린 긴 창, 뾰족하고 납작한 긴 창, 길고 무거운 투창 등의 무기 전체를 가리킨다. 주목해야 할 점은 aikhmḗ는 호메로스의 전사가 사용하는 전형적인 무기이며, 그 결과 파생어 aikhmētḗs(αἰχμητής)는 '전사'를 가리키는 시어詩語가 되었고, 호메로스 작품에서 고상한 용어의 의미가치를 갖게 되었다. 탈티비오스는 아이아스와 헥토르의 전투를 종결시키려고 이들에게 말한다. "그대들 두 사람 모두는 제우스의 사랑을 받는 자들이오. 그대들 두 사람은 모두 (용감무쌍한) 전사들이오"(ἀμφοτέρω γὰρ σφῶί φιλεῖ …… Ζεύς, | ἄμφω δ᾽αἰχμητὰ; 『일리아스』 7권 280~281행). 따라서 aikhmḗ로 불리는 무기는 전사를 특징짓는 무기이며, 이것이 없으면 그는 자기 특권도, 결과적으로 전투력도 상실하게 된다.

이란어에서 '전쟁 포로'의 지칭은 약간 다른 모습을 보인다. 즉 중기 이란어 dast-grab은 문자적 직역으로는 '손으로 사로잡힌'을 뜻한다. 이 경우 포획의 수단은 손이다. 라틴어 captiuus와, 라틴어 capio에 대응하는 게르만어 어기語基에서 파생된 고대 독일어 hafta도 이것을 암시한다. 이란어 동사 grab-(잡다)은 다리우스 왕의 아케메네스 왕조 시대의 페르시아 비문에서부터 사용되었고, '전쟁 포로를 잡다'를 의미한다. dasta(손)는 이와 똑같은 개념과 관련된다. 예컨대 적에 대해 아후라 마즈다의 다리우스 왕은 '그를 자기 손안에 두었다'고 말한다. 그래서 dasta와 grab-은 전쟁 포로를 포획하는 표현에서 고유한 의미가치들을 결합시키고 있다. 아르메니아어 jerb-a-kal(전쟁 포로; 문자적으로는 '손으로 잡힌'을 의미한다)도 마찬가지로 중기 이란어 dast-grab을 모사模寫한 것이다. 따라서 이것은 이란어가 아르메니아에 영향을 미쳤다는 새로운 증거이다.

이 모든 합성어는 전쟁 포로를 잡는 방식에 따라 포로를 묘사한 것이다. 그러나 이들만이 유일한 용어가 아니다. 또한 다음 용어들, 즉 고대 이란어 banda(ka), 산스크리트어 bandhin도 언급해야 한다. 이들은 포로를 '매인' 자로 규정한다. 우리는 고트어에서 frahinβan(포로로 만들다, aikhmalōtízein)의 분사인 frahunβans를 찾아볼 수 있다. hunβs(전쟁의 노획물, aikhmalōsía), 고대 영어 hunta(사냥꾼), huntian(사냥하다, 영어 hunt) 참조. 이들은 사냥과 전쟁의 용어에서 전문적으로 의미가 분화된, 다른 언어에서는 확인되지 않는 어근에서 파생된 용어이다. 이 개념과 관련되는 것으로 고대 슬라브어 plĕnŭ(노획물, 러시아어 polón)가 있다. 여기에서 plĕniti(포로로 만들다)와 plĕnĭnikŭ(포로)가 생겨났고, 리투아니아어 peĩnas(이익/이득), 산스크리트어 paṇa(내기/내기돈)는 이들 용어와 대응한다. 이것은 그리스어 pōleîn(팔다; 본서 163쪽 이하 참조)에서 파생된 어근 *pel-과 같은 방향의 의미로 접근되며, '노획물/전리품'의 개념과 '경제적 이익'의 개념을 서로 관계짓는다.

둘째, 노예의 명칭을 보자.

가장 널리 알려진 그리스어 용어 doûlos(δοῦλος)는 호메로스에게서는 출현하지 않지만 호메로스 시대에 사용되던 일상 단어였다. 그러나 그 파생어는 이미 호메로스의 그리스어이다. 예컨대 여성 doúlē의 형용사 doúlios(δούλιος) 같은 것은 doúlion êmar(δούλιον ἦμαρ, 굴종의 날/노예의 신 분 상태; 특히『일리아스』6권 463행 참조)와 같은 표현에서 나타난다.

호메로스에는 dmós(δμώς)와, 확실하지는 않지만 oikétēs(οἰκέτης) 같은 다른 단어도 있다. 물론 이 후자 용어에서는 '하인'과 '노예'가 쉽게 구별되지 않지만 말이다. 이 두 용어는 일단 논의에서 제외시키겠다. 이들은 '집'의 명칭에서 파생된 파생어임이 분명하다(본서 375쪽 참조). 이와 거의 동일한 의미가치를 지닌 것은, 약간 의미표상이 다르지만 라틴어 famulus이다. famulus로부터 집합명사 familia가 파생되었다. familia를 구성하는 것은 어원적으로는 famuli 전체, 즉 같은 집안에 사는 하인들 전체를 가리킨다. 따라서 이 개념은 우리가 '가족'famille이 가리키는 의미, 즉 친족 관계에 의해 결합된 사람만을 가리키는 의미와 일치하지 않는다.

헤시키오스의 증거를 받아들인다면, 노예를 가리키는 특정 명사 doû-los란 용어를 이 개념과 연관지을 수 있을 것 같다. 헤시키오스는 oikía(집)로 주석하는 doúlôs와, oikogeneîs(집안에서 태어난)로 주석하는 합성어 dôlodomeîs를 제시하고 있다. 결국 doûlos가 최초에 속한 그리스어 방언이 어떤 방언이었든 그것은 oikétēs의 의미와 유사한 것 같다.

그러나 doûlos는 미케네 그리스어에서 do-e-ro(do-e-lo)의 형태로 출현하는데, 그 원형은 *dowelo- 또는 *doselo-로 가정된다. 이는 이 용어의 기원 문제를 아주 복잡하게 만든다. 이 용어는 적어도 7세기부터 헬라 세계에서 이미 일상화되었기 때문이다. 이 상황과 양립될 수 있는 가정으로 오직 두 용어를 상정할 수 있다. 우선 고대의 *doselo-의 어기는 인도이란어 용어 dāsa-와 비교할 수 있을 것이다. 이 용어는 앞에서 살펴보았듯이 인도어에서는 '야만인/노예'의 의미를 가진다. 그러나 우리는 또한 인도이란어 상태에서 dāsa는 아마도 '사람/남자'만 의미할 것이라는 것을 살펴보았다(본서 392쪽 참조). 이 대응어가 가장 오랜 고대 그리스어 시기로부터 *doselo-란 형태로 '노예'를 의미했는지는 아직 잘 파악되지 않고 있다. 그래서 과거에 학자들이 제시한 바처럼 doûlos가 에게해 연안의 비인도유럽어에서 차용되었다는 사실을 가정할 뿐이다. 그렇다면 이 어휘는 학자들이 생각하는 것보다 훨씬 더 일찍이 차용되었을 것이며, 마케네 그리스어에서 doelo라는 형태로 그리스어로 이입되었을 것이다. 그리하여 기원을 발견할 수 있는 기회는 이 용어가 그리스어에 출현한 시기가 과거로 소급될수록 그만큼 멀어진다.

다른 지표들도 doûlos를 외래어로 간주하도록 유도한다. 우선 doulo-로 구성된 고유명사의 지리적 분포로 말미암아 그것이 아시아에서 기원하는 것으로 생각할 수 있다. 하지만 이 단어가 결부될 가능성이 있는 것으로 생각되는 소아시아 언어를 구체적으로 명시할 수 없다. 람베르츠Lambertz는 doûlos의 고대 예들과 doûlos로 구성된 합성어 형태의 고유명사를 수집했다.[1] 이 고유 명칭 대부분은 소아시아에서 확인되는 것으로 드러났다. 그리하여 doûlos가 소아시아에서 유래했을 가능성이 아주 크다.

더욱이 이 그리스어가 노예를 지칭하기 위해 외래 용어를 사용했다는 사실에 그다지 놀랄 필요는 없다. 왜냐하면 노예는 필연적으로 이방인이기 때문이다(또한 인도유럽어에서 이 명칭이 빈번히 사용되는 조건이 같기 때문이다). 인도유럽족은 오직 국외 이주만이 있었던 것이다.

---

1) 『말』*Glotta*, V. 1914, p. 146, 주석 1번.

이러한 조건은 라틴어 단어 seruus의 역사에서 증명된다.[2] seruus를 동사 seruare(관찰하다/지키다)의 파생어로 간주하기는 불가능하고, 또 ser-uus가 '수비하는' 임무를 맡았다는 것을 생각하는 것도 불가능하다. 동사 seruare의 인도유럽어 어원은 분명하다. 그것은 아베스타어 harva(감시하는), 그리스어 horân(ὁρᾶν, 관찰하다/고찰하다)이다. 그러나 seruus는 '노예'의 법률적, 사회적 신분 상태를 표현하는 것이지 집안의 일정한 직능을 나타내는 것은 아니다. 분명히 seruus에는 seruare의 의미가 없다.

로마에서는 어떤 시민도 노예가 될 수 없기 때문에 단어 seruus의 기원을 로마가 아닌 외부에서, 따라서 로마의 라틴어 어휘 밖에서 찾아야 할 가능성이 아주 크다. 그런데 seruus의 어기가 에트루리아어 serui-, serue-란 형태로 존재했다는 사실을 증명해 주는 많은 고유명사 증거가 있다. 또한 라틴어 고유명사 가운데서 에트루리아어의 조어법으로 구성된 라틴어 고유명사도 찾아볼 수 있다. 예컨대 에트루리아어에서 기원하는 라틴어 명칭을 특징짓는 접미사가 있는 Seruenius, Seruena, Seruoleni 등과 같은 고유명사이다. 따라서 우리가 해독 가능한 에트루리아 비문에서 발견한 것은 아니지만 seruus는 에트루리아어 용어일 가능성이 많다. 이처럼 서로 다른 역사적 조건에서 seruus에서 최초의 상황과 동일한 상황을 다시 대하는데, 이는 doûlos의 경우에도 거의 그대로 해당된다.

또한 근대 용어 esclave도 다시 상기해 볼 수 있다. 이 어휘는 원래는 남부 슬라브어(세르비아어 또는 그 인근의 언어) 형태로 된 슬라브족Slaves의 명칭, 즉 민족 명칭 Slověninŭ를 가리켰다. Slověninŭ로부터 비잔틴 그리스어 형태 Sklavēnoí(Σκλαβηνοί, 이탈리아어 schiavoni)가 파생되었고, 이 그

---

2) 이에 대한 증명은 『라틴 연구지』*Revues des Etudes Latines*, t. X(1932), p. 429 이하에 발표.

리스어형은 파생어로 취급되어 민족 명칭 Sklavoi(Σκλάβοί)를 탄생시켰다. 여기에서 전체 서구 세계에서 esclave와 이와 연관된 형태들이 생겨났다. 이와 평행되는 또 다른 사실이 앵글로색슨 세계에도 나타나는데, 여기서 는 wealh(노예)는 원래는 정복 민족인 '켈트족'을 의미했다.

이와 같은 또 다른 중세 시기의 평행 사실이 있다. 그런데 여기서는 노예가 아니라 열등하고, 지배받는 신분에 있는 신하 vassal를 가리킨다. vassus(여기에서 vassalis가 생겨났다)는 당시의 라틴어에서는 켈트어 차용 형태였고, 이는 아일랜드어 foss, 게일어 guas로 나타나고, 두 단어 모두 '하 인', '노예'를 의미한다.

그리하여 각 언어는 다른 언어로부터 노예의 지칭을 차용했다. 어떤 민족은 이웃 민족을 정복하면 정복된 민족의 명칭으로 노예를 지칭하기 도 한다. '자유인'의 표현과 '노예'라는 정반대 표현이 깊은 의미적 상관이 있다는 것을 알 수 있다. 자유인은 스스로를 ingenuus로, 즉 어느 사회 '내 에서 태어난' 것으로, 따라서 자신의 온전한 권리를 가진 것으로 지칭한다. 이와 관련해서 자유롭지 못한 자는 반드시 이 사회에 귀속되지 않은 자, 즉 권리가 전혀 없는 이방인이다. 노예는 이외에 추가적 사실이 또 있다. 즉 그는 전리품으로 포로가 되거나 매매된 이방인을 가리킨다.

고대 문명권에서 이방인의 개념은 근대 사회에서 규정하는 일정한 기 준으로 정의되지 않는다. 다른 나라에서 태어난 자는 협약에 의해 그와 관 계를 맺는 조건에서만 그 나라 내의 시민에게 인정되는 특정 권리를 향유 한다. 이것이 그리스어 '이방인'과 '환대받는 자', 즉 환대의 법적 혜택을 입 는 이방인이 보여 주는 사실이다. 다른 정의도 이용할 수 있다. 즉 이방인 은 '외부에서 들어온 자'(라틴어 aduena)거나 또는 단순히 '공동체의 경계 밖에 있는 자'(라틴어 peregrinus)이다. 따라서 그 자체로 존재하는 '이방인'

이란 없다. 이러한 다양한 개념들 가운데서 나타나는 이방인은 언제나 특정한 이방인, 즉 별도의 지위에 속해 있는 사람이다.

요컨대 우리에게 ─의미적 측면과 법률적 측면에서 ─별개의 세 실체를 구성하는 적敵, 이방인, 손님의 개념은 고대 인도유럽어에서 일관된 관계를 밀접하게 보여 준다.

우리는 앞에서(본서 111쪽 이하) hostis(적)와 hospes(손님)의 관계를 조사했다. 고전 라틴어 hostis(적)는 고트어 gasts(손님)와 대응한다. 그리스어 xénos는 '이방인'을 지칭하며, 따라서 동사 xeinízō는 환대의 행위를 가리킨다.

이러한 사실은 이방인은 반드시 적敵이라는 관념 ─따라서 이와 관련해서 적도 반드시 이방인이라는 관념 ─에 기초해야만 이해될 수 있다. 이것은 반드시 그렇다. 왜냐하면 공동체 외부에서 태어난 자는 선험적으로도 적이며, 이 적과 나EGO 사이에 환대의 관계 ─이 관계는 공동체 내부에서는 상상할 수 없다 ─를 맺기 위해서는 반드시 상호 약정이 필요하기 때문이다. 우리가 앞에서 살펴본 바대로, 이러한 '친구-적'의 변증법은 이미 phílos의 개념에서 나타난다. 전투 상대인 적은 의례儀禮에 따라 체결된 협약의 결과로 그리고 서로 공인한 협정에 의해 일시적으로 phílos가 될 수 있기 때문이다. 마찬가지로 초기의 로마 사회에서 hostis가 된 이방인은 pari iure cum populo Romano, 즉 로마 시민과 법적으로 동등한 지위에 있다. 의례, 협정, 조약은 민족 간이나 도시(국가)들 사이에 상존하는 상호 적대의 상황을 단절시킨다. 엄정한 협약의 보호 아래서 그리고 상호성 덕택에 인간 관계가 생겨났고, 이때의 상호 이해나 법적 지위를 가리키는 명칭이 감정感情을 지시하기에 이른 것이다.

6장_도시와 공동체

요약

서부의 방언(켈트어/이탈리크어/게르만어/발트어)은 '민족'을 지칭하는
용어로 어근 *tew-(팽창한/힘 있는)에서 파생된 명사 *teutā를 보존하고 있
다. 따라서 여기에서 민족은 완전히 발전한 사회 집단으로 명명된다. 게르
만족에 국가적 민족 명칭(Teutoni/deutsch)을 제공한 이 지칭은, 슬라브어
가 게르만어에서 이 명칭을 차용하면서 정반대의 의미가치를 지니게 되
었다. 그리하여 고대 슬라브어 tŭždĭ는 '이방인'을 의미했다.

그리스어 pólis와 라틴어 ciuitas는 서구 문명이 세련화되는 과정에서
밀접하게 연관되었고, 이들은 제도적 명칭의 수렴 현상을 잘 예시해 준다.
사실 '성채'를 가리키는 고대 인도유럽어 명칭(그리스어 akró-polis 참조)
과 라틴어 파생어 ciuitas(공동 시민들 전체)는 애당초 아주 다른 의미였다.

인도 산스크리트어에서 '민족'(=나의 민족)을 의미하면서 역사적으로
는 Iran(⟨aryānām)이란 명칭을 제공한 Arya는 '인도이란족'을 가리키는
고대의 일반적인 명칭이었다. arya가 이란어에 고립되어 나타나지만 그
것은 산스크리트어에서는 arí의 파생어로 분석된다. arí는 이방인과 대립

되는 '나의 민족의 사람'을 가리키는 것 같고, 더욱 엄밀하게는 아마도 인척姻戚, 즉 외혼外婚에 의한 '절반의 다른 친척 구성원'을 가리키는 것 같다.

자유인의 신분 조건을 표현하는 용어를 이용하여 자유인, 다시 말해서 어느 사회 내에서 태어나서 이 사회에 통합되면서 출생 시부터 지닌 온전한 권리를 향유하는 자의 신분 조건을 분석하였다.

그러나 자유인은 자신이 속한 사회를 어떻게 표상하며, 우리는 이 사회를 어떻게 표상할 것인가? 인도유럽족의 공동체 시기에서 유래하면서 일관된 단일 용어로 지칭되는 '국가·나라'를 우리는 알고 있는가? 부족들의 집합체가 어느 정도로 자신을 정치적 통일체로 이해하고서 스스로를 '국가'로 표현할 수 있었던가?

우선 인도유럽 세계의 동부와 서부를 통틀어서 조직사회를 지칭하는 용어가 없다는 점을 지적하자. 그렇지만 이는 인도유럽족이 이 조직 사회에 이를 만큼 미성숙했다는 것을 의미하는 것은 아니다. 선사 시기의 방언에 해당 개념이 부재한다고 해서 공통 어휘가 없었다고 결론지어서는 안 된다.

사실상 크기가 다양한 영토상의 사회집단의 규모를 가리키는 용어들에는 여러 계열의 용어가 있다. 이 영토상의 조직체는 기원부터 꽤 복잡한 것으로 드러나며, 각 민족은 이 조직체의 구별된 개체임을 보여 준다.

그렇지만 상당히 넓은 영역에 걸쳐 서부 인도유럽 세계에서 확인되는 용어가 하나 있다. 라틴어를 제외한 이탈리크어군에서 이 용어는 움브리아어 tota로 나타나는데, 이것은 'urbs', 'ciuitas', 즉 '도시' 또는 '도시국가'를 의미한다. 『이구위나이 청동판』으로 명명된 대大 정화의식淨化儀式에 관한 자료에는 헌납물을 바치는 의식, 행진, 기도 등이 상세히 열거되어 있고, 이 정화 의식은 이구위움의 도시와 영토에 신들의 은총을 내려주기를 간구하는 의식이다. 여기에서 totaper iiouina, tutaper ikuvina(이구위움의 도시를 위하여)란 고정 형식으로 된 표현이 아주 빈번히 반복된다. 도시와 사회가 구별되지 않고 있다. 따라서 이것은 하나의 동일한 개념이다. 집단의 거주지로 형성되는 경계는 사회 자체의 영역 경계를 표시한다. 오스카어에서는 touto(도시국가)라는 명칭으로 이와 동일하게 명명된다. 그래서 티투스 리비우스(『로마사』 XXIII, 35, 13)는 최고 집정관이 캄파니아 지방에서는 meddix tūticus(= iudex publicus, 시민의 심판관)로 불렸다는 것을 알려준다. 켈트어군에서도 *teutā를 다시 볼 수 있다. 고대 아일랜드어 tuath(민족/나라), 게일어 tud(나라/브르타뉴어 tud(사람들))과 골의 고유명사 Teutates, Teutomatus 등이다.

게르만어에서 나타나는 대응 용어는 고트어 þiuda(ἔθνος, 민족/국가)이다. 이 용어는 연대상으로 중요한데, 그것은 가장 오랜 게르만어 문헌 이래로 전혀 의미 변화가 없기 때문에 그렇다. 또한 그것이 확장된 지역과 지속성의 면에서 보더라도 중요한 용어이다. 앞에서(본서 373쪽) 주목할 만한 가치가 있는 파생어 þiudans(우두머리)를 이미 보았다. 고대 고지 독일어 형태 deot(Volk, 민족)에 아주 빈번히 사용되는 접미사 -isc-가 첨가되어 형용사 diutisc가 파생되었다. 이 파생 형용사는 중기 라틴어에서 theodiscus로 표기되었으며, 이 라틴어는 독일어 deutsch의 기원이 되었다. 이 독일어 파생어는 먼저 독일의 언어, 즉 학문어인 라틴어와 대립되는 민중 독일어를 가리켰다. 그 후 그것은 게르만족의 일파를 가리키는 민족 명칭이 되었다. 게르만족Germanius은 '민족의 사람들'로 지칭되는데, 그 의미는 '우리들과 같은 민족의 사람들', '우리 공동체의 사람들'을 뜻한다. 이와 동일한 어기에 기초해서 형성된 다른 민족 명칭은 Teutoni이다. 민족 명칭 deutsch

가 생겨난 진화 과정에서 이 수식어가 우선 일차적으로 언어에 적용되었다는 것에 유의하는 것이 좋다. 이 특수 용법에 대한 이상한 증거가 독일어 동사형 deuten——deutsch와 동일한 어원으로 소급된다——에 남아 있다. 사실상 deuten, 고대 고지 독일어 diuten은 *þeudō(민족)의 파생 동사인 게르만어 *þeudjan에 기초해 있다. 이 동사는 문자적 직역으로는 '대중화시키다', '(성서의 메시지를) 민족에게 접할 수 있게 만들다'를 의미했고, 그후 일반화되어 '설명하다', '해석(독해)하다'를 의미하게 되었다.

이 서부 방언권에는 또한 발트어군이 속하는데, 리투아니아어 tautà (민족/종족), 고대 프러시아어 tauto(나라)가 있다. 여기에서 고대 슬라브어는 발트어와 관련해서 흥미 있는 차이를 보여 준다. '이방인'을 의미하는 형용사 tŭždĭ와 štŭždŭ(러시아어 čužoj)의 형태와 의미에서 차이가 나타나기 때문이다. 실제로 *tudjo-와 *tjudjo-를 나타내는 슬라브어 형태는 전승된 어기를 계승하는 것이 아니라 게르만어에서 차용된 차용어에서 파생된 형태들이다. 그래서 '이방인'의 의미는 바로 이 사실로 설명이 된다. 메이예는 다음과 같이 말한다. "'국가'를 의미하는 외래어에서 파생된 형용사가 정확히 이방인을 지칭하는 것으로 쉽게 상상할 수 있다. 게르만 국가는 슬라브족에게는 최우선의 이방 국가였다. 그래서 němĭci, 다시 말해서 말 못하는 벙어리βάρβαρος는 게르만인이다. 더욱이 고대에 라트비아어 tauta 는 특히 이방 민족을 가리켰다는 점은 신기하다."[1] 이처럼 슬라브어 어휘 tŭždĭ의 형태와 의미는 *teutā란 용어가 게르만족과 이웃하는 슬라브족의 눈에는 이 게르만족을 특징짓는 용어였다는 것을 확증해 준다.

---

1) 앙투안 메이예Antoine Meillet, 『고대 슬라브어의 어원과 어휘 연구』Études sur l'étymologie et le vocabulaire du vieux-slave, Paris, 1902~1905, p. 175.

이탈리크어, 켈트어, 게르만어, 발트어 외에도 *teutā가 존재했던 언어들 가운데 트라케어와 일리리아어를 포함시켜야 될 것 같다. 이는 이들의 고유명칭 일리리아어 Teutana, Teuticus, 트라케어 Tautomedes 같은 것으로 판단해 볼 때 그럴 가능성이 있다. 이 사실로 인해 이 어휘의 사용 영역은 중부와 동부 유럽까지 확대된다. 그러나 꽤 일반화된 주장과는 반대로, 히타이트어 tuzzi-는 여기에서 제외시켜야 한다. 그것은 이 히타이트어 단어가 '야영', '야영지'를 의미하며, 오직 군대와 관련 있기 때문이다. 몇몇 어원학자들은 다른 방도로 *teutā의 라틴어의 대응어는 '전체', '전부'를 의미하는 형용사(tōtus)일 것이라고 추측했다. 이 비교는 상상력을 발휘하게 만들어 전체의 개념을 사회의 개념과 연관짓게 하는데, 마치 '전체'를 의미하는 또 다른 형용사 산스크리트어 viśva-, 아베스타어 vispa-가 viś-(부족)와 대응하듯이 말이다. 그러나 이러한 tōtus의 기원은 증명이 불가능한 가설들을 설정해야만 용인된다. 예컨대 예기되는 *tūtus 대신에 나타나는 tōtus의 ō가 방언형에서 유래한다는 것, 여성 *teutā가 라틴어에서 즉각 형용사 *teutus가 되었고, 그 후 전혀 흔적 없이 소멸되어 버린 반면, *teutā가 남아 있는 언어에서 그것은 전체를 의미하는 파생어를 결코 만든 적이 없다는 것 등의 가설이다. 라틴어 자체에서 tōtus는 tōmentum(속을 채워넣다)과 비교해야 하며, 또한 tōtus의 일차적 의미는 보다 일반적으로 '가득 쑤셔넣은', '빽빽한'이었고, 여기에서 '가득찬', '전체의'의 의미가 생겨난 것으로 생각된다.

사회적 용어 *teutā의 단어구성은 분명하다. 그것은 어근 *teu-(팽창한/힘 있는)에서 파생된 *-tā로 구성된 일차적 추상어이다. 이 어근은 아주 생산적이었다. 그것은 특히 인도이란어에서 '할 수 있다'를 의미하는 동사 아베스타어 tav-와 같은 개념을 나타내는 많은 명사형을 형성했다. 예컨대 산스크리트어 tavas-(세력/힘), taviṣī(힘), 고대 페르시아어 tunuvant-(힘이 있는 것) 등의 명사형이 그 예이다. 따라서 *teutā를 완전히 발달한 사회 집단을 가리키는 '충만함', '완전함'의 뜻으로 대략 해석할 수 있다. 이와 유사한 표현은 고대 슬라브어 plemę(부족, 러시아어 plemja(부족/민족))에 나타나며, 이 고대 슬라브어는 그리스어 plthos(무리/군중)와 아마도 라틴어 plebs(백성/평민)처럼 어근 *plē-(가득 차다)에서 파생한 것일 것이다.

*teutā가 있는 방언군(켈트어/게르만어/발트어/이탈리크어)은 유럽의 연결된 전지역에 걸쳐 나타나는 것으로 기술할 수 있다. 여기서 남부의 라틴어와 그리스어, 동부의 슬라브어, 아르메니아어, 인도이란어는 제외된다. 이러한 방언적 분포는 분명 몇몇 민족군民族群, 즉 인도이란족, 라틴족, 헬라족을 분명히 구성했을 것으로 판단되는 민족들이 *teutā란 용어가 유럽 중부와 서부에 정착하려던 소수 민족들에게 일반화되기도 전에 인도유럽 공동체에서 분리되어 나왔음을 의미한다. 사실 라틴어, 그리스어, 인도이란어에는 다른 용어들이 사용되는데, 이 용어 각각은 인도유럽의 각 사회를 고유하게 특징짓는다.

그리스어 pólis(πόλις)와 라틴어 ciuitas를 함께 고찰해야 한다. 이들은 그 자체로는 공통성이 없다. 그러나 일차적으로는 그리스의 영향이 결정적이었던 로마 문화의 형성 과정에, 그 후에는 근대의 서구 문명의 발달 과정에서 이 두 용어가 역사를 통해서 서로 연관되었다. 이 두 용어는 각기 그리스와 로마의 정치 용어와 현상에 대한 비교 연구——이는 아직 연구된 바가 없다——의 대상이다. 우리의 연구대상으로서 이들에 관해 두 가지 사항을 강조해야 하겠다. 그리스어 pólis는 역사 시기에 와서는 또한 '요새', '성채'의 의미를 보여 주는데, 이는 투키디데스가 지적하는 바와 같다. "akrópolis(성채)는 아테네인에 의해서 지금까지 pólis로 불리고 있다"(『펠로폰네소스 전쟁사』 2권 15장). 이 단어의 대응어인 베다 산스크리트어 pūr(성채)와 리투아니아어 pilìs(Burg, 성채)에 의거한다면, 이 의미는 이 단어가 선사 시대에 지녔던 의미이다. 따라서 이는 고대 인도유럽어 용어였으며, 그리스어에서—오직 그리스어에서만—'도시/도시국가'를 의미했고, 그 후 '국가'의 의미를 지니게 되었다. 라틴어에서는 사정이 전혀 다르다. '도시'의 명칭인 urbs는 기원이 알려져 있지 않다. 증거가 없기도 하지만 학자들은 이 단어가 에트루리아어에서 온 것으로 추정했다. 또한 urbs가 '도시'를 지칭하면서도 그리스어 pólis가 아니라 ástu(ἄστυ)와 관련이 있으며, 이로부터 파생어들이 지닌 의미의 세부적 뜻을 모사模寫했다. 예컨대 urbanus(도시의; rusticus(시골의)의 반의어)와, 여기에서 '세련된', '문명의'라는 뜻이 그리스어 asteîos에 의거해 생겨났다. 그리스어 pólis와 대응하는 단어로 라틴어에는 이차적 용어 ciuitas가 있는데, 이것은 문자적 직역으로는 ciues(공동체 시민) 전체를 가리킨다. 그 결과 라틴어 ciuis와 ciuitas의 관계가 그리스어 pólis(도시(국가))와 polítēs(시민)의 관계와 역전되었다.[2]

*　　*　　*

인도유럽어의 주요 동부 방언권인 인도이란어에서는 전혀 다른 성질의 용어가 여기서 논의 중인 개념을 표상하는데, 그것은 정치적 측면보다는 민족적인 측면에서 나타난다. 즉 그 용어는 ārya-로서 애초에는 사회적인 수

---

[2] 이 점은 레비-스트로스Lévi-Strauss에게 증정될 『논집』*Mélanges*에 실린 논문에서 개진될 것이다.

6장_도시와 공동체　449

식어였지만, 그 후 역사의 초기부터 인도와 이란에서 공동체를 가리키는 지칭으로 사용되었다.

고대 시기에 민족적 특징을 지닌 모든 호칭은 변별적이고 대립적이다. 민족이 스스로에게 부여하는 명칭은 명시적으로 드러나든 그렇지 않든 이웃 민족들과 자기 민족을 구별하려는 의도가 있고, 또 공통의 이해가 가능한 언어가 있다는 우수성을 표명하려는 의도가 있었다. 이 사실에서 민족 명칭은 대립적 민족 명칭과 흔히 대조쌍을 이룬다는 결론이 나온다. 이 사태는 전쟁과 평화의 개념에 대한 근대 사회와 고대 사회의 차이에서 유래하는 바, 이 차이는 별로 지적된 바 없다. 과거로부터 현대에 이르기까지 평화 상태와 전쟁 상태의 관계는 역전되었다. 현재의 우리에게는 평화가 정상 상태이며, 따라서 전쟁은 이를 파괴하려고 한다. 그러나 고대인에게는 전쟁 상태가 정상 상태이며, 평화가 전쟁 상태를 종결짓는다. 평화가 도시 간이나 국가 간의 반영구적 투쟁에 대한, 때로는 우연하고, 흔히는 임시방편의 해결책으로 마련된다는 것을 생각하지 못한다면, 고대 사회에서 평화 개념과 이 평화를 가리키는 어휘를 전혀 이해하지 못하는 것이다.

ārya란 명칭 문제가 우리의 관심을 끄는 것은 그것이 인도이란어로 한정된 방언권에서는 자유인들이 노예들과 대립해서 자신들에게 적용한 지칭이며, 또한 응당 '인도이란인'으로 불러야 할 사람들을 국가 공동체 내에 통합시키는 유일한 지칭이었던 까닭이다.

현재 우리에게는 별도의 두 실체인 인도와 이란이 있지만, 인도유럽족의 후예라는 관점에서 보면, '인도'와 '이란'의 구별은 부적절하다. '인도'란 명칭은 그 나라의 주민들이 받아들인 적이 결코 없다. 반면 이란인은 자신들을 '이란인'으로 부른다.

이 차이는 ārya란 고대의 지칭이 이 양국에서 불균형하게 잔존하는 데서 유래한다. 그리스인——이들을 통해서 인도에 대한 지식이 우리들에게 전해졌다——자신은 애초에는 페르시아의 중개로 인도를 알았다. 이에 대한 명백한 증거는 어기 Indía(Ἰνδία), 일반적으로는 Indiké(Ἰνδική)의 형태이다. 이 형태는 사실상 Indus(산스크리트어 Sindhu)로 불리는 지방과 강의 명칭이다. 그리스어와 산스크리트어의 차이가 아주 심해서 토착 형태로부터 직접적으로 차용하는 것은 배제된다. 이와 반대로, 모든 문제는 페르시아어 Hindu의 중개로 설명된다. Hindu의 어두 h-는 산스크리트어 s-와 규칙적으로 대응하는 반면, 이오니아 그리스어의 h-가 없는 단어는 어두의 무기음을 지닌 어기 ind-(ἰνδ-)를 정당화시켜 준다. 다리우스 왕의 페르시아 비문에서는 Hindu란 용어는 오늘날 Sindh라 불리는 지방과 정확히 일치한다. 이 그리스어의 용법이 이 명칭을 인도 전체로 확대시킨 것이다.

고대 인도인들은 자신들에게 ārya란 명칭을 부여했다. 이 형태는 민족 명칭으로서 이란어 영역에서 사용되었다. 다리우스 왕이 자신의 가계인 '비슈타스파(Vištāspa)의 아들, 아르샤마(Aršāma)의 손자'를 열거하면서, 그는 자신의 지위를 규정하기 위해 arya ariyačissa(아리아의 뿌리에서 나온 아리아)를 첨언한다. 이처럼 그는 자기 자신에게 우리가 '이란인'이란 용어로 표현하는 수식어를 부여한다. 사실상 복수 속격 aryānām에서 출발해서 근대 페르시아어의 후기 단계에는 ērān이란 형태로, 그 후에는 īrān이란 형태로 변한 것이 이 arya-이다. 따라서 페르시아어권 자체에서 '이란인'은 고대의 ārya를 계승한 것이다.

여기에서 멀리 떨어진 북서부의 방향에 있는 코카서스의 중부에 코카서스어를 사용하는 주민에게 둘러싸인 고립된 이란인들이 있는데, 오세티아족이다. 이들은 사르마티아족 출신의 고대 '알라니족'(Alani)의 후예들이다. 이들은 러시아의 남부 전역으로부터 발칸의 트라케에 이르는 넓은 영토를 가진 고대 스키타이족(스키타이족과 사르마티아족)이 지금껏 남아 있는 최후의 후손들이다. Alani란 명칭은 *Aryana-로 소급되는데, 이것 또한 옛 ārya 형태이다. 따라서 이 모든 것은 '이란어'에 속하는, 다수의 민족이 보존하는 민족 명칭이라는 것을 증명한다.

이란어에서 arya는 anarya(arya가 아닌)와 대립된다. 인도어에서 ārya는 dāsa-(이방인/노예/적)와 대조되는 용어로 사용된다. 이로써 이 용어는 토착인이 자신들과 이방인 사이에 근본적 차이가 있다는 위의 관찰을 입증하는 것이다.

그러면 ārya는 무엇을 의미하는가? 우리가 이 단어를 베다 어휘 내에 위치시키면, 이는 아주 어렵고도 매우 복잡한 문제를 야기시킨다. 왜냐하면 Arya는 이란어에서 그런 것처럼 산스크리트어에는 고립 단어가 아니기 때문이다(이란어에서 이 단어는 오직 동일 민족에 속하는 자들을 지칭하는 데만 사용되는 분석 불가능한 단어이다). 베다 산스크리트어에는 가장 단순하고 가장 오랜 형태인 arí에서 유래하는, 적어도 네 개의 용어가 포함된 상호 연관된 계열이 있다. 즉 arí, 어간 파생어 árya와 aryá, 어기 모음이 장음화된 ārya가 그것이다. 이들의 의미로 이 형태들을 구별하고, 그 관계를 이해하는 것이 어렵다. 기어基語 용어 arí가 이미 아주 혼란되고 모순되는 모습으로 나타나기 때문에 서로 상반되는 번역들이 허용되고 있다. 이것은 인물 범주에 적용되어, 때로는 호의를 가진 자로 지칭되는 사람에게 적용되기도 하고, 때로는 적으로 지칭되는 사람에게 적용되기도 한다. 흔히 베다 찬가를 지은 작자는 arí를 비난하는데, 이로부터 그는 arí를 자기 적수로 간주한다고 결론지을 수 있다. 그렇지만 arí는 찬가를 부르는 자로서 희생제사를 드리고, 부를 분배해 준다. 그가 드리는 예배는 이 제사의식을 통해서 똑같은 신들을 위해 바치는 것이다. 사전辭典에서 arí가 '친구'와 '적'

으로 동시에 번역하는 것을 볼 수 있는 것도 이러한 이유 때문이다.

이 문제는 1938년에 독일의 인도학 연구자인 티메P. Thieme가 상세히 연구를 한 바 있다. 그 연구 제목은 『리그베다에 나타난 이방인』*Der Fremdling im Rgveda*이다. 이 저자가 상세히 분석한 끝에 어기 arí-를 '이방인'으로 번역할 수 있다고 생각했기 때문에 이 같은 제목을 달았다. arí의 상반된 두 의미 '친구'와 '적'은 *ghosti의 두 의미에 비견될 수 있다. 즉 한편으로는 라틴어 hostis(손님), 고트어 gasts(손님)와, 다른 한편으로는 라틴어 hostis(적)의 의미가 그것이다. 이와 마찬가지로 arí는 '이방인', '친구' 또는 '적'이다. arí에서 파생된 파생어 arya는 '이방인과 관련되는'을 의미하고, 따라서 '이방인의 보호자(gastlich)'를 의미하는 것으로 생각되며, 이 의미에서 또한 '집의 주인'의 의미가 생겨난 것 같다. 마지막으로 arya-에서 파생된 이차 파생어인 ārya는 문자적 직역으로 '손님들에 속하는'을 의미하는 것 같고, 여기에서 '환대하다'의 의미가 생겨났다. ārya는 자신들을 '환대하는 자들'로 명명한 것 같은데, 그것은 자신들을 둘러싸고 있는 민족의 야만성과 자신들의 후한 인간미를 대립시키기 위한 것으로 볼 수 있다.

이 연구에 뒤이어 1941년 이후에 뒤메질G. Dumézil의 연구가 출간되었다. 그는 이 단어족의 사회적 의미를 재확립하고, 그 후 민족적 의미를 확립하면서 다른 해석을 제시했다.[3] 전체적으로 볼 때 우리 자신의 견해는 뒤메질의 견해와 유사하다. 그러나 여기서 이 견해의 세부적인 면까지 입증하는 것이 문제가 아니다. 무엇보다도 인용 예들은 베다 문헌의 주석이

---

3) 다음은 서로 상반되는 두 논지와 해석이다. 즉 한편으로는 티메P. Thieme, 『리그베다에 나타난 이방인』, 1938과 『미트라와 아리아만』*Mitra and Aryaman*, 1958과 다른 한편으로는 뒤메질G. Dumézil, 『제3의 최고신』*Le troisième souverain*, 1949; 『인도유럽족의 삼분 이데올로기』*L'idéologie triparite des Indo-Européens*, 1958, p. 108 이하.

며, 그렇기 때문에 이들에 대한 논의는 한 권의 저서를 필요로 할 만큼 방대하다. 그래서 단지 몇몇 관찰과 전체적인 정의에 국한해서 살펴보기로 하자.

이와 같은 문제에서 문헌학적 기준은 내재적 신빙성에 손상을 끼쳐서는 안 된다. 아리안족을 '환대하는 자들'로 정의하는 것은 역사적 사실 전체와 거리가 먼 견해이다. 다시 말해서 역사의 어느 시기에도 어느 민족이든 그 민족이 '환대자들'로 불린 적은 없다.

민족들이 자신들에게 명칭을 부여하는 경우, 우리가 이해하는 범위에서 이들 명칭은 지리적 성격의 명명들을 제외하면 두 범주로 나뉜다. 즉 민족 명칭이 예컨대 '용감한 (자들)', '강한 (자들)', '우월한 (자들)', '뛰어난 (자들)'처럼 수식 부가어로 되거나 또는 대부분의 경우처럼 단지 '사람들' (남자들)로 호칭된다. 게르만어 Ala-manni(알라마니족)에서 시작해서 일련의 민족을 기원과 언어에 상관 없이 계속 추적하여 캄차카 반도나 남아메리카의 남극에 이르기까지 훑어보면, 열 민족 정도가 자신을 '사람들'로 명명하는 것을 보게 된다. 이 각 민족은 이처럼 자신을 동일 언어를 사용하고, 같은 조상를 가진 것으로 나타나며, 암암리에 이웃 민족과의 차별성을 드러낸다. 우리들은 많은 사회에 고유한 이 특성을 수차례 반복해서 강조한 바 있다.

이 상황에서 어느 민족이 ─이 경우에는 아리안족이다─ '환대하는 자들'로 불렸다고 상상하는 것은 모든 역사적 진실과는 상반된다. 어느 민족도 언제나 적대적인 것으로 추정되는 이웃 민족에 대해 자신의 개체성을 이처럼 주장하지 않는다. 우리는 다른 곳에서(본서 120쪽 이하) 환대 관계는 오직 특정 상황에서 맹약을 체결한 후에야만 개인들 사이나 집단들 사이에 맺을 수 있다는 점을 살펴보았다. 각 경우 환대 관계는 특수하다.

따라서 어떤 민족이 자신을 일반적으로, 막연히 모든 사람들을 차별 없이 '환대하는 자'로 공언하는 것으로는 생각할 수 없다. 정확한 문맥을 통해서 '환대' ── 현대의 우리에게는 도덕적, 감정적 의미만 남아 있지만 ── 같은 제도 용어의 일차적 용법을 언제나 명백히 밝혀야 한다. 예문들 ── 이들은 수가 아주 많고, 흔히 난해한 주석이 필요하기에 ── 에 대한 세부사실을 논하지 않고, 단지 arí나 arya의 지위를 정의하는 데 도움이 되는 몇 가지 특징만 강조해 보자.

　arí란 단어가 지닌 때로는 우호적이고, 때로는 비우호적인 내포 의미는 이 단어의 의미 자체에 영향을 미치지는 않는다. 이것은 자신으로 말하는 자와 같은 민족에 속하는 사람을 가리킨다. 찬가를 부르는 자가 그에게 화를 내더라도 이 사람은 적대적 민족의 성원으로 생각하지 않는다. 그를 결코 야만의 이민족과 혼동하지 않는다. 그는 모든 예배 의식에 참여하며, 찬가를 부르는 자가 시기하는 선물 ── 이 선물은 그를 동등한 지위에 격상시킨다 ── 을 받기도 한다. 그는 마음이 너그러울 수도 인색할 수도 있고, 우호적일 수도 적대적일 수도 있다. 그 어떤 경우에도 arí는 찬가를 부르는 작자와는 다른 민족에 속해 있다는 사실을 발견할 수 없다.

　더욱이 arí는 흔히 vaiśya, 즉 제3의 사회계급 성원과 연관되는데, 이는 arí가 이방인이 아니라는 사실을 확증해 준다. 인드라의 며느리가 불평하는 가운데서(『리그베다』 X, 28, 1) arí의 사회 지위에 대한 보다 자세한 증거가 나온다. "다른 모든 arí들이 (희생제사에) 왔다. 오직 나의 시아버님만 오시지 않았다." 따라서 인드라는 그의 며느리의 arí에 속해 있다. 이 표현을 문자 그대로 받아들이면, 이로부터 arí가 외혼 사회의 다른 절반의 혼족婚族을 구성하는 것으로 결론지을 수 있다. 그 어떤 사실도 이 추론과 상반되지 않으며, 오히려 어떤 자료들은 이를 확증하는 듯이 보인다. 그리하여 arí는 때로는 우정 관계를 갖기도 하고, 때로는 경쟁 관계를 갖기도 한다는 사실을 이해할 수 있고, 또한 이들이 한 사회 전체를 구성한다는 사실도 이해할 수 있다. 예컨대 '모든 arí(또는 árya)들'이란 표현이 『리그베다』에 자주 출현하며, 또한 『아베스타』에서도 잘 알려진 표현이며, 인도이란어의 관용어법의 유산이다. 더욱이 인도이란의 제신諸神에 속하는 신 Aryaman의 명칭과 역할에도 주의를 기울여야 한다. 이 명칭은 고대 합성어 arya-man-(arya의 영靈의)이다. 그런데 Aryaman 신은 베다 신화에서 우정을 맺게 하는 신이며, 더욱 특수하게는 혼인을 보장하는 신이다. 이란인에게도 아리아만은 우호적인 신이며, 치료자로서 또 다른 역할을 한다. 명사로서 aryaman-은 조로아스터교의 『찬가』*Gāthās*에서는 종교단체의 신도를 가리킨다. 페르시아어 고유명칭 Aryarāmna(arya에게 평화를 주는)에서 arya의 공동체적 의미를 다시 엿볼 수 있다.

요컨대 우리는 베다 문헌에 나오는 흔히 모호한 언급과 암시들을 통해서 몇 가지 일정한 특징을 분석하려고 했다. 여기에서 이 개념이 지닌 진정한 기본적인 관념을 끌어낼 수 있다. 즉 arí 또는 arya(이 두 형태는 항상 구별할 수 있는 것은 아니다)는 일정 사회의 특권 계급을 분명하게 형성하면서 외혼의 절반 인척과 가능한 관계를 맺으면서 교환과 경쟁 관계를 유지하는 집단이다. 그리고 파생어 ārya는 일차적으로는 arí(또는 arya)의 후손을 가리키거나 그들의 소속을 수식하며, 같은 조상을 모시고 있다는 것을 서로 인지하고 동일한 예배의식을 행하던 부족들의 공통 명칭으로 사용되었음에 틀림없다. 여기에서 우리들은 적어도 ārya 개념의 의미적 구성요소를 알아볼 수 있다. 이 개념은 인도인이나 이란인에게 똑같이 국민 의식을 고취한다.

어간 ari, arya- 그 자체는 고유하게 무엇을 의미하는지 그리고 ari-란 형태가 인도유럽어 어휘에 속하는지 아니면 인도이란어에만 국한된 것인지를 결정해야 하는 문제가 남아 있다. 학자들은 흔히 ari와 접두사 ari-의 두 관계를 생각해 왔다. 산스크리트어에서는 접두사 ari-는 우월의 정도를 나타내며, 역시 탁월성을 가리키는 그리스어 접두사 ari-(ἀϱι-)와 대응 가능성이 있다. 그리고 그리스어 접두사 ari-와 áristos(뛰어난/지고의)의 단어군이 대응되므로 ari-, arya-도 '탁월한', '우세한'과 같은 의미를 얻을 수 있을 것으로 생각된다. 그러나 그 어떤 이유로도 이 비교를 강요할 수 없고, 따라서 애초 출발점에서 볼 때 ari-, arya-에는 상호적 행동(이 행동이 내포하는 의미가 우호적이든 비우호적이든)의 관념이 칭찬을 표시하는 칭호의 개념보다 더욱 분명하다. 새로운 자료에 입각하여 보다 심층적으로 분석해야만 그 어원에 대한 결론을 내릴 수 있다.

찾아보기